EUROPA-FACHBUCHREIHE
für wirtschaftliche Bildung

Rechtsanwalts- und Notarfachangestellte

Informationsband

3. Ausbildungsjahr

Gansloser Garcia Grillemeier Kurrle Pott Tölle

4. Auflage

VERLAG EUROPA-LEHRMITTEL
Nourney, Vollmer GmbH & Co. KG
Düsselberger Straße 23
42781 Haan-Gruiten

Europa-Nr.: 71996

Autoren

› Joachim Gansloser, 53115 Bonn
› Ulrike Garcia, 74081 Heilbronn
› Sandra Grillemeier, 40479 Düsseldorf
› Birgit Kurrle, 73760 Ostfildern †
› Elvira Pott, 71336 Waiblingen
› Sophie Tölle, 50997 Köln

Verlagslektorat

› Anke Hahn

4. Auflage 2025
Druck 5 4 3 2 1
Alle Drucke derselben Auflage sind parallel einsetzbar, da sie bis auf die Korrektur von Druckfehlern identisch sind.

ISBN 978-3-7585-7512-9

Umschlag, Satz, Grafiken: Satz+Layout Werkstatt Kluth GmbH, 50374 Erftstadt
Umschlagkonzept: tiff.any GmbH, 10999 Berlin
Umschlagfoto: © hxdbzxy – shutterstock.com
Druck: UAB BALTO print, 08217 Vilnius (LT)

Vorwort

Dieses Unterrichtswerk ist ein zum **Rahmenlehrplan vom 27. Juni 2014** entwickeltes Lehr- und Lernbuch für die Ausbildungsberufe:

- Rechtsanwaltsfachangestellter und Rechtsanwaltsfachangestellte
- Notarfachangestellter und Notarfachangestellte
- Rechtsanwalts- und Notarfachangestellter und Rechtsanwalts- und Notarfachangestellte
- Patentanwaltsfachangestellter und Patentanwaltsfachangestellte

Die neuen Inhalte wurden konsequent auf die **neue Lernfeldkonzeption** des Lehrplans und die **Vermittlung von beruflichen Handlungskompetenzen** in diesen Berufen ausgerichtet.

Der vorliegende Informationsband für das 3. Ausbildungsjahr ist Bestandteil des umfassenden Europa-Programms und wird ergänzt durch das **Arbeitsbuch** mit umfangreichen Lernsituationen und Vertiefungsaufgaben zu jedem Lernfeld. Beide Titel sind an einer Didaktik ausgerichtet, die Handlungsorientierung betont und Lernende zu selbstständigem Planen, Durchführen, Kontrollieren und Beurteilen von Lernsituationen und Arbeitsaufgaben führt. Alle Kompetenzdimensionen werden dabei berücksichtigt. Entsprechend den Vorgaben und Inhalten des Rahmenlehrplans wird hierbei die berufliche Wirklichkeit als Ganzes mit den damit verbundenen ökonomischen, ökologischen, rechtlichen und sozialen Aspekten erfasst.

Der Informationsband zum 3. Ausbildungsjahr umfasst die **Lernfelder 11–14** des Rahmenlehrplans.

Die im **Informationsband** enthaltenen Inhalte sind schülergerecht, klar, übersichtlich und verständlich aufbereitet und dargestellt. Ergänzt durch anschauliche Beispiele, Tabellen, Struktogramme und kurze Zusammenfassungen werden die Lerninhalte verständlich präsentiert. Den einzelnen Lernfeldern sind Aufgaben zugeordnet, um das Verständnis für das Gelernte zu vertiefen. Mit dem **Arbeitsheft** kann der Lernende selbstständig anhand realitätsnaher Lernsituationen und Aufgabenstellungen sein Wissen anwenden. In beide Bände sind kommunikative Aspekte eingeflossen, beispielsweise Fachsprache und Fremdsprache als integrative Bestandteile. Ebenso ist die Informationsverarbeitung im Anwendungszusammenhang dargestellt, sodass die Entwicklung einer ganzheitlichen und prozessorientierten Handlungskompetenz unterstützt wird.

Die **systematisierenden Darstellungen** stellen die zur Bewältigung der Lernsituationen notwendigen Wissensbestände bereit und greifen über die Situationsbezüge hinaus. Hinweise auf die gesetzlichen Bestimmungen sind enthalten und soweit zweckmäßig zitiert.

In diesem Programm erscheint die **„Zusammenfassung Kostenrecht – Verstehen, Lernen, Anwenden“.** Da die kostenrechtlichen Themen auf die einzelnen Lernfelder verteilt sind, ist es für den Auszubildenden aufwendig, wenn er auf bisher Gelerntes zurückgreifen will. In dieser Zusammenfassung wird das gesamte Kostenrecht übersichtlich dargestellt. Die einzelnen Gebühren und die kostenrechtlichen Sachverhalte werden kurz erklärt und in kleinen Übungsaufgaben mit Lösungen praktisch erläutert. Zusätzlich wird der zu lernende Stoff jeweils tabellarisch abgebildet. Außer als Nachschlagewerk im Unterricht eignet sich diese Zusammenfassung auch für die Vorbereitung auf die Abschlussprüfung und als Nachschlagewerk für die tägliche Arbeit in der Kanzlei.

Die Neuauflage befindet sich auf dem Rechtsstand Frühjahr 2025. Berücksichtigt ist insbesondere das Kostenrechtsänderungsgesetz 2025 (KostRÄG 2025).

Ihr Feedback ist uns wichtig! Das Autorenteam freut sich über Hinweise, Anregungen und Unterstützung durch Kritik oder zustimmende Kommentare unter lektorat@europa-lehrmittel.de und wünscht erfolgreiches Arbeiten mit dem neuen Werk.

Frühjahr 2025

Autoren und Verlag

Inhaltsverzeichnis

LERNFELD 11

Rechtsbehelf- und Rechtsmittelverfahren begleiten

1. ÜBERBLICK

1.1 Grundsätzliches

© kwarner – Fotolia.com

Gerichte verfügen über große Macht, denn ihre Entscheidungen haben oft weitreichende Konsequenzen für die Beteiligten der Verfahren. Damit richterliche Entscheidungen akzeptiert werden, muss in einem Rechtsstaat die Möglichkeit bestehen, sie überprüfen zu lassen, um eventuelle Fehler zu beseitigen. Nachprüfungsmöglichkeiten gibt es gegen diverse Arten von gerichtlichen Entscheidungen, und zwar entweder durch dieselbe oder die nächsthöhere Instanz.

EXKURS

In modernen demokratischen Staaten wird die Macht des Staates durch deren Verteilung auf mehrere Organe begrenzt, die **Legislative** (gesetzgebende Gewalt, Parlamente), **Exekutive** (ausführende Gewalt, Regierung und Verwaltung) und **Judikative** (rechtsprechende Gewalt, Gerichte). Dies ist in Deutschland in Art. 20 II des Grundgesetzes verankert. Alle Staatsorgane sind dabei an Recht und Gesetz gebunden und kontrollieren sich gegenseitig. Für die Staatsbürger ist die Möglichkeit der Überprüfung der Entscheidungen und Handlungen der Legislative und Exekutive dadurch gegeben, dass der Rechtsweg bei den Gerichten eröffnet ist. Eine Überprüfung der richterlichen Entscheidungen durch Legislative und Exekutive ist dagegen nicht vorgesehen; stattdessen besteht die Möglichkeit, Entscheidungen innerhalb der Judikative durch Rechtsmittel und Rechtsbehelfe überprüfen zu lassen.

© CrazyCloud – Fotolia.com

Diese Überprüfungsmöglichkeit besteht jedoch nicht schrankenlos: ein Instanzenzug dergestalt, dass jegliche Entscheidung wieder und wieder überprüft werden kann, ist durch das Grundgesetz nicht garantiert. Dementsprechend wurden durch gesetzliche Regelungen die Rechtswege in der Vergangenheit beschränkt, vor allem um Kosten zu sparen und eine effiziente Rechtsprechung zu gewährleisten. So ist heute oftmals nur noch die Berufung gegen ein Urteil möglich, wo früher noch die Möglichkeit der anschließenden Revision bestand. Im Verwaltungsverfahren ist die Berufung nur noch unter stark eingeschränkten Voraussetzungen statthaft.

1.2 Begriffsbestimmung: Rechtsbehelfe und Rechtsmittel

Unter dem Begriff „Rechtsbehelf" versteht die ZPO die Anfechtung von gerichtlichen Entscheidungen. Ein Teil der Rechtsbehelfe, die sogenannten „Rechtsmittel", hat darüber hinaus den sogenannten „Devolutiveffekt": Bei ihnen erfolgt die Überprüfung nicht durch das Gericht, welches die ursprüngliche Entscheidung erlassen hat, sondern durch die nächsthöhere Instanz.

Rechtsmittel sind Berufung, Revision und Beschwerde. Berufung und Revision richten sich gegen Urteile, Beschwerden gegen Beschlüsse und Verfügungen. Zu den Rechtsbehelfen zählen u.a. Widerspruch, Einspruch und Erinnerung. Es gibt eine ganze Reihe von Rechtsbehelfen und Rechtsmitteln, im Folgenden wird aber nur eine Auswahl dargestellt.

1.3 Überblick über die wesentlichen Rechtsbehelfe und Rechtsmittel

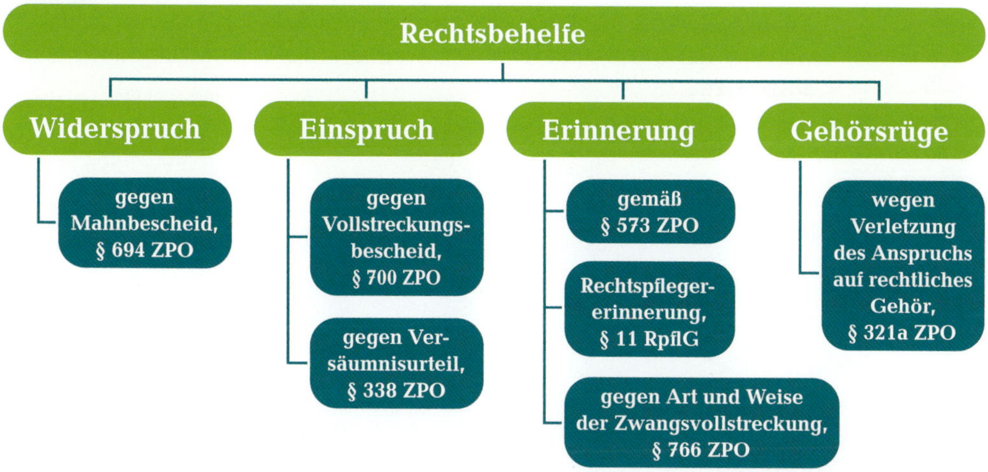

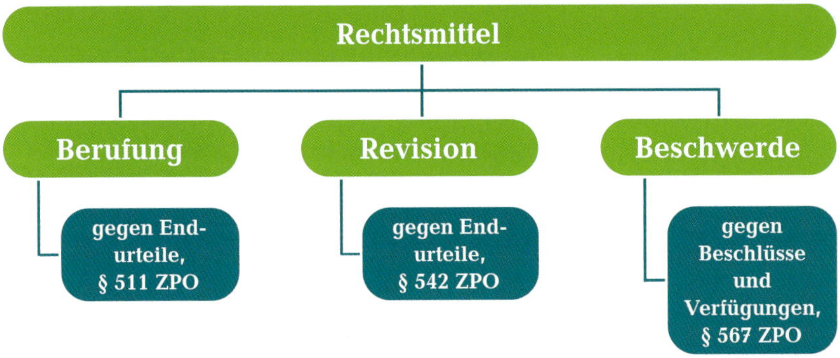

Werden gegen gerichtliche Entscheidungen wie z. B. Urteile Rechtsbehelfe oder Rechtsmittel eingelegt, so werden diese nicht **rechtskräftig.** Rechtskraft tritt erst ein, wenn der Rechtsweg ausgeschöpft ist oder wirksam auf Rechtsmittel verzichtet wird. Trotzdem ist während der Zeit, in der über den Rechtsbehelf oder das Rechtsmittel entschieden wird, die ursprüngliche Entscheidung entweder vorläufig vollstreckbar oder vollziehbar.

BEISPIEL

In erster Instanz wurde der Beklagte vom Amtsgericht zur Zahlung von 4.500,00 Euro verurteilt. Er geht form- und fristgerecht in Berufung gegen das Urteil, weil er es für falsch hält. Während des Berufungsverfahrens ist das Urteil aber schon vorläufig vollstreckbar, der Beklagte kann also zur Zahlung des ausgeurteilten Betrags nebst Kosten und Zinsen gezwungen werden.

§ 719 ZPO

Soll dies vermieden werden, muss neben der Einlegung des Rechtsmittels/Rechtsbehelfs ein Antrag auf einstweilige Einstellung der Zwangsvollstreckung gestellt werden, § 719 ZPO.

Lediglich die **sofortige Beschwerde gegen die Festsetzung eines Ordnungs- oder Zwangsgeldes,** § 570 ZPO, hat aufschiebende Wirkung („Suspensiveffekt"), während des Beschwerdeverfahrens wird also die Vollstreckung automatisch ausgesetzt.

1.4 Zusammenfassung und Aufgaben

ZUSAMMENFASSUNG

Rechtsmittel und Rechtsbehelfe

… dienen der Überprüfung der Entscheidungen der Gerichte

- Rechtsbehelfe → werden von der gleichen Instanz geprüft
- Rechtsmittel → werden in der nächsthöheren Instanz geprüft

AUFGABEN

1. Was unterscheidet ein Rechtsmittel von einem Rechtsbehelf?
2. Nennen Sie bitte je ein Beispiel für ein Rechtsmittel und einen Rechtsbehelf.
3. Welche Folgen hat die Einlegung der Berufung für die Vollstreckbarkeit des Urteils?
4. Wozu dienen Rechtsmittel und Rechtsbehelfe?

2. RECHTSBEHELFE

2.1 Widerspruch gegen den Mahnbescheid

§ 694 ZPO

Die Regelungen zum Widerspruch gegen den Mahnbescheid, § 694 ZPO, haben Sie bereits im **Lernfeld 9** (S. 269 des Informationsbandes für das zweite Ausbildungsjahr) im Einzelnen kennengelernt. Der Widerspruch kann **schriftlich** erhoben werden, solange der Vollstreckungsbescheid nicht verfügt ist. Eine Begründung ist **nicht** erforderlich. Geht der Widerspruch rechtzeitig ein, so verliert der Mahnbescheid seine Wirkung und auf Antrag wird das streitige Verfahren eingeleitet. Ein verspäteter Widerspruch wird als **Einspruch** gegen den Vollstreckungsbescheid behandelt, § 694 II ZPO.

2.2 Einspruch

2.2.1 Einspruch gegen einen Vollstreckungsbescheid

§ 700 I ZPO

Auch das Verfahren nach einem Einspruch gegen den Vollstreckungsbescheid wurde bereits in Lernfeld 9 behandelt (S. 272 des Informationsbandes für das zweite Ausbildungsjahr). Er ist **schriftlich** innerhalb von **zwei Wochen** bei dem Gericht einzulegen, das den Vollstreckungsbescheid erlassen hat, §§ 700 I, 338 f. ZPO. Durch ihn wird die Rechtskraft des Vollstreckungsbescheides gehemmt, § 705 II ZPO, und das Verfahren wird von Amts wegen an das sachlich und örtlich zuständige Gericht abgegeben.

2.2.2 Einspruch gegen ein Versäumnisurteil

§ 338 ZPO

Gegen ein Versäumnisurteil (vgl. S. 419 des Informationsbandes für das zweite Ausbildungsjahr) steht der säumigen Partei (also der Partei, die verurteilt wurde), der **Einspruch** zu, § 338 ZPO.

Der Einspruch muss **schriftlich** beim Prozessgericht (= dem Gericht, welches das Versäumnisurteil erlassen hat) eingelegt werden, und zwar innerhalb einer **Notfrist** von **zwei Wochen** ab Zustellung des Versäumnisurteils, § 339.

Gemäß § 340 II ZPO muss die Einspruchsschrift enthalten:

§ 340 ZPO

1. **Die Bezeichnung des Urteils, gegen das sich der Einspruch richtet und**

2. **die Erklärung, dass gegen dieses Urteil Einspruch erhoben wird.**

Außerdem muss die Einspruchsschrift eine **Begründung enthalten,** § 340 III ZPO. Damit ist klar, dass auch die Begründung innerhalb der genannten Frist von zwei Wochen einzugehen hat. Allerdings kann die Begründungsfrist auf Antrag verlängert werden, § 340 III S. 2 ZPO. In der Begründung muss **nicht** dargelegt werden, weshalb die Partei säumig war, sondern sie muss alle Angriffs- und Verteidigungsmittel benennen, die für den Rechtsstreit zum Zeitpunkt der Säumnis relevant waren.

Die Einlegung des Einspruchs ändert nichts daran, dass ein Versäumnisurteil **vorläufig vollstreckbar** ist, und zwar, ohne dass Sicherheit geleistet werden muss. Gemäß § 719 ZPO kann die einstweilige Einstellung der Zwangsvollstreckung beantragt werden, wenn das Versäumnisurteil nicht in gesetzlicher Weise erlassen wurde oder die säumige Partei glaubhaft machen kann, dass ihre Säumnis unverschuldet war.

Wurde der Einspruch form- und fristgerecht eingelegt, so wird vom Gericht ein Termin zur Verhandlung über den Einspruch und zur Hauptsache bestimmt, § 341a. Der zulässige Einspruch versetzt das Verfahren in die Lage, in der es sich vor der Säumnis befand, § 342 ZPO.

Versäumt die einmal säumige Partei den anberaumten Termin erneut, so ergeht wiederum ein Versäumnisurteil. Gegen dieses **(zweite)** Versäumnisurteil steht der zum zweiten Mal säumigen Partei **kein Einspruch** mehr zu. Es muss dann **Berufung** eingelegt werden mit der Begründung, es habe keine (schuldhafte) Säumnis vorgelegen, § 514 II ZPO. Dabei gelten dieselben Maßstäbe wie bei der Wiedereinsetzung in den vorigen Stand (vgl. S. 435 f. des Informationsbandes für das zweite Ausbildungsjahr).

§ 514 II ZPO

BEISPIEL

In einem Rechtsstreit vor dem Amtsgericht erscheint der ordnungsgemäß geladene Beklagte nicht zum Hauptverhandlungstermin. Auf Antrag des Klägers ergeht Versäumnisurteil gegen den Beklagten. Dieser erhebt form- und fristgerecht Einspruch, es wird daraufhin ein neuer Termin anberaumt. Auf dem Weg zum Termin wird der nicht anwaltlich vertretene Beklagte schuldlos in einen Unfall verwickelt und versäumt die Verhandlung. Es ergeht ein zweites Versäumnisurteil. Nun ist der Einspruch ausgeschlossen, es muss Berufung eingelegt und dargestellt werden, weshalb die Säumnis beim zweiten Mal nicht im Verschulden des Beklagten lag.

LERNFELD 11

2.3 Erinnerung

§ 573 ZPO,
§ 11 RpflG

Die Erinnerung ist dann der richtige Rechtsbehelf, wenn eine Entscheidung nicht durch das Prozessgericht ergangen ist, sondern durch eine von diesem beauftragten oder ersuchten Richter oder einem Urkundsbeamten der Geschäftsstelle (§ 573 ZPO) oder einem Rechtspfleger (§ 11 RpflG).

BEISPIEL

Der Schuldner wendet sich gegen die Erteilung der Vollstreckungsklausel (§ 732 ZPO) durch den Urkundsbeamten der Geschäftsstelle.

Die Erinnerung nach § 573 ZPO ist innerhalb einer **Notfrist** von **zwei Wochen** beim Prozessgericht einzulegen. Gegen die Entscheidung des Prozessgerichts steht anschließend die **sofortige Beschwerde** zur Verfügung.

Erinnerungen nach dem Rechtspflegergesetz sind ebenfalls innerhalb von zwei Wochen einzulegen, § 11 RpflG.

Einzelheiten zur Erinnerung finden Sie insbesondere in den Kapiteln zu Lernfeld 10 (Prozesskostenhilfe, Informationsband für das zweite Ausbildungsjahr) und Lernfeld 12 (Zwangsvollstreckung, Informationsband für das dritte Ausbildungsjahr).

2.4 Gehörsrüge

§ 321a ZPO

Ist ein Urteil ergangen und rechtskräftig geworden, so kann gemäß § 321a ZPO innerhalb einer **Notfrist** von **zwei Wochen** bei dem Gericht, das die Entscheidung erlassen hat, die sogenannte „Gehörsrüge" oder „Anhörungsrüge" erhoben werden. Voraussetzung hierfür ist die Tatsache, dass das Gericht bei seiner Entscheidung das Recht der Partei auf rechtliches Gehör verletzt hat und diese Verletzung mitentscheidend für das Urteil war.

BEISPIEL

In einem Rechtsstreit hat eine Partei Tatsachen vorgetragen, die entscheidungsrelevant waren. Das Gericht hat es versäumt, der anderen Seite Gelegenheit zur Stellungnahme zu geben, sondern hat direkt ein Urteil erlassen. Dieses Urteil ist unter Verletzung des Rechts auf rechtliches Gehör ergangen.

Die Notfrist beginnt mit der **Kenntnis von der Verletzung des rechtlichen Gehörs.** Die Rüge ist **schriftlich** bei dem Gericht zu erheben, das die Entscheidung erlassen hat. Von einer Verletzung des rechtlichen Gehörs spricht man (verkürzt) dann, wenn das Gericht einer Partei entgegen Art. 103 des Grundgesetzes rechtswidrig, also entgegen den Vorschriften der ZPO, nicht hinreichend Gelegenheit gegeben hat, sich zur Sache zu äußern. Ist die Gehörsrüge erfolgreich, so wird das Verfahren durch das Gericht in den Stand zurückversetzt, in dem es sich vor Schluss der mündlichen Verhandlung befand.

Art. 103 GG

BEISPIEL

In dem genannten Rechtsstreit würde das Verfahren fortgesetzt. Die betroffene Partei würde Gelegenheit erhalten, zu den vorgetragenen Tatsachen Stellung zu nehmen.

2.5 Zusammenfassung und Aufgaben

ZUSAMMENFASSUNG

Rechtsbehelf	Zweck/Wirkung	Frist	Form	Begründung erforderlich
Widerspruch gegen den Mahnbescheid	Wirkungslosigkeit des Mahnbescheids/Übergang ins streitige Verfahren (auf Antrag)	2 Wochen ab Zustellung des Mahnbescheids	Schriftform	Nein
Einspruch gegen den Vollstreckungsbescheid	Hemmung der Rechtskraft des Vollstreckungsbescheids, Übergang ins streitige Verfahren (von Amts wegen)	2 Wochen ab Zustellung des Vollstreckungsbescheids **Notfrist**	Schriftform	Nein
Einspruch gegen ein Versäumnisurteil	Rückversetzung des Verfahrens in die Lage vor Eintritt der Säumnis	2 Wochen ab Zustellung des Versäumnisurteils **Notfrist**	Schriftform	Ja, § 340 II ZPO
Erinnerung	Überprüfung der Entscheidungen der beauftragten oder ersuchten Richter, Urkundsbeamten der Geschäftsstelle, Rechtspfleger	2 Wochen ab Zustellung oder Bekanntgabe der Entscheidung **Notfrist**	Schriftform	Nein
Gehörsrüge/ Anhörungsrüge	Bei Verletzung des rechtlichen Gehörs: Rückversetzung des Verfahrens in die Lage vor Schluss der mündlichen Verhandlung	2 Wochen ab Kenntnis von der Verletzung des rechtlichen Gehörs **Notfrist**	Schriftform	Ja, § 321a II ZPO

AUFGABEN

1. Welche Folge hat die Einlegung des Einspruchs gegen einen Vollstreckungsbescheid?
2. Welcher Rechtsbehelf ist gegen ein sogenanntes zweites Versäumnisurteil gegeben?
3. Erläutern Sie bitte den Begriff „Verletzung des rechtlichen Gehörs“.
4. Nennen Sie bitte zwei Fälle, in denen die **Erinnerung** der statthafte Rechtsbehelf ist.

3. RECHTSMITTEL

3.1 Berufung

Das Rechtsmittel der Berufung dient dazu, ein erstinstanzliches Urteil zu überprüfen. Landläufig spricht man davon, dass die **Berufung** eine Nachprüfung in tatsächlicher und rechtlicher Hinsicht sei, während durch die **Revision** nur eine rechtliche Überprüfung stattfinde. Auch im Berufungsverfahren wird jedoch der Prozess nicht „komplett neu aufgerollt“, vielmehr sind in der Regel die Tatsachen, die das erstinstanzliche Gericht zugrunde gelegt hat, auch für das Berufungsurteil bindend.

3.1.1 Statthaftigkeit der Berufung

§ 511 I ZPO

Gemäß § 511 I ZPO „findet die Berufung **statt**“ gegen die im ersten Rechtszug erlassenen Endurteile, sie ist also das statthafte Rechtsmittel.

Endurteile

Endurteile, gegen die Berufung eingelegt werden kann, sind

> **›** **Urteile des Amtsgerichts,**

> **›** **Urteile des Landgerichts, soweit es gemäß §§ 71, 23 GVG erstinstanzlich zuständig ist.**

Gemäß §§ 300 ff. ZPO spricht man dann von einem Endurteil, wenn eine Endentscheidung über den gesamten Streitgegenstand oder einen Teil davon getroffen wurde. Dazu gehören auch Zwischenurteile über den Grund, § 304 II ZPO, und Vorbehaltsurteile, § 302 ZPO (vgl. S. 419 ff. des Informationsbandes für das zweite Ausbildungsjahr).

Nicht mit der Berufung angegriffen werden können („erste") **Versäumnisurteile,** gegen diese findet der **Einspruch** statt, siehe Kapitel 2. Lediglich dann, wenn kein Einspruch zulässig ist, nämlich beim sogenannten „zweiten" Versäumnisurteil, § 514 II ZPO, kann Berufung eingelegt werden mit der Begründung, es habe keine schuldhafte Säumnis vorgelegen.

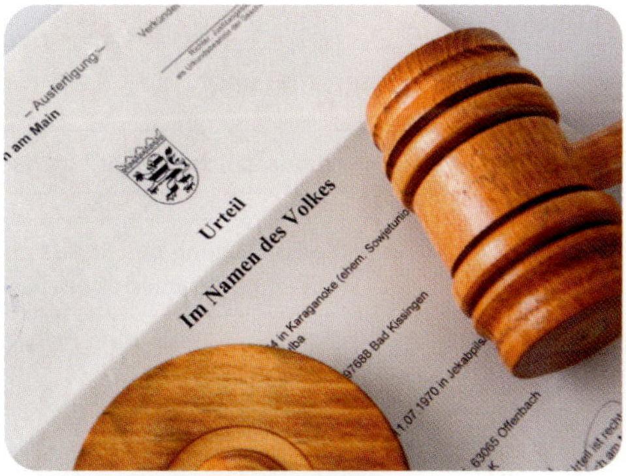

Beschwer

Nicht **jede Partei** eines Rechtsstreits kann gegen **jedes Endurteil** Berufung einlegen. Grundsätzlich kann nur diejenige Partei des Rechtsstreits gegen ein Urteil in Berufung gehen, die in Höhe von mehr als 600,00 Euro unterlegen ist. § 511 II Nr. 1 ZPO spricht davon, dass der Wert des Beschwerdegegenstandes 600,00 Euro übersteigen muss. Das bedeutet, dass je nach Lage des Falles nur eine der Parteien, beide Parteien oder auch keine Partei Berufung einlegen kann.

§ 511 II Nr. 1 ZPO

BEISPIEL 1

Vor dem Amtsgericht wird auf Zahlung von **3.000,00 Euro** geklagt. Mit dem Urteil wird der Beklagte verurteilt, zu bezahlen:

a) **3.000,00 Euro**

b) **2.400,00 Euro,** im Übrigen wird die Klage abgewiesen.

c) **2.000,00 Euro,** im Übrigen wird die Klage abgewiesen.

In Fall **a)** kann **nur** der **Beklagte** in Berufung gehen.

Auch in Fall **b)** ist nur der **Beklagte** berechtigt, Berufung einzulegen, da der Wert des Beschwerdegegenstandes des **Klägers** 600,00 Euro nicht **übersteigt.**

In Fall **c)** können **Kläger und Beklagter** in Berufung gehen.

BEISPIEL 2

Eingeklagt werden **1.000,00 Euro.** Das Amtsgericht verurteilt den Beklagten zur Zahlung von **500,00 Euro** und weist die Klage im Übrigen ab.

Hier können **weder** Kläger noch Beklagter Berufung einlegen, da keine Partei hinreichend „beschwert" ist.

Die Regelung des § 511 II Nr. 1 ZPO dient dazu, die Berufungsinstanzen vor einer zu großen Flut von „Bagatell-Fällen" zu bewahren, also im Ergebnis staatliche Ressourcen zu schonen. Der Gesetzgeber geht davon aus, dass es den Parteien in Fällen, in denen sie mit nicht mehr als 600,00 Euro beschwert sind, zugemutet werden kann, das Urteil der ersten Instanz zu akzeptieren.

Zulassung der Berufung in besonderen Fällen

Da jedoch auch Rechtsstreitigkeiten, denen kein besonderer materieller Wert zugrunde liegt,

- **grundsätzliche Bedeutung haben können oder**
- **die Fortbildung des Rechts oder die Sicherung einer einheitlichen Rechtsprechung dies notwendig machen können,**

§ 511 IV ZPO

sieht § 511 IV ZPO vor, dass in diesen Fällen das **erstinstanzliche Gericht** in seinem Urteil die Berufung **zulassen** kann.

Berufungsgericht

Für die Durchführung des Berufungsverfahrens sind zuständig:

- **das Landgericht bei Berufungen gegen Entscheidungen des Amtsgerichts, § 72 I GVG**
- **das Oberlandesgericht bei Berufungen gegen Entscheidungen des Landgerichts, § 119 I Nr. 2 GVG.**

Die Berufung ist gemäß § 519 ZPO beim Berufungsgericht einzulegen.

3.1.2 Fristen

Bei der Einleitung des Berufungsverfahrens sind zwei wichtige Fristen zu beachten, die Berufungseinlegungsfrist und die Frist zur Begründung der Berufung.

Berufungseinlegungsfrist

Gemäß § 517 ZPO beträgt die Frist zur Einlegung der Berufung **einen Monat.** Sie ist eine **Notfrist** und beginnt mit **Zustellung** des in vollständiger Form abgefassten Urteils, spätestens aber mit dem Ablauf von **fünf Monaten** nach der Verkündung. Das bedeutet, dass die maximale Frist zwischen Verkündung des Urteils und Einlegung der Berufung **sechs Monate** betragen kann.

§ 520 II ZPO

BEISPIEL

Ein Urteil des Amtsgerichts wird am **5. März verkündet,** die **Zustellung** des vollständig abgefassten Urteils erfolgt am **10. April.**

Ablauf der Berufungseinlegungsfrist: **10. Mai**

<u>1. Abwandlung:</u> nun wird das Urteil erst am **7. Juli zugestellt.**

Ablauf der Berufungseinlegungsfrist: **7. August**

<u>2. Abwandlung:</u> Die Zustellung des Urteils verzögert sich bis zum **10. September.**

Hier **beginnt** die Frist gemäß § 517 ZPO mit Ablauf des **5. September** und **endet** am **5. Oktober.**

<u>3. Abwandlung:</u> Die Zustellung verzögert sich sogar bis zum **11. November.**

Auch hier endet die Berufungseinlegungsfrist mit Ablauf des **5. Oktober.**

Für den Büroalltag ist es daher wichtig, bereits bei Verkündung des Urteils die Maximalfrist im Fristenkalender zu notieren und entsprechende Wiedervorlagen einzutragen. Hierauf muss insbesondere geachtet werden, wenn die Entscheidung lediglich telefonisch abgefragt wird.

MERKE

Es genügt in keinem Fall, mit der Eintragung der Frist zu warten, bis das Urteil zugestellt wird; zu diesem Zeitpunkt kann die Notfrist zur Einlegung der Berufung bereits abgelaufen sein.

Berufungsbegründungsfrist

Für die Begründung der Berufung gilt nach § 520 II ZPO eine Frist von **zwei Monaten** ab Zustellung des in vollständiger Form abgefassten Urteils. Auch diese Frist beginnt spätestens fünf Monate nach der Verkündung und läuft daher spätestens **sieben Monate** nach Verkündung des Urteils ab.

BEISPIEL

Der Fall liegt wie oben: Am **5. März** wird ein Urteil **verkündet,** die **Zustellung** des vollständig abgefassten Urteils erfolgt am **10. April.**

Ablauf der Berufungseinlegungsfrist, wie geschildert: 10. Mai

Ablauf der Berufungsbegründungsfrist: 10. Juni

Abwandlung: Zustellung des Urteils erst am 10. September.

Ablauf der Berufungseinlegungsfrist, wie gezeigt: 5. Oktober

Ablauf der Berufungsbegründungsfrist: 5. November

Anders als die Frist zur Einlegung der Berufung ist die Berufungsbegründungsfrist **keine** Notfrist, sie kann also vom Vorsitzenden des Berufungsgerichts auf Antrag verlängert werden. Hierzu soll der Gegner gehört werden. Stimmt er der Fristverlängerung **nicht** zu, so kann die Frist gemäß § 520 II S. 3 ZPO um maximal einen Monat verlängert werden, wenn dadurch der Rechtsstreit nach der Überzeugung des Vorsitzenden nicht verzögert wird oder der Berufungskläger erhebliche Gründe für die Fristverlängerung darlegt.

Wiedereinsetzung in den vorherigen Stand

Bereits im Rahmen des Lernfeldes 10 haben Sie gelernt, was unternommen werden kann, wenn eine Frist versäumt wurde: Bei der Versäumung einer **Notfrist wie der Berufungseinlegungsfrist** oder der **Frist zur Begründung der Berufung** räumt das Gesetz die Möglichkeit der Wiedereinsetzung in den vorherigen Stand ein, § 233 ff. ZPO. Zu den Einzelheiten lesen Sie bitte im **Informationsband für das zweite Ausbildungsjahr die Seiten 434 ff.**

LF 10 | 5 ▸

Kurz gefasst ist bei einer unverschuldeten Fristversäumung wie folgt vorzugehen:

§ 233 ZPO

> Es muss innerhalb von **zwei Wochen** (bei der Berufungsbegründung: **einem Monat)** beim zuständigen Gericht ein **Antrag** auf Wiedereinsetzung in den vorherigen Stand gestellt werden. Diese Frist beginnt dann, wenn das Hindernis, das zur Fristversäumung geführt hat, beseitigt ist.

> Im Antrag müssen die **Tatsachen glaubhaft gemacht werden,** welche die Wiedereinsetzung begründen. Es muss insbesondere dargestellt werden, dass den Rechtsanwalt **kein Verschulden** an der Fristversäumung trifft.

> **Innerhalb der Zwei-Wochen- bzw. Monatsfrist** muss zugleich die versäumte **Prozesshandlung nachgeholt** werden.

Ob eine Frist **unverschuldet** versäumt wurde, ist im Einzelfall zu prüfen. Wie im Informationsband für das zweite Ausbildungsjahr, a. a. O., ausgeführt, wird hier von der Rechtsprechung ein strenger Maßstab angelegt. Verschulden der Prozessbevollmächtigten wird der Partei des Rechtsstreits stets zugerechnet. Ein Versäumnis der Mitarbeiter der Prozessbevollmächtigten ist nur unter engen Voraussetzungen nicht schädlich. So ist z. B. dann, wenn der Anwalt eine Auszubildende mit der Fristeneintragung und -überwachung betraut, regelmäßig von einem Verschulden auszugehen.

BEISPIEL

Auf ein klageabweisendes Urteil des Amtsgerichts wurde eine Rechtsanwältin vom unterlegenen Kläger mit der Einlegung der Berufung beim Landgericht beauftragt. Der Schriftsatz wurde rechtzeitig geschrieben und unterschrieben. Die seit Jahren festangestellte Rechtsanwaltsfachangestellte wurde gebeten, den Schriftsatz am Tag des Fristablaufs persönlich in den Gerichtsbriefkasten einzuwerfen. Am nächsten Tag stellt diese zu ihrem Entsetzen fest, dass aufgrund eines bislang noch nie vorgekommenen Versehens der Briefumschlag in ihrer Tasche hängen geblieben ist und nicht fristgerecht eingeworfen wurde. Weil auch noch diverse andere Gerichtspost von ihr in den Briefkasten eingeworfen wurde, hatte sie dies am Tag des Fristablaufs nicht bemerkt.

Die Rechtsanwältin muss nun innerhalb von zwei Wochen den Wiedereinsetzungsantrag stellen, in dem sie den Geschehensablauf schildert und glaubhaft macht, z. B. durch eine eidesstattliche Versicherung der Rechtsanwaltsfachangestellten. Zugleich muss die Einlegung der Berufung gegen das Urteil nachgeholt werden.

3.1.3 Berufungsschrift

Mit der Berufungsschrift wird Berufung eingelegt. Es gelten gemäß § 519 IV ZPO die Vorschriften, die auch für vorbereitende Schriftsätze im erstinstanzlichen Verfahren gelten. Das heißt u. a., dass die Parteien und deren Prozessbevollmächtigte genau zu bezeichnen sind und erforderliche Abschriften beigefügt werden müssen. Die Berufungsschrift wird, wie gezeigt, beim **Berufungsgericht** eingereicht. Sie muss gemäß § 519 II ZPO enthalten:

§ 519 ZPO

1. **die Bezeichnung des Urteils, gegen das die Berufung gerichtet wird und**

2. **die Erklärung, dass gegen dieses Urteil Berufung eingelegt werde.**

Die Bezeichnung des Urteils erfolgt durch Benennung des erlassenden Gerichts, des Erlass-Datums sowie des Datums der Zustellung.

Es soll eine Ausfertigung oder beglaubigte Abschrift des angefochtenen Urteils beigefügt werden.

Die Zustellung der Berufung erfolgt von Amts wegen, § 521 ZPO, an den Prozessbevollmächtigten, der die Gegenseite in dem Rechtszug vertreten hat, dessen Entscheidung angefochten wird, § 172 II ZPO.

Muster einer Berufungsschrift

RAe Dr. Schmidt, Gerber & Partner
Lindenstraße 20
40477 Düsseldorf

An das
Landgericht Düsseldorf
Werdener Straße 1
40227 Düsseldorf

Düsseldorf, den …
02023/15 LS

Berufung

der Frau Maria Friedrich, Hausstraße 54, 40… Düsseldorf,

– Klägerin und Berufungsklägerin –

Prozessbevollmächtigte: RAe Dr. Schmidt, Gerber & Partner, 40477 Düsseldorf.

g e g e n

Herrn Harald Jost, Strauchweg 15, 40… Düsseldorf,

– Beklagter und Berufungsbeklagter –

Prozessbevollmächtigte: ...

legen wir Namens und in Vollmacht der Klägerin

Berufung

ein gegen das Urteil des Amtsgerichts Düsseldorf vom ..., 6 C 259/17, der Klägerin/ Berufungsklägerin zugestellt am ...,

und werden **beantragen,**

> **den Beklagten unter Abänderung des Urteils des Amtsgerichts Düsseldorf vom ..., 6 C 259/17, zu verurteilen, an die Klägerin 2.723,45 Euro zuzüglich ... % Zinsen seit dem 11. Dezember 20.. zu bezahlen und das Urteil, nötigenfalls gegen Sicherheitsleistung, für vorläufig vollstreckbar zu erklären.**

Eine beglaubigte Abschrift des angefochtenen Urteils wird als

Anlage 1

beigefügt. Die Berufungsbegründung erfolgt mit gesondertem Schriftsatz.

Gezeichnet

Rechtsanwalt

3.1.4 Begründung der Berufung

§ 520 ZPO

Die Berufung muss nach § 520 I ZPO begründet werden. Erfolgt dies nicht innerhalb der oben genannten Frist von zwei Monaten, so ist die Berufung allein deshalb als unzulässig zu verwerfen, § 522 I ZPO. Nur die **Einlegung** der Berufung genügt also nicht!

In der Berufungsbegründung **muss** (§ 520 III ZPO), sofern dies nicht bereits in der Berufungsschrift erfolgt ist, **enthalten** sein:

1. die Erklärung, inwieweit das Urteil angefochten wird und welche Abänderungen des Urteils beantragt werden **(Berufungsanträge),**
2. die Bezeichnung der Umstände, aus denen sich die **Rechtsverletzung** und deren **Erheblichkeit** für die angefochtene Entscheidung ergibt,

3. die Bezeichnung konkreter Anhaltspunkte, die **Zweifel an der Richtigkeit** oder **Vollständigkeit** der **Tatsachenfeststellungen** im angefochtenen Urteil begründen und deshalb eine erneute Feststellung gebieten,
4. die Bezeichnung der **neuen Angriffs- und Verteidigungsmittel** sowie der **Tatsachen,** auf Grund derer die neuen Angriffs- und Verteidigungsmittel **nach § 531 Abs. 2 zuzulassen** sind.

Außerdem sollen (§ 520 IV) genannt werden:

1. die Angabe des **Wertes** des nicht in einer bestimmten Geldsumme bestehenden Beschwerdegegenstands, wenn von ihm die Zulässigkeit der Berufung abhängt und
2. eine Äußerung dazu, ob einer **Entscheidung** der Sache durch den **Einzelrichter** Gründe entgegenstehen.

Die Berufung kann nach § 513 ZPO nur auf zwei Gründe gestützt werden:

› Zum einen, dass die Entscheidung des erstinstanzlichen Gerichts auf einer Rechtsverletzung beruht, § 546 ZPO. Eine Rechtsverletzung liegt dann vor, wenn eine Rechtsnorm nicht oder nicht richtig angewendet wurde.
› Zum andern, dass Tatsachen, die im Berufungsverfahren zu berücksichtigen sind (§ 529 ZPO), eine andere Entscheidung rechtfertigen.

3.1.5 Ablauf des Berufungsverfahrens

Wie das Berufungsverfahren abläuft ist in § 522 ff. ZPO geregelt.

Das Berufungsgericht überprüft zunächst die Zulässigkeitsvoraussetzungen, also

› ob die Berufung an sich **statthaft** gemäß § 511 ZPO ist, sich also gegen ein erstinstanzliches Ersturteil richtet und die Berufungssumme erreicht ist oder das erstinstanzliche Gericht die Berufung zugelassen hat und
› ob sie **form- und fristgerecht eingelegt** und **begründet** wurde.

Fehlt eine der Zulässigkeitsvoraussetzungen, so wird die Berufung durch **Beschluss des Berufungsgerichts** als unzulässig verworfen. Gegen diese Entscheidung findet die Rechtsbeschwerde statt, § 522 I S. 4 ZPO.

§ 522 ZPO

Trotz Zulässigkeit der Berufung wird sie durch **einstimmigen Beschluss** zurückgewiesen, wenn das Berufungsgericht davon überzeugt ist, dass

1. die Berufung offensichtlich **keine Aussicht auf Erfolg** hat,
2. die Rechtssache **keine grundsätzliche Bedeutung** hat,
3. die **Fortbildung des Rechts** oder die **Sicherung einer einheitlichen Rechtsprechung** eine Entscheidung des Berufungsgerichts **nicht erfordert** und
4. eine **mündliche Verhandlung nicht geboten** ist.

Vor Zurückweisung der Berufung aus diesen Gründen ist dem Berufungsführer Gelegenheit zur Stellungnahme zu geben.

Wird die Berufung nicht nach § 522 verworfen oder zurückgewiesen, so entscheidet das Gericht gemäß §§ 523, 526 über die Übertragung des Verfahrens auf den Einzelrichter. Hierbei handelt es sich um eines der Mitglieder des Berufungsgerichts.

© auremar – Fotolia.com

Im Rahmen des Verfahrens wird nun, wie angesprochen, geprüft, ob eine Rechtsverletzung vorliegt oder entscheidungserhebliche Tatsachen nicht berücksichtigt wurden.

BEISPIEL

Erstinstanzlich wurde eine Verkehrsunfallsache entschieden. Der Beklagte hatte eine rote Ampel übersehen, wodurch es zum Verkehrsunfall kam. Der Kläger fuhr allerdings mit leicht überhöhter Geschwindigkeit, dies war mitursächlich für seine erheblichen Verletzungen.

Eine **Rechtsverletzung** könnte nun vorliegen, wenn das Amtsgericht bei seiner Entscheidung zwar die überhöhte Geschwindigkeit des Klägers erkannt, diese jedoch nicht als **Mitverschulden** gewertet hätte.

Ebenfalls angreifbar wäre das Urteil, wenn das Amtsgericht die überhöhte Geschwindigkeit in seine Entscheidungsgründe überhaupt nicht einbezogen hätte. Es hätte also **Tatsachen,** die für die Entscheidung des Rechtsstreits erheblich gewesen sein könnten, nicht berücksichtigt.

Zu beachten ist, dass **Tatsachen,** die im erstinstanzlichen Verfahren nicht vorgebracht wurden, selbst dann, wenn sie entscheidungserheblich wären, nur unter den strengen Voraussetzungen des § 531 II ZPO zu berücksichtigen sind. Dadurch sollen alle Beteiligten dazu angehalten werden, alle Angriffs- und Verteidigungsmittel frühstmöglich in den Rechtsstreit einzubringen, um die Verfahren nicht unnötig in die Länge zu ziehen.

§ 531 ZPO

In der Regel erhebt das Berufungsgericht erforderliche Beweise und entscheidet **selbst** über den Rechtsstreit, § 538 I ZPO.

3.1.6 Abschluss des Verfahrens

Das Berufungsgericht entscheidet das Verfahren durch Urteil, in dem es das angefochtene Urteil teilweise **abändert,** insgesamt **aufhebt** oder vollständig **bestätigt.** Gemäß § 539 ZPO ist bei **Säumnis** eines der Beteiligten auch ein Versäumnisurteil möglich.

Unter den Voraussetzungen des § 538 II ZPO kann das Berufungsgericht das Verfahren auch unter Aufhebung des Urteils an das erstinstanzliche Gericht zu **dessen erneuter Entscheidung** zurückverweisen. Dies ist vor allem dann der Fall, wenn ein schwerwiegender Mangel des Urteils eine umfangreiche oder auf-

© Robert Kneschke – Fotolia.com

wendige Beweisaufnahme notwendig macht, aber auch z. B. in dem Fall, dass erstinstanzlich ein **Versäumnisurteil** erging.

Das Berufungsurteil ist gemäß § 540 ZPO in der Regel wesentlich kürzer als das erstinstanzliche Urteil, da auf **Tatbestand** und **Entscheidungsgründe** verzichtet wird. Stattdessen wird im Wesentlichen auf das angefochtene Urteil Bezug genommen und nur kurz die Abänderung, Aufhebung oder Bestätigung der Entscheidung begründet.

Zu beachten ist, dass die Entscheidungsbefugnis des Berufungsgerichts durch die **Anträge begrenzt** ist, § 528 ZPO. Das bedeutet, dass das Berufungsgericht selbst dann, wenn es eine weitergehende Rechtsverletzung erkennen würde, nicht über die Anträge des Berufungsführers hinausgehen darf.

3.1.7 Sonderfall: Die Anschlussberufung

Die dargestellten Grundzüge der Berufung einschließlich der Fristen gelten für den Fall, dass einer oder alle der am erstinstanzlichen Verfahren Beteiligten Berufung einlegen wollen. Es kann jedoch vorkommen, dass eine der Parteien zunächst die Frist zur Einlegung der Berufung hat verstreichen lassen oder gar ausdrücklich auf Rechtsmittel verzichtet hat, während die Gegenseite Berufung eingelegt hat. Nun ist es gemäß § 524 ZPO auch der anderen Partei möglich, noch nach Ablauf der Berufungseinlegungsfrist selbst Berufung einzulegen, die sogenannte „Anschlussberufung". Dies kann bis zum Ablauf der Berufungsbegründungsfrist, welche der Gegenseite gesetzt wurde, erfolgen. In der Anschlussschrift muss dann auch die Begründung der Anschlussberufung enthalten sein, § 524 III ZPO.

© fotomek – Fotolia.com

BEISPIEL

Im erstinstanzlichen Urteil wurde bei einer Klageforderung von 3.500,00 Euro die Beklagte zur Zahlung von 1.000,00 Euro verurteilt, im Übrigen wurde die Klage abgewiesen. Die Beklagte hatte sich ursprünglich trotz gewisser Zweifel mit dem Urteil abfinden wollen. Als ihr aber die Berufung des Klägers zugestellt wird, entscheidet sie sich, selbst ebenfalls in Berufung zu gehen, um eventuell eine vollständige Klageabweisung zu erreichen. Dies ist auch nach Ablauf der Berufungsfrist, § 517 ZPO, noch möglich.

Eine Anschlussberufung **teilt das Schicksal der Berufung.** Dies bedeutet insbesondere, dass sie ihre Wirkung verliert, wenn die Gegenseite ihre Berufung zurücknimmt oder das Berufungsgericht diese als unzulässig verwirft oder durch Beschluss, § 522 II ZPO, zurückweist.

3.1.8 Zusammenfassung und Aufgaben

ZUSAMMENFASSUNG

Berufung

Statthaftigkeit

Statthaft gegen erstinstanzliche Endurteile, § 511 I ZPO

- AG → LG
- LG → OLG

Zulässigkeit

Beschwerdegegenstand > 600,00 Euro oder Zulassung durch erstinstanzliches Gericht

Berufungseinlegung

Notfrist: 1 Monat ab Zustellung, beginnt spätestens 5 Monate nach Verkündung, § 517 ZPO

Inhalt, § 519 ZPO:
- Bezeichnung des erstinstanzlichen Urteils
- Erklärung, dass Berufung eingelegt wird

Berufungsbegründung

2 Monate ab Zustellung, beginnt spätestens 5 Monate nach Verkündigung, § 520 II ZPO

Inhalt, § 520 III ZPO:
- Anträge
- Umstände der Rechtsverletzung
- Anhaltspunkte für Zweifel an der Richtigkeit oder Vollständigkeit der Tatsachenfeststellungen
- Bezeichnung neuer Angriffs- und Verteidigungsmittel

Entscheidungsmöglichkeiten des Berufungsgerichts

- Verwerfung als unzulässig, § 522 I ZPO
- Zurückweisung gem. § 522 II ZPO
- Zurückweisung an das erstinstanzliche Gericht gem. § 538 II ZPO
- Urteil: Abänderung, Aufhebung oder Bestätigung des erstinstanzlichen Urteils

AUFGABEN

1. Aus welchen beiden Gründen kann Berufung eingelegt werden?
2. Wogegen richtet sich die Berufung?
3. Welche Fristen sind bei der Berufung zu beachten?
4. Wodurch unterscheidet sich eine Notfrist von einer sonstigen Frist?
5. Was kann bei der Versäumung einer Frist unternommen werden? Bitte schildern Sie die genaue Vorgehensweise einschließlich etwaiger Fristen.
6. Was ist in der Berufungsschrift aufzuführen?

3.2 Revision

Die Revision ist das Rechtsmittel, durch welches ein Urteil durch den Bundesgerichtshof **nur** auf Verletzungen des Rechts überprüft werden kann, während durch die Berufung rechtliche **und** tatsächliche Erwägungen des erstinstanzlichen Gerichts überprüft werden. In der Regel wird die Revision nach der Berufung als dritte Instanz durchgeführt, es besteht jedoch auch die Möglichkeit, direkt nach dem Urteil erster Instanz in Revision zu gehen („Sprungrevision", s. Seite 33).

Da die Revision nur unter sehr engen Bedingungen zulässig ist, wird sie in der Praxis viel seltener durchgeführt als die Berufung. Während z. B. pro Jahr ungefähr 100.000 Berufungsverfahren durch die Land- und Oberlandesgerichte abgeschlossen werden, erledigt der Bundesgerichtshof im selben Zeitraum weniger als 4.500 Revisionsverfahren, davon lediglich ca. 600 durch Urteil. Der überwiegende Teil wird nicht zugelassen oder zurückgenommen (Quellen: Statistisches Bundesamt; Bundesgerichtshof)

3.2.1 Statthaftigkeit der Revision

Die Revision findet grundsätzlich gegen **Berufungsurteile** (mit Ausnahme der in § 542 II ZPO genannten Urteile) statt, § 542 I ZPO. Man kann jedoch auch unter den Voraussetzungen des § 566 ZPO direkt nach dem Urteil erster Instanz Revision einlegen, wenn das Urteil berufungsfähig ist (also der Beschwerdewert von 600,00 Euro überschritten wurde). Man spricht dann von der **„Sprungrevision"**.

§ 542 ZPO

Bei der Sprungrevision wird die Berufungsinstanz übergangen. Dadurch verlieren alle Parteien des Rechtsstreits eine Möglichkeit der Nachprüfung des erstinstanzlichen Urteils. Deshalb kann gemäß § 566 I ZPO die Sprungrevision nur durchgeführt werden, wenn

§ 566 ZPO

- der Gegner in die Übergehung der Berufungsinstanz einwilligt und
- das Revisionsgericht die Sprungrevision zulässt.

© Blackosaka – Fotolia.com

3.2.2 Revisionsgericht

Das Revisionsgericht für alle Revisionen in Zivilsachen ist der Bundesgerichtshof, § 133 GVG.

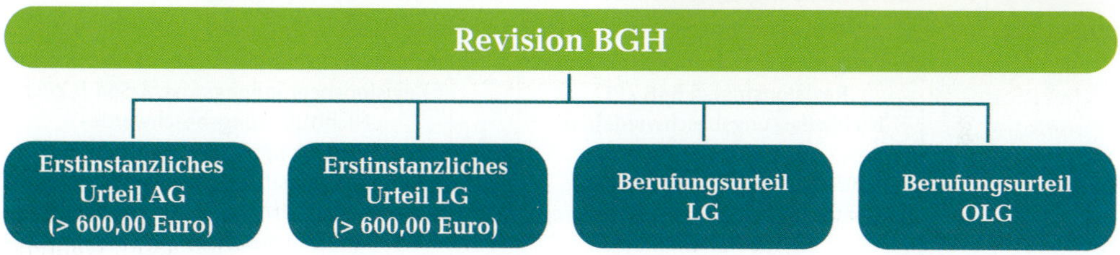

3.2.3 Zulässigkeit der Revision

Der Gesetzgeber geht grundsätzlich davon aus, dass der Großteil der Rechtsstreitigkeiten in Zivilsachen in einer oder maximal zwei Instanzen erledigt werden sollen. Ein Revisionsverfahren soll nur in besonderen Fällen durchgeführt werden können. Deshalb muss die Revision nach § 543 ZPO zugelassen werden. Dies kann geschehen

§ 543 ZPO

- im **Berufungsurteil** durch das **Berufungsgericht** oder
- durch das **Revisionsgericht** auf die Beschwerde gegen die Nichtzulassung hin.

Die **Sprungrevision** muss durch das **Revisionsgericht** zugelassen werden, § 566 ZPO.

Zugelassen wird die Revision nur dann, wenn

- die Rechtssache **grundsätzliche Bedeutung** hat oder
- die **Fortbildung des Rechts** oder die **Sicherung einer einheitlichen Rechtsprechung** eine Entscheidung des Revisionsgerichts erfordert, § 543 II ZPO.

Hat das Berufungsgericht die Revision zugelassen, ist der Bundesgerichtshof als Revisionsgericht daran gebunden.

3.2.4 Nichtzulassungsbeschwerde

Wenn im Berufungsurteil die Revision nicht zugelassen wurde, besteht die Möglichkeit, beim Revisionsgericht Nichtzulassungsbeschwerde einzulegen, § 544 ZPO. Durch diese Beschwerde wird die **Rechtskraft** des Urteils gehemmt, § 544 V ZPO. Lehnt der Bundesgerichtshof die Beschwerde ab, so wird damit das Urteil rechtskräftig. Wie schon erwähnt werden die allermeisten Nichtzulassungsbeschwerden abgelehnt, nur selten kommt es zur Durchführung der Revision.

3.2.5 Fristen/Wiedereinsetzung in den vorherigen Stand

Die Fristen sowohl für Einlegung und Begründung der Revision als auch der Nichtzulassungsbeschwerde entsprechen denen der Berufung.

Revisionsfrist, § 548 ZPO **Nichtzulassungsbeschwerdefrist, § 544 I ZPO** **Notfrist: 1 Monat ab Zustellung, höchstens 6 Monate ab Verkündung des Urteils**	→	**Revisionsbegründungsfrist, § 551 II ZPO** **Nichtzulassungsbeschwerdebegründungsfrist, § 544 II ZPO** **2 Monate ab Zustellung, höchstens 7 Monate ab Verkündung des Urteils**

Wegen der Folgen der Fristversäumung und der Möglichkeit der Wiedereinsetzung in den vorherigen Stand gilt ebenfalls das zur Berufung unter 3.1.2.3 Ausgeführte, weshalb hier darauf verwiesen wird.

3.2.6 Revisionsschrift und -begründung/Prüfungsgegenstand

Die Revision wird beim **Revisionsgericht** durch einen Schriftsatz eingelegt, welcher der Berufungsschrift entspricht. In ihm wird das angefochtene Urteil bezeichnet sowie erklärt, dass Revision eingelegt werde, § 549 ZPO. Ebenfalls wie bei der Berufung ist die Revision zwingend zu begründen, § 551 I ZPO.

Die Revision kann erfolgreich nur mit einer Rechtsverletzung begründet werden, § 545 ZPO, also der Nichtanwendung oder fehlerhaften Anwendung einer

© Ingo Bartussek – Fotolia.com

Rechtsnorm, § 546 ZPO. In § 547 ZPO sind diverse („absolute) Revisionsgründe aufgeführt, bei denen ohne Weiteres von einer Rechtsverletzung auszugehen ist. Dazu gehört z. B., wenn das entscheidende Gericht nicht vorschriftsmäßig besetzt war.

BEISPIEL

Welche Richter zur Entscheidung eines Rechtsstreits innerhalb eines Gerichts zuständig sind, regelt der jeweilige Geschäftsverteilungsplan. Erging ein Berufungsurteil unter Mitwirkung eines Richters oder einer Richterin, die nach dem Geschäftsverteilungsplan des Gerichts nicht zuständig gewesen wäre, ist allein dies ein Revisionsgrund, da das Recht auf den „gesetzlichen Richter", Art. 101 I GG, verletzt wurde.

3.2.7 Verfahren/Anschlussrevision

Das in den §§ 552 ff. ZPO geregelte Revisionsverfahren entspricht weitgehend dem Berufungsverfahren, weshalb hier auf die Ausführungen dort verwiesen wird. Wie bei der Berufung besteht auch im Revisionsverfahren die Möglichkeit der Anschlussrevision für eine Partei, die selbst nicht innerhalb der Revisionsfrist tätig geworden ist, auf das Rechtsmittel verzichtet hat oder deren eigene Revision nicht zugelassen wurde, § 554 ZPO.

3.2.8 Abschluss des Verfahrens/Rechtskraft

Das Revisionsgericht kann die Revision entweder gemäß § 552 I unter den dort genannten Gründen als unzulässig verwerfen.

© sebra – Fotolia.com

Ist die Revision statthaft und form- und fristgerecht eingelegt, prüft das Revisionsgericht inhaltlich und kann dann

- die Revision zurückweisen,
- das angefochtene Urteil aufheben und die Sache zurückverweisen oder
- selbst entscheiden.

Wird die Sache nicht zur erneuten Entscheidung zurückverwiesen, tritt mit Entscheidung des Revisionsgerichts Rechtskraft ein. Ein weiteres Rechtsmittel ist dann im ordentlichen Verfahren nicht mehr gegeben.

3.2.9 Zusammenfassung und Aufgaben

ZUSAMMENFASSUNG

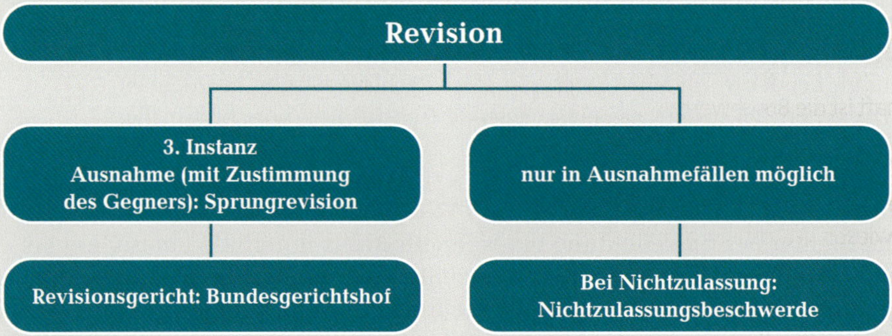

AUFGABEN

1. Bitte erläutern Sie den Unterschied zwischen **Berufung** und **Revision.**
2. Wozu dient die **Nichtzulassungsbeschwerde?**
3. Welche **Fristen** sind bei der Revision zu beachten?
4. **Wo** (bei welchem Gericht) ist die Revision in welcher **Form** einzulegen?

3.3 Beschwerde

Die Zivilprozessordnung kennt das Rechtsmittel der Beschwerde in zwei Varianten: der sofortigen Beschwerde, § 567 ff. ZPO, und der Rechtsbeschwerde, §§ 574 ff. ZPO. Mit Beschwerden wenden sich die Beschwerdeführer gegen Beschlüsse oder Verfügungen der Gerichte, während Berufung und Revision gegen Urteile gerichtet sind.

3.3.1 Sofortige Beschwerde

Die sofortige Beschwerde kann sich gegen diverse Entscheidungen der Amts- oder Landgerichte wenden.

Statthaftigkeit der Beschwerde

Statthaft ist die Beschwerde nach § 567 ZPO, wenn

- das Gesetz sie ausdrücklich vorsieht oder
- ein das Verfahren betreffendes Gesuch zurückgewiesen wurde, für das eine mündliche Verhandlung nicht erforderlich war.

Dementsprechend muss im Einzelfall geprüft werden, ob gesetzlich das Rechtsmittel der sofortigen Beschwerde eingeräumt ist (z. B. gegen den **Kostenfestsetzungsbeschluss,** § 104 III ZPO, oder die **Ablehnung der Prozesskostenhilfe,** § 127 BGB, vgl. S. 395 des Informationsbandes für das erste Ausbildungsjahr) oder ob die angegriffene Entscheidung ohne eine mündliche Verhandlung ergehen konnte, so zum Beispiel beim Antrag auf Erlass eines **Arrests** oder einer **einstweiligen Verfügung,** §§ 916 ff. ZPO.

Beschwerdegericht

Das zuständige Beschwerdegericht ist bei Entscheidungen der Amtsgerichte das **Landgericht,** § 72 I ZPO, bei Entscheidungen des Landgerichts das **Oberlandesgericht,** § 119 I Nr. 2 ZPO.

Entscheidung des Amtsgerichts
Sofortige Beschwerde beim Landgericht

Entscheidung des Landgerichts
Sofortige Beschwerde beim Oberlandesgericht

Frist und Form der sofortigen Beschwerde

Die sofortige Beschwerde ist grundsätzlich innerhalb einer Notfrist von zwei Wochen zu erheben, sofern nicht etwas anderes gesetzlich geregelt ist, § 569 I ZPO. Dies ist z. B. bei der **Prozesskostenhilfe** der Fall: dort beträgt die Beschwerdefrist **einen Monat** (Einzelheiten hierzu siehe S. 395 f. des Informationsbandes für das 2. Ausbildungsjahr). Fristbeginn ist in der Regel mit Zustellung der Entscheidung (bei Prozesskostenhilfe: mit Bekanntgabe des Beschlusses), spätestens aber **fünf** (bei PKH: **drei)** Monate nach Verkündung.

§ 569 ZPO

Die sofortige Beschwerde ist schriftlich bei dem Gericht, dessen Entscheidung angefochten wird, oder beim Beschwerdegericht einzureichen. Im **Parteiprozess,** also wenn kein Anwaltszwang besteht, im **Prozesskostenhilfeverfahren** oder durch **Zeugen, Sachverständige** und **Dritte,** die eine Urkunde oder einen Beweisgegenstand vorzulegen haben (§§ 142, 144 ZPO), kann die Beschwerde auch zu

Protokoll der Geschäftsstelle erklärt werden. Eine Begründung „soll" eingereicht werden, § 571 ZPO, ist aber nicht zwingend.

Verfahren/Abschluss des Verfahrens

§ 572 ZPO

Die Beschwerde wird zunächst durch das Gericht geprüft, das die angefochtene Entscheidung erlassen hat, § 572 ZPO. Eine aufschiebende Wirkung hat die Beschwerde **nicht,** § 571 ZPO. Wenn das Ausgangsgericht die Beschwerde für begründet hält, „hilft es ab", es ändert also seine Entscheidung. Ansonsten legt es die Sache unverzüglich dem Beschwerdegericht vor.

Das Beschwerdegericht verwirft die Beschwerde als unzulässig, wenn sie nicht statthaft ist oder nicht form- und fristgerecht eingelegt wurde. Ansonsten entscheidet es in der Sache entweder durch Zurückweisung der sofortigen Beschwerde als unbegründet oder durch Abänderung der angefochtenen Entscheidung. Es kann aber auch dem Ausgangsgericht die erforderliche Anordnung übertragen, § 572 III ZPO. In jedem Fall entscheidet das Beschwerdegericht durch Beschluss, § 572 IV ZPO; es findet also keine mündliche Verhandlung statt.

3.3.2 Rechtsbeschwerde

Statthaftigkeit der Rechtsbeschwerde

§ 574 ZPO

Das Rechtsmittel der Rechtsbeschwerde, § 574 ff. ZPO, ist nur in Fällen zuzulassen,

- in denen dies vom Gesetz **ausdrücklich bestimmt** ist (z. B. bei der Verwerfung der Berufung als unzulässig, § 522 I ZPO) oder
- wenn das Beschwerdegericht, das Berufungsgericht oder das Oberlandesgericht im ersten Rechtszug sie in dem Beschluss **zugelassen** hat.

Zugelassen werden soll die Rechtsbeschwerde nur, wenn die Rechtssache **grundsätzliche Bedeutung** hat oder für die **Fortbildung des Rechts** oder die **Sicherung einer einheitlichen Rechtsprechung** notwendig ist. Damit ist sie, ähnlich wie die Revision gegen Urteile, ein Rechtsmittel, das nur für besonders schwerwiegende Fälle vorgesehen ist. Insbesondere soll nicht generell eine dritte Instanz nach der sofortigen Beschwerde eröffnet werden.

Beschwerdegericht

Das Beschwerdegericht für die Rechtsbeschwerde ist der Bundesgerichtshof, § 133 GVG.

Frist, Form und Begründung

§ 575 ZPO

Gemäß § 575 ZPO muss die Rechtsbeschwerde innerhalb einer Notfrist von einem Monat nach Zustellung der angefochtenen Entscheidung schriftlich beim Rechtsbeschwerdegericht eingelegt werden. Innerhalb dieser Frist muss sie auch begründet werden. Anders als bei der sofortigen Beschwerde, bei der eine Begründung nicht zwingend ist, führt eine fehlende Begründung bei der Rechtsbeschwerde zur Unzulässigkeit des Rechtsmittels.

© Elnur – Fotolia.com

Inhaltlich muss die Begründung den strengen Anforderungen des § 575 III ZPO genügen, also insbesondere Angaben zu Zulässigkeit und Begründetheit enthalten.

Gründe für eine erfolgreiche Rechtsbeschwerde können nur sein, dass die angefochtene Entscheidung auf einer **Verletzung von Bundesrecht** oder einer Vorschrift beruht, die über einen Oberlandesgerichtsbezirk hinaus gültig ist, § 576 ZPO.

Verfahren und dessen Abschluss

§ 577 ZPO

Der Bundesgerichtshof als Rechtsbeschwerdegericht prüft gem. § 577 I ZPO von Amts wegen (also auch ohne, dass die Gegenseite darauf hinweisen muss), ob die Rechtsbeschwerde statthaft ist, form- und fristgerecht eingelegt und begründet wurde. Falls es hieran mangelt, wird sie direkt als unzulässig zurückgewiesen.

Eine zulässige Rechtsbeschwerde kann nach inhaltlicher Prüfung entweder als unbegründet zurückgewiesen werden oder, wenn sie begründet ist, aufgehoben und an das Ausgangsgericht zurückverwiesen werden. Der Bundesgerichtshof kann allerdings auch selbst entscheiden, § 577 V ZPO. Die Entscheidung ergeht in jedem Fall durch Beschluss.

3.3.3 Fristversäumung und Wiedereinsetzung in den vorigen Stand

Bei allen Arten der Beschwerde kann im Falle der unverschuldeten Fristversäumung Wiedereinsetzung in den vorigen Stand beantragt werden. Diesbezüglich wird hier auf die Ausführungen bei der Berufung, Kapitel 3.1.2.3, und im Informationsband für das zweite Ausbildungsjahr, S. 434 ff., verwiesen.

3.3.4 Sonderfall: Verfahren im Familienrecht

FamFG

Die Erläuterungen zu Rechtsmitteln und Rechtsbehelfen gelten im Prinzip auch im Familienrecht. Allerdings ist zu beachten, dass nach dem Gesetz über das Verfahren in Familiensachen und in den Angelegenheiten der freiwilligen Gerichtsbarkeit **(FamFG)** Entscheidungen in Familiensachen grundsätzlich durch **Beschluss** ergehen, § 38 FamFG, auch wenn eine mündliche Verhandlung vorausgeht. Hier wäre nach der ZPO durch **Urteil** zu entscheiden und die richtigen Rechtsmittel wären Berufung und Revision. Durch die andere Bezeichnung soll im FamFG der Tatsache Rechnung getragen werden, dass sich oftmals die Parteien nicht als „Gegner" wie im streitigen Verfahren nach der ZPO gegenüberstehen, sondern gemeinsam eine Entscheidung des Gerichts herbeigeführt werden soll, z. B. die Scheidung der Ehe.

§§ 58 ff. FamFG

Dementsprechend sind die statthaften Rechtsmittel gegen Entscheidungen des Familiengerichts gemäß §§ 58 ff. FamFG in der Regel die Beschwerde und gegebenenfalls die Rechtsbeschwerde.

3.3.5 Zusammenfassung und Aufgaben

ZUSAMMENFASSUNG

Beschwerden

richten sich gegen gerichtliche Entscheidungen, die **nicht** Urteile sind.

Sofortige Beschwerde	Rechtsbeschwerde beim Bundesgerichtshof
In einer Vielzahl von Fällen möglich	Nur möglich bei grundsätzlicher Bedeutung und in besonders schwerwiegenden Fällen
Begründung nicht erforderlich	Ist immer zu begründen

AUFGABEN

1. Nennen Sie bitte die wesentlichen Fristen, die bei der **sofortigen Beschwerde** und der **Rechtsbeschwerde** zu beachten sind.

2. Welches Gericht ist sachlich zuständig
   - für die sofortige Beschwerde?
   - für die Rechtsbeschwerde?

3. In welcher Form kann die sofortige Beschwerde eingelegt werden?

4. Wo müssen sofortige Beschwerde und Rechtsbeschwerde eingelegt werden?

4. VERGÜTUNGSABRECHNUNG UND KOSTENFESTSETZUNG

Im Rahmen Ihrer Ausbildung haben Sie sich mittlerweile an mehreren Stellen mit der Berechnung der anwaltlichen Gebühren beschäftigt: In Lernfeld 4 waren außergerichtliche Tätigkeiten abzurechnen (S. 408 ff. des ersten Bandes), in den Lernfeldern 9 und 10 haben Sie sich mit der Abrechnung von Mahnverfahren (S. 285 ff. des zweiten Bandes), Prozesskostenhilfeverfahren (S. 396 ff. des zweiten Bandes) und gerichtlichem Verfahren I. Instanz (S. 423 ff. des zweiten Bandes) vertraut gemacht. Die Vergütungsberechnung im **Rechtsbehelfs-** und **Rechtsmittelverfahren** unterscheidet sich davon nur sehr wenig. Im Folgenden werden wir daher vor allem die Besonderheiten aufzeigen. Die Grundlagen der Vergütungsabrechnung wiederholen Sie bitte mithilfe der o. g. Kapitel.

◂ LF 4

◂ LF 9/10

4.1 Gebühren bei Rechtsbehelfen

4.1.1 Widerspruch und Einspruch im Mahnverfahren

Für die Vertretung des Antragsgegners erhält der Anwalt im Mahnverfahren:

Nr. 3307 VV RVG

Widerspruch gegen den Mahnbescheid	**0,5 Verfahrensgebühr Nr. 3307 VV RVG**
Einspruch gegen den Vollstreckungsbescheid	**1,3 Verfahrensgebühr Nr. 3100 VV RVG**

Da der Einspruch gegen den Vollstreckungsbescheid zur Überleitung in das streitige Verfahren führt, erhält der Anwalt schlicht die Gebühren des erstinstanzlichen Verfahrens; eine gesonderte Gebühr für die Erhebung des Einspruchs ist nicht vorgesehen. Wegen der Einzelheiten lesen Sie bitte **S. 286 ff.** des Bandes für das zweite Ausbildungsjahr.

4.1.2 Einspruch gegen Versäumnisurteil

Im Säumnisverfahren entstehen keine anderen Gebühren als im „normalen" Verfahren. Allerdings **ermäßigt** sich die **Terminsgebühr** für den Anwalt, der das Versäumnisurteil beantragt, auf 0,5 gemäß Nr. 3105 VV RVG.

Nr. 3105 VV RVG

4.1.3 Erinnerung

Im Erinnerungsverfahren kann der Anwalt abrechnen:

Nr. 3500 VV RVG

- **0,5 Verfahrensgebühr,** Nr. 3500 VV RVG und, wenn eine mündliche Verhandlung stattfindet,
- **0,5 Terminsgebühr,** Nr. 3513 VV RVG

4.1.4 Gehörsrüge

Wird wegen Verletzung des Anspruchs auf rechtliches Gehör Gehörs- oder Anhörungsrüge gemäß § 321a ZPO erhoben, erhält der Anwalt:

Nr. 3330 VV RVG

- **0,5 Verfahrensgebühr,** Nr. 3330 VV RVG und, wenn eine mündliche Verhandlung stattfindet,
- **0,5 Terminsgebühr,** Nr. 3331 VV RVG.

4.2 Gebühren bei Rechtsmitteln

Die Rechtsanwaltsgebühren fallen grundsätzlich in jeder Instanz **erneut** an, und zwar, je nach Ablauf des Verfahrens, Verfahrens-, Termins- und evtl. Einigungsgebühr. Es verändert sich **nur** der jeweilige **Gebührensatz** in den Rechtsmittelinstanzen. **Auslagen** werden ebenfalls für jede Instanz **gesondert** abgerechnet.

Wegen der Grundzüge der Vergütungsberechnung für das gerichtliche Verfahren lesen Sie bitte im Informationsband für das zweite Ausbildungsjahr auf den S. 423 ff. nach.

4.2.1 Berufung

Im Berufungsverfahren können folgende Gebühren abgerechnet werden:

Verfahrensgebühr	1,6 Nr. 3200 VV RVG
Terminsgebühr	1,2 Nr. 3202 VV RVG
Einigungsgebühr	1,3 Nr. 1004 VV RVG

Nr. 3200 VV RVG

Hinzu kommen, wie erwähnt, Auslagen und Umsatzsteuer.

Die **Verfahrensgebühr** ermäßigt sich gemäß Nr. 3201 VV RVG auf **1,1,** bei vorzeitiger Beendigung des Auftrags oder eingeschränkter Tätigkeit des Anwalts. Dies ist z. B. der Fall, wenn die Berufung nur **fristwahrend eingelegt** und **vor Begründung zurückgenommen** wurde.

4.2.2 Revision

Für das Revisionsverfahren ändern sich die Gebührensätze wie folgt:

Verfahrensgebühr	1,6 bzw. 2,3 (BGH-Anwalt) Nr. 3206, 3208 VV RVG
Terminsgebühr	1,5 Nr. 3210 VV RVG
Einigungsgebühr	1,3 Nr. 1004 VV RVG

Nr. 3206 VV RVG

4.2.3 Beschwerde

Nr. 3500 VV RVG

Die Gebühren für Beschwerdeverfahren sind in den Nr. 3500 ff. VV RVG geregelt. Die Gebührensätze für die gegebenenfalls anfallenden **Verfahrens**- und **Terminsgebühren** verändern sich je nach **Art der Beschwerde** und dem **Beschwerdegericht.**

Verfahrensgebühr

- 0,5 Nr. 3500 VV RVG, sofern nichts anderes geregelt ist
- 1,0 Nr. 3502 VV RVG Rechtsbeschwerde
- 1,6 Nr. 3504 VV RVG Nichtzulassungsbeschwerde Berufung
- 2,3 Nr. 3508 VV RVG Nichtzulassungsbeschwerde Revision (BGH-Anwalt)

Terminsgebühr

- 0,5 Nr. 3514 VV RVG in den Fällen der Nummer 3500
- 1,2 Nr. 3516 VV RVG Rechtsbeschwerde und Nichtzulassungsbeschwerde

4.3 Zusammenfassung und Aufgaben

ZUSAMMENFASSUNG

Die Gebühren in den Rechtsbehelfs- und Rechtsmittelverfahren unterscheiden sich vom erstinstanzlichen Verfahren lediglich durch die Höhe der Gebührensätze. Im Übrigen weist die Vergütungsabrechnung in diesen Verfahren keine Besonderheiten auf.

AUFGABEN

Bitte erstellen Sie in den folgenden Fällen die Vergütungsberechnung einschließlich der Auslagen (-pauschale), die Berechnung der Umsatzsteuer ist nicht erforderlich.

1. Der Rechtsanwalt legt gegen ein Urteil des Landgerichts **Berufung** beim Oberlandesgericht ein. Der Berufungsstreitwert beträgt 10.000,00 Euro. Nach mündlicher Verhandlung wird die Berufung zurückgewiesen.

2. Es wird **Berufung** gegen ein Urteil des Amtsgerichts beim Landgericht eingelegt, der Berufungsstreitwert beträgt 800,00 Euro. Nach Zustellung der Berufungsschrift erhalten die Parteien vom Gericht den Hinweis auf fehlende örtliche Zuständigkeit. Daraufhin nimmt der Anwalt vor Einreichung der Begründung die Berufung zurück.

3. Es wird **Berufung** gegen ein Urteil des Landgerichts eingelegt, Wert 10.000,00 Euro. Nach streitiger Verhandlung einigen sich die Beteiligten auf Zahlung von 8.000,00 Euro.

4. Der beim BGH zugelassene Rechtsanwalt legt für den Berufungsbeklagten **Revision** gegen das Berufungsurteil in Höhe von 23.000,00 Euro ein. Nach mündlicher Verhandlung wird der Revision stattgegeben.

5. Das Amtsgericht setzt in einem Beschluss den Gegenstandswert auf 750,00 Euro fest. Dagegen wird durch den Anwalt **Beschwerde** eingelegt. Das zuständige Landgericht weist die Beschwerde zurück.

6. Auftragsgemäß wird gegen eine Beschwerdeentscheidung **Rechtsbeschwerde** eingelegt, über die im schriftlichen Verfahren entschieden wird. Der Gegenstandswert beträgt 900,00 Euro.

7. Der Anwalt beim BGH erhebt **Nichtzulassungsbeschwerde,** weil in einem Berufungsurteil des OLG in Höhe von 40.000,00 Euro die Revision nicht zugelassen wurde. Die Nichtzulassungsbeschwerde wird zurückgewiesen.

LERNFELD 11A

Eintragungen von Grundpfandrechten, Lasten sowie Beschränkungen vorbereiten und abwickeln

1. DAS GRUNDBUCH

§ 1 GBO

In das Grundbuch werden alle Daten eingetragen, die Auskunft über ein Grundstück geben. Dazu gehören alle Belastungen, Beschränkungen sowie Rechte an einem Grundstück. Das Grundbuch wird in elektronischer Form bei den Amtsgerichten geführt.

1.1 Der Aufbau des Grundbuchs

LF 8/10A ▸

Das Grundbuch besteht aus:

- dem Deckblatt: Aufschrift Amtsgericht, Grundbuchblatt, Grundbuchbezirk
- dem Bestandsverzeichnis: Grundstück, Miteigentumsanteil, subjektiv-dingliche Rechte
- der Abteilung I: Eigentümer und Eigentumsverhältnisse
- der Abteilung II: Lasten und Beschränkungen, z. B. Dienstbarkeiten, beschränkte persönliche Dienstbarkeiten, Reallasten
- der Abteilung III: Grundpfandrechte, Rentenschulden

2. DAS GRUNDBUCHVERFAHREN

§ 135 GBO

Um Eintragungen vornehmen zu können, muss ein Antrag gestellt werden. Dieser muss zulässig und begründet sein. Zulässigkeit bedeutet, dass die Eintragung aufgrund einer gesetzlichen Vorgabe erfolgen soll. Als begründet gilt der Antrag, wenn die Eintragungsbewilligung in öffentlicher bzw. öffentlich beglaubigter Form vorliegt. In § 873 Abs. 1 ist festgelegt, dass die Eintragung **konstitutive** (= rechtsbegründende) Wirkung hat. Bei der Gesamtrechtsnachfolge im Erbrecht hat die Eintragung nur **deklaratorische,** also rechtsbezeugende Wirkung.

LERNFELD 11A

2.1 Das elektronische Verfahren

In manchen Bundesländern werden die eintragungspflichtigen Tatbestände auf elektronischem Weg an das Grundbuch übermittelt. Der Stand der Einführung ist über www.elrv.info ersichtlich. Rechtsgrundlage ist das Gesetz zur Einführung des elektronischen Rechtsverkehrs, welches am 01.10.2009 in Kraft trat. Da mittlerweile die Einreichung auf elektronischem Weg in verschiedenen Bundesländern möglich ist, soll dieses Verfahren hier kurz beschrieben werden.

© kebox – Fotolia.com

Für die Teilnahme am elektronischen Rechtsverkehr nutzen die Notare die Software X-Notar und SigNotar. Mit SigNotar werden elektronische notarielle Urkunden erstellt. X-Notar ermöglicht, dass alle notwendigen Inhalte im XML-Datenformat strukturiert dargestellt werden. Die XML-Dateien entsprechen einem Formular und müssen mindestens folgende Angaben enthalten, damit sie weiterbearbeitet werden:

§ 39a BeurkG, § 137 GBO

Grundbuchblatt, Grundbuchamt, Grundbezirk

politische Gemeinde

Art der Dokumente

Die einzureichenden Unterlagen werden von den Notarfachangestellten im Mitarbeitermodus bearbeitet. In diesem Schritt werden alle relevanten Daten erfasst. Diese elektronisch erstellten Dokumente muss der Notar kontrollieren und die Übereinstimmung des Textes mit der elektronischen Urkunde beglaubigen. Darüber hinaus müssen alle Dokumente, die in öffentlicher oder öffentlich beglaubigter Form eingereicht werden, ebenfalls elektronisch beglaubigt werden. Hierfür nutzt der Notar eine Signaturkarte sowie der dazugehörigen PIN.

Der Versand ist ab der Version 3.5 über X-Notar möglich. Für das elektronische Verfahren gelten dieselben inhaltlichen Vorgaben wie für eine Einreichung in Papierform. Große Pläne, Grundschuldbriefe, vollstreckbare Titel müssen im Original, also in Papierform, eingereicht werden.

§ 873 Abs. 1, § 1922 BGB

MERKE

Nur der Notar höchstpersönlich darf unter Verwendung seiner Signaturkarte und der dazugehörigen PIN die Dokumente signieren. Diese Signatur ist mit der persönlichen Unterschrift des Notars gleichzusetzen. Würde er dies seinen Mitarbeitern überlassen, wäre die Signatur unwirksam.

2.2 Antrag

§ 13 GBO

Eintragungen werden nur bearbeitet, wenn ein Antrag vorliegt. Für diesen Antrag wird keine besondere Form verlangt. In der Regel ist er allerdings in einer notariellen Urkunde enthalten. Den Antrag kann jeder Berechtigte gem. § 13 GBO stellen. Berechtigt ist derjenige, dessen Recht betroffen ist oder zu dessen Gunsten die Eintragung erfolgen soll. Liegt der Antrag in einer notariellen Urkunde vor, ergibt sich für den Notar daraus gem. § 15 Abs. 2 GBO die Berechtigung, die Einreichung vorzunehmen. Ein Antrag kann, solange keine Eintragung erfolgt ist, widerrufen werden.

2.3 Bewilligung

§§ 19, 20 GBO

Nur wenn eine Bewilligung in öffentlicher oder öffentlich beglaubigter Form vorliegt, wird auch eine Eintragung vorgenommen. Die Bewilligung muss von demjenigen erteilt werden, dessen Recht betroffen ist und eingeschränkt wird. Soll beispielsweise eine Grundschuld gelöscht werden, muss der Gläubiger die Löschung bewilligen, da sein Sicherungsinteresse betroffen ist. Bei der Eintragung einer Grundschuld bewilligt der Eigentümer, da in diesem Fall sein Recht betroffen ist.

Aus der Bewilligung muss eindeutig das betroffene Grundstück hervorgehen, und die Worte „bewilligt" oder „Bewilligung" müssen enthalten sein.

Damit die angestrebte Rechtsänderung eintritt, müssen sich die Beteiligten einig sein. Die Einigung wird vom Grundbuchamt nur bei Eigentumsübertragung und Erbbaurecht nachgeprüft (materielles Konsensprinzip). Wird eine Eintragung nach dem materiellen Konsensprinzip gem. § 20 GBO vorgenommen, so soll auch der oben erläuterte Antrag nur durch den Notar gestellt werden.

2.4 Auflassung

vgl. §§ 13, 20 GBO

> *§ 20 GBO: Im Falle der Auflassung eines Grundstücks sowie im Falle der Bestellung, Änderung des Inhalts oder Übertragung eines Erbbaurechts darf die Eintragung nur erfolgen, wenn die erforderliche Einigung des Berechtigten und des anderen Teils erklärt ist.*

Aus diesem Paragrafen ergibt sich, dass der Antrag für die Eintragung im Grundbuch nur bearbeitet wird, wenn die Einigung über den Eigentumsübergang erfolgt ist und in notariell beurkundeter Form vorliegt (materielles Konsensprinzip). Das bedeutet, dass beide Parteien gleichzeitig anwesend sein mussten und die Einigung über die Rechtsänderung abgeben mussten. Die Bewilligung des Berechtigten, also des Eigentümers, reicht in diesem Fall nicht, denn ein Grundstückskauf hat eine besondere wirtschaftliche Bedeutung.

© schulzfoto – Fotolia.com

Gleichzeitige Anwesenheit bedeutet nicht, dass eine Vertretung ausgeschlossen ist. Die Beteiligten sind nicht gezwungen, persönlich zu erscheinen und zu handeln.

Der Notar darf nur dann beurkunden, wenn ihm die Urkunde des Verpflichtungsgeschäfts ebenfalls vorgelegt wird oder er sie selbst errichtet hat.

2.5 Berichtigung

© matthias21 – Fotolia.com

Eine Grundbuchberichtigung muss immer dann vorgenommen werden, wenn die Eintragung nicht mit der materiellen Rechtslage übereinstimmt und somit der tatsächlichen Rechtslage angepasst werden muss. Dabei verzichtet das Grundbuchamt auf die Bewilligung gem. § 19 GBO.

BEISPIEL

Herr Fritz, Grundstückseigentümer, möchte an Herrn Kurz verkaufen. Zugunsten des Herrn Kurz wird eine Auflassungsvormerkung eingetragen. Herr Fritz befriedigt die X-Bank, zu deren Gunsten eine Hypothek eingetragen ist, durch Tilgung der Darlehensschuld. Herr Fritz verstirbt und der Vertrag wird rückgängig gemacht.

In diesem Fall müsste gem. § 29 GBO eine öffentlich beglaubigte Urkunde vorgelegt werden, damit das Grundbuch berichtigt werden kann. Bezogen auf die Hypothek bedeutet dies, dass der Eigentümer eine löschungsfähige Quittung vorlegen muss. In der Praxis ist dies oft schwierig, weshalb der verlierende Beteiligte eine Berichtigungsbewilligung gem. § 19 GBO vorlegen kann. Bei Tod des Eigentümers erfolgt der Nachweis durch öffentliche Urkunde.

Eine Grundbuchberichtigung ist auch dann notwendig, wenn bei einem Eigentumsübergang keine Auflassung vorliegt. Dies kommt bei Erbteilübertragungen vor. Hierbei tritt der Erbe sofort in die Rechtsnachfolge ein und das Grundstück geht kraft Gesetz auf den Erwerber über. Allerdings darf in diesem Fall das Grundstück zwar veräußert, aber nicht belastet werden, weshalb eine Berichtigung des Grundbuchs notwendig ist.

§ 311b Abs. 1, § 925a BGB

2.6 Rang

Der Rang eines Rechtes richtet sich nach der Reihenfolge der Eintragung. Ein am selben Tag in Abteilung 2 eingetragenes Wohnrecht und eine in Abteilung 3 eingetragene Grundschuld haben den gleichen Rang. Ein zeitlich früher eingetragenes Wegerecht geht im Rang vor. Der Rang eines Rechts hat insbesondere in der Zwangsversteigerung eine wesentliche wirtschaftliche Bedeutung, da die Rechte entsprechend ihres Ranges befriedigt werden. Rechte, die im Rang vor dem Recht des betreibenden Gläubigers stehen, werden vom neuen Eigentümer übernommen. Rechte, die nach dem Recht des betreibenden Gläubigers stehen, erlöschen.

MERKE

Wichtig ist, dass der Zeitpunkt des Eingangs der Bestellung eines Rechts beim Grundbuch erfasst ist, da sich hieraus der Rang ableitet.

Häufig wollen Kreditinstitute zur Absicherung ihrer Darlehensansprüche einen vorderen Rang. In diesen Fällen kann durch eine Einigung zwischen Eigentümer und Kreditinstitut ein Rang bestimmt werden. Dies wird im Grundbuch eingetragen. Ein Eigentümer kann sich ebenfalls einen Rangvorbehalt für den Fall eintragen lassen, dass er sein Grundstück später mit einem Recht belasten möchte. Dieses soll dann im Rang vor einem schon eingetragenen Recht stehen. Bei einem Rangrücktritt wird eine Vereinbarung zwischen den Berechtigten und die Eintragung ins Grundbuch benötigt.

BEISPIEL

Frau Friedrich ist Eigentümerin eines älteren Gebäudes und möchte für den Fall, dass sie später ein Darlehen zu Renovierungszwecken benötigt, einen Rang sichern, weshalb sie sich einen Rangvorbehalt für eine spätere Grundschuld eintragen lässt.

Die V-Bank, deren Darlehensansprüche so gut wie zurückbezahlt sind, erklärt, dass sie mit der Grundschuld im Rang hinter die neu einzutragende Grundschuld zugunsten der S-Bank zurücktritt.

2.7 Zusammenfassung und Aufgaben

ZUSAMMENFASSUNG

Das Grundbuch wird in elektronischer Form bei den Amtsgerichten geführt.

Arbeitsablauf bei elektronischen Grundbuchanträgen:

Arbeiten vorgenommen von:	
Mitarbeiter	Entweder einscannen von Papierdokumenten oder Vorlagen von elektronischem Dokument; Daten in XML-Struktur erfassen (X-Notar)
	Beglaubigungsvermerk anfügen (SigNotar)
	Speichern des Vorgangs im System
Notar	überprüft die XML-Daten und die Anlagen auf Vollständigkeit und inhaltliche Richtigkeit (X-Notar)
	Signiert die Anlagen und das Anschreiben (SigNotar)
Der Versand wird von den Mitarbeitern vorgenommen.	

Eintragungen werden nur vorgenommen, wenn

- ein formloser Antrag gestellt wurde.
- eine Bewilligung desjenigen vorliegt, dessen Recht betroffen ist, bzw. eine Einigung, wenn ein Grundstück aufgelassen wird.

Das Grundbuch muss berichtigt werden, wenn

- die tatsächliche Rechtslage nicht mit den Eintragungen im Grundbuch übereinstimmt.

Der Rang eines Rechts

- richtet sich nach dem Zeitpunkt der Eintragung.
- gibt vor, in welcher Reihenfolge Ansprüche in Folge bspw. der Zwangsvollstreckung befriedigt werden.

AUFGABEN

In Abteilung III ist folgendes eingetragen:

Eine Grundschuld zu 80.000,00 Euro zugunsten der D-Bank am 12.08.2005 eingetragen. Eine Grundschuld in Höhe von 50.000,00 Euro zugunsten der S-Kasse eingetragen am 23.09.2009 sowie in Abteilung II ein Wohnrecht für Frau Johanna Walter eingetragen am 12.08.2005.

1. Stellen Sie die Arbeitsschritte dar, damit eine Rechtsänderung im Grundbuch eingetragen wird.
2. Erläutern Sie die Bedeutung des Ranges eines Rechts.
3. Bestimmen Sie den Rang der drei Rechte.

3. DIENSTBARKEITEN

Das Verfügungsrecht des Eigentümers wird durch Dienstbarkeiten, die in Abteilung II des Grundbuchs eingetragen sind, eingeschränkt. Eine Dienstbarkeit verpflichtet den Eigentümer des dienenden Grundstücks und berechtigt einen Dritten, entweder eine bestimmte Person oder den jeweiligen Grundstückseigentümer.

3.1 Grunddienstbarkeit

Im Falle der Grunddienstbarkeit ist immer der jeweilige Grundstückseigentümer berechtigt. Dies bedeutet, dass eine Grunddienstbarkeit auf die Rechtsnachfolger übergeht. Das mit dem Recht belastete Grundstück wird als **dienendes** Grundstück bezeichnet, die Eintragung erfolgt in Abteilung II des Grundbuchs. Das Grundstück, zu dessen Gunsten ein Recht eingetragen wurde, wird als **herrschendes** Grundstück bezeichnet, die Eintragung kann hier im Bestandsverzeichnis erfolgen. Dies geschieht aber nur, wenn dies gewollt ist.

Da das Grundbuchamt nur auf Antrag tätig wird, muss der Grundstückseigentümer oder die berechtigte Person diesen Antrag stellen. Der Grundstückseigentümer des dienenden Grundstücks muss die Eintragung bewilligen.

BEISPIEL

Das Grundstück mit der Flurstücknummer 117 kann nur über das davorliegende Grundstück mit der Flurstücknummer 116 erreicht werden. Im Grundbuch des Grundstücks mit der Flurstücknummer 116 wurde in Abteilung II ein Wegerecht zugunsten des jeweiligen Eigentümers des Grundstücks mit der Flurstücknummer 117 eingetragen.

Daraus ergibt sich, dass jeder der Eigentümer des Grundstücks mit der Flurstücknummer 117 ist, das Wegerecht in Anspruch nehmen kann. Diese Dienstbarkeit kann vererbt bzw. veräußert werden.

Flurstück 117 ist das herrschende Grundstück und Flurstück 116 das dienende Grundstück.

MERKE

Der jeweilige Grundstückseigentümer des herrschenden Grundstücks darf die Grunddienstbarkeiten nutzen.

3.2 Beschränkte persönliche Dienstbarkeit

Im Gegensatz zu der Grunddienstbarkeit ist bei einer beschränkten persönlichen Dienstbarkeit eine bestimmte Person begünstigt. Dieses höchstpersönliche Recht erlischt spätestens mit dem Tod der begünstigten Person und kann nicht übertragen werden. Beispiel für eine beschränkte persönliche Dienstbarkeit ist das Wohnungsrecht. Häufig bestehen Banken bei der Bestellung von Grundpfandrechten darauf, dass das Wohnungsrecht im Rang zurücktritt. Wäre dies nicht der Fall, würde das Wohnungsrecht den Versteigerungserlös im Rahmen einer Zwangsvollstreckung mindern.

EXKURS

Wohnungsrecht – Wohnrecht

§ 1093 BGB regelt, dass der Berechtigte eines Wohnungsrechtes die Wohnung oder das Haus unter Ausschluss des Eigentümers nutzen darf.

Beispiel: Herr Jurich, Erwerber, räumt der 89-jährigen Frau Frisch, Veräußerin, ein Wohnungsrecht auf Lebenszeit ein. In diesem Fall ist Herr Jurich von der Nutzung ausgeschlossen.

§ 1090 BGB hingegen regelt das Wohnrecht. Dies besagt, dass eine Mitbenutzung durch den Eigentümer möglich ist.

Beispiel: Frau Meiers räumt ihrem Lebensgefährten Herrn Kurz ein Wohnrecht in ihrer Eigentumswohnung ein. Dieses Wohnrecht gestattet ihr, die Wohnung gemeinsam mit Herrn Kurz zu nutzen.

Auch bei beschränkten persönlichen Dienstbarkeiten gilt, dass die Eintragung nur vorgenommen wird, wenn ein Antrag vorliegt und die Person, deren Recht betroffen ist, die Eintragung der beschränkten persönlichen Dienstbarkeit bewilligt. Die Bewilligung muss der Grundstückseigentümer abgeben, denn er kann nach der Eintragung des Rechts nur noch eingeschränkt über sein Grundstück verfügen.

MERKE

Beschränkte persönliche Dienstbarkeiten stehen einer bestimmten Person (= berechtigte Person) zu und nicht dem jeweiligen Grundstückseigentümer. Sie erlöschen mit dem Tod der berechtigten Person.

3.3 Nießbrauch

© domoskanonos – Fotolia.com

Im Gegensatz zum Wohnungs- und Wohnrecht räumt der Nießbrauch eine umfassende Nutzung des gesamten Grundstücks ein. Dies kann so weit gehen, dass der Nießbraucher das Grundstück auch vermieten kann und die Früchte (Miete) behalten darf. Von der Ausgestaltung ist der Nießbrauch als erweiterte Form der beschränkten persönlichen Dienstbarkeit zu sehen und wird ebenfalls in Abteilung II des Grundbuchs eingetragen.

4. GRUNDPFANDRECHTE

LF 8

Für den Kauf eines Grundstücks wird normalerweise ein Darlehen benötigt. Aus dem Darlehensvertrag ergibt sich eine persönliche Forderung der Bank (= Gläubiger), die durch ein Grundpfandrecht abgesichert wird. Kann der Schuldner (= Grundstückseigentümer) den Zahlungen aus dem Darlehensvertrag nicht nachkommen, sichert das Grundpfandrecht dem Gläubiger (= Bank) den Anspruch auf Duldung der Zwangsvollstreckung. Für die Zwangsvollstreckung ist ein vollstreckbarer Titel notwendig. In der Praxis wird häufig die sofortige Unterwerfung unter die Zwangsvollstreckung (Zwangsvollstreckungsunterwerfung, ZwVU) zusammen mit der Bestellung des Grundpfandrechts verlangt, sodass die Duldung der Zwangsvollstreckung nicht mehr gesondert beantragt werden muss.

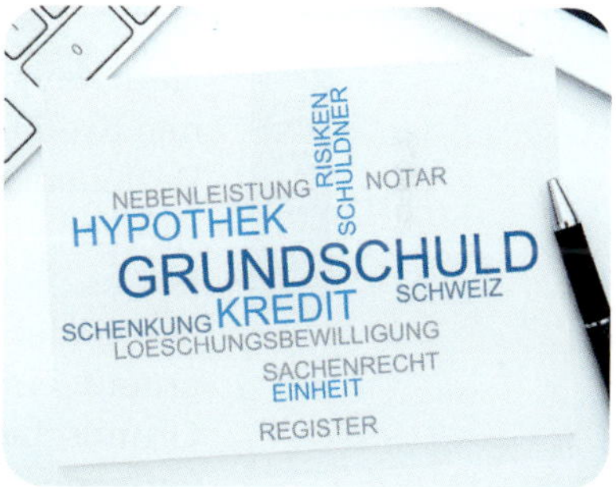

Der Zahlungsanspruch ergibt sich aus dem Darlehensvertrag und einem zusätzlich abgeschlossenen Schuldanerkenntnis.

Grundpfandrechte entstehen durch:

- die Einigung zwischen Grundstückseigentümer und Gläubiger,
- die Eintragung des Rechts und
- bei einer Briefgrundschuld durch Übergabe des Briefes an den Gläubiger.

Sind Grundpfandrechte eingetragen, ist eine lastenfreie Eigentumsübertragung nicht möglich. Das Grundstück sichert unabhängig vom Eigentümer dem Gläubiger Verwertungsrechte zu.

In der Praxis hat die Grundschuld eine höhere Relevanz als die Hypothek. Der Gesetzgeber sieht dies noch anders, weshalb sehr wenige Regelungen für die Grundschuld getroffen wurden. § 1192 BGB verweist daher auf die Regelungen für die Hypothek.

Der Grundstückseigentümer muss sowohl bei einer Grundschuld als auch bei einer Hypothek die Eintragung bewilligen, da sein Recht betroffen ist.

Zusätzlich zu der Eintragung im Grundbuch soll ein Hypotheken- bzw. Grundschuldbrief (Briefhypothek oder Briefgrundschuld) erstellt werden. Dieser sichert zu, dass man Inhaber des Grundpfandrechtes ist. Wird das Grundpfandrecht auf einen anderen Gläubiger übertragen, muss neben der Umschreibung auch der Brief weitergegeben werden. In der Praxis ist wegen des erhöhten Aufwands die Buchhypothek bzw. Buchgrundschuld die Regel. Bei den Eintragungen im Grundbuch kann man an der Formulierung „ohne Brief“ erkennen, dass ein Buchgrundpfandrecht vorliegt.

4.1 Grundschuld

Bei einer Grundschuld wird das Grundstück in der Weise belastet, dass eine bestimmte Geldsumme an den Gläubiger zu zahlen ist. Eine Forderung ist nicht vorausgesetzt. Daher wird eine Grundschuld auch als abstrakt bezeichnet. Die Grundschuld bleibt unabhängig von einer Forderung bestehen und kann sogar für mehrere Forderungen eingesetzt werden. Ebenso besteht die Option, eine Eigentümergrundschuld eintragen zu lassen. Dies bietet auch die Möglichkeit, einen Rang zu sichern, um so bei Bedarf die Eigentümergrundschuld zugunsten eines Gläubigers in eine Grundschuld umwandeln zu können.

BEISPIEL

Herr Kaya benötigt für die Wärmedämmung seines Hauses einen Kredit über 60.000,00 Euro. Die V-Bank gewährt ihm dieses Darlehen und verlangt zur Absicherung der Rückzahlungsansprüche die Bestellung einer Grundschuld in Höhe des Darlehens. Nach Rückzahlung muss das Dach für 30.000,00 Euro neu gedeckt werden. Hierfür gewährt die V-Bank Herrn Kaya erneut ein Darlehen. Durch eine Zweckerklärung kann die Grundschuld als Sicherheit für dieses neue Darlehen weiterhin verwendet werden.

Bei einer eventuellen Zwangsversteigerung hat der Gläubiger das Recht, bis zur Höhe des Grundschuldbetrags Geld aus dem Erlös zu entnehmen. Zur Sicherheit des Schuldners (= Grundstückseigentümer) wird daher genau festgelegt, für welche Forderungen die Grundschuld wirken soll **(= Sicherungsabrede).** Erklärt sich der Schuldner bereit, die Grundschuld nicht nur für einen Kredit, sondern für weitere Forderungen der Bank ihm gegenüber zu akzeptieren, liegt eine **Zweckerklärung** vor.

4.2 Hypothek

Mit der Hypothek wird eine Geldforderung abgesichert. Die Forderung und die Hypothek stehen in unmittelbarem Zusammenhang. Eine Hypothek ist akzessorisch. Dies bedeutet, dass, sobald die Forderung erlischt, auch die Hypothek nicht mehr existiert. Daher ist die Übertragung einer Hypothek auf einen weiteren Gläubiger nur möglich, wenn auch die Forderung übertragen wird. Das Grundbuch ist nicht mehr richtig, sobald die an die Hypothek geknüpfte Forderung erloschen ist. Die Hypothek kann in eine Eigentümergrundschuld umgewandelt werden.

BEISPIEL

Frau Mauz benötigte für Renovierungsarbeiten an ihrem Haus ein Darlehen von der S-Bank über 25.000,00 Euro. Diese wollte, dass die Rückzahlungsansprüche mit einer Hypothek gesichert werden. Mittlerweile ist das Darlehen zurückgezahlt, sodass die Hypothek in eine Eigentümergrundschuld umgewandelt werden konnte. Frau Mauz ist somit Berechtigte und Eigentümerin in einer Person.

MERKE

Eine Grundschuld existiert unabhängig von einer Forderung und ist somit abstrakt.

Eine Hypothek existiert nur in Verbindung mit einer Forderung und ist somit akzessorisch.

4.3 Zusammenfassung und Aufgaben

ZUSAMMENFASSUNG

Grundschuld

Eine Grundschuld ist abstrakt, an keine Forderung gebunden, belastet ein Grundstück mit einer bestimmten Geldsumme.

Hypothek

Eine Hypothek ist akzessorisch, an eine bestimmte Forderung gebunden, ihre Höhe bestimmt sich nach der Höhe der Forderung.

Grundschuld und Hypothek

Grundschuld und Hypothek werden in Abteilung III des Grundbuches eingetragen und zählen zu den Verwertungsrechten.

Dienstbarkeiten

Beschränkte persönliche Dienstbarkeiten und Grunddienstbarkeiten zählen zu den Nutzungsrechten und werden in Abteilung II des Grundbuches eingetragen.

Rechte

Sowohl die Rechte in Abteilung II als auch die Rechte in Abteilung III beschränken die Rechte des Eigentümers.

Lasten und Beschränkungen

Alle Lasten und Beschränkungen, die im Grundbuch eingetragen sind, sollten vor einer Veräußerung des Grundstücks gelöscht werden, wenn sie die neuen Eigentümer nicht übernehmen möchten.

Sicherungsabrede

Die Sicherungsabrede legt fest, für welche Forderungen die Grundschuld gelten soll.

Zweckerklärung

In der Zweckerklärung stimmt der Schuldner zu, dass die Grundschuld nicht nur für ein Darlehen, sondern für weitere Forderungen verwendet werden kann.

AUFGABEN

1. Den Eigentümern der Grundstücke mit der Flurnummer 117a und 117b ist nicht klar, weshalb bei dem Grundstück 117a im Bestandsverzeichnis auf das Wegerecht des Grundstücks 117b verwiesen wird, das dort in Abteilung II eingetragen ist. Erklären Sie dies den Eigentümern.
2. Grundstückseigentümer Günter Gottstein kommt zu Notarin Çelik und möchte zugunsten von Frau Friederike Weiser ein Wohnungsrecht auf Lebenszeit eintragen lassen. Beschreiben Sie, was für die Eintragung benötigt wird.
3. Stellen Sie dar, worauf bei einer Grundschuldbestellung geachtet werden muss.
4. Erläutern Sie, weshalb Belastungen des Grundstücks vor einer Veräußerung gelöscht werden sollten.
5. Skizzieren Sie die Arbeitsschritte für die Löschung eines Wohnrechts.

5. NOTARKOSTEN IM ZUSAMMENHANG MIT GRUNDBUCHEINTRAGUNGEN

Grundlage für die Ermittlung der Notarkosten ist das Gerichts- und Notarkostengesetz (GNotKG). Für die Ermittlung der Gebühren wird Tabelle B aus dem GNotKG verwendet.

◀ LF 9A

5.1 Dienstbarkeiten

Als wiederkehrende Leistungs- oder Nutzungsrechte wird der Geschäftswert von Dienstbarkeiten gemäß § 52 GNotKG ermittelt.

Unterschieden werden Nutzungen und Leistungen, die von der Lebensdauer einer natürlichen Person abhängen und solchen von bestimmter, unbestimmter und unbeschränkter Dauer.

bestimmte Dauer

Ein Ende ist angegeben.

Beispiel

Herr Kurz zahlt an seine Tante 5 Jahre lang monatlich 400,00 Euro.

unbestimmte Dauer

Das Recht entfällt bei einem Ereignis, dessen Eintritt ungewiss ist.

Beispiel

Frau Müller gewährt ihrem geschiedenen Mann bis zu dessen Wiederverheiratung das Recht die Wohnung im Obergeschoss ihres 2-Familienhauses zu nutzen. Die monatliche Miete beläuft sich auf 830,00 Euro.

unbeschränkte Dauer

Das Recht ist weder zeitlich noch durch den Eintritt eines bestimmten Ereignisses beschränkt.

Beispiel

Herr Schneider darf den Pkw-Stellplatz von Frau Lang nutzen. Die übliche Miete für den Stellplatz beträgt 80,00 Euro.

Geschäftswert wird zukünftig mit GW abgekürzt.

BEISPIEL

Geschäftswertberechnung: Herr Kurz zahlt an seine Tante 5 Jahre monatlich 400,00 Euro.

400,00 Euro × 12 × 5 = 24.000,00 Euro GW gem. § 52 Abs. 1, 2 GNotKG

Frau Müller gewährt ihrem geschiedenen Mann bis zu dessen Wiederverheiratung das Recht die Wohnung im Obergeschoss ihres 2-Familienhauses zu nutzen. Die monatliche Miete beläuft sich auf 830,00 Euro.

830,00 Euro × 12 × 10 = 99.600,00 Euro GW gem. § 52 Abs. 1, 3 GNotKG

Herr Schneider darf den Pkw-Stellplatz von Frau Lang nutzen. Die übliche Miete für den Stellplatz beträgt 80,00 Euro.

80,00 Euro × 12 × 20 = 19.200,00 Euro GW gem. § 52 Abs. 1, 3 GNotKG

Herr Weißgerber (42 Jahre) lässt für Frau Knapp (63 Jahre) ein Wohnrecht bis zu deren Tod eintragen. Der monatliche Wert beträgt 740,00 Euro.

740,00 Euro × 12 × 10 = 88.800,00 Euro GW gem. § 52 Abs. 1, 2, 4

Die **Gebühr** für die Eintragung wird gem. **KV Nr. 21201 Nr. 4 mit 0,5** erhoben.

5.2 Bestellung von Grundpfandrechten

Da Hypotheken in der Praxis zu vernachlässigen sind, wird im Folgenden von Grundschulden gesprochen. Die Vorschriften gelten allerdings auch bei Hypotheken.

5.2.1 Beurkundung

Der Geschäftswert ergibt sich aus dem Nennbetrag einer Grundschuld.

Die Gebühr ist davon abhängig, ob ausschließlich:

formell-rechtliche Erklärungen, also Erklärungen, die ausschließlich für die Eintragung ins Grundbuch benötigt werden, abgegeben werden oder ob darüber hinaus noch

materiell-rechtliche Erklärungen wie eine Zweckerklärung oder Erklärungen zur Unterwerfung unter die Zwangsvollstreckung abgegeben werden.

- Formell-rechtliche Erklärungen: gem. KV Nr. 21201 0,5 mindestens 30,00 Euro
- Materiell-rechtliche Erklärungen: gem. KV Nr. 21200 1,0 mindestens 60,00 Euro, wenn unterschiedliche Gebührensätze vorliegen, muss nach § 94 Abs. 1 GNotKG eine Vergleichsrechnung vorgenommen werden.

Liegt nach dem Gesetz derselbe Gegenstand vor, muss dieser nicht gesondert berechnet werden. Darlehensansprüche, die zum Zweck der Kaufpreisfinanzierung abgetreten werden, dienen der Kaufpreissicherung und haben aus diesem Grund denselben Gegenstand wie der Kaufvertrag. Diese Abtretung sollte in den Kaufvertrag aufgenommen werden.

Derselbe Gegenstand Grundschuld und ...	Besonderer Gegenstand Grundschuld und ... (vgl. § 86 Abs. 2 GNotKG)
Gem. § 109 Abs. 1, Nr. 5: der zugrundeliegende Darlehensvertrag; Sicherungsgeschäft	Zustimmung des Eigentümers zur Löschung gleich- oder vorrangiger Rechte
Gem. § 109 Abs. 2, Nr. 3: abstraktes Schuldversprechen und Unterwerfung unter die Zwangsvollstreckung	Löschungsbewilligung des Gläubigers
Rangrücktrittserklärungen	
Rangvorbehalt	
Zustimmung des Ehegatten gem. § 1365 BGB	Antrag auf Berichtigung des Grundbuchs
Verpfändung des Eigentumsverschaffungsanspruchs	
Zustimmung zur Belastung eines Erbbaurechts	

MERKE

Gemäß § 109 GNotKG haben die

› Grundschuldbestellung und
› ein mitbeurkundetes abstraktes Schuldversprechen oder ein Schuldanerkenntnis sowie
› die Unterwerfung unter die Zwangsvollstreckung

denselben Gegenstand.

BEISPIEL

Formell-rechtliche und materiell-rechtliche Erklärungen: Herr Franz bestellt für sein Grundstück eine Buchgrundschuld in Höhe von 30.000,00 Euro. Es sind nur formell-rechtliche Erklärungen enthalten. Notarin Well beurkundet diese Grundschuldbestellung.

© Zerbor – Fotolia.com

BEISPIEL

Nr. 21201	Beurkundungsgebühr 0,5 GW gem. §§ 97 Abs. 1, 53 Abs. 1 30.000,00 Euro	62,50 Euro

Frau Moosbach bittet Notarin Well um die Beurkundung einer Grundschuld mit abstraktem Schuldversprechen und Unterwerfung unter die Zwangsvollstreckung für die S-Bank über 120.000,00 Euro.

Nr. 21200	Beurkundungsgebühr 1,0 GW gem. §§ 97 Abs. 1, 53 Abs. 1 120.000,00 Euro	300,00 Euro

5.2.2 Entwurf mit Beglaubigung

Häufig legen Mandanten Formulare von Banken vor, die der Notar entweder nur überprüft oder überprüft und ergänzt.

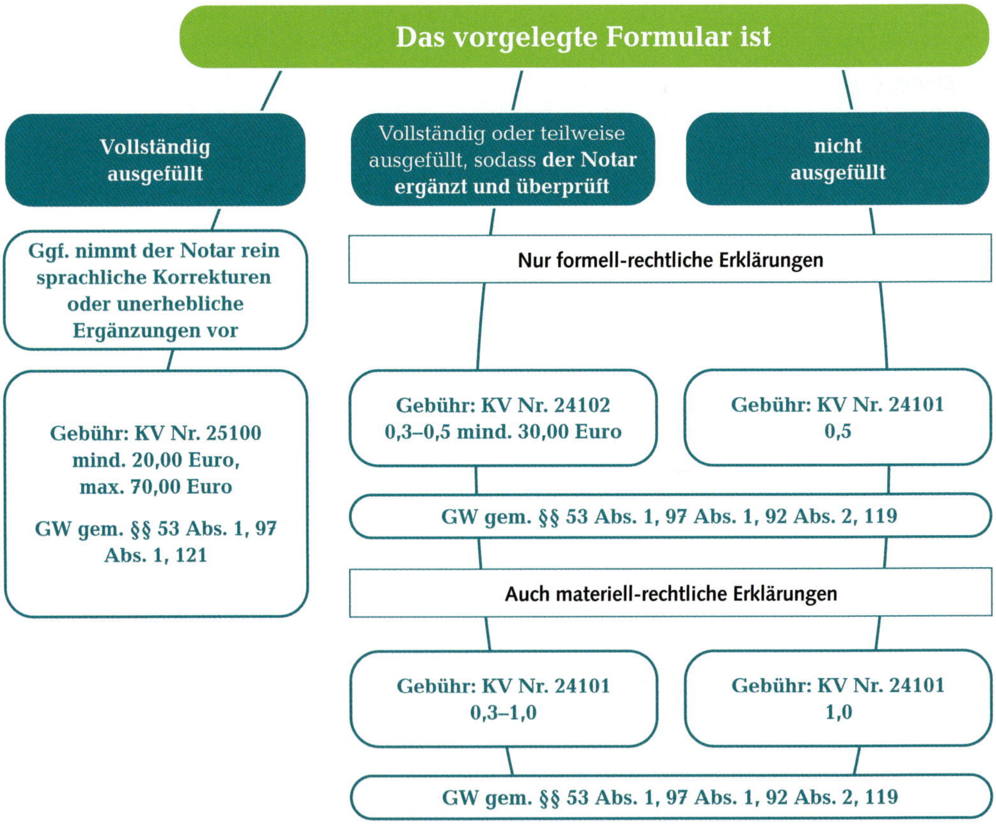

Bei dem Entwurf einer Grundschuldbestellung mit Unterschriftsbeglaubigung richtet sich die Höhe des Gebührensatzes nach dem Aufwand des Notars.

5.2.3 Rangvorbehalt, Rangbescheinigung und Rangänderung

© vege – Fotolia.com

Bei einem Rangvorbehalt behält sich beispielsweise der Eigentümer das Recht vor, zu einem späteren Zeitpunkt sein Grundstück mit einem weiteren Recht zu belasten. Dieses Recht soll im Rang vor eingetragenen Rechten stehen. Hierbei liegt eine rein formell-rechtliche Erklärung vor, die bei einer Beglaubigung die KV Nr. 24102 auslöst. Der Geschäftswert richtet sich nach dem Wert des Rechtes, bei dem der Vorbehalt eingetragen wird.

Banken machen häufig die Auszahlung eines Kredits von der Sicherung durch eine Grundschuld abhängig. Damit im Falle einer Zwangsvollstreckung ein vorderer Rang gewährleistet ist, lassen sich Banken diesen von dem Notar bescheinigen, bevor sie der Sicherung des Kredits durch eine Grundschuld zustimmen. Der Geschäftswert richtet sich auch in diesem Fall nach dem Wert der Grundschuld. Die Gebühr wird nach der KV Nr. 25201 mit 0,3 ermittelt.

Erklärt sich ein Berechtigter bereit, mit seinem Recht hinter ein anderes Recht zurückzutreten, liegt ein Rangrücktritt vor. Wenn dieser Rücktritt innerhalb der Bestellung eines neuen Grundpfandrechts erfolgt, ermittelt sich der Wert nach dem zurücktretenden Recht. Wird der Rangrücktritt unabhängig von der Bestellung einer Grundschuld vorgenommen, entsteht:

- bei einer Beurkundung eine Gebühr nach **KV Nr. 21201** und
- bei einem Entwurf mit Beglaubigung eine Gebühr nach **KV Nr. 24102**

Der Geschäftswert ermittelt sich gem. §§ 53 Abs. 1 und 97 Abs. 1. Dafür müssen die Werte von vortretendem und zurücktretendem Recht verglichen werden. Treten mehrere Rechte zurück wird deren Gesamtsumme zur Berechnung herangezogen.

BEISPIEL

© Zerbor – Fotolia.com

Ermittlung Gebühr und Geschäftswert: Frau Albrecht bestellt eine Grundschuld zu 65.000,00 Euro. Sie unterwirft sich der Zwangsvollstreckung. Diese Grundschuld soll den Rang vor zwei schon eingetragenen Grundschulden im Wert von 50.000,00 Euro und 40.000,00 Euro erhalten. Notarin Well beurkundet die Grundschuldbestellung und in der gleichen Urkunde den Rangrücktritt.

Die Grundschuld beläuft sich auf 65.000,00 Euro, die Summe der zurücktretenden Rechte ergibt 90.000,00 Euro. Somit beträgt der **Geschäftswert 90.000,00 Euro.** Da eine Beurkundung vorgenommen wird, ergibt sich die **KV Nr. 21201 mit 0,5.**

BEISPIEL

Die S-Bank tritt mit ihren Grundschulden in Höhe von 100.000,00 Euro, 130.000,00 Euro und 75.000,00 Euro im Rang hinter die im Grundbuch eingetragene Grundschuld über 150.000,00 Euro zurück. Notarin Well entwirft die Erklärung und beglaubigt die Unterschrift.

Berücksichtigt werden die zurücktretenden Rechte, somit ergibt sich ein **Geschäftswert gem. §§ 119, 53 Abs. 1, 97 Abs. 1, 92 Abs. 2 in Höhe von 305.000,00 Euro.** Die Erklärung mit Unterschriftsbeglaubigung löst eine **Gebühr nach KV Nr. 24101 (0,5)** in Höhe von **317,50 Euro** aus.

5.2.4 Abtretung

Wechselt ein Kreditnehmer wegen einer Umschuldung das Kreditinstitut, dann tritt die abgebende Bank die Sicherung durch eine Grundschuld an das neue Kreditinstitut ab. Voraussetzung hierfür ist, dass die Einigung von altem und neuem Gläubiger vorliegt. Diese formlose Einigung braucht den Eigentümer nicht. Erst wenn bei Buchgrundschulden die Eintragung im Grundbuch erfolgen soll, wird neben einem Antrag die Bewilligung des Eigentümers benötigt.

MERKE

Enthält die Grundschuld eine Unterwerfung unter die Zwangsvollstreckung, muss auch diese Vollstreckungsklausel umgeschrieben werden. Der Notar, bei dem die Urkunde verwahrt wird, darf die Vollstreckungsklausel nur umschreiben, wenn nachgewiesen wird, dass ein Wechsel der Gläubiger stattgefunden hat.

BEISPIEL

Kostenrechtliche Behandlung von Abtretungserklärungen: Abgetreten wird eine Briefgrundschuld zu 50.000,00 Euro ohne Eintragung im Grundbuch. Notarin Well **entwirft die Abtretungserklärung und beglaubigt die Unterschrift.**

Die Abtretungserklärung löst eine 1,0 Gebühr nach KV Nr. 24101 aus. Der Geschäftswert ermittelt sich nach §§ 97 Abs. 1, 53 Abs. 1, 119, 92 Abs. 2 GNotKG in Höhe von 50.000,00 Euro. Die Gebühr beträgt 165,00 Euro.

Abgetreten wird eine Buchgrundschuld zu 120.000,00 Euro. Mit abgetreten werden die Rechte aus dem persönlichen Schuldbekenntnis (Haftung für den Eingang des Grundschuldbetrags). **Der Notar beurkundet die Abtretungserklärung und die Bewilligung.**

Der Geschäftswert beträgt gem. §§ 97 Abs. 1, 53 Abs. 1 GNotKG 120.000,00 Euro. Die Gebühr ermittelt sich aufgrund der Beurkundung nach KV Nr. 21200 1,0 mit 300,00 Euro.

BEISPIEL

Frau Bauer hat auf ihrem Grundstück vor mehreren Jahren eine Eigentümergrundschuld über 345.000,00 Euro bestellt. Diese tritt sie nun zur Sicherung eines Kredites an die S-Bank mittels Buchrecht ab. Notar Frisch **entwirft den Antrag an das Grundbuchamt sowie die Zustimmung und beglaubigt die Unterschrift.**

Die Abtretungserklärung löst einen Geschäftswert gem. §§ 97 Abs. 1, 53 Abs. 1, 119, 92 Abs. 2 GNotKG über 345.000,00 Euro aus. Die Gebühr beträgt wegen der Erklärung nach KV Nr. 24101 1,0 in Höhe von 685,00 Euro.

5.3 Löschung

Wird eine Grundschuld isoliert gelöscht, richtet sich die Kostenberechnung danach, ob der Notar den Entwurf vornimmt, einen vorgelegten Entwurf überprüft oder nur die Unterschriften beglaubigt.

© Fotomanufaktur JL – Fotolia.com

Der Notar

- **entwirft, überprüft und beglaubigt die Unterschrift**
  - **KV Nr. 24102**
- **holt zusätzlich die Bewilligung der Bank ein**
  - **KV Nr. 22111 0,3**
  - **keine Gebühr für die Übermittlung**

- **beglaubigt nur die Unterschrift entweder des Gläubigers oder des Grundstückeigentümers**
  - **KV Nr. 25100 oder 25100 nach 25101 (20,00 Euro Festgebühr)**
  - **dann fällt bei der Übermittlung an das GBA nach KV Nr. 22124 eine Gebühr von 20,00 Euro an**

BEISPIEL

Berechnung der isolierten Löschung: Die V-Bank bewilligt mit einem selbstgefertigten Entwurf die Löschung einer Grundschuld zu 500.000,00 Euro. Notar Frey beglaubigt die Unterschrift der vertretungsberechtigten Person.

Reine Unterschriftsbeglaubigung des Gläubigers, daher ermittelt sich der Geschäftswert gem. §§ 121, 97 Abs. 1, 53 Abs. 1 mit 500.000,00 Euro und die Gebühr nach KV Nr. 25100 0,2 mit 70,00 Euro.

Der Grundstückseigentümer Klaus legt eine Löschungsbewilligung der S-Bank für eine Grundschuld in Höhe von 90.000,00 Euro vor. Der Löschungsantrag und seine Zustimmung sind enthalten. Notar Frey beglaubigt die Unterschrift von Herrn Klaus und leitet den Antrag an das Grundbuchamt (GBA) weiter.

Da die Unterschrift des Grundstückeigentümers beglaubigt wird, ergibt sich nach KV Nr. 25100 nach 25101 eine Festgebühr in Höhe von 20,00 Euro. Zusätzlich werden nach KV Nr. 22124 20,00 Euro für die Übermittlung an das GBA angesetzt.

Notar Frey wird beauftragt, den Entwurf einer Grundschuldlöschung in Höhe von 89.000,00 Euro zu fertigen. Dieser enthält die Bewilligung des Gläubigers, die Zustimmung des Eigentümers und den Antrag an das GBA. Außerdem wird Notar Frey beauftragt, die Löschungsbewilligung beim Gläubiger einzuholen und den Antrag beim GBA einzureichen.

Der Geschäftswert ergibt sich aus dem Nennbetrag der Grundschuld gem. §§ 97 Abs. 1, 53 Abs. 1 in Höhe von 89.000,00 Euro. Die Entwurfs- und Beglaubigungsgebühr wird nach KV Nr. 24102 0,5 mit 123,00 Euro ermittelt. Für die Einholung der Löschungsbewilligung fällt nach KV Nr. 22111 0,3 eine Vollzugsgebühr in Höhe von 73,80 Euro an. In diesem Fall fällt keine Gebühr für die Übermittlung an das GBA an.

5.4 Vollzugsgebühr

Eine Vollzugsgebühr fällt nach der Vorbemerkung 2.2.1.1 Abs. 1 Satz 2 KV für die dort genannten Tätigkeiten bei der Fertigung von Beurkundungen oder Entwürfen an.

Mögliche Vollzugstätigkeiten im Rahmen der Grundschuldbestellung können beispielsweise sein:

› Einholung von Rangrücktritts- oder Löschungserklärungen
› Einholung von Zustimmungserklärungen

› Einholung einer öffentlich-rechtlichen Genehmigung, z. B. Sanierungsgenehmigung
› Anforderung einer Vollmachtsbestätigung

5.5 Kosten bei Grundbucheinsichten und Abdrucken aus dem elektronischen Grundbuch

Einsicht ins Grundbuch im Rahmen einer gebührenpflichtigen Tätigkeit

Tätigkeit	KV Nr.	Betrag in Euro
nur Einsicht	32011 Auslagen GB-Einsicht 32014 USt. 19 %	8,00
Erteilung eines einfachen Abdrucks durch Notar	25210 Grundbuchabdruck 32011 Auslagen GB-Einsicht 32014 USt. 19 % Keine Dokumentenpauschale!	10,00 8,00
Erteilung eines beglaubigten Abdrucks durch Notar	25211 begl. Grundbuchabdruck 32011 Auslagen GB-Einsicht 32014 USt. 19 % Keine Dokumentenpauschale	15,00 8,00
Abrufe nach KV Nr. 32011 aus dem elektronischen Register sind umsatzsteuerpflichtig, denn der Notar ist Kostenschuldner gegenüber dem Grundbuchamt (vgl. Rundschreiben der Bundesnotarkammer 22/2013).		
Einsicht und Mitteilung über den Inhalt ohne gebührenpflichtiges Geschäft	25209 Einsichtsgebühr für Notar	15,00
elektronische Einreichung bei Entwurf/Beurkundung der Urschrift	22114 XML-Daten (0,3) 32002 Dokumentenpauschale, wenn der Notar einscannt Vergleich Dateien (max. 5,00 Euro) und Seiten (Kopien à 0,50 Euro/Seite) – der höhere Wert wird angesetzt Keine gesonderte Gebühr für die Einreichung vgl. Vorbemerkung 2.1. Abs. 2 (1) und 2.4. Abs. 4 (1) und die elektronische Beglaubigung gem. Nr. 251012 Anm. 3	Max. 250,00
elektronische Einreichung bei Beglaubigung der Urschrift	22125 XML-Daten (0,6) 22124 Übermittlung GBA (wenn keine weitere Vollzugsgebühr anfällt) 25102 elektronische Beglaubigung, dann **keine** Dokumentenpauschale	Max. 250,00 20,00 1,00/Seite, mind. 10,00

5.6 Zusammenfassung und Aufgaben

ZUSAMMENFASSUNG

Mit oder ohne Zwangsvollstreckungsunterwerfung (ZwVU)?

- **Mit ZwVU** → **Beurkundung**
  - §§ 53 Abs. 1, 97 Abs. 1 KV Nr. 21200 1,0
- **Ohne ZwVU**
  - → **Beurkundung**
    - **formell-rechtlich**: §§ 53 Abs. 1, 97 Abs. 1; KV Nr. 21201 0,5
    - **+ materiell-rechtlich**: §§ 53 Abs. 1, 97 Abs. 1, 94 Abs. 2 Vergleich! KV Nr. 21200 1,0 (ggf. 212201 0,5)
  - → **Beglaubigung**
    - **reine Beglaubigung**: §§ 53 Abs. 1, 97 Abs. 1, 121; KV Nr. 25100 mind. 20,00 Euro, max. 70,00 Euro
    - **mit Entwurf**
      - teilweise
        - **formell-rechtlich**: §§ 53 Abs. 1, 97 Abs. 1, 119, 92 Abs. 2; KV Nr. 24102 0,3–0,5
        - **+ materiell-rechtlich**: §§ 53 Abs. 1, 97 Abs. 1, 119, 92 Abs. 2; KV Nr. 24101 0,3–1,0
      - vollständig
        - **formell-rechtlich**: §§ 53 Abs. 1, 97 Abs. 1, 119, 92 Abs. 2; KV Nr. 24102 0,5
        - **+ materiell-rechtlich**: §§ 53 Abs. 1, 97 Abs. 1, 119, 92 Abs. 2; KV Nr. 24101 1,0

AUFGABEN

1. Herr Laux bestellt eine Grundschuld in Höhe von 50.000,00 Euro zugunsten der V-Bank mit ausschließlich formell-rechtlichen Erklärungen. In gleicher Urkunde beantragt er die Löschung einer Grundschuld zugunsten S-Bank in Höhe von 10.000,00 Euro. Notarin Well entwirft die Urkunde und beglaubigt die Unterschrift von Herrn Laux. Außerdem ist Notarin Well beauftragt, die Löschungsbewilligung der S-Bank einzuholen. Auslagen und USt. nicht berechnen.

2. Frau Meier wünscht die Bestellung einer Grundschuld mit Unterwerfung unter die Zwangsvollstreckung für die S-Bank in Höhe von 200.000,00 Euro. Diese Grundschuld soll den ersten Rang erhalten, eine bereits eingetragene Grundschuld in Höhe von 100.000,00 € für die V-Bank soll zurücktreten. In gleicher Urkunde stimmt Frau Meier der Löschung einer weiteren eingetragenen Grundschuld zugunsten der D-Bank in Höhe von 30.000,00 Euro zu. Notar Frey beurkundet die Grundschuldbestellung. Zusätzlich soll er die Rangrücktrittserklärung der V-Bank und die Bewilligung zur Löschung der Grundschuld der D-Bank einholen. Auslagen und USt. nicht berechnen.

3. Notarin Well beurkundet in einer Urkunde folgenden Sachverhalt. Frau Alt bestellt eine Buchgrundschuld zugunsten der S-Bank mit 12 % Zinsen und 8 % einmaliger Nebenleistung. In der Urkunde unterwirft sie sich der sofortigen Zwangsvollstreckung. Die Grundschuld soll die erste Rangstelle erhalten. Im Grundbuch sind schon zwei Grundschulden eingetragen. Die erste Grundschuld zu 17.000,00 Euro soll im Rang hinter die neu bestellte Grundschuld treten. Frau Alt stimmt der noch abzugebenden Rangrücktrittserklärung des Gläubigers zu.

Die zweite auch schon eingetragene Grundschuld zu 20.000,00 Euro soll gelöscht werden. Notarin Well beurkundet in gleicher Urkunde Antrag und Zustimmung von Frau Alt. Sie wird beauftragt die Löschungsbewilligung einzuholen. Notarin Well kam aus Ostfildern in die Bank nach Esslingen (6 km entfernt). Nach zwei Stunden Abwesenheit ist sie wieder im Notariat. Von der Urkunde wurden 4 Exemplare à 5 Seiten erstellt, an Postauslagen entstanden sind 1,45 Euro. Eine Grundbucheinsicht war notwendig.

Berechnen Sie die Kosten einschließlich Zusatzgebühren, Auslagen und USt. (Kostenansatz).

LERNFELD 12

VORGÄNGE IN DER ZWANGSVOLLSTRECKUNG BEARBEITEN

1. DIE ZWANGSVOLLSTRECKUNG

1.1 Allgemeines

© Joachim Lechner – Fotolia.com

Wenn jemand ein Recht gegen einen anderen hat, kann er dieses – wenn der Schuldner z. B. nicht freiwillig zahlt – nicht im Wege der Selbsthilfe durchsetzen. Zur Durchsetzung festgestellter Ansprüche bedarf es vielmehr staatlicher Unterstützung. In der Regel geht der Einleitung von Zwangsvollstreckungsmaßnahmen das gerichtliche Erkenntnisverfahren im Zivilprozess voraus. Im Zivilverfahren wird der Anspruch des Klägers festgestellt. Im Wege der Zwangsvollstreckung kann der Gläubiger danach die Durchsetzung seiner Ansprüche erreichen.

MERKE

Die Zwangsvollstreckung ist die Durchsetzung privater Ansprüche mit staatlicher Gewalt.

1.2 Voraussetzungen der Zwangsvollstreckung

Damit die Zwangsvollstreckung durch die Vollstreckungsorgane eingeleitet werden kann, ist ein Antrag des Vollstreckungsgläubigers notwendig. An diesen Antrag sind die Vollstreckungsorgane gebunden. Dem Schuldner muss – spätestens bei Beginn der Vollstreckungshandlung – ein mit der Vollstreckungsklausel versehener Vollstreckungstitel zugestellt werden, § 750 I ZPO.

§ 750 I ZPO

MERKE

Allgemeine Vollstreckungsvoraussetzungen der Zwangsvollstreckung sind: Titel, Klausel und Zustellung.

1.2.1 Der Vollstreckungstitel

Ein Vollstreckungstitel ist eine öffentliche Urkunde, welche den Gläubiger ermächtigt, seinen Leistungsanspruch gegen den Schuldner durchzusetzen. Aus diesem müssen sich die Parteien sowie Inhalt und Umfang der Forderung ergeben.

MERKE

Ein Vollstreckungstitel ist Voraussetzung für die Einleitung von Zwangsvollstreckungsmaßnahmen.

Endurteile

Die Zwangsvollstreckung findet aus Endurteilen statt, die rechtskräftig oder für vorläufig vollstreckbar erklärt sind, § 704 ZPO.

§ 704 ZPO

Endurteile sind:

- „normale" abschließende Urteile,
- Teilurteile (§ 301 ZPO),
- Versäumnisurteile (§§ 330, 331 ZPO),
- Verzichtsurteile (§ 306 ZPO) und
- Anerkenntnisurteile (§ 307 ZPO).

Weitere Vollstreckungstitel

Die Zwangsvollstreckung findet ferner gem. § 794 I ZPO statt aus:

- Prozess- und Anwaltsvergleichen
- Kostenfestsetzungsbeschlüssen
- beschwerdefähigen Entscheidungen
- Vollstreckungsbescheiden
- vollstreckbaren Urkunden
- Europäischen Zahlungsbefehlen
- Europäischen Titeln über unbestrittene oder geringfügige Forderungen
- Titeln anderer Mitgliedsstaaten der Europäischen Union, die nach der EuGVVO zu vollstrecken sind,

sowie aus

- **Arrestbefehl und einstweiliger Verfügung (§§ 928, 936 ZPO)**
- **Zuschlagsbeschluss in der Zwangsversteigerung (§§ 93, 132 ZVG)**
- **Auszug aus der Insolvenztabelle (§ 201 Abs. 2 S. 1 InsO)**
- **gerichtlichem Schuldenbereinigungsplan (§ 308 Abs. 1 S. 2 InsO)**

Rechtskraft des Urteils

Sofern ein Urteil rechtskräftig ist, kann gegen dieses Urteil kein Rechtsmittel (Berufung/Revision) mehr eingelegt werden.

Die Rechtskraft des Urteils tritt ein, wenn

- kein Rechtsmittel mehr eingelegt werden kann.
- die Rechtsmittel- oder Einspruchsfrist abgelaufen ist.
- beide Parteien auf Rechtsmittel verzichtet haben.

Die Rechtskraft kann der Gläubiger durch ein Rechtskraftzeugnis nachweisen, welches das Prozessgericht erster Instanz erteilt. Das Rechtskraftzeugnis ist die amtliche Bescheinigung, die nachweist, dass der Titel formelle Rechtskraft hat.

MERKE

Das Rechtskraftzeugnis wird erst erteilt, wenn das Urteil nicht mehr angefochten werden kann.

Bei allen Endurteilen, gegen die Rechtsmittel möglich sind, ist zum Nachweis der Rechtskraft eine Bescheinigung des Rechtsmittelgerichts notwendig, dass kein Rechtsmittel eingelegt wurde. Auf Antrag beim Prozessgericht erster Instanz wird dem Gläubiger ein Notfristzeugnis oder Notfristattest erteilt.

Vorläufige Vollstreckbarkeit

§ 704 ZPO

Zwangsvollstreckungsmaßnahmen werden nicht immer erst nach Eintritt der Rechtskraft des Urteils eingeleitet. Der Gläubiger kann mit der Zwangsvollstreckung auch aus einem für vorläufig vollstreckbar erklärtem Urteil bereits vor Eintritt der Rechtskraft beginnen, um seine Ansprüche zu sichern.

Mit Ausnahme der in § 708 ZPO aufgeführten Urteile sind Urteile gegen eine der Höhe nach zu bestimmenden Sicherheit für vorläufig vollstreckbar zu erklären.

Zu unterscheiden ist die vorläufige Vollstreckbarkeit in:

› **ohne Sicherheitsleistung:** Die in § 708 ZPO genannten Urteile sind für vorläufig vollstreckbar ohne Sicherheitsleistung zu erklären. Das ist z. B. bei Anerkenntnis-, Versäumnis- oder Verzichtsurteilen der Fall. Hieraus kann der Gläubiger sofort die Vollstreckung einleiten.

§ 708 ZPO

› **mit Sicherheitsleistung:** Andere als in § 708 ZPO aufgeführten Urteile sind gegen eine der Höhe nach zu bestimmende Sicherheit für vorläufig vollstreckbar zu erklären. Die Sicherheitsleistung soll Schadensersatzansprüche des Schuldners abdecken, die der Schuldner erleidet, wenn der Gläubiger die Zwangsvollstreckung betreibt und das Urteil in der nächsten Instanz aufgehoben wird. Bei einer zu vollstreckenden Geldforderung ist es ausreichend, wenn die Höhe der Sicherheitsleistung in einem bestimmten Verhältnis zu der Höhe des jeweils zu vollstreckenden Betrags angegeben ist. In der Regel beträgt die Sicherheitsleistung 110 % der zu vollstreckenden Forderung.

§ 708 ZPO

Die Sicherheitsleistung kann erfolgen durch schriftliche, unwiderrufliche, unbedingte und unbefristete Bankbürgschaft, Hinterlegung von inländischem Geld, Wertpapieren nach §§ 234 I, III BGB. Ist die Art der Sicherheitsleistung durch Urteil angeordnet, kommen ferner Kostbarkeiten und Geld in ausländischen Währungen in Betracht.

Spätestens mit Beginn der Zwangsvollstreckung muss die Leistung der Sicherheit durch eine öffentliche oder öffentlich beglaubigte Urkunde nachgewiesen und eine Abschrift dieser Urkunde bereits zugestellt sein oder gleichzeitig zugestellt werden.

Die Sicherungsvollstreckung

Kann der Gläubiger eine Leistung der Sicherheit nicht erbringen und möchte er z. B. den Ausgang des Berufungsverfahrens nicht abwarten, um mit der Zwangsvollstreckung aus dem bereits vorliegenden erstinstanzlichen Urteil zu beginnen, hat er die Möglichkeit, die Sicherungsvollstreckung gem. § 720a ZPO zu betreiben. Voraussetzung hierfür ist, dass der Vollstreckungstitel mindestens zwei Wochen vor Beginn zugestellt sein muss, § 750 III ZPO. Bei dieser Art der Zwangsvollstreckung wird das Vermögen des Schuldners durch Pfändung gesichert, jedoch noch nicht verwertet. Dies bedeutet, bewegliches Vermögen wird gepfändet, aber nicht versteigert, Forderungen in Rechte werden durch Pfändungsbeschluss gesichert, aber nicht an den Gläubiger ausbezahlt, unbewegliches Vermögen: Sicherungshypothek aber keine Zwangsverwaltung oder -versteigerung. Erst mit Rechtskraft des Titels oder nach geleisteter Sicherheit findet die Verwertung des gepfändeten Vermögens statt.

1.2.2 Die Vollstreckungsklausel

MERKE

Die Zwangsvollstreckung darf erst eingeleitet werden, wenn der Vollstreckungstitel mit der Vollstreckungsklausel versehen ist.

Zweite Voraussetzung für die Zwangsvollstreckung ist, dass die Ausfertigung des Titels mit der Vollstreckungsklausel versehen ist. Man unterscheidet zwischen einfacher, titelergänzender und titelumschreibender Klausel.

Die einfache Klausel

§ 725 ZPO

Gemäß § 725 ZPO hat die Vollstreckungsklausel folgenden Wortlaut:

„Vorstehende Ausfertigung wird dem … (Bezeichnung der Partei) zum Zwecke der Zwangsvollstreckung erteilt."

Vollstreckungstitel, die keiner Klausel bedürfen sind:

- **Vollstreckungsbescheide, § 796 ZPO**
- **vereinfachter Kostenfestsetzungsbeschluss, §§ 105 I, 795a ZPO**
- **Arreste und einstweilige Verfügungen, §§ 929, 936 ZPO**

Für die Erteilung der „einfachen" Vollstreckungsklausel ist der Urkundsbeamte des Prozessgerichts erster Instanz zuständig. Zu einer notariellen Urkunde erteilt sie der Notar, der die Urkunde verwahrt, § 797 II ZPO.

Die titelergänzende Klausel

§ 726 ZPO

Gemäß § 726 ZPO bedarf es eines Beweises durch öffentliche oder öffentlich beglaubigte Urkunden, wenn die Vollstreckung von dem Eintritt einer Bedingung abhängt. Vor Erteilung der Klausel hat der Rechtspfleger zu prüfen, ob die Bedingungen, von denen die Zulässigkeit der Zwangsvollstreckung abhängt, eingetreten sind.

BEISPIEL

Die Parteien schließen einen Vergleich. Dort heißt es: „Der Kläger verpflichtet sich, an den Beklagten die Kaution in Höhe von 3.000,00 Euro zurückzubezahlen. Fällig wird der Betrag nach Beseitigung folgender Mängel durch den Beklagten:

1 …,

2 …, usw.

Die titelumschreibende Klausel

Soll für oder gegen eine andere Person als die, die im Schuldtitel bezeichnet ist, vollstreckt werden, ist eine Umschreibung des Vollstreckungstitels notwendig. In den Fällen, in denen z. B. eine Rechtsnachfolge auf Seiten des Schuldners oder Gläubigers eintrat (z. B. durch Abtretung, Erbschaft, Firmenübernahme etc.) benötigt der vorhandene Titel eine sog. Rechtsnachfolgeklausel. Für die Erteilung dieser titelumschreibenden Klausel ist ebenfalls der Rechtspfleger zuständig.

§ 727 ZPO

BEISPIEL

Es liegt ein Titel gegen den Schuldner Theo Franke vor. Danach hat er einen Betrag von 20.500,00 Euro an den Kläger zu bezahlen. Theo Franke verstirbt eines Tages. Es kann nachweislich der Sohn Willi Franke als Alleinerbe ermittelt werden. Der Rechtsanwalt beantragt nun, die Zwangsvollstreckung gegen den Sohn für zulässig zu erklären.

1.2.3 Zustellung

Weitere Voraussetzung der Zwangsvollstreckung ist, dass eine einfache Ausfertigung des zu vollstreckenden Titels dem Schuldner zugestellt wurde. Hiervon gibt es jedoch Ausnahmen:

- Arrest und einstweilige Verfügung können bereits vor deren Zustellung vollzogen werden. Die Zustellung muss gem. § 929 III 2 ZPO jedoch binnen einer Woche nach Vollziehung nachgeholt werden.
- Vorpfändung gem. § 845 ZPO. Die Benachrichtigung an den Drittschuldner hat die Wirkung eines Arrests, sofern die Pfändung der Forderung innerhalb eines Monats nach Zustellung der Benachrichtigung bewirkt wird.

Die Vollstreckung kann jedoch auch gleichzeitig mit der Zustellung des Titels beginnen. Dies ist z. B. der Fall, wenn ein Vollstreckungsbescheid durch den Gerichtsvollzieher mittels Zustellung im Parteibetrieb zugestellt wird.

◂ LF 9 | 1.6

Bei folgenden Titeln ist vor der Vollstreckung eine **Wartefrist** von zwei Wochen ab Zustellung des Titels einzuhalten:

- Kostenfestsetzungsbeschluss, der nicht auf das Urteil gesetzt ist, § 798 ZPO
- vollstreckbare Urkunden, § 794 I Nr. 5 ZPO
- Sicherungsvollstreckung, § 720a ZPO

Damit soll dem Schuldner Gelegenheit zur freiwilligen Bezahlung bzw. Leistung der Sicherheit nach § 720a III ZPO gegeben werden.

MERKE

Die Zwangsvollstreckung darf nur beginnen, wenn der Vollstreckungstitel bereits zugestellt ist oder gleichzeitig zugestellt wird.

1.3 Zusammenfassung und Aufgaben

ZUSAMMENFASSUNG

Die Voraussetzungen der Zwangsvollstreckung müssen bei allen Zwangsvollstreckungsmaßnahmen dem zuständigen Vollstreckungsorgan nachgewiesen werden.

Allgemeine Zwangsvollstreckungsvoraussetzungen

Titel	Klausel	Zustellung

AUFGABEN

1. Was ist unter dem Begriff „Zwangsvollstreckung“ zu verstehen?
2. Bitte erläutern Sie, wann die Rechtskraft eines Urteils eintreten kann.
3. Bitte erläutern Sie die Begriffe Rechtskraftzeugnis und Notfristattest.
4. Welche zwei Möglichkeiten gibt es, um aus vorläufig vollstreckbaren Urteilen zu vollstrecken?

2. DIE VOLLSTRECKUNG VON TITELN AUS EU-MITGLIEDSSTAATEN

2.1 Allgemeines

Hat der Gläubiger z. B. in Deutschland einen Titel wegen einer unbestrittenen Geldforderung gegen einen Schuldner, der seinen Wohn- oder Geschäftssitz in einem Mitgliedsstaat der Europäischen Union (EU-Mitgliedsstaat) hat, erwirkt und möchte gegen ihn vollstrecken, so hat der Gläubiger die Möglichkeit, aus diesem Vollstreckungstitel auch in anderen EU-Mitgliedsstaaten die Zwangsvollstreckung zu betreiben, sofern es sich um eine unbestrittene Geldforderung handelt.

Eine Geldforderung gilt als unbestritten, wenn der Schuldner die Forderung anerkannt, ihr in einem gerichtlichen Verfahren zugestimmt oder der Forderung nicht widersprochen hat.

Möglichkeiten, um aus einem im Inland erwirkten Titel in anderen EU-Mitgliedsstaaten zu vollstrecken sind:

- Klage bzw. Auslandsmahnverfahren mit anschließender Vollstreckung des deutschen Vollstreckungstitels durch den ausländischen Vollstreckungsstaat
- Anerkennung des deutschen Vollstreckungstitels über unbestrittene Geldforderungen durch eine inländische Stelle (Gericht, Notar, Jugendamt)
- Erwirken eines Europäischen Zahlungsbefehls im Europäischen Mahnverfahren
- Titulierung von Forderungen bis zu einem Wert von 5.000,00 Euro in einem Europäischen Bagatellverfahren
- Anerkennung und Vollstreckung von Entscheidungen und die Zusammenarbeit in Unterhaltssachen
- Erwirkung eines Europäischen Beschlusses zur vorläufigen Kontopfändung

Diese gemeinschaftsrechtlichen Verordnungen gelten in allen EU-Mitgliedsstaaten mit Ausnahme von Dänemark. Mit Dänemark wurde allerdings ein Abkommen geschlossen, nach dem die Regelungen der EuGVVO größtenteils Anwendung finden.

2.2 Voraussetzungen

Titel → **Antrag** → **Vollstreckbarkeit der Entscheidung**

Im Ursprungsland ergangene Entscheidungen können durch das Ursprungsgericht für vollstreckbar erklärt werden. Zur Bestätigung als Europäischer Vollstreckungstitel eignen sich folgende Titel:

- gerichtliche Entscheidungen (Urteile, Vollstreckungsbescheide, Beschlüsse)
- öffentliche Urkunden (notarielle und gerichtliche Urkunden, Jugendamtsurkunden)
- gerichtliche Vergleiche (Prozess- oder Anwaltsvergleich)

Es findet nicht regelmäßig ein formelles Anerkennungsverfahren statt. Dem Titel wird auf Gläubigerantrag durch das Ursprungsgericht vielmehr nur noch eine Bestätigung als „Europäischer Titel" erteilt. Dieser Antrag kann auch schon mit der Klageschrift verbunden sein. Mit dieser Bestätigung findet die Zwangsvollstreckung nach den Vollstreckungsvorschriften des Vollstreckungsmitgliedsstaates statt. Soll z. B. aus einem spanischen Titel, der als Europäischer Vollstreckungstitel bestätigt wurde, in Deutschland vollstreckt werden, finden die Vorschriften über die Zwangsvollstreckung der ZPO Anwendung.

LF 9 | 3 ▸

Ein rechtskräftiger Europäischer Zahlungsbefehl bedarf einer Bestätigung als Europäischer Titel nicht mehr, da der dem Gläubiger übersandten Ausfertigung bereits von Amts wegen eine entsprechende Erklärung beigefügt ist.

LF 9 | 4 ▸

Auch im Europäischen Verfahren für geringfügige Forderungen bedarf es einer Vollstreckbarerklärung nicht mehr, wenn das Gericht, das das Urteil erlassen hat der Ausfertigung eine Bestätigung unter Verwendung des vorgegebenen Formblatts beifügt.

2.3 Bestätigungsverfahren

Der Antrag auf Ausstellung der Bestätigung als Europäischer Vollstreckungstitel ist bei dem Gericht, dem Notar oder der Behörde (z. B. Jugendamt) einzureichen, welchem die Erteilung einer vollstreckbaren Ausfertigung obliegt. Dem Antrag ist eine Titelausfertigung sowie die Bescheinigung der Vollstreckbarkeit im Urteilsstaat beizufügen. Eine Anhörung des Schuldners im Bestätigungsverfahren findet nicht statt.

Der Gläubiger erhält eine Ausfertigung der Bestätigung, welche mit dem Vollstreckungstitel verbunden ist. Dem Schuldner wird eine Ausfertigung der Bestätigung zugestellt. Eine Übersetzung der Bestätigung ist nicht erforderlich, kann aber durch die Vollstreckungsstelle des Vollstreckungsstaates verlangt werden.

Die Ausstellung der Bestätigung ist unanfechtbar.

2.4 Kosten des Bestätigungsverfahrens

Für den Antrag auf Bestätigung fallen Gerichtskosten in Höhe von 22,00 Euro (Nr. 1513 KV GKG) oder Notargebühren gem. Nr. 23805 KV GNotKG an. Sofern der Rechtsanwalt bereits im Erkenntnisverfahren tätig war, kann er hier keine gesonderten Gebühren in Rechnung stellen, § 19 I S. 2 Nr. 9a Buchst. a RVG.

2.5 Zusammenfassung und Aufgaben

ZUSAMMENFASSUNG

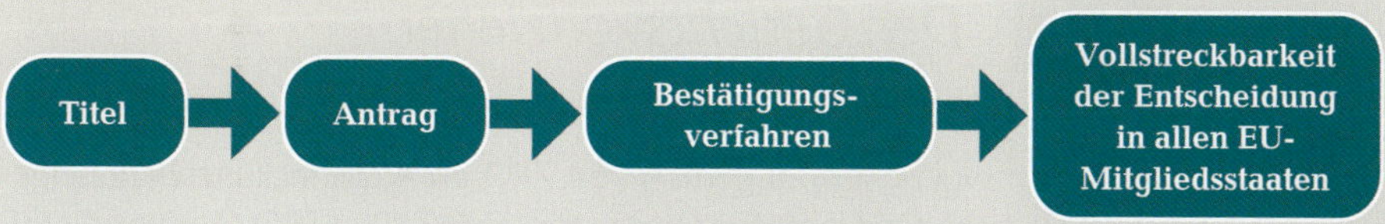

AUFGABEN

Elfriede Schöne, wohnhaft in Köln, hat vor dem Amtsgericht Köln ein Urteil wegen einer Geldforderung in Höhe von 3.800,00 Euro nebst Zinsen und vorgerichtlicher Mahnkosten aus einem Kaufvertrag gegen Carlos Rodriguez, wohnhaft in Barcelona, erwirkt.

Elfriede Schöne beauftragt Rechtsanwalt Gerber mit der Zwangsvollstreckung aus diesem Urteil.

1. Unter welcher Voraussetzung kann Elfriede Schöne aus diesem Urteil vollstrecken?
2. Welches Gericht ist zuständig für einen entsprechenden Antrag?
3. Hätte dieser Antrag bereits zu einem früheren Zeitpunkt gestellt werden können?

3. VOLLSTRECKUNGSORGANE

Als Vollstreckungsorgane werden die für die Zwangsvollstreckung zuständigen Stellen bezeichnet. Je nachdem, woraus bzw. in was vollstreckt wird, sind unterschiedliche Organe zuständig und zwar:

- der Gerichtsvollzieher,
- das Vollstreckungsgericht,
- das Prozessgericht,
- das Grundbuchamt.

3.1 Der Gerichtsvollzieher

Der Gerichtsvollzieher übt gem. § 753 ZPO alle Vollstreckungshandlungen aus, soweit sie nicht den Gerichten übertragen sind. § 802a ZPO spezifiziert die Regelbefugnisse des Gerichtsvollziehers. Demnach handelt er grundsätzlich nur aufgrund eines Vollstreckungsauftrags des Gläubigers und wirkt auf eine „zügige, vollständige und Kosten sparende Beitreibung von Geldforderungen hin“, § 802a I ZPO. Gemäß § 802 II ZPO ist der Gerichtsvollzieher im Rahmen der Zwangsvollstreckung befugt, die Pfändung und Versteigerung beweglicher Sachen durchzuführen, zu jedem Zeitpunkt eine gütliche Erledigung der Sache anzustreben (§ 802b ZPO), die Vermögensauskunft des Schuldners einzuholen (§ 802c ZPO), Auskünfte über das Schuldnervermögen einzuholen (§ 802 I ZPO) und/oder eine Vorpfändung durchzuführen (§ 845 ZPO).

© dpa

Der Zwangsvollstreckungsauftrag berechtigt den Gerichtsvollzieher im Rahmen der Pfändung in das bewegliche Vermögen, Wohnung und Behältnisse des Schuldners öffnen zu lassen und zu durchsuchen, § 758 ZPO. Wenn der Schuldner Widerstand leistet, kann der Gerichtsvollzieher Gewalt anwenden oder die Polizei um Hilfe bitten. Der Gerichtsvollzieher versieht die gepfändeten Gegenstände mit einem Pfandsiegel oder nimmt sie an sich. Er darf Zahlungen des Schuldners entgegennehmen und bei vollständiger Begleichung der Gläubigerforderung die vollstreckbare Ausfertigung des Titels aushändigen. Außerdem ist der Gerichtsvollzieher dafür zuständig, den Schuldner nicht nur zur Herausgabe beweglicher Sachen aufzufordern, sondern auch, ihm die bewegliche Sache wegzunehmen und den Schuldner zur Räumung einer Wohnung bzw. eines Grundstücks aufzufordern bzw. die Räumung durchzuführen.

Zusammen mit dem Vollstreckungsauftrag oder nach erfolgloser Pfändung kann ein Antrag auf Abgabe der Vermögensauskunft gestellt werden. Der Gerichtsvollzieher ist für die Abnahme dieser Vermögensauskunft zuständig. Erscheint der Schuldner nicht zum angeordneten Termin, darf der Gerichtsvollzieher ihn gem. § 802g II 1 ZPO verhaften.

BEISPIELE

- Der Gerichtsvollzieher Gregor Gratus pfändet eine wertvolle Truhe, indem er gut sichtbar ein Pfandsiegel aufklebt.
- Er nimmt Wertpapiere an sich.
- Er nimmt dem säumigen Mieter Dieter Meiten die Wohnungsschlüssel ab und übergibt sie dem Vermieter Frank Reich.
- Er lädt den Schuldner Ernst Fuller zur Abgabe der Vermögensauskunft.
- Er führt die Versteigerung der gepfändeten beweglichen Sachen durch.

3.2 *Das Vollstreckungsgericht*

Für die Zwangsvollstreckung ist das Amtsgericht als Vollstreckungsgericht sachlich zuständig. Örtlich zuständig ist das Amtsgericht, in dessen Bezirk die Zwangsvollstreckung stattfindet. Entscheidungen trifft grundsätzlich der Rechtspfleger.

Das Vollstreckungsgericht wird tätig, wenn es um die Zwangsvollstreckung wegen einer Geldforderung in Forderungen und andere Vermögensrechte (§§ 828 ff. ZPO), um die Anordnung der Zwangsversteigerung oder Zwangsverwaltung in Grundstücke und grundstücksgleiche Rechte (§§ 864, 868, 869 und ZVG-Vorschriften), um die Austauschpfändung (§ 811a ZPO), die Verteilung des Zwangsversteigerungserlöses an mehrere Gläubiger (sofern der ZV-Erlös nicht ausreicht) (§§ 872, 873 ZPO), um Vollstreckungsschutzanträge (§ 765a ZPO) oder um die Erinnerung gegen die Art und Weise der Zwangsvollstreckung (§ 766 ZPO) geht.

BEISPIELE

- Auf Antrag des Gläubigers Siegmar Striete erlässt das Vollstreckungsgericht einen Pfändungs- und Überweisungsbeschluss.
- Das Vollstreckungsgericht ordnet die Zwangsversteigerung eines Grundstücks an.
- Das Vollstreckungsgericht befindet über den Antrag des Gläubigers Siegmar Striete auf Austauschpfändung.

3.3 Das Prozessgericht

Das Prozessgericht ist als Vollstreckungsorgan zuständig, wenn der Schuldner beispielsweise zu bestimmten Handlungen, Unterlassungen oder Duldungen gezwungen werden soll, §§ 887 ff. ZPO. Es entscheidet außerdem über die Vollstreckungsabwehrklage sowie über einstweilige Anordnungen, §§ 767, 769 ZPO.

Das Prozessgericht ist das Gericht des ersten Rechtszuges, d. h. das Gericht, das im Erkenntnisverfahren tätig war.

BEISPIELE

- Torben-Rüdiger Darmann, der in einem dicht besiedelten Wohngebiet wohnt, ist gerichtlich dazu verpflichtet worden, während der Nachtzeit ruhestörenden Lärm zu unterlassen. Kommt er dieser Verpflichtung nicht nach, wird die Unterlassung durch das Prozessgericht zwangsweise durchgesetzt.
- Der berühmte Maler Kurt Zierbart weigert sich trotz Urteil, die vereinbarte Portraitstudie von Frau Nentrup anzufertigen. Das Prozessgericht kann die Vornahme der Handlung erzwingen.

3.4 Das Grundbuchamt

Das Grundbuchamt, funktionell der Rechtspfleger, ist für die Eintragung einer Zwangssicherungshypothek (§ 867 ZPO) zuständig sowie für die Pfändung einer durch Buchhypothek gesicherten Forderung, § 830 ZPO, § 13 GBO.

Das zuständige Grundbuchamt ist gem. § 1 I GBO grundsätzlich das Amtsgericht, in dessen Bezirk das betroffene Grundstück liegt.

BEISPIELE

- Gläubiger Siegmar Striete stellt beim Grundbuchamt den Antrag auf Pfändungsbeschluss, dass die Briefgrundschuld des Schuldners Ernst Fuller durch Grundbuch-Eintrag gepfändet wird.
- Gläubiger Striete stellt beim Grundbuchamt den Antrag, bei Schuldner E. Fuller eine Sicherungshypothek zu Lasten dessen Grundstücks eintragen zu lassen.

3.5 Zusammenfassung und Aufgaben

ZUSAMMENFASSUNG

Die vier Organe, die sich mit der Durchführung einer zivilrechtlichen Zwangsvollstreckung beschäftigen, sind:

Der Gerichtsvollzieher
(z. B. §§ 802a, 808 ff. ZPO)

ist u. a. befasst mit:

- der Vollstreckung wegen einer Geldforderung in bewegliche Sachen, von Früchten, die noch nicht vom Boden, Strauch oder Baum getrennt sind sowie indossabler Wertpapiere (Scheck, Wechsel),
- der Abnahme der Vermögensauskunft,
- dem Gestatten von Ratentilgung,
- der Protokollierung von Vermögensverzeichnissen,
- der öffentlichen Versteigerung,
- der Herausgabevollstreckung (von Sachen und Personen einschließlich Räumung von Wohnungen und Grundstücken),
- der Verhaftung und Vorführung von Schuldnern,
- Vorpfändungen,
- der Zustellung von PfÜBs bei der Forderungspfändung,
- der Zustellung auf Betreiben der Parteien.

Das Vollstreckungsgericht
(z. B. §§ 828 ff., 869 ZPO)

ist u. a. befasst mit:

- der Zwangsvollstreckung in Geldforderungen und andere Vermögensrechte,
- der Anordnung der Zwangsversteigerung oder -verwaltung,
- der Entscheidung über die Zulassung der Austauschpfändung,
- dem Antrag auf eine andere Verwertungsart,
- dem Verteilungsverfahren, wenn der Betrag zur Befriedigung der Gläubiger nicht ausreicht,
- der Entscheidung über die Durchsuchung einer Wohnung,
- dem Erlass des Haftbefehls bei Nichterscheinen des Schuldners zur Vermögensauskunft,
- der Entscheidung über die Vollstreckungserinnerung,
- dem Vollstreckungsschutzantrag des Schuldners,
- der Führung des Schuldner- und Vermögensverzeichnisses (als „zentrales Vollstreckungsgericht“).

Das Prozessgericht
(z. B. §§ 887–890 ZPO)

ist u. a. befasst mit:

- der Erzwingung von Handlungen, Unterlassungen und Duldungen,
- der Verurteilung des Schuldners in o. g. Fällen zu Ordnungs-/Zwangsgeld bzw. Ordnungs-/Zwangshaft,
- der Klage wegen Erteilung der Vollstreckungsklausel,
- der Vollstreckungsabwehrklage.

Das Grundbuchamt
(z. B. § 867 ZPO)

ist befasst mit:

- dem Eintrag der Zwangssicherungshypothek in das Grundbuch,
- der Pfändung einer Hypothekenforderung, Reallast, Grundschuld oder Rentenschuld.

AUFGABEN

1. Benennen Sie die verschiedenen Vollstreckungsorgane und jeweils beispielhaft eine Hauptaufgabe dieses Organs.

2. Geben Sie unter Nennung der gesetzlichen Vorschrift an, welches Vollstreckungsorgan in den folgenden Fällen zuständig ist:

a) Auf Antrag des Gläubigers Siegmar Striete soll ein PfÜB erlassen werden.

b) Der PfÜB wird dem Schuldner Ernst Fuller zugestellt.

c) Der Schuldner legt Vollstreckungsabwehrklage ein, weil er die Forderung inzwischen beglichen hat.

d) Die Briefgrundschuld des Schuldners Ernst Fuller soll durch eine entsprechende Maßnahme gepfändet werden.

e) Der Schuldner weigert sich, die Vermögensauskunft abzugeben und wird verhaftet.

»

f) Der neuwertige Mercedes des Schuldners Ernst Fuller, von Beruf Handelsvertreter, soll gegen einen Opel Astra ausgetauscht werden.

g) Ein gepfändetes Bild wird versteigert.

h) Es wird dem Schuldner E. Fuller mit Erlaubnis des Gläubigers S. Striete gestattet, die Schuld in Raten zu tilgen, weil keine pfändbaren Gegenstände vorgefunden wurden.

i) Bei Schuldner Ernst Fuller soll eine Zwangssicherungshypothek auf dessen Grundstück eingetragen werden.

j) Es wird die Zwangsversteigerung des Grundstücks von Schuldner E. Fuller angeordnet.

k) Herr Torben-Rüdiger Darmann ist gerichtlich dazu verpflichtet worden, um 3 Uhr morgens nicht mehr in voller Lautstärke seine Lieblings-CD von Helene Fischer zu hören. Er hört nun nachts um 2 Uhr lautstark Musik und zwar nicht mehr Helene Fischer, sondern Andrea Berg.

l) Bei Bauer Heinrich sollen drei noch nicht abgeerntete Maisfelder gepfändet werden.

4. ZWANGSVOLLSTRECKUNGS-MASSNAHMEN

4.1 Allgemeines

© photo 5000 – Fotolia.com

Liegen die Voraussetzungen für die Zwangsvollstreckung gem. Kapitel 1 (Titel-Klausel-Zustellung) und ggf. gem. Kapitel 2 (Bestätigung als Europäischer Vollstreckungstitel) vor, kann der Gläubiger mit der Zwangsvollstreckung beginnen. Spätestens jetzt muss sich der Gläubiger entscheiden, in welches Vermögensgut des Schuldners er zunächst vollstrecken möchte. Hat der Gläubiger z. B. Kenntnis von der Bankverbindung des Schuldners, wird er einen Antrag auf Erlass eines Pfändungs- und Überweisungsbeschlussses bezüglich dessen Konto- bzw. Sparguthaben beantragen. Anders ist es (und dies ist die

Regel), wenn dem Gläubiger die Vermögensverhältnisse des Schuldners nicht bekannt sind. Dann hat der Gläubiger die Möglichkeit, die Sachpfändung zu versuchen oder eine Vermögensauskunft des Schuldners einzuholen. Verweigert der Schuldner die Abnahme der Vermögensauskunft, hat der Gläubiger im Wege der Vermögensauskunft die Möglichkeit, den Gerichtsvollzieher zu beauftragen, Auskünfte Dritter über das Vermögen des Schuldners einzuholen.

4.2 Zwangsvollstreckung wegen Geldforderungen

4.2.1 Geldforderungen in bewegliche Sachen des Schuldners

Für die Zwangsvollstreckung wegen Geldforderungen in das bewegliche Vermögen des Schuldners ist der Gerichtsvollzieher als Vollstreckungsorgan zuständig. Sie erfolgt durch Inbesitz- und Wegnahme sowie Verwertung der beweglichen Sachen durch den Gerichtsvollzieher. Der Gerichtsvollzieher wird nur auf Antrag (Formularzwang) des Gläubigers tätig. Der Gläubiger hat das Recht, die Vorgehensweise des Gerichtsvollziehers bei der Vollstreckung zu bestimmen, welcher bei der Ausführung seiner Aufträge auf eine zügige, vollständige und Kosten sparende Beitreibung der Geldforderung hinwirken soll.

§ 802a Abs. 1 ZPO

§ 802a Abs. 2 ZPO

Aufgrund eines entsprechenden Vollstreckungsauftrags und der Übergabe der vollstreckbaren Ausfertigung ist der Gerichtsvollzieher befugt:

- eine gütliche Erledigung der Sache zu versuchen (§ 802b),
- eine Vermögensauskunft des Schuldners einzuholen (§ 802c),
- Auskünfte Dritter über das Vermögen des Schuldners einzuholen (§ 802 l),
- die Pfändung und Verwertung körperlicher Sachen zu betreiben,
- eine Vorpfändung durchzuführen (§ 845 ZPO); hierfür bedarf es nicht einer vollstreckbaren Ausfertigung des Titels sowie der Zustellung des Schuldtitels.

Schließt der Gläubiger eine gütliche Erledigung seines Auftrages nicht aus, hat er die Möglichkeit, den Gerichtsvollzieher bereits mit dem Antrag zu ermächtigen, dem Schuldner

- eine Zahlungsfrist einzuräumen oder
- die ratenweise Begleichung zu genehmigen.

§ 802b Abs. 1 ZPO

Ist der Gläubiger mit Einziehung von Teilbeträgen einverstanden, so kann er entweder die Ratenhöhe oder das Rateninterwall bestimmen. Kann der Gerichtsvollzieher mit dem Schuldner Ratenzahlungen vereinbaren, hat der Schuldner glaubhaft darzulegen, dass er die Forderung innerhalb von 12 Monaten tilgen kann. Im Einvernehmen zwischen Gläubiger, Schuldner und Gerichtsvollzieher ist auch eine längere Tilgungsphase möglich. Die Zwangsvollstreckung ist während dieser Phase aufgeschoben.

Über den Zahlungsplan und Vollstreckungsaufschub ist der Gläubiger durch den Gerichtsvollzieher umgehend zu informieren. Widerspricht der Gläubiger unverzüglich dieser Vorgehensweise oder gerät der Schuldner mit einer Zahlung ganz oder teilweise länger als zwei Wochen in Rückstand, wird der Zahlungsplan hinfällig.

§ 802b Abs. 3 ZPO

Ist der Wohnsitz oder der gewöhnliche Aufenthaltsort des Schuldners unbekannt, ist der Gerichtsvollzieher aufgrund eines entsprechenden Antrags des Gläubigers befugt, Auskünfte zum Aufenthaltsort des Schuldners bei der Meldebehörde einzuholen. Ist der Aufenthaltsort nicht zu ermitteln, darf der Gerichtsvollzieher seinem Auftrag entsprechende Auskünfte über das Ausländerzentralregister, den Trägern der gesetzlichen Rentenversicherung oder dem Kraftfahrt-Bundesamt erheben.

§ 755 ZPO

Die Sachpfändung

Die Sachpfändung erfolgt durch:

Pfändung → **Verwertung** → **Verteilung**

Vor Durchführung der Zwangsvollstreckung hat der Gerichtsvollzieher den Schuldner zur freiwilligen Leistung aufzufordern. Begleicht der Schuldner die Forderung vollständig, vermerkt der Gerichtsvollzieher die Zahlung auf dem Titel und händigt diesen zusammen mit einer Quittung dem Schuldner aus. Teilzahlungen werden vom Gerichtsvollzieher ebenfalls auf der Titelausfertigung vermerkt und der Schuldner erhält über die geleistete Teilzahlung eine Quittung. Der Titel bleibt jedoch bis zur vollständigen Bezahlung beim Gerichtsvollzieher.

§§ 754, 802b I ZPO

§ 757 ZPO

Leistet der Schuldner nicht freiwillig, nimmt der Gerichtsvollzieher eine Sachpfändung vor. Die **Pfändung** wird dadurch bewirkt, dass der Gerichtsvollzieher im Gewahrsam des Schuldners befindliche körperliche Sachen in Besitz nimmt. Geld, Kostbarkeiten (Gemälde/Schmuck) und Wertpapiere nimmt er dem Schuldner weg und verwahrt diese in einer Pfandkammer bzw. einem Banksafe. Sonstige körperliche Sachen bleiben im Gewahrsam des Schuldners. Der Gerichtsvollzieher dokumentiert die Pfändung an diesen Gegenständen durch deutlich erkennbares Anbringen eines Pfandsiegels („Kuckuck") bzw. einer Pfandtafel.

§ 808 ZPO

BEISPIEL

Pfändet der Gerichtsvollzieher einen im Gewahrsam und Eigentum des Schuldners stehenden antiken Sekretär, belässt er diesen vorerst beim Schuldner. Das Pfandsiegel muss nicht sofort sichtbar angebracht sein, es ist ausreichend, wenn das Siegel an der Rückwand des Sekretärs angebracht wird.

Bei der Pfändung prüft der Gerichtsvollzieher nicht, ob sich die gepfändeten Gegenstände, die der Schuldner im Gewahrsam hat, auch in dem Eigentum des Schuldners befinden. Sollte der Gerichtsvollzieher nicht im Eigentum des Schuldners stehende Gegenstände gepfändet haben, kann sich der tatsächliche Eigentümer mittels der sog. Drittwiderspruchsklage wehren, § 771 ZPO.

§ 809 ZPO

§ 810 ZPO

Darüber hinaus dürfen auch Früchte, die von dem Boden noch nicht getrennt sind, gepfändet werden, solange nicht deren Beschlagnahme durch Zwangsvollstreckung in das unbewegliche Vermögen erfolgt ist.

BEISPIEL

Ist der Schuldner Eigentümer einer Obstbaumplantage, darf der Gerichtsvollzieher die Früchte an den Bäumen pfänden, solange eine Zwangsverwaltung oder Zwangsversteigerung der Plantage noch nicht angeordnet ist. Die Pfändung der Früchte darf jedoch frühestens einen Monat vor der Reife erfolgen. Da der Gerichtsvollzieher nicht auf jeder einzelnen Frucht ein Pfandsiegel anbringen kann, macht er die Pfändung durch Anbringung einer Pfandtafel auf dem Grundstück der Plantage deutlich.

§ 803 I S. 2 ZPO

Zu beachten hat der Gerichtsvollzieher, dass er nicht mehr pfänden darf, als zur Beitreibung der titulierten Forderung nebst der für die Zwangsvollstreckung anfallenden Kosten (Rechtsanwalt, Gericht, Gerichtsvollzieher) notwendig ist. Dabei hat der Gerichtsvollzieher von Amts wegen den Wert der zu pfändenden Sachen zu schätzen.

BEISPIEL

Der Gerichtsvollzieher wurde vom Gläubiger beauftragt, eine Forderung von 4.500,00 Euro nebst Zinsen und Kosten beizutreiben. Findet der Gerichtsvollzieher bei der Schuldnerin nun eine wertvolle Halskette, deren Wert der Gerichtsvollzieher auf ca. 9.000,00 Euro schätzt sowie einen Teppich, welcher ca. 3.500,00 Euro wert sein dürfte, darf der Gerichtsvollzieher lediglich die Halskette pfänden. Sollte sich bei der anschließenden Versteigerung herausstellen, dass die Halskette den insgesamt zu vollstreckenden Betrag nicht erreicht, kann der Gerichtsvollzieher erst jetzt auch den Teppich beim Schuldner pfänden und nicht bereits schon zusammen mit der Halskette.

Unpfändbare Sachen

Zum Schutz der wirtschaftlichen Existenz des Schuldners und seiner Familie dürfen einige Gegenstände nicht gepfändet werden. Im Gewahrsam des Schuldners sind jene Sachen zu belassen, die er zur eigenverantwortlichen Führung eines menschenwürdigen Lebens benötigt. So ist gem. § 812 ZPO die Pfändung der zum gewöhnlichen Hausrat des Schuldners gehörende und in dessen Haushalt gebrauchte Gegenstände sowie gem. § 811c die Pfändung von Haustieren ausgeschlossen. § 811 I ZPO schließt insbesondere Gegenstände, die für den Lebensunterhalt sowie für die Berufs- bzw. Gewerbeausübung des Schuldners notwendig sind, von der Pfändung aus. Dies sind z. B.

§ 811 I ZPO

- Kleidungsstücke,
- Haushaltsvorräte für vier Wochen oder den für diese Zeit erforderlichen Geldbetrag,

- Kleintiere in beschränkter Zahl sowie nach Wahl des Schuldners eine Kuh oder statt dieser zwei Schweine, Ziegen oder Schafe,
- bei Landwirten: zum Betrieb erforderliche Geräte, Vieh und benötigter Dünger,
- Dienstkleidungsstücke und Dienstausrüstungsgegenstände (Robe des Rechtsanwalts, Zahnarztstuhl),
- Trauringe, Orden und Ehrenzeichen.

An sich gem. § 811 I Nr. 1, 4 und 5–7 ZPO unpfändbare Gegenstände können jedoch dann gepfändet werden, wenn der Verkäufer wegen einer durch Eigentumsvorbehalt gesicherten Geldforderung aus ihrem Verkauf vollstreckt. Die Vereinbarung des Eigentumsvorbehalts hat der Verkäufer durch Urkunden (z. B. Kaufvertrag/Rechnung) nachzuweisen.

§ 811 II ZPO

BEISPIEL

Der Schuldner (Dr. dent. Simon Scheuer) hat bei dem Dentalcenter Dentlab GmbH eine Behandlungseinheit zum Preis von 40.500,00 Euro unter Eigentumsvorbehalt gekauft. Der Kaufpreis war vereinbarungsgemäß in 24 Monatsraten zu bezahlen. Nach Zahlung der zweiten Rate hat der Schuldner die Ratenzahlungen eingestellt. Die Dentlab GmbH erwirkte gegen den Schuldner einen Vollstreckungstitel auf Zahlung des restlichen Kaufpreises. Unter Vorlage des Kaufvertrags, aus welchem sich der seinerzeit vereinbarte Eigentumsvorbehalt ergibt, kann der Gerichtsvollzieher den an sich unpfändbaren Gegenstand pfänden. Für einen anderen Gläubiger wäre die Pfändung jedoch ausgeschlossen.

Die Austauschpfändung

Die Pfändung einer nach § 811 I Nr. 1, 5 und 6 unpfändbaren Sache kann zugelassen werden, wenn der Gläubiger dem Schuldner vor der Wegnahme der Sache ein Ersatzstück überlässt. Über einen Antrag auf Genehmigung der Austauschpfändung entscheidet das zuständige Vollstreckungsgericht.

§ 811a ZPO

BEISPIEL

Aus dem Pfändungsprotokoll des Gerichtsvollziehers in Sachen Reinhard Guth gegen Dr. med. Oskar Winkler ergibt sich keine pfändbare Habe. Dem Protokoll ist aber zu entnehmen, dass Oskar Winkler Eigentümer eines Pkw Mercedes E 220D Cabriolet ist. Da der Schuldner Winkler als Landarzt zur Ausübung seines Berufes auf einen Pkw angewiesen ist, hat der Gerichtsvollzieher das Cabriolet gem. § 811 I Nr. 5 ZPO nicht gepfändet. Der Gläubiger Guth kann nun bei dem zuständigen Vollstreckungsgericht die Genehmigung einer Austauschpfändung beantragen. Dabei hat der Gläubiger Guth dem Schuldner Dr. Winkler vor der Wegnahme ein Ersatzfahrzeug zur Verfügung zu stellen.

Die Vorwegpfändung

§ 811d ZPO

Eine Sache, die nach § 811 ZPO unpfändbar ist, kann gepfändet werden, wenn zu erwarten ist, dass diese Sache demnächst pfändbar wird. Sie ist jedoch im Gewahrsam des Schuldners zu belassen, bis das Pfändungsverbot weggefallen ist.

BEISPIEL

Im obigen Beispiel ist dem Gläubiger bekannt, dass Dr. med. Oskar Winkler in einem halben Jahr aus dem Beruf ausscheiden wird. Der Gerichtsvollzieher kann bereits jetzt den Pkw pfänden, belässt ihn jedoch beim Schuldner, welcher den Pkw benötigt, um weiterhin Hausbesuche machen zu können. Erst nach Ausscheiden aus dem Beruf kann der Gerichtsvollzieher den Pkw dem Schuldner wegnehmen.

Die Anschlusspfändung

§ 826 ZPO

Eine bereits gepfändete Sache kann wegen einer weiteren Forderung desselben oder anderen Gläubigers entweder erneut oder mittels der Anschlusspfändung gepfändet werden. Die Anschlusspfändung erfolgt, indem der Gerichtsvollzieher in das Pfändungsprotokoll die Erklärung aufnimmt, dass die bereits gepfändete Sache für den Gläubiger erneut gepfändet wird. Der Schuldner ist von der weiteren Pfändung zu unterrichten. Bei der Verteilung des Versteigerungserlöses wird zuerst die Forderung des Erstgläubigers befriedigt und danach die des weiteren Gläubigers.

Die Pfändung zur Nachtzeit und an Sonn- und Feiertagen

§§ 758, 758a ZPO

Dem Gerichtsvollzieher ist gestattet, die Wohnung des Schuldners zu durchsuchen und hierzu auch verschlossene Türen und Behältnisse öffnen zu lassen. Die Durchsuchung der Wohnung setzt voraus, dass der Schuldner der Durchsuchung einwilligt oder die Durchsuchung auf Anordnung des Richters erfolgt. Ein solcher richterlicher Durchsuchungsbeschluss ist bereits dann erforderlich, wenn der Schuldner dem Gerichtsvollzieher den Zutritt zur Wohnung verweigert oder die Türe nicht öffnet.

Grundsätzlich nimmt der Gerichtsvollzieher eine Vollstreckungshandlung nicht zur Nachtzeit (21:00 bis 6:00 Uhr) und an Sonn- und Feiertagen vor. Ist dem Gläubiger jedoch bekannt, dass der Schuldner wochentags zur Tagzeit oder werktags (Montag bis Samstag) nur schwer erreichbar sein wird, da er beruflich auswärts tätig ist, kann der Gläubiger bei dem zuständigen Amtsgericht/Vollstreckungsgericht einen Antrag auf Zulassung der Pfändung zur Nachtzeit und an Sonn- und Feiertagen gem. § 758 IV ZPO stellen.

BEISPIEL

Der Gläubiger weiß, dass der Schuldner in einer Diskothek kellnert, welche um 5:00 Uhr morgens schließt. Ausweislich seiner Lohnbescheinigung unterliegt der Lohn des Schuldners den Pfändungsfreigrenzen. Der Gläubiger vermutet aber, dass der Schuldner insbesondere vor Sonn- und Feiertagen reichlich Trinkgeld einnimmt. Er beantragt daher eine Pfändung an Sonn- und Feiertagen, damit der Gerichtsvollzieher eine Taschenpfändung zu diesem Zeitpunkt erfolgreich vornehmen kann.

Die Verwertung der Pfandsache

Die gepfändeten Sachen sollen durch den Gerichtsvollzieher verwertet werden. Geld, das der Gerichtsvollzieher beim Schuldner vorfindet, pfändet er und liefert dieses nach Abzug der für seine Tätigkeit entstandenen Kosten beim Gläubiger ab. Bei anderen Sachen als Geld findet die **Verwertung** durch öffentliche Versteigerung statt. Der Gerichtsvollzieher bestimmt den Termin, welcher nicht vor Ablauf einer Woche seit dem Tag der Pfändung angesetzt werden darf, sowie die Art der Versteigerung.

§ 815 I ZPO

§ 814 I ZPO

§ 816 I ZPO

LERNFELD 12

Entscheidet sich der Gerichtsvollzieher für eine Präsenz-Versteigerung, findet die Versteigerung in dem Amtsgerichtsbezirk statt, in welchem die Pfändung erfolgt ist. Unter der Auktionsseite www.justiz-auktion.de finden Versteigerungen im Internet auch durch den Gerichtsvollzieher gepfändeter Sachen statt. Dabei kann der Gerichtsvollzieher eine höhere Anzahl von Bietern erreichen und der Versteigerungserlös ist drei- bis viermal höher als bei Vorort-Versteigerungen. Den Zuschlag bei Vorort-Versteigerungen erhält nach dreimaligem Aufruf der Meistbietende. Bei Internet-Versteigerungen erhält die Person den Zuschlag, welche am Ende der Versteigerung das höchste, wenigstens aber das Mindestgebot abgegeben hat. Nach Zahlung des Kaufpreises findet die Übergabe der Sache statt.

§ 817 I ZPO

Auf Antrag des Gläubigers oder des Schuldners findet die Verwertung der gepfändeten Sachen an einem anderen Ort statt oder die Versteigerung der gepfändeten Sache wird durch eine andere Person als den Gerichtsvollzieher vorgenommen. Über die beabsichtigte Verwertungsart ist der Antragsgegner zu informieren.

§ 825 ZPO

BEISPIEL

Bezüglich einer Forderung in Höhe von 8.500,00 Euro wurde eine Antiquität des Schuldners gepfändet. Der zuständige Gerichtsvollzieher hat die Versteigerung in dem Ort des Vollstreckungsgerichts (Maulbronn) angeordnet. Der Gläubiger vertritt die Ansicht, dass bei einer Versteigerung in Stuttgart ein wesentlich höherer Erlös erzielt werden kann. Auf Antrag lässt das Amtsgericht Maulbronn die Versteigerung in Stuttgart nach Information des Schuldners zu.

Der Gerichtsvollzieher hat die **Verteilung** des Verwertungserlöses vorzunehmen. Dem Gläubiger ist der Verwertungserlös abzüglich der Kosten der Zwangsvollstreckung auszukehren. Sofern ein Übererlös vorhanden sein sollte, ist der Mehrerlös dem Schuldner auszubezahlen.

BEISPIEL

Bezüglich einer Forderung in Höhe von 10.600,00 Euro wurde ein wertvolles Gemälde des Schuldners gepfändet. Bei der anschließenden Versteigerung konnte ein Erlös in Höhe von 15.000,00 Euro erzielt werden. Nach Abzug der Hauptforderung in Höhe von 10.600,00 Euro nebst Zinsen in Höhe von 1.240,00 Euro sowie der für die Zwangsvollstreckung angefallenen Kosten in Höhe von 1.800,00 Euro verbleibt ein Übererlös in Höhe von 1.360,00 Euro. Dieser Betrag wird dem Schuldner ausgehändigt.

Der Pfändungs- und Überweisungsbeschluss

Der Schuldner kann neben beweglichen und unbeweglichen Sachen auch über andere Vermögensrechte verfügen. Die Zwangsvollstreckung in Forderungen und andere Vermögensrechte des Schuldners erfolgt grundsätzlich durch einen Pfändungs- und Überweisungsbeschluss (PfÜB). Es wird unterschieden zwischen Zwangsvollstreckung in:

Geldforderungen

- **Arbeitseinkommen, Konto- und Sparguthaben, Lebens- und Rentenversicherungen**

Ansprüche auf Herausgabe oder Leistung von Sachen

- **Herausgabe beweglicher Sachen**

sonstige Vermögensrechte

- **Anwartschaftsrechte, Dienstbarkeiten (Wohnrecht, Nießbrauch), Dauerwohn- und Dauernutzungsrecht, Gemeinschafts- und Gesellschaftsanteile, Gesamtgutanteile, Patent-, Gebrauchsmuster-, Geschmacksmuster- und Lizenzrechte, Urheber- und Verlagsrechte**

Der Vollstreckungsschuldner ist dabei gleichzeitig Gläubiger gegenüber einem Dritten. Diese sind Schuldner des Vollstreckungsschuldners und werden als Drittschuldner bezeichnet. Der Pfändungs- und Überweisungsbeschluss setzt sich aus zwei Beschlüssen zusammen. Mit dem Pfändungsbeschluss wird die Forderung des Schuldners gegen den Drittschuldner beschlagnahmt. Mittels Überweisungsbeschluss wird die Forderung verwertet.

§ 828 ZPO

Für die Zwangsvollstreckung in Forderungen und andere Vermögensrechte ist das Amtsgericht/Vollstreckungsgericht sachlich zuständig. Die örtliche Zuständigkeit richtet sich nach dem Wohnsitz des Schuldners. Funktionell ist der Rechtspfleger zuständig.

Für den **Antrag** herrscht Formularzwang, unabhängig davon, ob er mit oder ohne Anwaltssoftware erstellt wird. Dieses neunseitige Formular ist sowohl im Schreibwarenhandel als auch im Internet, z. B. unter www.justiz-nrw.de oder www.bmjv.de, erhältlich.

Der Pfändungs- und Überweisungsbeschluss wird auf dem Antragsformular erlassen. Da neben dem Vollstreckungsgericht jeweils der Gläubiger, der Schuldner sowie der Drittschuldner eine Ausfertigung erhalten, sind dem Antrag neben dem Original drei weitere Ausfertigungen beizufügen.

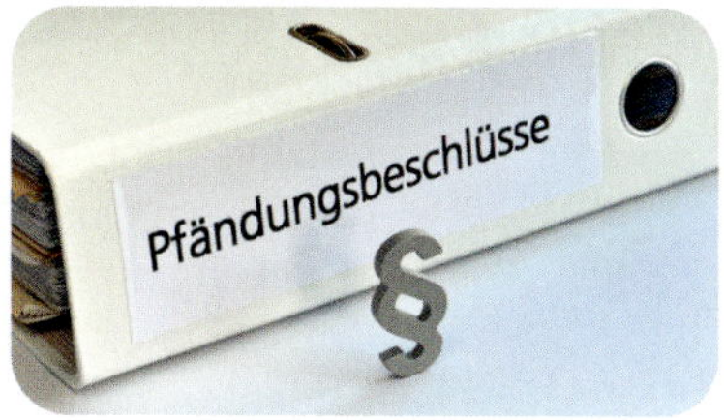

Mehrere Forderungen gegen verschiedene Drittschuldner können gleichzeitig in einem Antrag gepfändet werden. Für jeden weiteren Drittschuldner ist eine zusätzliche Ausfertigung des Antrags beizufügen.

Der Antrag muss enthalten:

- **Bezeichnung des Gläubigers**
- **Bezeichnung des Schuldners mit zustellfähiger Anschrift, bei juristischen Personen oder Handelsgesellschaften deren gesetzlicher Vertreter**
- **Bezeichnung der titulierten Forderung, aufgeschlüsselt nach Hauptforderung, Zinsen und Kosten. Etwaig geleistete Teilzahlungen sind in Abzug zu bringen.**
- **Bezeichnung der zu pfändenden Forderung des Schuldners gegen den mit Namen und Anschrift zu bezeichnenden Drittschuldner.**

Dem unterschriebenen Antrag sind beizufügen:

- **Original des Vollstreckungstitels nebst Klausel und Zustellungsnachweis, ggf. Kostenfestsetzungsbeschluss**
- **Antragsausfertigungen in der erforderlichen Anzahl**
- **evtl. Nachweis über die bisher entstandenen Vollstreckungskosten**

Bei Vollstreckungsbescheiden, welche einer Vollstreckungsklausel nicht bedürfen, ist ein vereinfachter Antrag in elektronischer Antragsform möglich, wenn

- **die Hauptforderung (ohne Zinsen und Kosten) nicht mehr als 5.000,00 Euro beträgt,**
- **die Vorlage weiterer Urkunden (z. B. Rechtsnachfolgeklausel) nicht vorgeschrieben ist,**
- **eine Abschrift des Vollstreckungsbescheides nebst Zustellungsbescheinigung als elektronisches Dokument (eingescannt) dem Antrag beigefügt wird,**
- **der Gläubiger versichert, dass ihm eine Ausfertigung des Vollstreckungsbescheides und eine Zustellungsbescheinigung vorliegen und die Forderung noch in der geltend gemachten Höhe besteht.**

Sofern Kosten der Zwangsvollstreckung von der Pfändung umfasst sind, ist dem Antrag eine nachprüfbare Aufstellung der Kosten nebst entsprechenden Belegen als elektronisches Dokument beizufügen.

Der Rechtspfleger, der funktionell zuständig ist, erlässt nach Prüfung der Formalien den Pfändungs- und Überweisungsbeschluss. Vor **Erlass** des Pfändungs- und

Überweisungsbeschlusses ist der Schuldner nicht zu hören, damit dieser nicht noch kurzfristig über die Forderung verfügen kann.

Die **Zustellung** des Pfändungs- und Überweisungsbeschlusses erfolgt zuerst an den Drittschuldner und sodann an den Schuldner. Der Gläubiger hat bei der Antragstellung die Wahl, ob er selbst den für den Wohnsitz des Drittschuldners zuständigen Gerichtsvollzieher mit der Zustellung beauftragt oder die Geschäftsstelle des Vollstreckungsgerichts bittet, die Vermittlung der Zustellung zu veranlassen.

Erst mit erfolgter Zustellung an den Drittschuldner gilt die Pfändung als bewirkt. Dem Drittschuldner wird verboten, an den Schuldner zu zahlen. Mit der Zustellung an den Schuldner, die erst nach Zustellung des Beschlusses an den Drittschuldner erfolgt, wird dem Schuldner das Gebot ausgesprochen, über die Forderung nicht mehr zu verfügen, insbesondere sie nicht mehr einzuziehen oder abzutreten.

Die Verwertung der Pfändung wird mit dem zweiten Beschluss, den Überweisungsbeschluss veranlasst. Dieser wurde bereits zusammen mit dem Pfändungsbeschluss beantragt (PfÜB). Beide Beschlüsse werden zusammen dem Drittschuldner und Schuldner zugestellt.

Bei Antragsstellung hat der Gläubiger ein Wahlrecht, ob die im Antrag bezeichnete Forderung in Höhe des gepfändeten Betrages

- **zur Einziehung überwiesen oder**
- **an Zahlungs statt überwiesen werden soll.**

Bei der Überweisung zur Einziehung wird der Gläubiger ermächtigt, über die Forderung anstelle des Schuldners zu verfügen.

Bei der Überweisung an Zahlungs statt gilt der Gläubiger bereits dann als befriedigt, wenn die Forderung des Schuldners gegen den Drittschuldner besteht. Eine Zahlung des Drittschuldners an den Gläubiger ist dabei unerheblich. Der Gläubiger hat aber das Recht, die gepfändete Forderung im eigenen Namen geltend zu machen. Da damit ein erhebliches Risiko verbunden ist, ist diese Form in der Praxis nur selten gebräuchlich.

BEISPIEL

Gläubiger Guth hat gegen den Schuldner Sasse eine titulierte Forderung in Höhe von 10.000,00 Euro nebst Zinsen und Kosten. Dem Gläubiger Guth ist bekannt, dass der Schuldner Sasse seinen Pkw zum Kaufpreis von 7.000,00 Euro an einen Dritten verkauft hat. Der Pkw wurde bereits übergeben, eine Zahlung des Kaufpreises vom Dritten jedoch noch nicht

veranlasst. Der Gläubiger Guth kann diesen Kaufpreisanspruch nun pfänden. Lässt Guth sich die Forderung nach Pfändung zur Einziehung überweisen, ist er erst mit Zahlung des Kaufpreises durch den Dritten (Drittschuldner) befriedigt. Entscheidet er sich, den Anspruch an Zahlungs statt überweisen zu lassen, gilt er in Höhe von 7.000,00 Euro befriedigt, unabhängig davon, ob der Drittschuldner zahlt oder wegen Zahlungsschwierigkeiten keine Zahlung leisten kann.

Eine Forderung des Schuldners gegen den Drittschuldner kann von verschiedenen Gläubigern mehrfach gepfändet werden. Die Pfändungen werden mit Zustellung des Pfändungsbeschlusses an den Drittschuldner wirksam. Für die Rangfolge der Überweisung der gepfändeten Ansprüche kommt es daher auf die Zustellung der jeweiligen Pfändungsbeschlüsse an.

BEISPIEL

Der Vermögensauskunft des Schuldners Armin Alt ist dessen Arbeitgeber zu entnehmen. Gläubiger Gustav Garbes hat eine titulierte Forderung in Höhe von 850,00 Euro zuzüglich Zinsen und Kosten. Er pfändet die Lohnansprüche des Schuldners gegen dessen Arbeitgeber. Der Pfändungsbeschluss wird dem Arbeitgeber am 20.05.20.. zugestellt. Der Gläubiger Markus Heins hat eine Forderung in Höhe von 340,00 Euro zuzüglich Zinsen und Kosten und ebenfalls die Lohnansprüche bei demselben Arbeitgeber gepfändet. Die Zustellung des Pfändungsbeschlusses in Sachen Heins gegen Alt erfolgt jedoch erst am 22.05.20.. Der Arbeitgeber (Drittschuldner) kann die Überweisung der Forderung an den Gläubiger Heins erst ab dem Zeitpunkt veranlassen, wenn die Forderung des Gläubigers Gans befriedigt ist.

Bei mehrfacher Pfändung einer Geldforderung kann der Drittschuldner, um der Gefahr zu entgehen, an den falschen Gläubiger zu leisten, den Betrag schuldbefreiend hinterlegen. Die Verteilung nimmt in diesem Fall das Amtsgericht in einem Verteilungsverfahren vor. Verlangt ein Gläubiger die Hinterlegung, ist der Drittschuldner verpflichtet, den Schuldbetrag zu hinterlegen.

§ 840 ZPO

Der Gläubiger kann bereits bei Antragstellung verlangen, dass der Drittschuldner binnen zwei Wochen nach Zustellung des Pfändungs- und Überweisungsbeschlusses eine Erklärung abgibt, ob und

- **inwieweit der Drittschuldner die (gepfändete) Forderung als begründet anerkennt und zur Zahlung bereit ist;**
- **welche Ansprüche andere Personen an die Forderung machen;**
- **wegen welcher Ansprüche die Forderung bereits für andere Gläubiger gepfändet ist.**

Der Drittschuldner hat die Möglichkeit, diese Auskunft unmittelbar bei Zustellung gegenüber dem Gerichtsvollzieher zu erteilen oder sie dem Gläubiger innerhalb von zwei Wochen ab Zustellung des Pfändungs- und Überweisungsbeschlusses mitzuteilen.

Anhand der Drittschuldnerauskunft kann der Gläubiger erkennen, ob und in welcher Höhe die vom Schuldner behauptete Forderung besteht, ob Zahlungsbereitschaft besteht oder ob andere bereits Ansprüche auf die Forderung erheben.

Zahlt der Drittschuldner nicht oder gibt er die Drittschuldnererklärung nicht ab, kann er vom Gläubiger nicht zur Abgabe gezwungen werden. Eine Auskunftspflicht besteht nicht. Der Gläubiger kann den Drittschuldner lediglich auf Zahlung verklagen. Für eine Klage ist das Gericht zuständig, das für eine Klage des Schuldners gegen den Drittschuldner zuständig wäre. Erhebt der Gläubiger Klage gegen den Drittschuldner, ist er verpflichtet, dem Schuldner den Streit zu verkünden, denn der Schuldner kann aufgrund seiner Sachkenntnisse den Gläubiger darin unterstützen, die Forderung gegen den Drittschuldner durchzusetzen.

Pfändbare Forderungen

In dem Antrag ist die zu pfändende Forderung von dem Gläubiger so genau zu bezeichnen, dass keinerlei Zweifel verbleiben.

Arbeitseinkommen

Als Arbeitseinkommen wird Geldleistung bezeichnet, die aufgrund eines Arbeits- oder Dienstverhältnisses – egal ob aus einer Haupt- oder Nebentätigkeit – bezogen wird. Hierunter fallen nicht

- Trinkgelder,
- Arbeitnehmersparzulage und
- Ansprüche aus dem Lohnsteuerjahresausgleich.

Die Pfändung umfasst nicht nur das zum Zeitpunkt der Pfändung fällige Arbeitseinkommen, sondern auch später fällig werdende Beträge bis zur endgültigen Befriedigung des Gläubigers.

Um zu verhindern, dass sich der Schuldner aufgrund fehlender Motivation in die Arbeitslosigkeit oder Sozialhilfe begibt, sehen die §§ 850a, 850b und 850c ZPO Pfändungsbeschränkungen vor:

Unpfändbare Bezüge (§ 850a ZPO)

- die Hälfte der für Überstunden/Mehrarbeit gezahlten Teile des Arbeitseinkommens
- Urlaubsgeld und Aufwandsentschädigungen, soweit diese den üblichen Rahmen nicht übersteigen

- Weihnachtsgeld bis zur Hälfte des monatlichen Einkommens, höchstens aber 500,00 Euro
- Heirats- und Geburtsbeihilfen
- Erziehungsgeld, Studienbeihilfen u. Ä.
- Sterbebezüge
- Blindenzulagen

Bedingt pfändbare Bezüge (§ 850b ZPO)

- Renten, die wegen einer Verletzung des Körpers oder der Gesundheit bezogen werden
- gesetzliche Unterhaltsrenten
- Einkünfte, die ein Schuldner aus Stiftungen oder sonst aufgrund der Fürsorge und Freigiebigkeit eines Dritten oder aufgrund eines Altenteils oder Auszugsvertrags bezieht
- Bezüge aus Witwen-, Waisen-, Sterbe-, Hilfs- und Krankenkassen, die zu Unterstützungszwecken gewährt werden
- Auf den Todesfall des Versicherungsnehmers abgeschlossene Lebensversicherungen, die eine Versicherungssumme von 5.400 Euro nicht übersteigen

Begrenzt pfändbare Bezüge (§ 850c ZPO)

- Das Nettoeinkommen des Schuldners ist nur in der Höhe pfändbar, als es den Pfändungsfreibetrag gem. der Tabelle zu § 850c ZPO unter Berücksichtigung seiner gesetzlichen Unterhaltsverpflichtung übersteigt.

Auf Antrag des Gläubigers können verschiedene Einkommen des Schuldners für die Berechnung des nach § 850c ZPO pfändbaren Teils des Gesamteinkommens zusammengerechnet werden.

Der Arbeitgeber als Drittschuldner hat die Anzahl der unterhaltsberechtigten Personen zu ermitteln. Er kann hierzu den Schuldner befragen und unter Umständen auf Vorlage von Urkunden (Lohnsteuerkarte, Vaterschaftsanerkenntnis usw.) bestehen. Zur Berechnung des pfändbaren Arbeitseinkommens ist folgendermaßen vorzugehen:

Bruttolohn des Schuldners

– unpfändbarer Teil des Arbeitseinkommens

= bereinigtes Bruttoeinkommen des Schuldners

– fiktive Steuern- und Sozialversicherungsbeiträge, errechnet aus dem bereinigtem Bruttoeinkommen

= bereinigtes Nettoeinkommen des Schuldners

Anhand des bereinigten Nettoeinkommens ermittelt der Drittschuldner den pfändbaren Teil des Arbeitseinkommens aus der Tabelle zu § 850c ZPO.

BEISPIEL

Mit Pfändungs- und Überweisungsbeschluss, zugestellt am 19.11.2024, zu Gunsten des Sebastian Poller wegen 13.000,00 Euro wurde das Arbeitseinkommen des Fliesenlegers Christian Wurst (Lohnsteuerklasse III, verheiratet, 1 Kind) gepfändet. Das Einkommen des Christian Wurst wird von seinem Arbeitgeber für November 2024 wie folgt angegeben:

Bruttovergütung: 3.850,00 Euro

Weihnachtsgeld: 1.200,00 Euro

abzüglich Lohnsteuer, Solidaritätszuschlag, Kirchensteuer, Krankenkasse, Pflegeversicherung, Arbeitslosenversicherung, Rentenversicherung.

Zur Berechnung des pfändbaren Arbeitseinkommens ist wie folgt vorzugehen:

  3.850,00 Euro Bruttovergütung

– 749,50 Euro unpfändbarer Betrag auf Weihnachtsgeld

  3.100,50 Euro

– 700,44 Euro hierauf fiktiv angenommene Beträge für Lohnsteuer, Solidaritätszuschlag, Kirchensteuer, Krankenkasse, Pflegeversicherung, Arbeitslosenversicherung, Rentenversicherung

= 2.400,06 Euro

Gemäß der Tabelle zu § 850c ZPO (Stand 01.07.2024) ergibt sich bei zwei unterhaltspflichtigen Personen (Ehefrau und Kind) ein pfändbarer Betrag von 13,62 Euro.

Die Pfändungsfreibeträge gem. der Tabelle zu § 850c ZPO ändern sich jeweils zum 01.07. eines jeden zweiten Jahres, das nächste Mal am 01.07.2025.

Soweit der Schuldner für Personen, die ein eigenes Einkommen erzielen gesetzlich unterhaltsverpflichtet ist, kann das Vollstreckungsgericht auf Antrag des Gläubigers anordnen, dass bei der Berechnung des pfändbaren Teils des Arbeitseinkommens der Unterhaltberechtigte ganz oder teilweise unberücksichtigt bleibt.

BEISPIEL

Der Sohn Herbert des Fliesenlegers Christian Wurst ist Auszubildender im 3. Lehrjahr mit einem Nettoeinkommen von 890,00 Euro. Beantragt der Gläubiger Sebastian Poller nun, dass das Kind Herbert bei der Berechnung des unpfändbaren Teils des Arbeitseinkommens nicht berücksichtigt wird, da er über eigenes Einkommen verfügt, ergibt sich bei nur noch einer unterhaltspflichtigen Person (Ehefrau) ein pfändbarer Betrag gem. der Tabelle zu § 850c ZPO in Höhe von 173,41 Euro.

§ 850d I ZPO

Wird die Zwangsvollstreckung wegen laufender gesetzlicher Unterhaltsansprüche oder Unterhaltsrückstand von längstens 12 Monaten betrieben, kann der Gläubiger beim zuständigen Vollstreckungsgericht beantragen, die Pfändungsgrenzen gem. § 850c ZPO abzuändern. Dem Schuldner ist nur das zu belassen, als er für seinen notwendigen Unterhalt und zur Erfüllung seiner laufenden gesetzlichen Unterhaltspflichten bedarf. Ferner sind auch die an sich gem. § 850a Nr. 1, 2 und 4 ZPO unpfändbar genannten Beträge zum Teil pfändbar.

§ 850f II ZPO

Bei Ansprüchen, die der Gläubiger aufgrund einer vom Schuldner vorsätzlich begangenen unerlaubten Handlung vollstreckt, gelten die Pfändungsgrenzen gem. § 850c ZPO ebenfalls nicht. Auf Antrag des Gläubigers prüft das Vollstreckungsgericht (funktionell: Rechtspfleger), ob der Anspruch nachvollziehbar aus einer vorsätzlich begangenen unerlaubten Handlung des Schuldners besteht. Der Nachweis kann sich z. B. aus dem Vollstreckungstitel (z. B. Feststellung im Urteilstenor, Urteilsgründe) ergeben.

§ 850h II ZPO

Versucht ein Schuldner, seinen Lohn zu verschleiern, indem bei einem ständigen Arbeitsverhältnis Arbeiten oder Dienste unentgeltlich geleistet oder nur unverhältnismäßig gering vergütet werden, so gilt im Verhältnis des Gläubigers zu dem Empfänger der Arbeits- oder Dienstleistungen eine angemessene Vergütung als geschuldet. Die Pfändung des Lohnanspruchs geht nicht ins Leere, sondern es wird eine angemessene Vergütung des Schuldners fingiert und auch gepfändet.

BEISPIEL

Sabine Buck lässt den Arbeitslohn von Eva Baumgart beim Hotel zum Goldenen Hirsch pfänden. Der Geschäftsführer des Hotels, Holger Baumgart, erklärt, dass seine Ehefrau unentgeltlich im Hotel mitarbeite.

Da hier offensichtlich ein Fall der Lohnverschleierung vorliegt, kann Sabine Buck von Holger Baumgart die Zahlung des pfändbaren Teils einer ortsüblichen Vergütung verlangen.

Girokonten

§ 833a ZPO

§ 835 III ZPO

Pfändet der Gläubiger ein Girokonto bei einem Kreditinstitut des Schuldners, umfasst die Pfändung das am Tag der Zustellung des Pfändungsbeschlusses bestehende Guthaben sowie alle künftigen Tagesguthaben. Ist der Schuldner eine natürliche Person, darf die Auszahlung aus dem Guthaben an den Gläubiger erst vier Wochen nach Zustellung des Überweisungsbeschlusses an den Drittschuldner erfolgen, um den notwendigen Versorgungsbedarf des Schuldners nicht zu gefährden.

Da die Pfändung des Guthabens von Girokonten keiner gesetzlichen Pfändungsgrenze – wie beim Arbeitseinkommen – unterliegt, ist das gesamte auf dem Girokonto bestehende Guthaben an den Gläubiger auszubezahlen. Wird das gepfändete Konto des Schuldners jedoch als sogenanntes Pfändungsschutzkonto bei dem Kreditinstitut geführt, kann der Schuldner jeweils bis zum Ende des Kalendermonats über Guthaben in Höhe des monatlichen Freibetrages gem. § 850c I ZPO i. V. m. § 850c IIa ZPO (sogenannter Sockelfreibetrag), verfügen. Der Sockelfreibetrag beträgt seit dem 01.07.2024 1.499,99 Euro und wird alle zwei Jahre angepasst. Der Schuldner hat auch nach Pfändung des Girokontos die Möglichkeit, sein Konto in ein Pfändungsschutzkonto (P-Konto) umzuwandeln.

§ 850k ZPO

BEISPIEL

Thomas Runge pfändet am 15.07. das Girokonto von Herta Mayer. An diesem Tag weist das P-Konto ein Guthaben in Höhe von 1.664,65 Euro auf. Trotz der Pfändung kann Herta Mayer im Juli über den Sockelfreibetrag von 1.499,99 Euro verfügen. Der Restbetrag von 164,66 Euro ist gepfändet und wird an Thomas Runge ausbezahlt.

Sparguthaben

Auch Sparguthaben des Schuldners können durch den Gläubiger gepfändet werden. Da zur Verwertung das Sparbuch des Schuldners notwendig ist, ist der Schuldner zur Herausgabe des Sparbuches verpflichtet. Gibt der Schuldner das Sparbuch nicht freiwillig heraus oder ist er nicht mehr im Besitz des Sparbuchs, kann der Gläubiger den Gerichtsvollzieher beauftragen, das Sparbuch im Wege der Hilfspfändung dem Schuldner wegzunehmen oder den Schuldner an Eides statt versichern zu lassen, dass er das Sparbuch nicht besitzt und auch keine Kenntnis darüber hat, wo sich dieses befindet. Der Herausgabeanspruch des Gläubigers an dem Sparbuch kann jedoch auch bereits im Antrag auf Erlass eines Pfändungs- und Überweisungsbeschlusses zusammen mit der Pfändung des Sparguthabens gepfändet werden.

§ 836 III ZPO

Lebensversicherungen/vertragliche Rentenversicherungen

Pfändbar sind ebenfalls Lebens- oder vertragliche Rentenversicherungen, die der Schuldner abgeschlossen hat. Bei Lebensversicherungen ist jedoch zu prüfen, ob der Schuldner auch Bezugsberechtigter des Versicherungsvertrages ist. Soweit der Schuldner Bezugsberechtigter ist, gehört die Lebensversicherung zum Vermögen des Schuldners und kann problemlos gepfändet werden. Hat der Schuldner jedoch einen Dritten widerruflich begünstigt, so erwirbt der Dritte das Recht auf Auszahlung der Versicherungsleistung erst im Versicherungsfall. Vor Eintritt des Versicherungsfalles kann der Gläubiger daher nach Pfändung der Versicherung das Bezugsrecht widerrufen. Bei Antragsstellung muss darauf geachtet werden, dass auch das Recht auf Kündigung des Schuldners gepfändet wird. Erst nach Kündigung des Versicherungsvertrages kann eine Auszahlung in Höhe des Rückkaufwertes erfolgen. Es gelten jedoch folgende Einschränkungen:

Unpfändbar sind:

Renten, die ein Schuldner aus Stiftungen oder sonst aufgrund der Fürsorge und Freigiebigkeit eines Dritten oder aufgrund eines Altenteils oder Auszugsvertrages bezieht (§ 850b I Nr. 3 ZPO),	Ansprüche aus auf den Todesfall abgeschlossenen Lebensversicherungsverträgen, deren Versicherungssumme 3.579,00 Euro nicht übersteigt (§ 850b I Nr. 4 ZPO).

Die Vorpfändung

§ 845 ZPO

Von der Verkündung des Urteils bis zur wirksamen Pfändung durch Zustellung des Pfändungs- und Überweisungsbeschlusses vergeht zwangsläufig eine längere Zeit. Während dieses Zeitraumes besteht die Gefahr, dass der Schuldner seine Forderungen, die er gegenüber dem Drittschuldner hat, einzieht oder dass ein Pfändungs- und Überweisungsbeschluss eines anderen Gläubigers zugestellt wird. Dies kann der Gläubiger bereits vor Erlass eines Pfändungs- und Überweisungsbeschlusses verhindern, indem er den Gerichtsvollzieher mit der Zustellung einer Benachrichtigung über die bevorstehende Pfändung an den Drittschuldner und an den Schuldner beauftragt. Nicht erforderlich dabei ist, dass dem Gläubiger ein Vollstreckungstitel mit Klausel und Zustellungsnachweis vorliegt. Ausreichend ist, dass ein entsprechender Titel verkündet wurde. Der Drittschuldner ist mit der Benachrichtigung über die bevorstehende Pfändung aufzufordern, nicht mehr an den Schuldner zu leisten; der Schuldner ist aufzufordern, die Forderung nicht mehr einzuziehen. Mit der Anfertigung dieser Benachrichtigung kann der Gläubiger den Gerichtsvollzieher beauftragen. Die Zustellung der Ankündigung der Pfändung der konkret bezeichneten Forderung wirkt wie eine bedingte Arrestpfändung. Wird innerhalb eines Monats ab Zustellung der Vorpfändung ein Pfändungs- und Überweisungsbeschluss zugestellt, gilt die gepfändete Forderung ab dem Tag der Zustellung des vorläufigen Zahlungsverbotes an den Drittschuldner als gepfändet.

BEISPIEL

Der Schuldner Stückmann hat gegen den Drittschuldner Deitz eine Forderung in Höhe von 800,00 Euro. Der Gläubiger Berger lässt dem Drittschuldner Deitz am 10. März 20.. ein vorläufiges Zahlungsverbot zustellen. Der von Berger beantragte Pfändungs- und Überweisungsbeschluss wird dem Drittschuldner erst am 06.04.20.. zugestellt. Der Pfändungs- und Überweisungsbeschluss des Gläubigers Castro wird dem Deitz am 04.04.20.. zugestellt.

Das vorläufige Zahlungsverbot (zugestellt am 10. März 20..) des Bergers sichert Berger den Rang, da dessen Pfändungs- und Überweisungsbeschluss innerhalb eines Monats zugestellt wurde. Erst wenn die Forderung des Bergers befriedigt ist, kann eine Auszahlung an den rangnächsten Gläubiger (Castro) erfolgen.

4.2.2 Zusammenfassung und Aufgaben

ZUSAMMENFASSUNG

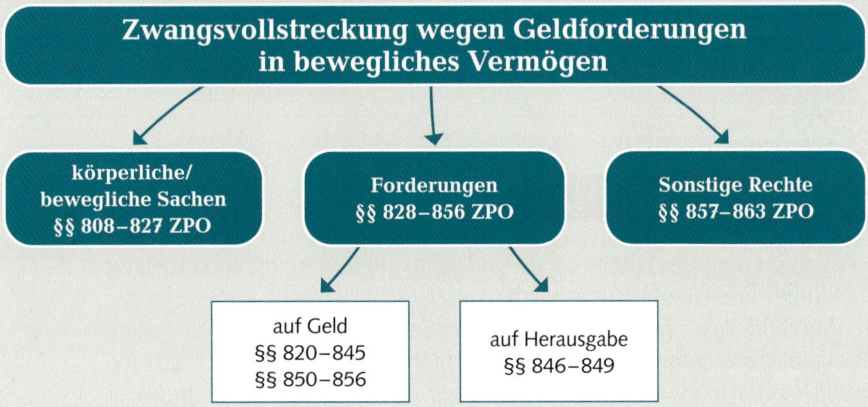

AUFGABEN

1. Erläutern Sie, wie die Zwangsvollstreckung wegen Geldforderungen in bewegliche Sachen erfolgt.

2. Der Gerichtsvollzieher ist vom Gläubiger mit der Pfändung einer bestimmten beweglichen Sache (wertvolles Gemälde) beauftragt. In Ausübung seines Amtes klingelt er bei dem Schuldner. Dieser öffnet die Türe. Nachdem der Gerichtsvollzieher den Grund seines Erscheinens zu erkennen gibt, schließt der Schuldner die Türe und öffnet diese nicht wieder. Erläutern Sie, welche Möglichkeit der Gläubiger hat, damit der Gerichtsvollzieher die Sachpfändung erfolgreich durchführen kann.

3. Gläubiger Guth ist der Ansicht, dass alle im Gewahrsam des Schuldners befindlichen Sachen pfändbar sind. Beurteilen Sie, ob diese Ansicht richtig ist.

»

4. Gegen den Handelsvertreter Olaf Wüterich liegt ein Vollstreckungstitel vor. Der Gerichtsvollzieher ist mit der Pfändung des für seine Arbeit benötigten Pkw Porsche beauftragt. Olaf Wüterich wendet ein, dass er den Pkw zur Ausübung seiner Tätigkeit benötige und der Porsche damit unpfändbar ist. Prüfen Sie, ob für den Gläubiger dennoch eine Möglichkeit besteht, den Porsche zu verwerten.

5. Beschreiben Sie, wie und durch wen die Verwertung der gepfändeten Sachen erfolgt.

6. Stellen Sie dar, wie und durch wen die Zwangsvollstreckung wegen Geldforderungen in Forderungen des Schuldners erfolgt.

7. Beschreiben Sie, wie die Zustellung des Pfändungs- und Überweisungsbeschlusses erfolgt.

8. Prüfen Sie die folgenden Aussagen auf ihre Richtigkeit. Die Antwort ist jeweils zu begründen:
   a. Alle Gegenstände, die im Besitz des Schuldners sind, darf der Gerichtsvollzieher pfänden.
   b. Eine unter Eigentumsvorbehalt gekaufte Waschmaschine ist unpfändbar.
   c. Die Robe eines Anwalts darf nicht gepfändet werden.
   d. Die Vornahme von Pfändungen an Sonn- und Feiertagen ist ausgeschlossen.
   e. Für die Zwangsvollstreckung in Forderungen des Schuldners gegen den Arbeitgeber ist das Arbeitsgericht am Wohnsitz des Arbeitgebers zuständig.

4.2.3 Geldforderungen in das unbewegliche Vermögen des Schuldners

Hat der Gläubiger einen Vollstreckungstitel wegen Geldforderungen gegen den Schuldner erwirkt, ist auch die Zwangsvollstreckung in unbewegliches Vermögen des Schuldners möglich. Der Zwangsvollstreckung in das unbewegliche Vermögen des Schuldners unterliegen:

- Grundstücke, grundstücksgleiche Rechte,
- im Schiffsregister eingetragene Schiffe und die im Schiffsbauregister eingetragenen Schiffsbauwerke sowie
- alle Gegenstände, die auch von der Hypothek erfasst werden.

Die Immobiliarvollstreckung erfolgt durch Eintragung einer Sicherungshypothek für die Forderung, durch Zwangsversteigerung und durch Zwangsverwaltung. Der Gläubiger kann eine dieser Maßregeln allein oder parallel betreiben.

Die Zwangshypothek

Die Eintragung der Hypothek in das Grundbuch erfolgt auf Antrag des Gläubigers. Zuständig ist das Amtsgericht/Grundbuchamt, in dessen Bezirk das Grundstück liegt. Der Antrag unterliegt keiner besonderen Form. Der Antrag muss enthalten:

- Bezeichnung des Antragstellers, bei mehreren Antragstellern auch das Anteilsverhältnis,
- Bezeichnung des Vollstreckungsschuldners, der mit dem Grundstückseigentümer identisch sein muss,
- Bezeichnung des zu belastenden Grundstücks in grundbuchmäßiger Form.

§ 866 III ZPO

Eine Sicherungshypothek darf nur für einen Betrag von mehr als 750,00 Euro eingetragen werden. Dieser Mindestbetrag kann sich auch aus mehreren Forderungen desselben Gläubigers ergeben und zusammengerechnet werden. Die als Nebenforderung titulierten Zinsen bleiben jedoch unberücksichtigt.

BEISPIEL

Die Gläubigerin Linda Schwarz hat gegen Ernst Bach ein vollstreckbares Endurteil wegen einer Kaufpreisforderung von 620,00 Euro erwirkt. Daneben liegt Linda Schwarz ein Vollstreckungsbescheid gegen Ernst Bach wegen einer Schadensersatzforderung in Höhe von 350,00 Euro vor.

Linda Schwarz kann nun wegen des Gesamtbetrages von 970,00 Euro die Eintragung einer Zwangshypothek beantragen.

Der Vollstreckungsgläubiger erwirbt durch die Zwangshypothek lediglich eine dingliche Sicherung für seine persönliche Forderung, eine Befriedigung des Gläubigers kann dadurch nicht erreicht werden. Sie sichert jedoch auch den Rang bei einer Befriedigung aus dem Grundstück. Die Eintragung der Zwangshypothek wird auf dem Vollstreckungstitel vermerkt. Die Durchsetzung erfolgt durch Zwangsversteigerung und/oder Zwangsverwaltung des Grundstücks.

Die Zwangsversteigerung

§ 869 ZPO

Zur Realisierung der durch die Zwangshypothek gesicherten Ansprüche des Gläubigers bedarf es der Zwangsversteigerung. Das Verfahren richtet sich nach dem Gesetz über die Zwangsversteigerung und Zwangsverwaltung (ZVG). Voraussetzung für diese Zwangsvollstreckungsmaßnahme sind die allgemeinen Vollstreckungsvoraussetzungen (Titel, Klausel und Zustellung) sowie die Eintragung des Schuldners als Eigentümer im Grundbuch. Zuständig für den

Antrag des Gläubigers auf Zwangsversteigerung ist das Amtsgericht/Vollstreckungsgericht (funktionell: Rechtspfleger), in dessen Bezirk das Grundstück liegt. In dem Antrag sind das Grundstück, in das vollstreckt wird, der Eigentümer, der Anspruch und der Vollstreckungstitel zu bezeichnen. Die für den Beginn der Zwangsvollstreckung erforderlichen Unterlagen (vollstreckbare Ausfertigung des Vollstreckungstitels nebst Zustellungsnachweis; bei nur gegen Sicherheitsleistung vollstreckbaren Titeln die erfolgte Sicherheitsleistung nebst Zustellung des entsprechenden Nachweises an den Schuldner) sind beizufügen. Über den Antrag entscheidet der Rechtspfleger des Vollstreckungsgerichts durch Beschluss. Dieser Beschluss gilt zugunsten des Gläubigers als Beschlagnahme des Grundstücks. Der Eigentümer darf nicht mehr über sein Eigentum an dem Grundstück verfügen. Das Vollstreckungsgericht hat mit Erlass des Beschlusses das Grundbuchamt um Eintragung dieser Anordnung in das Grundbuch zu ersuchen, damit eine anderweitige Eigentumsübertragung des Grundstückes an einen Dritten – welcher von der angeordneten Zwangsversteigerung keine Kenntnis hat – ausgeschlossen wird. Nachdem das Grundbuchamt dem Vollstreckungsgericht die erfolgte Eintragung des Zwangsversteigerungsvermerks mitgeteilt hat, bestimmt das Vollstreckungsgericht einen Termin zur Zwangsversteigerung. Der Zeitraum zwischen der Anberaumung des Termins und dem Versteigerungstermin soll – abgesehen von Ausnahmen – nicht mehr als sechs Monate betragen. Die Terminanberaumung wird durch einmaliges Einrücken in das für Bekanntmachungen des Gerichts bestimmte Blatt (in der Regel eine größere Zeitung) oder in einem für das Gericht bestimmten elektronischen Informations- und Kommunikationssystems öffentlich bekannt gemacht. Daneben erfolgt eine Anheftung an die Gerichtstafel. Die Nachricht über die Terminanberaumung ist den Beteiligten zuzustellen.

§ 1 ZVG

§ 16 ZVG

§ 20 I ZVG

§ 19 I ZVG

§ 39 I ZVG

§ 36 I ZVG

§ 40 I ZVG

Der Versteigerungstermin beginnt mit dem Aufruf der Sache und das Feststellen und Verlesen der erforderlichen Formalien durch das Gericht. Nachdem das Gericht auf die Ausschließung weiterer Anmeldungen hingewiesen hat, fordert der Rechtspfleger die Erschienenen zur Abgabe von Geboten auf. Durch dreimaligen Aufruf wird das letzte Gebot verkündet.

§ 66 ZVG

Den Zuschlag erhält der Höchstbietende, durch den der Ersteigerer bereits vor Eintragung im Grundbuch Eigentümer des Grundstücks und der Gegenstände, auf welche sich die Versteigerung erstreckt hat, wird. Der Zuschlag wird frühestens 30 Minuten nach der Aufforderung zur Abgabe von Geboten erteilt.

Im Zwangsversteigerungsverfahren sind begrifflich verschiedene Gebote zu differenzieren:

geringste Gebot **= das zulässige Minimalgebot.** → Die Höhe richtet sich nach dem Betrag der Rechte der betreibenden Gläubiger zuzüglich der Verfahrenskosten.

Meistgebot = das höchste abgegebene Gebot.

Diesem wird der Zuschlag erteilt. Es darf jedoch im ersten Versteigerungstermin nicht unter der Hälfte des Grundstückswerts liegen. Ein berechtigter Hypothekengläubiger kann im ersten Termin beantragen, den Zuschlag zu verweigern, wenn das Meistgebot unter 7/10 des Grundstückwertes liegt.

Bargebot umfasst die Verfahrens- und Zwangsverwaltungskosen sowie evtl. Kosten der Rechtsverfolgung.

Es ist so rechtzeitig auf ein Konto der Gerichtskasse zu entrichten, dass der Betrag der Gerichtskasse vor dem Verteilungstermin gutgeschrieben ist und ein Nachweis hierüber im Termin vorhanden ist.

Nach Zuschlagserteilung wird ein Termin zur Verteilung des Versteigerungserlöses durch das Gericht bestimmt. In diesem Termin wird ein Teilungsplan aufgestellt. Im Zwangsversteigerungsverfahren gilt gem. § 10 ZVG folgende Rangfolge, nach der die Gläubiger aus dem Grundstück befriedigt werden:

1. **Aufwendungen des Gläubigers zur Erhaltung oder notwendigen Verbesserung des Grundstücks aus der Zwangsverwaltung**

1a **Ansprüche auf Kostenerstattung nach der Insolvenzordnung**

2. **Fällige Wohngelder gem. §§ 5, 16 II, 28 II WEG**

3. **Öffentliche Lasten (z. B. Grundsteuer)**

4. **Grundschulden/Hypotheken**

5. **Übrige Gläubigeransprüche**

Die Zwangsverwaltung

Die Zwangsverwaltung bezweckt den Erhalt der Immobilie. Zwangsversteigerung und Zwangsverwaltung können jede für sich allein oder parallel nebeneinander betrieben werden.

Auf Antrag des Gläubigers ordnet das Vollstreckungsgericht bei Vorliegen der allgemeinen Vollstreckungsvoraussetzungen (Titel, Klausel, Zustellung) die Zwangsverwaltung durch Beschluss an. In dem Antrag sind neben dem Vollstreckungsgläubiger das Grundstück, der Eigentümer, der Anspruch und der zu vollstreckende Titel zu bezeichnen. Der vom Amtsgericht zu bestellende Zwangsverwalter soll zur Befriedigung des Gläubigers beitragen, indem er

- die Immobilie in einem guten Zustand erhält oder sie in diesen Zustand bringt,
- die Nutzungen (Miet- und Pachteinnahmen) realisiert und verteilt.

© Jakub Jirsák – Fotolia.com

Die Zwangsverwaltung ist vor allem dann sinnvoll, wenn ein unfähiger oder unwilliger Schuldner das Grundstück bzw. die Immobilie verkommen lässt. Voraussetzung ist, dass die zu erwartenden Erträge in einem wirtschaftlich angemessenen Verhältnis zur Höhe der Forderung stehen.

Die Zwangsverwaltung ist aufzuheben, wenn der Gläubiger befriedigt ist. In eingetragenen Schiffen und Schiffsbauwerken ist die Zwangsverwaltung unzulässig.

4.2.4 Zusammenfassung und Aufgaben

ZUSAMMENFASSUNG

Die Zwangsvollstreckung in unbewegliches Vermögen des Schuldners erfolgt durch:

- **Eintragung einer Zwangshypothek**
  - Voraussetzung: 750,01 Euro Mindestbetrag
- **Zwangsversteigerung**
- **Zwangsverwaltung**

AUFGABEN

1. Nennen Sie die Möglichkeiten der Zwangsvollstreckung in unbewegliches Vermögen des Schuldners.

2. Erläutern Sie, welche Arten von „Geboten“ in der Zwangsversteigerung voneinander unterschieden werden.

»

3. Beurteilen Sie, welchen Vorteil die Zwangsverwaltung gegenüber der Zwangsversteigerung hat.

4. Gläubiger Rudi Rotter betreibt die Zwangsvollstreckung gegen Ulrich Ommer. Wegen einer vollstreckbaren Schadensersatzforderung von 50.000,00 Euro ist ein Zwangsversteigerungstermin bezüglich des Grundstücks des Ulrich Ommer anberaumt.

Im Grundbuch sind auf dem Grundstück unter Abteilung III folgende Rechte eingetragen:

Nr. 1 Hypothek zu Gunsten Firma Küchenheld 20.000,00 Euro

Nr. 2 Grundschuld zu Gunsten Olaf Maus 10.000,00 Euro.

Ulrich Ommer ist mit der Zahlung von Grundsteuer in Höhe von 4.500,00 Euro im Rückstand. Für die Abwicklung des Verfahrens werden Kosten in Höhe von 2.200,00 Euro unterstellt.

Berechnen Sie jeweils das geringste Gebot sowie das Bargebot.

4.3 *Zwangsvollstreckung wegen anderer Ansprüche*

Nicht immer geht es dem Gläubiger bei der Zwangsvollstreckung um Geld. Manchmal möchte er auch, dass ein Werk fertiggestellt, eine Behauptung unterlassen, das Betreten eines Grundstücks geduldet oder eine Sache herausgegeben wird. In allen Fällen ist Voraussetzung, dass der Gläubiger einen vollstreckbaren Titel gegen den Schuldner in der Hand hat.

Diese Fälle werden in der ZPO in den §§ 883 ff. behandelt. Im Einzelnen geht es dabei um:

- die Herausgabe von beweglichen oder unbeweglichen Sachen – auch im Gewahrsam eines Dritten (§§ 883–886 ZPO)
- die Vornahme von vertretbaren oder unvertretbaren Handlungen (§§ 887, 888 ZPO)
- die Duldung oder Unterlassung von Handlungen (§ 890 ZPO)

4.3.1 Herausgabe und Räumung

In diesen Fällen besitzt der Schuldner oder ein Dritter eine bewegliche bzw. unbewegliche Sache, die rechtmäßig dem Gläubiger zusteht und die der Schuldner deshalb im Rahmen der §§ 883–886 ZPO herausgeben soll. Vollstreckungsorgan ist der Gerichtsvollzieher.

Die Herausgabe beweglicher Sachen

Der Gläubiger will durchsetzen, dass der Gerichtsvollzieher aufgrund eines rechtskräftigen Urteils die Herausgabe einer beweglichen Sache oder einer Menge bestimmter Sachen beim Schuldner durch Wegnahme erzwingt. Dies gilt auch für Sachen, die gem. § 811 ZPO unpfändbar sind (ein Bett, ein Hund, Fachliteratur). Zuständig hierfür ist der Gerichtsvollzieher, in dessen Bezirk die Vollstreckung betrieben werden soll.

Wenn es zur Zwangsvollstreckung kommt, dann hat der Schuldner in der Regel trotz eines Herausgabetitels gegen ihn die Sache bis jetzt nicht wieder an den Berechtigten herausgegeben.

MERKE

Der Vollstreckungsort muss nicht notwendigerweise der Wohnsitz des Schuldners sein – für die Zuständigkeit des Gerichtsvollziehers ist der Aufbewahrungsort maßgeblich.

BEISPIELE

- Herausgabe einer antiken Standuhr
- Herausgabe von 200 kg Baumwolle
- Herausgabe eines Dackels

Antragsformulierung

Amtsgericht
– Gerichtsvollzieherverteilerstelle –

Antrag auf Wegnahme gem. § 883 I ZPO

Siegmar Striete (...) – Vollstreckungsgläubiger –

gegen

Ernst Fuller (...) – Vollstreckungsschuldner –

Az.: (...)

Sehr geehrte Damen und Herren,

in der vorstehenden Vollstreckungssache vertrete ich den Gläubiger, Herrn Siegmar Striete.

Der Schuldner, Herr Ernst Fuller, ist gemäß dem beigefügten Titel verpflichtet, folgenden Gegenstand an den Gläubiger herauszugeben:

1 Mountainbike, Marke BMX 2000, blau-silber

Trotz Aufforderung vom 13.8.20.. ist der Schuldner dieser Verpflichtung bislang nicht nachgekommen. Ich beantrage daher, dem Schuldner den vorstehend bezeichneten Gegenstand im Wege der Zwangsvollstreckung gem. § 883 I ZPO wegzunehmen und dem Gläubiger zu übergeben und ferner wegen der festgesetzten Kosten und der Zwangsvollstreckungskosten die Vollstreckung in das bewegliche Vermögen durchzuführen.

Der Gläubiger möchte an der Vollstreckungshandlung nicht teilnehmen.

Um eine Abschrift des Zwangsvollstreckungsprotokolls wird gebeten.

Rechtsanwalt Rechteck

Wenn der Gerichtsvollzieher die Sache beim Schuldner vorfindet, nimmt er sie ihm weg und gibt sie dem Gläubiger, § 883 I ZPO. Damit ist die Angelegenheit erledigt.

Findet der Gerichtsvollzieher die Sache beim Schuldner allerdings nicht vor, so kann der Gläubiger vom Schuldner verlangen, dass dieser gem. § 883 II ZPO zu Protokoll an Eides statt versichert, dass er die Sache weder besitzt noch weiß, wo sie sich befindet. Weigert sich der Schuldner, die einstweilige Verfügung abzugeben, kann er auf Antrag verhaftet werden.

Eine andere Option ist, dass der Gläubiger statt auf Herausgabe zu bestehen, den Schuldner auf die Leistung von Schadenersatz verklagt, § 893 ZPO, § 281 BGB.

Sachen im Gewahrsam eines Dritten

Wenn sich die bewegliche oder unbewegliche Sache im Gewahrsam eines Dritten befindet, hängt der Erfolg der Vollstreckungshandlung davon ab, ob dieser zur Herausgabe bereit ist oder nicht. Ist er dazu bereit, gibt es kein Problem. Ist er allerdings nicht zur Herausgabe bereit, hat der Gläubiger gegen den Dritten einen Herausgabeanspruch, der gem. § 886 ZPO analog zu den Vorschriften über die Pfändung und Überweisung von Geldbeträgen zu behandeln ist, d. h., der Anspruch wird mittels PfÜB gepfändet.

BEISPIEL

Das Mountainbike befindet sich mittlerweile nicht mehr bei Schuldner Ernst Fuller, sondern bei dessen Bruder Reiner Fuller.

Antragsformulierung (Auszug):

> … wird beantragt, den angeblichen Anspruch des Schuldners an Herrn Reiner Fuller, Herzstraße 89, 48431 Rheine (Drittschuldner) auf Herausgabe eines Mountainbikes, Marke BMX 2000, blau-silber, zu pfänden. (…)

Wenn der Dritte trotz PfÜB die Sache immer noch nicht herausgibt, muss der Gläubiger mittels Drittschuldnerklage gegen ihn vorgehen und das Urteil gem. §§ 883–885 ZPO vollstrecken lassen.

Die Räumung und Herausgabe unbeweglicher Sachen

Der Gläubiger will aufgrund eines vollstreckbaren Titels durchsetzen, dass der Schuldner oder ein Dritter eine unbewegliche Sache (z. B. Haus, Wohnung, Schiff) herausgibt bzw. räumt. Der Gerichtsvollzieher entzieht dem Schuldner beim Vollstreckungstermin, der dem Schuldner zuvor fristgerecht mitgeteilt wurde, den Besitz und weist den Gläubiger in den Besitz ein (§ 885 ZPO).

BEISPIEL

Mieter Dieter Meiten muss die Wohnung räumen, weil er die Miete nicht bezahlt hat und gegen ihn ein Räumungstitel vorliegt.

Antragsformulierung

> Amtsgericht
> – Gerichtsvollzieherverteilerstelle –
>
> **Zwangsräumung § 885 ZPO**
>
> Sehr geehrte Damen und Herren,
>
> In der Zwangsvollstreckungssache
>
> Frank Reich (…) vertreten durch RA Rechteck (…)
>
> gegen
>
> Dieter Meiten (…)
>
> ist der Schuldner aufgrund des Urteils (Az.: …) vom 13.8.20.. verpflichtet, die in dem vorstehend angeführten Vollstreckungstitel näher bezeichnete Wohnung Herzstraße 3,

48431 Rheine, 2. OG, zu räumen und an den Gläubiger herauszugeben. Ich beantrage namens des Gläubigers, die Zwangsräumung durchzuführen und zeitnah einen Räumungstermin festzulegen. Ferner beantrage ich wegen der Kosten, die Zwangsvollstreckung in das Mobiliarvermögen durchzuführen.

Kostenrechnung: (…)

Rechtsanwalt Rechteck

MERKE

Wenn ein Räumungstitel vorliegt, wird kein separater Durchsuchungsbeschluss gem. § 758a II ZPO benötigt, d.h., die Räumung kann auch ohne jegliche Einwilligung des Schuldners erfolgen.

Die entfernten Möbelstücke werden dem Schuldner übergeben, können aber auch auf Schuldnerkosten in Verwahrung genommen werden. Für die Durchführung der Räumung ist der Gläubiger allerdings kostenvorschusspflichtig!

4.3.2 Vornahme von Handlungen

Der Gläubiger will durchsetzen, dass der rechtskräftig verurteilte Schuldner entweder selbst (= nicht vertretbare Handlung gem. § 888 ZPO) oder durch einen anderen (= vertretbare Handlung gem. § 887 ZPO) eine bestimmte Handlung vornimmt.

Die Vornahme von vertretbaren Handlungen

Hier will der Gläubiger durchsetzen, dass der Schuldner, der zuvor bereits aufgrund eines Titels dazu verurteilt wurde, eine (vertretbare) Handlung nunmehr von einem Dritten vornehmen lässt. Die Kosten dafür trägt der Schuldner.

© hanseat – Fotolia.com

BEISPIELE

- Es sollen Mängel an einem Gebäude beseitigt werden.
- Maler- und Tapezierarbeiten sollen nachgebessert werden.
- Ein technisches Gerät soll repariert werden.

Der Gläubiger stellt gem. §§ 887, 888 ZPO den Antrag bei dem Prozessgericht der ersten Instanz. Die Entscheidung ergeht per Beschluss.

Die Vornahme von unvertretbaren Handlungen

Hier will der Gläubiger gem. § 888 ZPO durchsetzen, dass der bereits rechtskräftig verurteilte Schuldner gezwungen wird, eine bestimmte Handlung vorzunehmen, die nicht von einem Dritten vorgenommen werden kann oder darf.

Auch für die Erzwingung unvertretbarer Handlungen ist das Prozessgericht der ersten Instanz zuständig. Weigert der Schuldner sich weiterhin beharrlich die Leistung vorzunehmen, wird im Beschluss ein Zwangsgeld von bis zu 25.000,00 Euro, ersatzweise bis zu 6 Monate Zwangshaft, festgelegt.

BEISPIELE

- Erstellen eines Arbeitszeugnisses
- Aufstellen einer Bilanz
- Erstellen eines besonderen Werkes durch einen Künstler

MERKE

Das Zwangsgeld geht an die Staatskasse – nicht etwa an den Gläubiger.

4.3.3 Duldung und Unterlassung

In diesem Fall will der Gläubiger gem. § 890 ZPO durchsetzen, dass der bereits rechtskräftig verurteilte Schuldner eine Handlung unterlässt oder dass er etwas duldet.

BEISPIELE

- Unterlassung falscher Behauptungen
- Unterlassung ruhestörenden Lärms
- Unterlassung, sich einer Person mehr als 100 Meter zu nähern
- Duldung des Betretens eines Grundstücks durch den Nachbarn
- Duldung der Besichtigung der Mietwohnung (Mieter hat dies zu dulden)
- Duldung der Durchführung von Reparaturarbeiten in der Wohnung (Mieter hat dies zu dulden)

MERKE

Wie auch bei der Vornahme vertretbarer/nicht vertretbarer Handlungen wird dem Schuldner vor der Entscheidung durch Beschluss, den das Prozessgericht erster Instanz erlässt, rechtliches Gehör gewährt (§ 891 ZPO).

Handelt er der Auflage zur Duldung oder Unterlassung trotzdem schuldhaft zuwider, werden Ordnungsmittel, die im Urteil bereits angedroht oder durch den Gläubiger beantragt wurden, gegen ihn festgesetzt. Dies kann ein Ordnungsgeld bis zur Höhe von 250.000,00 Euro oder Zwangshaft bis zu 2 Jahre sein.

4.3.4 Zusammenfassung und Aufgaben

ZUSAMMENFASSUNG

In den Fällen der §§ 883–890 ZPO geht es darum, dass der Vollstreckungsschuldner, obwohl ein diesbezüglicher rechtskräftiger Titel – z. B. ein Räumungs- oder Unterlassungstitel (Urteil, einstweilige Verfügung) – gegen ihn vorliegt, gezwungen wird, der Auflage in der Entscheidung nachzukommen.

ZV-Anspruch: Herausgabe beweglicher Sachen §§ 883, 884 ZPO

Beispiel	ZV-Organ	Rechtsfolge
Schuldner Ernst Fuller verweigert die Herausgabe einer Nikon-Kamera, die dem Gläubiger Siegmar Striete gehört	Gerichtsvollzieher	Die Sache wird dem Schuldner vom Gerichtsvollzieher weggenommen und dem Gläubiger übergeben – findet der GV den Gegenstand nicht vor, muss der Schuldner zu Protokoll an Eides statt versichern, dass er die Sache nicht besitzt und nicht weiß, wo sie sich befindet.

ZV-Anspruch: Herausgabe bei Gewahrsam eines Dritten § 886 ZPO

Beispiel	ZV-Organ	Rechtsfolge
Der Schuldner Ernst Fuller hat die Kamera inzwischen seiner Nachbarin Wanda Stock gegeben, die damit im Bayrischen Wald Impressionen auffangen will.	Gerichtsvollzieher/ Vollstreckungsgericht	Wenn der Dritte zur Herausgabe nicht bereit ist, wird die Sache gemäß den Vorschriften über den PfÜB gepfändet bzw. Drittschuldnerklage erhoben.

ZV-Anspruch — **Herausgabe unbeweglicher Sachen** — § 885 ZPO

Beispiel	ZV-Organ	Rechtsfolge
Der säumige Dieter Meiten (Vollstreckungsschuldner) muss die Wohnung an den Vermieter Frank Reich (Vollstreckungsgläubiger) herausgeben (räumen).	Gerichtsvollzieher	Der Gerichtsvollzieher entzieht dem Schuldner den Besitz und weist den Gläubiger in den Besitz ein.

ZV-Anspruch — **Vornahme von vertretbaren Handlungen** — § 887 ZPO

Beispiel	ZV-Organ	Rechtsfolge
Am Neubau der Familie Friedensreich fehlt eine tragende Wand – Bauunternehmer Reiner C. Ment verweigert trotz Urteil die Mangelbeseitigung hartnäckig.	Prozessgericht der 1. Instanz	Das Gericht ordnet an, dass ein Dritter die Handlung vornimmt – die Kosten hierfür trägt der Schuldner.

ZV-Anspruch — **Vornahme von unvertretbaren Handlungen** — § 888 ZPO

Beispiel	ZV-Organ	Rechtsfolge
Der Geschäftsführer Reiner Hohn der Deichlust GmbH weigert sich, seiner vormaligen Sekretärin Anna Genihm ein Arbeitszeugnis auszustellen.	Prozessgericht der 1. Instanz	Das Gericht ordnet an, dass der Schuldner bei Weigerung ein Zwangsgeld (ersatzweise Zwangshaft) zu leisten hat.

ZV-Anspruch — **Duldung** — § 890 ZPO

Beispiel	ZV-Organ	Rechtsfolge
Mieter Dieter Meiten weigert sich beharrlich, den Vermieter F. Reich mit einem Nachmieter zu einer Besichtigung der Räume in die Wohnung zu lassen.	Prozessgericht der 1. Instanz	Das Gericht ordnet an, dass der Schuldner ein Ordnungsgeld (ersatzweise Ordnungshaft) zu leisten hat.

ZV-Anspruch | **Unterlassung** | **§ 890 ZPO**

Beispiel	ZV-Organ	Rechtsfolge
Mieter Torben-Rüdiger Darmann übt in einem Mehrparteienhaus morgens um 3 Uhr trotz Unterlassungsurteil weiterhin sehr schlecht und sehr laut Trompete.	Prozessgericht der 1. Instanz	Das Gericht ordnet an, dass der Schuldner ein Ordnungsgeld (ersatzweise Ordnungshaft) zu leisten hat.

AUFGABEN

Stellen Sie in den folgenden Fällen fest, welche Art der „Zwangsvollstreckung wegen eines anderen Anspruchs" gem. §§ 883 ff. ZPO der Gläubiger durchsetzen will. Geben Sie außerdem das zuständige ZV-Organ und die Rechtsfolge (= Was passiert?) an. Nennen Sie in allen Fällen die gesetzlichen Vorschriften!

a. Herr Kurt Zierbart hat dem Nachbarjungen Marvin Manolo den Tretroller weggenommen, weil er damit über seinen Rasen gefahren ist. Trotz rechtskräftigem Urteil weigert er sich, ihm den Roller zurückzugeben.

b. Der Vermieter Dieter Meiten weigert sich trotz vollstreckbarem Titel, dringend notwendige Instandhaltungsarbeiten an seinem 8-Parteien-Miethaus vorzunehmen.

c. Mieterin Marie Juana weigert sich trotz gerichtlichem Urteil hartnäckig, Handwerker zur dringend nötigen Reparatur ihrer Therme in die Wohnung zu lassen. Sie behauptet, der unangetastete Wohnraum sei im Grundgesetz garantiert.

d. Frau G. Hartmann behauptet wider besseren Wissens nach wie vor, die ebenfalls im Haus wohnende H. Warnke ginge der Prostitution nach. Gemäß einem rechtskräftigen Urteil wurde ihr die Verbreitung dieser Behauptung untersagt.

e. Arbeitgeber K. Mauer ist gerichtlich dazu verurteilt worden, seiner Ex-Mitarbeiterin S. Sorbe ein qualifiziertes Arbeitszeugnis auszustellen. Er weigert sich nach wie vor, weil er meint, „sie hätte das nicht verdient, weil sie nie gearbeitet habe".

f. Norbert Simon, Nachbar von Herrn Otto Müller, wurde gerichtlich erlaubt, das Grundstück des Herrn Müller zu betreten, um dort eine für ihn benötigte Leitung zu verlegen. Otto Müller verhindert den Zutritt nach wie vor vehement mithilfe seiner beiden Rottweiler und einem Revolver.

»

g. G. Hartmann hat nun den Kinderwagen von H. Warnke einkassiert, weil er im Hausflur immer im Weg stand. Nach dem Herausgabeurteil stellte sie den Kinderwagen bei ihrem Schwager unter, der die Herausgabe verweigert. Ihr Argument: „Der Bengel ist jetzt 3 Jahre alt – der braucht keinen Kinderwagen mehr!"

h. Mieter Dieter Meiten hat seit nunmehr 8 Monaten die Miete nicht bezahlt. Vermieter F. Reich hat einen Räumungstitel gegen ihn in der Hand, doch D. Meiten will nicht ausziehen.

i. Möchtegern-Sänger Ulf N. Wies tritt bei lokalen Events und in Diskotheken – stilecht mit passender Perücke – unter dem Künstlernamen Mickie Krause auf. Obwohl der Sänger Krause ein gerichtliches Urteil gegen ihn erwirkt hat, tritt er weiter unter dem prestigeträchtigen Namen auf.

j. Künstler Pavel Inkasso soll eine einmalige Skulptur mit dem Namen „Verliebte Krokodile" für den Garten der Familie Neureich anfertigen. Trotz gerichtlichem Urteil weigert er sich, für „diese Emporkömmlinge" tätig zu werden.

k. Den Diamantring, den Romeo Belzer per gerichtlichen Beschluss an seine Ex-Freundin S. Sorbe herausgeben muss, hat er inzwischen an seine neue Freundin Clarissa von Hatzbachtal gegeben.

4.4 Vermögensauskunft

Die Zwangsvollstreckung in das bewegliche Vermögen des Schuldners ist nur selten erfolgreich. Durch das Verfahren über die Abgabe der Vermögensauskunft kann der Gläubiger Kenntnis über vorhandene – bislang unbekannte – Vermögenswerte des Schuldners erlangen. Der Schuldner ist verpflichtet, seine Vermögensverhältnisse offen darzulegen. Bei einer vorsätzlichen oder fahrlässigen Falschangabe macht sich der Schuldner gem. § 156 bzw. § 161 StGB strafbar.

4.4.1 Verfahren zur Abnahme der Vermögensauskunft

§ 802f ZPO

Für die Abnahme der Vermögensauskunft ist der Gerichtsvollzieher am Wohnsitz des Schuldners zuständig. Auf Antrag des Gläubigers zur Abnahme der Vermögensauskunft setzt der Gerichtvollzieher dem Schuldner zunächst eine Frist von zwei Wochen zur Begleichung der Forderung. Für den Fall, dass die Forderung nach Fristablauf nicht beglichen ist, bestimmt der Gerichtsvollzieher gleichzeitig mit der Zahlungsaufforderung alsbald einen Termin zur Abgabe der Vermögensauskunft und lädt den Schuldner zu diesem Termin in seine Geschäftsräume. Der

Schuldner hat die zur Abgabe der Vermögensauskunft erforderlichen Unterlagen mitzubringen. Der Gerichtsvollzieher hat aber auch die Möglichkeit zu bestimmen, dass der Termin zur Abgabe der Vermögensauskunft in der Wohnung des Schuldners stattfindet. Dies ist dann sinnvoll, wenn zu erwarten ist, dass der Schuldner aufgrund seiner ungeordneten Lebensverhältnisse nicht sämtliche, notwendigen Unterlagen zum Termin mitbringen wird. Der Schuldner kann dieser Bestimmung innerhalb von einer Woche widersprechen. Widerspricht der Schuldner nicht und lässt der Schuldner den Gerichtsvollzieher zum Termin nicht in seine Wohnung, gilt der Termin dann als vom Schuldner pflichtwidrig versäumt.

Der Gerichtsvollzieher hat den Schuldner umfassend zu belehren hinsichtlich:

- der erforderlichen Angaben/vorzulegenden Unterlagen,
- der Rechte und Pflichten des Schuldners,
- der Folgen einer unentschuldigten Versäumnis des Termins,
- der Verletzung seiner Auskunftspflichten,
- der Möglichkeit der Einholung von Auskünften Dritter,
- der Eintragung in das Schuldnerverzeichnis.

§ 802c ZPO

In dem Termin selbst ist der Schuldner verpflichtet, dem Gerichtsvollzieher Auskunft über sein Vermögen zu erteilen sowie seinen Geburtsnamen, sein Geburtsdatum und seinen Geburtsort anzugeben. Der Schuldner hat im Vermögensverzeichnis alle ihm gehörenden Vermögensgegenstände anzugeben sowie bei Forderungen Grund und Beweismittel zu bezeichnen. Ferner sind von ihm Vermögensverschiebungen der letzten zwei bzw. vier Jahre anzugeben. Der Schuldner hat eidesstattlich zu versichern, dass er die Angaben in der Vermögenauskunft nach bestem Wissen und Gewissen richtig und vollständig gemacht hat.

§ 802f ZPO

Der Gerichtsvollzieher erfasst die Aufstellung in elektronischer Form. Die gemachten Angaben sind dem Schuldner vor Abgabe der Vermögensauskunft vorzulesen oder zur Durchsicht auf einem Bildschirm wiederzugeben. Nach Belehrung des Schuldners über die Strafbarkeit einer falschen Vermögensauskunft hinterlegt der Gerichtsvollzieher das Vermögensverzeichnis bei dem zentralen Vollstreckungsgericht. Auf Verlangen ist dem Schuldner ein Ausdruck zu erteilen. Der Gläubiger erhält unverzüglich eine Abschrift mit dem Vermerk, dass der Ausdruck mit dem Inhalt des Vermögensverzeichnisses übereinstimmt.

Sofern ein begründeter Verdacht besteht, dass die Vermögensauskunft unvollständig, ungenau oder widersprüchlich ist, kann der Gläubiger die Anberaumung eines neuen Termins zur **Nachbesserung/Ergänzung** der Vermögensauskunft verlangen. Die fehlerhafte Vermögensauskunft ist durch die berichtigte zu ersetzen.

Innerhalb einer Frist von zwei Jahren seit Abnahme der Vermögensauskunft ist der Schuldner zu einer erneuten Abgabe nur verpflichtet, wenn ein Gläubiger Tatsachen glaubhaft macht, die auf eine wesentliche Veränderung der Vermögensverhältnisse des Schuldners schließen lassen.

Eine erneute Vermögensauskunft ist möglich bei:

- Arbeitsplatzwechsel,
- Verlust des Arbeitsplatzes,
- Schließung eines Gewerbebetriebes,
- Lottogewinn, Erbschaft,
- länger als ein Jahr dauernde Arbeitslosigkeit.

4.4.2 Antrag auf Erlass eines Haftbefehls

Der Gläubiger kann beim Vollstreckungsgericht (funktionell: Richter) einen Antrag auf Erlass eines Haftbefehls stellen, wenn der Schuldner

§ 802g ZPO

- dem Termin zur Abgabe der Vermögensauskunft unentschuldigt fernbleibt oder
- die Abgabe grundlos verweigert.

Einer Zustellung des Haftbefehls bedarf es nicht. Die Verhaftung des Schuldners erfolgt durch den Gerichtsvollzieher. Die Vollziehung des Haftbefehls ist nicht statthaft, wenn seit Erlass des Haftbefehls zwei Jahre vergangen sind.

§ 802h ZPO

§ 802i ZPO

Der verhaftete Schuldner kann jederzeit bei dem Gerichtsvollzieher des Amtsgerichts am Haftort die Vermögensauskunft abgeben. Nach Abgabe der Vermögensauskunft wird der Schuldner aus der Haft entlassen.

§ 802j ZPO

Die Haft darf eine Dauer von sechs Monaten nicht übersteigen.

4.4.3 Auskunftsrechte des Gerichtsvollziehers

§ 802l ZPO

Erscheint der Schuldner nicht zum Termin zur Abgabe der Vermögensauskunft oder verweigert er die Abgabe derselben, steht dem Gerichtsvollzieher ein weiteres Instrument zur Vermögensermittlung im Auftrage des Gläubigers zur Verfügung: Die Einholung von Informationen von Dritten.

Der Gerichtsvollzieher hat die Möglichkeit,

- **… bei den Trägern der gesetzlichen Rentenversicherung den Namen, die Vornamen oder die Firma sowie die Anschriften der derzeitigen Arbeitgeber eines versicherungspflichtigen Beschäftigungsverhältnisses des Schuldners zu erheben.**
- **… das Bundeszentralamt für Steuern zu ersuchen, bei den Kreditinstituten Daten bezüglich Konten und Depots des Schuldners abzurufen.**
- **… beim Kraftfahrt-Bundesamt die Fahrzeug- und Halterdaten zu einem Fahrzeug, als dessen Halter der Schuldner eingetragen ist, zu erheben.**

Die Abfragen sind nur möglich, wenn der Gläubiger über einen vollstreckbaren Titel verfügt und der Schuldner die vorrangige Selbstauskunft verweigert oder wenn sich diese als unergiebig erweist. Die Abfragen sollen damit in klar definierten Fällen Verstößen des Schuldners gegen die ihm obliegende Erklärungspflicht vorbeugen.

4.4.4 Schuldnerverzeichnis

Für jedes Bundesland wurden zentrale Vollstreckungsgerichte eingerichtet. Diese führen und verwalten die amtlichen Vermögensverzeichnisregister und Schuldnerverzeichnisregister in elektronischer Form. Die Gegenüberstellung der beiden Register gibt die nachstehende Übersicht wieder:

	Vermögensverzeichnis (Verzeichnis über Vermögensauskünfte)	Schuldnerverzeichnis (Verzeichnis über Schuldner)
Inhalt	› Vermögensauskunft gem. § 802c ZPO › Erneute Vermögensauskunft gem. § 802d ZPO	› Name, Vorname, Geburtsname › Geburtsdatum, Geburtsort › Firma, HR-Nummer › Wohn-/Geschäftssitze › Aktenzeichen und Gericht/Vollstreckungsbehörde jedes Gläubigerauftrags › Datum der Eintragungsanordnung und Grund (auch Abweisung eines Insolvenzantrags mangels Masse)
Eintragungsvoraussetzung	› Abgegebene Vermögensauskunft	› Nichtabgabe der Vermögensauskunft › Inhalt der Vermögensauskunft ist nicht geeignet, eine vollständige Befriedigung des Gläubigers herbeizuführen › Kein Nachweis durch den Schuldner über eine vollständige Befriedigung des Gläubigers innerhalb eines Monats nach Abgabe der Vermögensauskunft
Einsichtsberechtigte	› Gerichtsvollzieher › Vollstreckungsgerichte › Insolvenzgerichte › Registergerichte › Staatsanwaltschaften	› Jeder mit berechtigtem Interesse
Löschung	› 2 Jahre	› 3 Jahre seit dem Tag der Eintragungsanordnung bzw. 5 Jahre bei Eintragungsanordnung des Insolvenzgerichts (Abweisung von Insolvenzanträgen mangels Masse) › Eine frühere Löschung ist möglich, wenn der Schuldner die vollständige Befriedigung des Gläubigers nachgewiesen hat.

4.4.5 Zusammenfassung und Aufgaben

ZUSAMMENFASSUNG

Antrag auf Abnahme der Vermögensauskunft

↓

Zahlungsaufforderung mit Fristsetzung von zwei Wochen und Bestimmung eines alsbaldigen Termins durch den Gerichtsvollzieher

↙ ↘

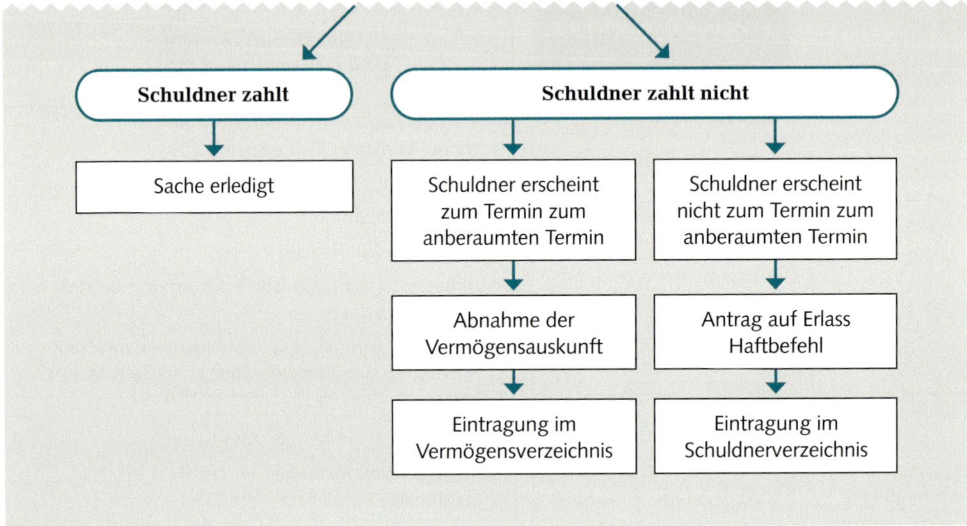

AUFGABEN

1. Erläutern Sie den Zweck des Verfahrens auf Abgabe der Vermögensauskunft.
2. Stellen Sie dar, wie oft der Schuldner verpflichtet sein kann, die Vermögensauskunft abzugeben.
3. Der Schuldner erscheint nicht zum Termin zur Abgabe der Vermögensauskunft. Prüfen Sie, ob der Gläubiger eine Möglichkeit hat, eine Abgabe zu erzwingen.
4. Wer erlässt den Haftbefehl?

4.5 Vorläufige Verfahren vor Klageeinreichung

Die allgemeinen Voraussetzungen für die Zwangsvollstreckung sind: Titel, Klausel und Zustellung. Um einen Vollstreckungstitel zu erlangen, hat der Gläubiger zwei Möglichkeiten: Das gerichtliche Mahnverfahren oder das Klageverfahren. Beides nimmt eine geraume Zeit in Anspruch. Um zu vermeiden, dass der Schuldner während dieses Zeitraumes Sachen, in die die Zwangsvollstreckung möglich wäre, bei Seite schafft, kann sich der Gläubiger einer Sicherung seines Anspruches bedienen. Zu unterscheiden ist hier zwischen Arrest und einstweiliger Verfügung. Beide Verfahren sind bereits vor Klageeinreichung bzw. vor Abschluss eines gerichtlichen Verfahrens zulässig. Auf Antrag des Schuldners kann das Arrestgericht jedoch dem Gläubiger eine Frist zur Klageerhebung setzen.

4.5.1 Arrest

Voraussetzung des Arrests ist, dass ein Arrestanspruch sowie ein Arrestgrund vorliegen. Der Arrestanspruch ist eine Geldforderung oder ein Anspruch, der in eine Geldforderung übergehen kann. Ein Arrestgrund liegt vor, wenn zu befürchten ist, dass die Vollstreckung des Urteils vereitelt oder wesentlich erschwert werden würde.

Für die Anordnung des Arrests ist zuständig:

§ 919 ZPO

- das Gericht der Hauptsache oder
- das Amtsgericht, in dessen Bezirk der mit Arrest zu belegende Gegenstand oder die in ihrer persönlichen Freiheit zu beschränkende Person sich befindet.

MERKE

Der Arrest sichert die künftige Zwangsvollstreckung wegen einer Geldforderung.

Der Arrestantrag soll enthalten:

§ 920 ZPO

- Bezeichnung des Anspruchs
- Angabe des Geldbetrages oder des Geldwertes
- Bezeichnung des Arrestgrundes

Der Anspruch und der Arrestgrund sind glaubhaft zu machen.

Eine mündliche Verhandlung über das Arrestgesuch ist nicht vorgeschrieben. Ergeht die Entscheidung über das Gesuch aufgrund einer mündlichen Verhandlung, verkündet das Gericht ein Urteil, anderenfalls erlässt es einen Beschluss.

§ 921 ZPO

Der den Arrest anordnende Beschluss muss an den Antragsgegner im Parteibetrieb zugestellt werden. Die Zustellung an den Antragsteller erfolgt von Amts wegen. Die Vollziehung aus dem Arrestbeschluss ist jedoch bereits vor Zustellung des Arrestbefehls zulässig.

Gegen den Beschluss, durch den ein Arrest angeordnet wird, kann der Antragsgegner Widerspruch unter Darlegung seiner Gründe einlegen. Die Entscheidung des Arrestgerichts über den Widerspruch ergeht aufgrund einer mündlichen Verhandlung durch Urteil. Gegen dieses Urteil ist das Rechtsmittel der Berufung zulässig.

§ 924 ZPO

Ist die Hauptsache bislang nicht anhängig, so hat das Arrestgericht auf Antrag durch Beschluss anzuordnen, dass die Partei, die den Arrestbefehl erwirkt hat,

§ 926 ZPO

innerhalb einer vom Arrestgericht zu bestimmenden Frist Klage zu erheben hat. Lässt diese Partei diese Frist verstreichen, so ist auf Antrag die Aufhebung des Arrestes durch Urteil auszusprechen.

§ 929 ZPO

Auf die Vollziehung des Arrestes sind die Vorschriften über die Zwangsvollstreckung wegen Geldforderungen anzuwenden. Es gelten folgende Ausnahmen:

› Einer Vollstreckungsklausel bedarf es nur, wenn die Vollziehung für einen anderen Gläubiger oder gegen einen anderen Schuldner erfolgen soll,
› Die Vollziehung des Arrestbefehls ist nur innerhalb einer Frist von einem Monat statthaft. Die Frist beginnt mit der Zustellung des Arrestbefehls an den Arrestgläubiger oder mit der Verkündung des Arresturteils.
› Die Vollziehung ist bereits vor Zustellung des Arrestbefehls zulässig. Sie verliert jedoch ihre Wirkung, wenn die Zustellung des Arrestbefehls nicht innerhalb einer Woche nach der Vollziehung und vor Ablauf der Monatsfrist an den Schuldner erfolgt.

§ 930 ZPO

Die Vollziehung des Arrestes erfolgt zur Sicherung des Gläubigeranspruchs durch Pfändung. Eine Befriedigung des Gläubigers wird dadurch noch nicht erreicht. Gepfändetes Geld wird hinterlegt, bewegliche Sachen werden – soweit sie keiner Gefahr einer beträchtlichen Wertverringerung ausgesetzt sind – nicht versteigert, Forderungen werden nur gepfändet, aber nicht zur Einziehung überwiesen. In unbewegliches Vermögen des Schuldners wird der Arrest durch Eintragung einer Zwangshypothek vollzogen.

4.5.2 Einstweilige Verfügung

§ 935 ZPO

Wegen anderer Ansprüche als Geldforderungen sichert die einstweilige Verfügung die künftige Zwangsvollstreckung. Sie ist zulässig, wenn zu besorgen ist, dass durch eine Veränderung des bestehenden Zustandes die Verwirklichung des Rechts einer Partei vereitelt oder wesentlich erschwert werden könnte.

MERKE

Die einstweilige Verfügung sichert die künftige Zwangsvollstreckung wegen anderer Ansprüche als Geldforderungen.

Für das Verfahren über die einstweilige Verfügung sind die Vorschriften über die Anordnung von Arresten und über das Arrestverfahren anzuwenden. Es gelten folgende Ausnahmen:

› Zuständig für den Erlass der einstweiligen Verfügung ist das Gericht der Hauptsache. In dringenden Fällen kann jedoch auch das Amtsgericht, in dessen Bezirk sich der Streitgegenstand befindet, zuständig sein.

- Die Entscheidung ergeht nach mündlicher Verhandlung. In dringenden Fällen kann jedoch auch eine Entscheidung ohne mündliche Verhandlung ergehen.
- Mit Zustellung der einstweiligen Verfügung an den Schuldner wird das ausgesprochene Gebot oder Verbot wirksam.

Ist die einstweilige Verfügung durch Beschluss erlassen worden, so kann Widerspruch eingelegt werden. In diesem Fall wird nach mündlicher Verhandlung durch Urteil über die Rechtmäßigkeit der einstweiligen Verfügung entschieden.

Im einstweiligen Verfügungsverfahren ergangene Urteile können mit dem Rechtsmittel der Berufung angefochten werden.

4.5.3 Zusammenfassung und Aufgaben

ZUSAMMENFASSUNG

Sicherung der Gläubigeransprüche vor Klageerhebung oder Entscheidung durch das Gericht

Anspruch des Gläubigers auf Geld	Anspruch des Gläubigers auf Ansprüche, die keine Geldansprüche sind
Arrest	Einstweilige Verfügung

AUFGABEN

Prüfen Sie die folgenden Aussagen auf ihre Richtigkeit. Die Antwort ist jeweils zu begründen:

a. Der Arrest findet wegen eines Anspruchs des Gläubigers auf Geld statt. Für den Arrestantrag ist daher das Amtsgericht – Mahngericht – zuständig.

b. Für die Anordnung des Arrestes ist das Berufungsgericht ausschließlich zuständig.

c. Gegen den Arrestbeschluss ist nur das Rechtsmittel der Berufung zulässig.

d. Die Vollziehung der einstweiligen Verfügung ist unstatthaft, wenn seit dem Tag, an dem sie verkündet wurde, ein Monat vergangen ist.

5. RECHTSBEHELFE IN DER ZWANGSVOLLSTRECKUNG

Es gibt mehrere Möglichkeiten, sich gegen eine Zwangsvollstreckung mit Rechtsbehelfen zu wehren. Dies richtet sich danach, wer sich wehren will (Schuldner, Gläubiger, Dritter) und wogegen er sich wehren will (z. B. fehlerhafte Vollstreckungsmaßnahme).

Die wichtigsten Rechtsbehelfe sind

1. **verfahrensrügende Rechtsbehelfe**
   - die Erinnerung gem. § 766 ZPO
   - die sofortige Beschwerde gem. § 793 ZPO
2. **materiell-rechtliche Rechtsbehelfe**
   - Vollstreckungsabwehrklage gem. § 767 ZPO
   - Drittwiderspruchsklage gem. § 771 ZPO
   - Klage auf vorzugsweise Befriedigung gem. § 805 ZPO

5.1 Erinnerung

Die Erinnerung gem. § 766 ZPO richtet sich gegen die Art und Weise der Zwangsvollstreckung, d. h., das betreffende Vollstreckungsorgan hat die vollstreckungsrechtlichen Vorschriften nicht richtig oder gar nicht beachtet. Schuldner, Gläubiger oder Dritte können sich mit diesem verfahrensrügenden Rechtsbehelf wehren.

BEISPIELE

- Gerichtsvollzieher Gratus hat die Eigentumsverhältnisse bei Schuldner Ernst Fuller nicht richtig geprüft und zu wenig oder gar nicht gepfändet.
- Der Gerichtsvollzieher hat einen unpfändbaren Gegenstand gepfändet (Arbeitsmittel, Ehering).
- Die Pfändung fand am Ostersonntag um 5:30 Uhr statt.
- Der Vollstreckungstitel ist nicht zugestellt worden.
- Es liegt kein Antrag des Gläubigers Siegmar Striete zur Einleitung der Zwangsvollstreckung vor.

Über die Erinnerung gem. § 766 ZPO entscheidet das Vollstreckungsgericht, also das Amtsgericht, in dessen Bezirk die Zwangsvollstreckung stattfindet. Sie kann schriftlich oder zu Protokoll der Geschäftsstelle eingereicht werden. Eine Frist gibt es nicht. Das Gericht entscheidet über die Erinnerung per Beschluss.

Antragsformulierung:

An das Amtsgericht Rheine
Salzbergener Straße 29
48431 Rheine

20. September 20..

In der Zwangsvollstreckungssache

Siegmar Striete, Hohe Straße 1, 48565 Steinfurt – Gläubiger –

gegen

Ernst Fuller, Hauptstraße 2, 48431 Rheine – Schuldner –

vertrete ich ausweislich des Urteils des Amtsgerichts Steinfurt vom 18.6.20.. (Az.: C 328/…) den Gläubiger.

Namens und im Auftrag des Gläubigers lege ich gegen die Art und Weise der Zwangsvollstreckung durch den Gerichtsvollzieher

Erinnerung nach § 766 ZPO

ein und beantrage zugleich, den Gerichtsvollzieher anzuweisen, den Vollstreckungsauftrag weisungsgemäß auszuführen.

Gründe: Am 15.8.20.. erteilte der Gläubiger dem Gerichtsvollzieher über die Gerichtsvollzieherverteilerstelle Zwangsvollstreckungsauftrag mit der ausdrücklichen Weisung, monatliche Teilzahlungen in Höhe von 600,00 Euro zu pfänden. Der Gerichtsvollzieher hat diese Weisung nicht beachtet. Er hat gegen eine Zahlung von lediglich 200,00 Euro von der Ausführung des Vollstreckungsauftrags Abstand genommen und eine Pfändung nicht vorgenommen, obwohl pfändbare Habe vorhanden ist. Er hat dem Schuldner darüber hinaus monatliche Raten in Höhe von nur 300,00 Euro bewilligt.

Beweis: Gerichtsvollzieherprotokoll vom 15.8.20..

Um alsbaldige Entscheidung wird gebeten.

gez. Rechtsanwalt Unruh

5.2 Sofortige Beschwerde

Ein weiterer verfahrensrügender Rechtsbehelf ist die sofortige Beschwerde gem. § 793 ZPO, die sich gegen den Beschluss richtet, der aufgrund der eingelegten Erinnerung (5.1.) ergangen ist, d.h. gegen Beschlüsse des Richters, die ohne mündliche Verhandlung stattgefunden haben sowie gegen Entscheidungen des Rechtspflegers im Vollstreckungsverfahren.

© Saklakova – Fotolia.com

Auch die sofortige Beschwerde muss schriftlich oder zu Protokoll der Geschäftsstelle beim Vollstreckungsgericht oder Landgericht eingelegt werden und zwar binnen einer Notfrist von zwei Wochen beginnend mit der Zustellung der Entscheidung, § 569 I ZPO.

Entscheidungen werden durch Beschluss gefällt. Gerichtsgebühren fallen nur an, wenn die Beschwerde erfolglos war. Bei erfolgreicher sofortiger Beschwerde wird die Entscheidung des Amtsgerichts (in der Regel) abgeändert und neu gefasst:

BEISPIEL

Auf die Erinnerung des Schuldners vom (...) hin wird die vom Gerichtsvollzieher am (...) durchgeführte Pfändung für unzulässig erklärt.

Antragsformulierung:

An das Amtsgericht Rheine
Salzbergener Straße 29
48431 Rheine

27. September 20..

In der Zwangsvollstreckungssache

Siegmar Striete, Hohe Straße 1, 48565 Steinfurt – Gläubiger –

gegen

Ernst Fuller, Hauptstraße 2, 48431 Rheine – Schuldner –

lege ich namens und im Auftrag des Gläubigers gegen den Beschluss des Amtsgericht Rheine vom 25.9.20..

Sofortige Beschwerde nach § 793 ZPO

ein und beantrage, unter Aufhebung der angefochtenen Entscheidung den Gerichtsvollzieher anzuweisen, den Vollstreckungsauftrag weisungsgemäß auszuführen.

Gründe: Der Gläubiger hatte gegen die Art und Weise der Zwangsvollstreckung die Vollstreckungserinnerung nach § 766 ZPO eingelegt. Ich verweise diesbezüglich auf meine Erinnerungsschrift vom 20.9.20..

Durch Beschluss vom 25.9.20.. hat das Vollstreckungsgericht die Erinnerung kostenpflichtig zurückgewiesen und den Beschluss dem Gläubiger am 27.9.20.. zugestellt.

Die Erinnerung wurde zu Unrecht zurückgewiesen.

Entgegen der Auffassung des Vollstreckungsgerichts steht dem Gerichtsvollzieher angesichts der sehr eindeutigen Vorgaben seitens des Gläubigers kein Ermessen dahingehend zu, dass er andere Teilbeträge einziehen darf als solche, mit denen sich der Gläubiger einverstanden erklärt hat.

Um erneute Entscheidung wird gebeten.

gez. Rechtsanwalt Unruh

5.3 Vollstreckungsabwehrklage

Wenn der Schuldner geltend machen will, dass nach Schluss der mündlichen Verhandlung Umstände eingetreten sind, durch die der Gläubiger nichts mehr von ihm zu beanspruchen hat, legt er den materiell-rechtlichen Rechtsbehelf der Vollstreckungsabwehrklage gem. § 767 ZPO ein.

MERKE

Durch Urteil titulierte Ansprüche werden wegen der Rechtskraft des Urteils nicht überprüft!

BEISPIELE

- Schuldner Ernst Fuller hat die Forderung inzwischen beglichen.
- Gläubiger Striete hat dem Schuldner Fuller die Forderung erlassen.
- Schuldner Ernst Fuller ist wirksam vom Vertrag zurückgetreten.

Zuständig ist das Gericht, bei dem der Gläubiger das Urteil erstritten hat. Wenn der Schuldner mit seinem Begehren Erfolg hat, wird die Zwangsvollstreckung aus dem Urteil für unzulässig erklärt.

Antragsformulierung:

An das Amtsgericht Rheine
Salzbergener Straße 29
48431 Rheine

17. August 20..

Vollstreckungsabwehrklage nach § 767 ZPO

Antrag auf einstweilige Einstellung der Zwangsvollstreckung! Bitte sofort vorlegen!

Siegmar Striete, Hohe Straße 1, 48565 Steinfurt – Gläubiger –

gegen

Ernst Fuller, Hauptstraße 2, 48431 Rheine – Schuldner –

Klage

wegen Unzulässigkeit der Zwangsvollstreckung

Streitwert: 4.000,00 Euro

Namens und in Vollmacht des Klägers erhebe ich Klage und beantrage:

1. Die Zwangsvollstreckung aus dem Urteil des AG Rheine vom 18.06.20.. (Az.: C 328/…) für unzulässig zu erklären.

2. Zugleich beantrage ich, im Wege der einstweiligen Anordnung nach § 769 ZPO zu beschließen, die Zwangsvollstreckung aus dem oben genannten Urteil bis zum Erlass eines Urteils in dieser Angelegenheit einstweilen einzustellen.

Gründe: Der Kläger wurde im obigen Prozess zur Zahlung von 4.000,00 Euro rechtskräftig verurteilt. Mit Schreiben vom 08.08.20.. hat der Kläger inzwischen jedoch mit einer Gegenforderung die Aufrechnung erklärt. Die Aufrechnungsforderung übersteigt mit 5.200,00 Euro sogar den titulierten Anspruch und der Kläger hat sie nach der letzten mündlichen Verhandlung des Vorprozesses erworben.

Der Beklagte ignoriert allerdings die zur Aufrechnung gestellte Forderung und hat im Schreiben an den Kläger vom 15.08.20.. mitgeteilt, dass er die Zwangsvollstreckung ungeachtet der erklärten Aufrechnung betreiben werde.

Klage und der Antrag auf einstweilige Einstellung der Zwangsvollstreckung sind daher sowohl begründet als auch geboten.

gez. Rechtsanwalt Unruh

5.4 Drittwiderspruchsklage

Die Drittwiderspruchsklage gem. § 771 ZPO richtet sich gegen die Zwangsvollstreckung einer Sache, die einem Dritten gehört. Der Gerichtsvollzieher geht davon aus, dass für Sachen, die sich im Gewahrsam des Vollstreckungsschuldners befinden, Eigentumsvermutung gilt. Er prüft keine möglichen Interventionsrechte.

MERKE

Der Dritte muss seine Rechte allerdings vor dem Versteigerungstermin geltend machen, sonst verliert er das Eigentum an der Sache!

BEISPIELE

- Das bei Schuldner Ernst Fuller gepfändete Auto ist geleast.
- Das bei Schuldner Ernst Fuller gepfändete teure Teeservice gehört dessen Tante Teresa.
- Der bei Schuldner Ernst Fuller gepfändete CD-Player war nur von seiner Freundin Bärbel-Chantal geliehen.

Örtlich zuständig ist das Gericht, in dessen Bezirk die Zwangsvollstreckung stattfindet, d.h. das Amts- oder Landgericht. Verklagt wird der die Zwangsvollstreckung betreibende Gläubiger. Wenn die Klage Erfolg hat, wird die Zwangsvollstreckung in die betroffene Sache für unzulässig erklärt.

Antragsformulierung:

An das Amtsgericht Rheine
Salzbergener Straße 29
48431 Rheine

27. September 20..

Drittwiderspruchsklage nach § 771 ZPO
und Antrag nach §§ 771 III, 769 I ZPO

Eilt! Wegen Antrags auf Einstellung bitte sofort vorlegen!

In dem Rechtsstreit

Norbert Neureich, Friedrichstraße 4, 48431 Rheine – Kläger –

gegen

1. Manolo Brastig, Gevelsstraße 72, 48431 Rheine
– Beklagter und Zwangsvollstreckungsgläubiger –

2. Heinz Klump, Am Tor 89, 48282 Emsdetten
– Beklagter und Zwangsvollstreckungsschuldner –

wegen Unzulässigkeit der Zwangsvollstreckung und Herausgabe

Streitwert: 4.940,00 Euro

erhebe ich namens des Klägers und in dessen Vollmacht Klage. Ich werde beantragen:

1. die durch den Beklagten zu 1. aus dem Urteil des Amtsgerichts Rheine vom 15.06.20.. (Az.: C 301/13) betriebene Zwangsvollstreckung in die neuwertige „Rolex" Herren-Armbanduhr („Oyster Perpetual Datejust") für unzulässig zu erklären.

2. den Beklagten zu 2. zu verurteilen, an den Kläger die im Antrag zu 1. beschriebene Armbanduhr herauszugeben und

3. vorab im Wege der einstweiligen Anordnung die Zwangsvollstreckung in die genannte Armbanduhr einstweilen einzustellen.

Gründe: Der Kläger lieh dem Beklagten zu 2. die Armbanduhr am 28.05.20.. zwecks einer Familienfeier mit der Maßgabe, ihm diese binnen 30 Tagen zurückzugeben. Dies geschah jedoch nicht. Auch weitere Aufforderungen blieben erfolglos und Herr Klump ließ sich immer wieder verleugnen (zur Glaubhaftmachung füge ich eine eidesstattliche Versicherung bei). Nunmehr erfuhr Herr Neureich, der schon Herausgabeklage erheben wollte, dass die o.g. Armbanduhr im Auftrage des Beklagten zu 1. wegen einer titulierten Forderung vom Gerichtsvollzieher gepfändet wurde. Versteigerungstermin steht nach Auskunft des Gerichtsvollziehers am 07.10.20.. an.

Beweis: beiliegende Ausfertigung des Pfändungsprotokolls, beigefügte öffentliche Bekanntmachung der Versteigerung.

Der Beklagte zu 1. ist vom Unterzeichner im Auftrage des Klägers zur Herausgabe der Armbanduhr aufgefordert worden. (Beweis: Anwaltsschreiben vom 20.09.20..) Er hat die Freigabe mit der Begründung abgelehnt, die Uhr sei die einzige pfändbare Habe des Beklagten zu 2. (Beweis: in Kopie beigelegtes Schreiben des Beklagten zu 1.)

Der Kläger macht von seinem Recht auf Rückforderung der Uhr Gebrauch. Die Klage ist damit gegen beide zu richten. Durch die am 07.10.20.. anstehende Versteigerung droht dem Kläger ein Rechtsverlust. Ich bitte deshalb dringend darum, über den Antrag noch heute zu entscheiden und mir die Entscheidung mitzuteilen.

gez. Rechtsanwalt Rechteck

5.5 Klage auf vorzugsweise Befriedigung

Die Klage auf vorzugsweise Befriedigung gem. § 805 ZPO ist dann statthaft, wenn einem Dritten ein Pfandrecht (z. B. Vermieterpfandrecht) oder ein Vorzugsrecht an der Sache zusteht. Durch die „vorzugsweise Befriedigung" soll der Dritte (Kläger) vor dem Vollstreckungsgläubiger aus dem Erlös befriedigt werden.

© MEV Agency UG

BEISPIELE

- Vermieterpfandrecht des Vermieters Frank Reich an einem Klavier – dem einzigen wertvollen Gegenstand in der Wohnung des Mieters Curt Claviolo, der ihm die Miete schuldet.
- Gastwirtpfandrecht des Gastwirts Paul G. Astro an einem teuren, pelzgefütterten Ledermantel, der dem Gast Peter Brill gehört, der seine Zeche nicht bezahlt hat.

Die Klage ist bei dem Vollstreckungsgericht (Amtsgericht) zu erheben. Beträgt der Streitwert mehr als 5.000,00 Euro, ist die Klage bei dem Landgericht zu erheben, in dessen Bezirk das Vollstreckungsgericht seinen Sitz hat (§ 805 II ZPO). Die Entscheidung ergeht durch Urteil.

Antragsformulierung:

An das Amtsgericht Rheine
Salzbergener Straße 29
48431 Rheine — 27. September 20..

In dem Rechtsstreit

Frank Reich, Tiefe Straße 90, 48429 Rheine — – Kläger –

gegen

Siegmar Striete, Hohe Straße 1, 48565 Steinfurt — – Beklagter –

wegen **vorzugsweiser Befriedigung gem. § 805 ZPO**

erhebe ich namens und in Vollmacht des Klägers Klage gegen den Beklagten mit dem Antrag, zu erkennen:

1. Der Kläger ist vor dem Beklagten bis zum Betrag in Höhe von 3.900,00 Euro aus dem Erlös der Verwertung des durch den Gerichtsvollzieher Gregor Gratus am 20.09.20.. (DR Nr. …) gepfändeten Perserteppichs vor dem Beklagten zu befriedigen.

2. Weiter wird beantragt, die Hinterlegung des Verwertungserlöses bis zur Höhe von 3.900,00 Euro einstweilen bis zur rechtskräftigen Entscheidung dieser Sache anzuordnen.

Gründe:

Der Gerichtsvollzieher Gregor Gratus hat am 20.09.20.. im Auftrag des Beklagten Striete bei Herrn Cäsar Camisius, Rheiner Straße 250, 48282 Emsdetten obigen Perserteppich gepfändet. Versteigerungstermin ist auf den 04.10.20.. festgesetzt.

Der Beklagte ist Mieter einer im Eigentum des Klägers Schulze stehenden Wohnung in Emsdetten. Es bestehen Mietrückstände in Höhe von insgesamt 4.200,00 Euro für die Zeit vom 01.02.20.. bis 01.09.20..

Damit unterlag der Pfandgegenstand zum Zeitpunkt der Pfändung bereits dem gesetzlichen Vermieterpfandrecht des Klägers. Jegliche Aufforderungen an den Beklagten, dieses Vorrecht anzuerkennen, waren vergeblich. Klageerhebung ist deshalb geboten.

(Anlage: Kopien zur Glaubhaftmachung, z. B. Mietvertrag, Pfändungsprotokoll …)

Gez. Rechtsanwalt Rechteck

5.6 Zusammenfassung und Aufgaben

ZUSAMMENFASSUNG

Bei den Rechtsbehelfen in der Zwangsvollstreckung gibt es fünf Möglichkeiten gegen Zwangsvollstreckungsmaßnahmen vorzugehen:

Rechtsbehelf	Inhalt	Beispiel	zuständig
Erinnerung § 766 ZPO	richtet sich gegen die Art und Weise der Zwangsvollstreckung	Gerichtsvollzieher Gratus über- oder unterpfändet oder gewährt zu niedrige Raten.	**Vollstreckungsgericht**

Rechtsbehelf	Inhalt	Beispiel	zuständig
Sofortige Beschwerde § 793 ZPO	Einwendungen gegen die Entscheidung des Vollstreckungsgerichts	Erinnerung des Gläubigers Striete wurde abgelehnt.	**Beschwerdegericht oder Gericht, dessen Entscheidung angefochten wurde (§ 72 GVG)**
Vollstreckungsabwehrklage § 767 ZPO	Einwendungen, die den Anspruch selbst betreffen (nach dem Prozess entstanden) – Schuldner begehrt Einstellung der Zwangsvollstreckung	Schuldner Ernst Fuller hat inzwischen gezahlt.	**Prozessgericht des 1. Rechtszuges**
Drittwiderspruchsklage § 771 ZPO	Einwendungen gegen die Vollstreckung eines Gegenstandes, der einem Dritten gehört und bei der Pfändung im Besitz des Schuldners war	Schuldner Ernst Fuller hatte das Fahrrad seines Bruders Reiner Fuller ausgeliehen – dieser begehrt es nach der Pfändung, die durch Gerichtsvollzieher Gratus durchgeführt wurde, zurück.	**Gericht, in dessen Bezirk die Zwangsvollstreckung stattfindet**
Klage auf vorzugsweise Befriedigung § 805 ZPO	einem Dritten, der weder Gläubiger noch Schuldner ist, steht ein Pfandrecht an einer Sache zu. Er kann die Zwangsvollstreckung zwar nicht verhindern, wird – bei Erfolg – aber als Erster aus dem Versteigerungserlös befriedigt	Mieterin H. Warnke schuldet seit langem die Miete. Ihr wertvollstes Gut ist ihr teurer Schmuck. Es kommt zur Pfändung. Der Vermieter Frank Reich würde vor dem ZV-Gläubiger Siegmar Striete, der den Schmuck versteigern lassen möchte, aus dem Versteigerungserlös befriedigt.	**Amtsgericht als Vollstreckungsgericht**

AUFGABEN

1. Ergänzen Sie den folgenden Lückentext zum Thema „Rechtsbehelfe in der ZV“ sinngemäß:

Die Erinnerung (§ 766 ZPO) und die sofortige Beschwerde (§ 793 ZPO) = verfahrensrügende Rechtsbehelfe

Der GV hat seine Vorschriften nicht beachtet. Was kann ich tun?

Mit der sog. Vollstreckungserinnerung oder der sog. sofortigen Beschwerde können sich Schuldner, ______________________ und ggf. Dritte wehren. Die ______________________ ist immer dann der statthafte Rechtsbehelf, wenn sich jemand gegen die __________ und __________ der ZV wehren will, wenn man also geltend machen will, dass das ZV-Organ die vollstreckungsrechtlichen Vorschriften nicht beachtet hat. Dies kann z. B. der Fall sein, wenn der ______________________ behauptet, der ______________________ habe eine unpfändbare Sache gepfändet, oder wenn der ______________________ behauptet, der GV weigere sich zu Unrecht, eine ______________________ vorzunehmen.

Über die Vollstreckungserinnerung entscheidet das ______________________ __________, d. h. das AG, in dessen ______________________ die ZV stattgefunden hat oder stattfinden soll. Sie kann schriftlich oder zu Protokoll des Gerichts eingelegt werden und ist nicht an eine ______________ gebunden. Das Gericht entscheidet durch ______________________.

Gegen Entscheidungen des VG ist die sog. ______________________ möglich. Sie kann beim ______________________ oder beim ______________________ eingelegt werden. Die Beschwerde muss aber binnen einer Frist von ______________________ ab der Zustellung der Entscheidung eingelegt werden.

»

Die Vollstreckungsabwehrklage (§ 767 ZPO) und die Drittwiderspruchsklage (§ 771 ZPO) = materiell-rechtliche Rechtsbehelfe

Ich habe nach Erlass des Urteils gezahlt, aber jetzt kommt die Pfändung. Was kann ich tun?

Möchte der Schuldner geltend machen, dass ____________ Erlass des Urteils Umstände eingetreten sind, durch die der Gläubiger nichts mehr von ihm zu beanspruchen hat, ist der richtige Rechtsbehelf die ____________ ____________. Mit ihr kann der Schuldner beispielsweise einwenden, er habe mittlerweile auf die Forderung des Gegners gezahlt, er sei vom Vertrag zurückgetreten, er habe aufgerechnet oder der ____________ ____________ habe ihm die Forderung erlassen. Zuständig für diese Klage ist das Gericht, bei dem der ____________ sein Urteil erstritten hat. Achtung: Nur solche Einwendungen des Schuldners können geltend gemacht werden, die ____________ entstanden sind und nicht schon im Vorprozess hätten erhoben werden müssen. Hat der Schuldner Erfolg, so wird die ZV aus dem Urteil für ____________ erklärt. Kosten fallen wie bei Klagen allgemein an.

Ich habe meinen CD-Player meiner Freundin geliehen und nun wurde er vom ____________ gepfändet. Was kann ich tun?

Eine ____________ kann nötig werden, wenn bei dem ____________ eine Sache gepfändet wird, die einem ____________ gehört – also z.B. der geliehene Rasenmäher oder das geleaste Auto. Wird also in die Rechte eines ____________ ____________ eingegriffen, der am ZV-Verfahren nicht als ____________ oder ____________ beteiligt ist, so kann dieser ____________klage erheben. Er kann damit verhindern, dass seine Sache ____________ wird und er so sein ____________ an der Sache verliert.

Örtlich zuständig ist das Gericht, in dessen _______________ die ZV stattfindet. Verklagt werden sowohl der die ZV betreibende _______________ als auch der ZV- _______________ .

Hat die Klage Erfolg, dann wird die ZV aus dem Urteil in den betroffenen Gegenstand für _______________ erklärt und die Sache muss an den _______________ herausgegeben werden.

2. Sie erhalten einen entsetzten Anruf Ihrer Freundin: „Stell dir vor, gerade war der Gerichtsvollzieher wegen einer unbezahlten Rechnung hier. Okay, wegen diesem ganzen Papierkram vom Gericht hätte ich dich wohl besser eher um Rat fragen sollen. Aber du glaubst es nicht – der hat tatsächlich bei meinem kleinen Iron am Halsband so einen „Kuckuck" – Pfandsiegel steht da drauf – angebracht und sagte, der Hund wär jetzt gepfändet. Das kann doch nicht sein! Bitte hilf mir!"

Geben Sie Ihrer Freundin Rat, ob bzw. wie sie etwas gegen die Pfändung ihres Hundes unternehmen kann.

© König

3. Die Gläubigerin A. Lichten betreibt gegen K. Mauer die Zwangsvollstreckung. K. Mauer ist jedoch auch gegenüber seinem Vermieter Kurt Zierbart mit sechs Monatsmieten im Rückstand. Viel besitzt Mauer nicht, nur eine Sammlung wertvoller Modellbauschiffe, die er in einer Glasvitrine in seiner Wohnung wie seinen Augapfel hütet.

Welchen Rat würden Sie Kurt Zierbart geben?

6. DIE EINSTELLUNG DER ZWANGSVOLLSTRECKUNG DURCH DEN GERICHTSVOLLZIEHER

6.1 Allgemeines

© nmann77 – Fotolia.com

§ 775 ZPO

Die Zwangsvollstreckung ist einzustellen oder zu beschränken, wenn

- die Ausfertigung einer vollstreckbaren Entscheidung vorgelegt wird, aus der sich ergibt, dass das zu vollstreckende Urteil oder seine vorläufige Vollstreckbarkeit aufgehoben oder dass die Zwangsvollstreckung für unzulässig erklärt oder ihre Einstellung angeordnet ist;

BEISPIEL

Die Zwangsvollstreckung wird aus einem für vorläufig vollstreckbar erklärten Urteil betrieben. Dieses Urteil wird in der Rechtsmittelinstanz aufgehoben.

- die Ausfertigung einer gerichtlichen Entscheidung vorgelegt wird, aus der sich ergibt, dass die einstweilige Einstellung der Vollstreckung oder einer Vollstreckungsmaßregel angeordnet ist oder dass die Vollstreckung nur gegen Sicherheitsleistung fortgesetzt werden darf;

BEISPIEL

Gegen den Schuldner wird das Zwangsvollstreckungsverfahren betrieben. Der Schuldner erhebt Vollstreckungsgegenklage und beantragt damit auch, die Zwangsvollstreckung für unzulässig zu erklären und die Zwangsvollstreckung einstweilen einzustellen. Dem Einstellungsantrag hat das Gericht entsprochen. Der Schuldner legt dem Gerichtsvollzieher den entsprechenden Beschluss vor.

- eine öffentliche Urkunde vorgelegt wird, aus der sich ergibt, dass die zur Abwendung der Vollstreckung erforderliche Sicherheitsleistung oder Hinterlegung erfolgt ist;

BEISPIEL

Dem Schuldner wurde im Urteil erlaubt, die Zwangsvollstreckung gegen Leistung einer Sicherheit abzuwenden. Der Schuldner zahlt den Betrag bei der Hinterlegungsstelle ein. Als der Gerichtsvollzieher bei dem Schuldner auftaucht, zeigt er ihm den Hinterlegungsschein.

- eine öffentliche Urkunde oder eine vom Gläubiger ausgestellte Privaturkunde vorgelegt wird, aus der sich ergibt, dass der Gläubiger nach Erlass des zu vollstreckenden Urteils befriedigt ist oder Stundung bewilligt hat;

BEISPIEL

Die Gläubiger Adam und Eva Hirth haben ein vollstreckbares Urteil gegen Günter Gries erwirkt. Günter Gries zahlt an Eva Hirth den Urteilsbetrag und lässt sich von Eva Hirth hierüber eine Quittung erteilen. Adam Hirth, der von der Zahlung keine Kenntnis hat, beauftragt den Gerichtsvollzieher mit der Zwangsvollstreckung. Günter Gries zeigt dem Gerichtsvollzieher die von Eva Hirth ausgestellte Quittung.

- der Einzahlungs- oder Überweisungsbeleg einer Bank oder Sparkasse vorgelegt wird, aus dem sich ergibt, dass der zur Befriedigung des Gläubigers erforderliche Betrag zur Auszahlung an den Gläubiger oder auf dessen Konto eingezahlt oder überwiesen worden ist.

BEISPIEL

Der Schuldner legt dem Gerichtsvollzieher einen Überweisungsbeleg seiner Hausbank vor, wonach er am Tag zuvor auf das Konto des Gläubigers den Forderungsbetrag eingezahlt hat.

6.2 Zusammenfassung

ZUSAMMENFASSUNG

Die Zwangsvollstreckung ist einzustellen oder zu beschränken,

- bei **Vorlage einer vollstreckbaren Entscheidung, die das Urteil,** aus welchem die Zwangsvollstreckung betrieben wird, **aufhebt oder die Zwangsvollstreckung für unzulässig erklärt,**
- bei **Vorlage der Hinterlegungsquittung für eine geleistete Sicherheit,**
- bei **Vorlage einer Gerichtsentscheidung, nach der die einstweilige Einstellung der Zwangsvollstreckung angeordnet ist,**
- bei **Vorlage einer Quittung über Begleichung der Schuld oder deren Stundung.**

7. VERBRAUCHERINSOLVENZVERFAHREN

7.1 Allgemeines

Während die Zwangsvollstreckung eine Einzelvollstreckung der einzelnen Gläubiger gegen den Schuldner darstellt, findet im Insolvenzverfahren eine Gesamtvollstreckung der Gläubiger in das Vermögen des Schuldners statt. Die Gesamtvollstreckung wird durch die Insolvenzordnung (InsO) geregelt. Ziel des Insolvenzverfahrens ist, die Verwertung des Schuldnervermögens und die Verteilung des Erlöses an die Gläubiger zu erreichen oder in einem Insolvenzplan eine abweichende Regelung – insbesondere zum Erhalt des Unternehmens – zu treffen.

§ 1 InsO

Das Insolvenzrecht unterscheidet zwei Verfahrensarten:

- Regelinsolvenzverfahren
- Verbraucherinsolvenzverfahren

7.2 Regelinsolvenzverfahren

Das Regelinsolvenzverfahren findet Anwendung, wenn es sich bei dem Insolvenzschuldner um eine Personen- oder Kapitalgesellschaft, Selbstständigen oder Freiberufler handelt.

7.2.1 Zuständigkeiten

§ 2 InsO

Sachlich ist das Amtsgericht (Abteilung: Insolvenzgericht) in dessen Bezirk ein Landgericht seinen Sitz hat, für den Bezirk dieses Landgerichts ausschließlich zuständig. Eine abweichende Regelung ist im Wege einer Rechtsverordnung durch Landesregierungen möglich.

§ 3 InsO

Die **örtliche** Zuständigkeit ist ausschließlich und richtet sich nach dem Bezirk, in welchem der Schuldner seinen allgemeinen Gerichtsstand hat.

Funktionell ist der Rechtspfleger zuständig. Einige Geschäfte sind jedoch dem Richter vorbehalten (z. B. Entscheidung über den Insolvenzantrag, Bestellung des Insolvenzverwalters).

7.2.2 Eröffnung

Das Insolvenzverfahren wird nur auf Antrag eines bzw. mehrerer Gläubiger oder des Schuldners eröffnet. Der Antrag eines Gläubigers ist zulässig, wenn der Gläubiger ein rechtliches Interesse an der Eröffnung des Insolvenzverfahrens hat und seine Forderung und den Eröffnungsgrund glaubhaft macht. Beantragt der Schuldner selbst die Eröffnung des Insolvenzverfahrens, hat er ein Verzeichnis der Gläubiger und ihrer Forderungen beizufügen. Eine Antragspflicht haben juristische Personen. Bei Zahlungsunfähigkeit oder Überschuldung muss der Eröffnungsantrag spätestens nach drei Wochen nach Eintritt des Insolvenzgrundes gestellt werden. Es genügt das objektive Vorliegen des Insolvenzgrundes. Wer einen Eröffnungsantrag nicht, nicht rechtzeitig oder nicht richtig stellt, macht sich wegen Insolvenzverschleppung strafbar.

§ 14 I InsO

§ 13 InsO

MERKE

Nur bei Vorliegen eines Eröffnungsgrundes darf das Insolvenzverfahren eröffnet werden.

§ 15a InsO

Eröffnungsgründe

§ 17 InsO: Zahlungsunfähigkeit

Liegt vor, wenn der Schuldner fällige Zahlungspflichten nicht mehr erfüllen kann.

§ 18 InsO: drohende Zahlungsunfähigkeit

Liegt vor, wenn der Schuldner voraussichtlich nicht in der Lage sein wird, bestehende Zahlungspflichten im Zeitraum der Fälligkeit zu erfüllen.

§ 19 InsO: Überschuldung

Liegt vor, wenn das Schuldnervermögen juristischer Personen die Verbindlichkeiten nicht mehr deckt.

Das Insolvenzgericht hat alle erforderlichen Maßnahmen zu ergreifen, um für die Gläubiger nachteilige Veränderungen im Schuldnervermögen zu verhüten. Hierzu kann das Gericht u. a.

- einen vorläufigen Insolvenzverwalter bestellen. Ihm obliegt die Sicherung und Erhaltung des Schuldnervermögens, die etwaige Fortführung des Schuldnerunternehmens sowie die Ermittlung,
  - ob die Verfahrenskosten gedeckt werden können,
  - ob ein Eröffnungsgrund vorliegt und
  - welche Aussichten für eine Unternehmensfortführung bestehen;
- dem Schuldner ein allgemeines Verfügungsverbot auferlegen;
- eine vorläufige Postsperre anordnen.

§ 26 InsO

Kommt das Insolvenzgericht bzw. der vorläufig bestellte Insolvenzverwalter zu dem Ergebnis, dass das Schuldnervermögen nicht ausreichen wird, um die Verfahrenskosten abzudecken, ist der Eröffnungsantrag mangels Masse abzuweisen. Dies hat eine Eintragung in das Schuldnerverzeichnis für die Dauer von fünf Jahren bzw. die Auflösung der Gesellschaft zur Folge.

§ 27 II InsO

Anderenfalls eröffnet das Insolvenzgericht das Insolvenzverfahren mittels Beschluss. Dieser Eröffnungsbeschluss enthält:

- Angaben zum Schuldner
- Namen und Anschrift des Insolvenzverwalters
- die Stunde der Eröffnung.

Der Eröffnungsbeschluss wird den Gläubigern und dem Schuldner selbst und den Schuldnern des Schuldners zugestellt. Außerdem ist er sofort öffentlich bekanntzumachen. Die Verfahrenseröffnung wird den verschiedenen Registern (Handels-, Partnerschafts-, Vereins- und Genossenschaftsregister) und dem Grundbuch von Amts wegen mitgeteilt.

7.2.3 Forderungsanmeldung

§ 28 I InsO

Im Eröffnungsbeschluss sind die Gläubiger aufzufordern, innerhalb einer bestimmten Frist ihre Forderungen beim Insolvenzverwalter anzumelden. Die Frist ist auf einen Zeitraum von mindestens zwei Wochen, höchstens jedoch drei Monaten festzusetzen.

§ 177 InsO

Die nachträgliche Anmeldung einer Insolvenzforderung ist möglich.

§ 28 III InsO

Personen, die Verpflichtungen gegenüber dem Schuldner haben, werden aufgefordert, nicht mehr an den Schuldner, sondern an den Insolvenzverwalter zu leisten.

Der Eröffnungsbeschluss nennt außerdem den Berichts- und den Prüfungstermin. Im Berichtstermin wird über die Verwertung der Insolvenzmasse entschieden. Im Prüfungstermin werden die vom Insolvenzverwalter in einer Tabelle erfassten angemeldeten Forderungen der Gläubiger hinsichtlich Rang und Betrag geprüft und festgestellt. Im Rahmen des Prüfungstermins sind auch nachträgliche Forderungsanmeldungen zu prüfen. Wird eine angemeldete Forderung bestritten, kann der betroffene Gläubiger Klage auf Feststellung der Forderung erheben.

7.2.4 Verteilung

Mit der Verteilung aus der Insolvenzmasse an die Gläubiger kann erst nach dem Prüfungstermin begonnen werden. Der Insolvenzverwalter stellt hierzu ein Verteilungsverzeichnis auf, das Grundlage für die Verteilung der Barmittel an die Gläubiger ist.

7.2.5 Schlusstermin

Stimmt das Gericht der Schlussverteilung zu, so bestimmt es von Amts wegen einen Termin für die abschließende Gläubigerversammlung, den **Schlusstermin.** Dieser Termin erfolgt zur Erörterung und Abnahme der Schlussrechnung, zur Erhebung von Einwendungen gegen das Schlussverzeichnis und zur Beschlussfassung über die nicht verwertbaren Vermögensgegenstände. Der Verwalter hat an diesem Termin persönlich teilzunehmen, eine Vertretung ist unzulässig.

§ 197 InsO

Erst danach kann der Verwalter die Schlussverteilung vornehmen. Nach Berechnung der Quote hat er jedem Gläubiger den auf ihn entfallenden Betrag auszubezahlen.

7.3 *Verbraucherinsolvenzverfahren*

Bei natürlichen Personen, die keine selbstständige Tätigkeit ausüben oder ausgeübt haben, findet das Verbraucherinsolvenzverfahren Anwendung.

7.3.1 Außergerichtliche Schuldenbereinigung

Voraussetzung für das Verbraucherinsolvenzverfahren ist eine Bescheinigung, dass der Schuldner innerhalb der letzten sechs Monate vor dem Eröffnungsantrag erfolglos versucht hat, eine außergerichtliche Einigung mit den Gläubigern auf der Grundlage eines Schuldenbereinigungsplans herbeizuführen. Diese Bescheinigung ist von einer geeigneten Person (z. B. Rechtsanwalt, Steuerberater) oder Stelle (z. B. Schuldnerberatungsstellen, Wohlfahrtsverbände) auszustellen. Im Rahmen dieser außergerichtlichen Schuldenbereinigung kann der Schuldner Ratenzahlung, Stundung oder (teilweisen) Schuldenerlass vorschlagen. Wird der Vorschlag von allen Gläubigern angenommen, werden die Schulden bereinigt und ein Insolvenzverfahren erübrigt sich.

§ 305 I Nr. 1 InsO

© Gina Sanders – Fotolia.com

Kommt es zu keiner außergerichtlichen Schuldenbereinigung, kann der Schuldner jetzt die Eröffnung des (Verbraucher-)Insolvenzverfahrens beantragen. Mit dem Antrag, der auf einem eingeführten amtlichen Formular zu erfolgen hat, hat der Schuldner folgende Unterlagen bzw. Anträge einzureichen:

- Bescheinigung, dass die außergerichtliche Schuldenbereinigung gescheitert ist;
- Antrag auf Erteilung von Restschuldbefreiung oder Erklärung, dass Restschuldbefreiung nicht erteilt werden soll;

- Vermögensverzeichnis, Vermögensübersicht, Gläubigerverzeichnis, Verzeichnis der gegen ihn gerichteten Forderungen nebst Erklärung, dass die gemachten Angaben richtig und vollständig sind;
- einen Schuldenbereinigungsplan.

7.3.2 Gerichtliche Schuldenbereinigung

§ 306 I InsO

Zunächst findet ein gerichtliches Schuldenbereinigungsverfahren statt. Die Eröffnung des Insolvenzverfahrens wird nicht weiterverfolgt, der Eröffnungsantrag ruht. Zur Vermittlung des Planes zwischen dem Schuldner und den Gläubigern ist der Plan den Gläubigern mit der Aufforderung zuzustellen, binnen einer Notfrist von einem Monat Stellung zu nehmen. Stimmen alle Gläubiger dem Plan zu oder schweigt ein Gläubiger innerhalb der Monatsfrist, so ist der Plan angenommen. Kommt der Schuldenbereinigungsplan zustande, so stellt dies das Insolvenzgericht durch Beschluss fest. Der Plan wirkt wie ein gerichtlicher Vergleich, aus ihm kann die Zwangsvollstreckung betrieben werden. Zugleich ist das bisher ruhende Verfahren über den Eröffnungsantrag beendet.

§ 308 InsO

§ 311 InsO

Scheitert dagegen auch die gerichtliche Schuldenbereinigung, wird das Verfahren über den Eröffnungsantrag wieder aufgenommen.

§ 309 InsO

Hat dem Schuldenbereinigungsplan mehr als die Hälfte der benannten Gläubiger zugestimmt und beträgt die Summe der Ansprüche der zustimmenden Gläubiger mehr als die Hälfte der Summe der Ansprüche der benannten Gläubiger, so ersetzt das Insolvenzgericht auf Antrag eines Gläubigers oder des Schuldners die Einwendungen eines Gläubigers gegen den Schuldenbereinigungsplan durch eine Zustimmung.

Für eine Zustimmungsersetzung sind folgende Voraussetzungen notwendig:

- Bescheinigung, dass die außergerichtliche Schuldenbereinigung gescheitert ist.
- Die Durchführung eines gerichtlichen Einigungsversuchs auf der Basis des Schuldenbereinigungsplans verspricht Aussicht auf Erfolg.
- Mehr als die Hälfte der benannten Gläubiger hat dem Plan zugestimmt und die Summe der Ansprüche der zustimmenden Gläubiger beträgt mehr als die Hälfte der Summe der benannten Gläubiger.
- Der Gläubiger, der Einwendungen erhebt, wird angemessen beteiligt und ist gegenüber anderen Gläubigern im Schuldenbereinigungsplan nicht benachteiligt.
- Für den entsprechenden Gläubiger entstehen keine wirtschaftlichen Nachteile, wenn statt eines Insolvenzverfahrens ein Schuldenbereinigungsplan durchgeführt wird.

Sind diese Voraussetzungen erfüllt, stehen die Chancen gut, dass das Insolvenzgericht eine Zustimmungsersetzung erteilt und damit die Einwendungen eines Gläubigers gegen den Schuldenbereinigungsplan aufhebt. Nur, wenn der Gläubiger gute und glaubhafte Gründe dagegen vorbringt, kann seine Zustimmung nicht ersetzt werden. Auch kann eine Zustimmungsersetzung nicht erteilt werden, wenn er Zweifel an den Forderungen des Schuldners nachweisen kann.

7.3.3 Insolvenzverfahren und Antrag auf Restschuldbefreiung

Mit dem Antrag auf Eröffnung des Verbraucherinsolvenzverfahrens hat der Schuldner, der eine natürliche Person ist, die Möglichkeit, **Antrag auf Restschuldbefreiung** zu stellen. Die Restschuldbefreiung ermöglicht dem Schuldner einen wirtschaftlichen Neustart nach Abschluss eines Insolvenzverfahrens. Die Erteilung der Restschuld hat zur Folge, dass die Gläubigerforderungen nicht mehr durchsetzbar sind und der Schuldner von diesen „befreit" wird.

Von der Erteilung der Restschuld werden – sofern der Gläubiger diese Ansprüche unter Angabe des Rechtsgrundes angemeldet hat – nicht berührt:

- Verbindlichkeiten des Schuldners aus einer vorsätzlich begangenen unerlaubten Handlung
- Rückständiger, gesetzlicher Unterhalt, den der Schuldner vorsätzlich pflichtwidrig nicht gewährt hat.
- Steuerschulden, sofern der Schuldner im Zusammenhang damit wegen einer Straftat rechtskräftig verurteilt worden ist.
- Geldstrafen oder gleichgestellte Verbindlichkeiten des Schuldners
- Verbindlichkeiten aus zinslosen Darlehen, die dem Schuldner zur Begleichung der Kosten des Insolvenzverfahrens gewährt wurden.

Der Schuldner hat seinem Antrag auf Gewährung der Restschuldbefreiung eine Abtretungserklärung beizufügen. Inhalt dieser Erklärung ist, dass der Schuldner seine pfändbaren Forderungen auf Bezüge aus einem Dienstverhältnis oder Bezüge mit Lohnersatzfunktion für einen Zeitraum von sechs Jahren seit Eröffnung des Insolvenzverfahrens abtritt. Abtretungsempfänger ist ein vom Gericht zu bestimmender Treuhänder, welcher nicht mit dem Insolvenzverwalter identisch sein muss.

Über die Zulässigkeit des Antrages auf Restschuldbefreiung entscheidet das Insolvenzgericht durch Beschluss.

§ 288 InsO

Ist der Antrag auf Restschuldbefreiung des Schuldners **unzulässig,** ist er durch Beschluss zurückzuweisen. Dem Schuldner steht gegen diesen Beschluss die sofortige Beschwerde zu, die innerhalb einer Notfrist von zwei Wochen einzulegen ist.

Ist der Antrag auf Restschuldbefreiung **zulässig,** so stellt das Gericht durch Beschluss fest, dass der Schuldner Restschuldbefreiung erlangt, wenn er seinen Obliegenheiten nachkommt und Gründe für eine Versagung nicht vorliegen.

Die dem Schuldner obliegenden Pflichten sind:

- Erwerbspflicht
- Herausgabe eines Vermögens zur Hälfte, das er von Todes wegen erwirbt
- Mitteilung an den Treuhänder über Wohnsitz- oder Beschäftigungswechsel des Schuldners
- Zahlungen zur Befriedigung der Insolvenzgläubiger nur an den Treuhänder zu leisten.

Während der sog. Wohlverhaltensphase (Zeitraum zwischen Eröffnung des Insolvenzverfahrens und dem Ende der Abtretungsfrist) ist es Insolvenzgläubigern verboten, die Zwangsvollstreckung in das Vermögen des Schuldners zu betreiben. Gläubiger, deren Forderungen erst nach der Insolvenzeröffnung entstanden sind, sind davon nicht betroffen.

Bei einer verschuldeten Obliegenheitsverletzung des Schuldners versagt das Insolvenzgericht auf Antrag eines Insolvenzgläubigers die Restschuldbefreiung. Der Antrag muss innerhalb eines Jahres nach Bekanntwerden der Obliegenheitsverletzung gestellt werden, das Vorbringen zum Vorliegen des Versagungsgrundes muss glaubhaft gemacht werden.

Mit Versagung der Restschuldbefreiung enden die Abtretungsfrist, das Treuhänderamt und die Beschränkung der Gläubigerrechte (Vollstreckungsverbot der Gläubiger fällt weg).

Nach Ablauf der Abtretungsfrist entscheidet das Insolvenzgericht durch Beschluss über die Erteilung der Restschuldbefreiung.

Die Restschuldbefreiung kann auch vor Ablauf der sechsjährigen Abtretungsfrist erteilt werden,

- wenn die Verfahrenskosten beglichen und alle sonstigen Masseforderungen sowie alle Insolvenzforderungen befriedigt worden sind. Liegen diese Voraussetzungen vor, kann der Schuldner nur noch von den Forderungen der Gläubiger befreit werden, die nicht am Insolvenzverfahren teilgenommen hatten, da alle anderen Forderungen bereits beglichen sind.
- wenn die Verfahrenskosten vollständig und die Insolvenzforderungen zu 35 % befriedigt worden sind, kann die Restschuldbefreiung bereits nach Verstreichen von drei Jahren erteilt werden.
- wenn die Verfahrenskosten beglichen wurden, besteht außerdem die Möglichkeit, Restschuldbefreiung nach fünf Jahren zu erteilen.

7.4 Zusammenfassung und Aufgaben

ZUSAMMENFASSUNG

Ablauf des Regelinsolvenzverfahrens

1. Eröffnungsantrag
2. Forderungsanmeldungen
3. Verteilung
4. Schlusstermin

Ablauf des Verbraucherinsolvenzverfahrens

1. Außergerichtliche Schuldenbereinigung
2. Gerichtliche Schuldenbereinigung
3. Insolvenzverfahren und Restschuldbefreiung

AUFGABEN

1. Erläutern Sie die Bedeutung der Insolvenz.
2. Definieren Sie Zahlungsunfähigkeit und Überschuldung.

8. GEBÜHREN IN DER ZWANGSVOLLSTRECKUNG

Im Informationsband des 1. Ausbildungsjahres finden sich Vorschriften zur Vergütungsabrechnung in Lernfeld 4 (Kapitel 3) und im 2. Ausbildungsjahr in Lernfeld 9 (Kapitel 2) und Lernfeld 10 (Kapitel 4). Das folgende Kapitel befasst sich nun mit der Rechtsanwaltsvergütung in der Zwangsvollstreckung.

8.1 Grundlagen der Vergütungsabrechnung

8.1.1 Gegenstandswert in der Zwangsvollstreckung

§ 25 RVG

Der Gegenstandswert in der Zwangsvollstreckung wird in § 25 RVG geregelt. Danach bestimmt sich der Gegenstandswert in der Zwangsvollstreckung nach der zu vollstreckenden Geldforderung (titulierte Hauptforderung) einschließlich Nebenforderungen. Wird jedoch nur wegen eines Teilbetrags vollstreckt, so ergibt sich der Gegenstandswert aus dem geltend gemachten Teil.

BEISPIEL

Die Gläubigerin Susana Sander hat gegen Julia Wasser ein vollstreckbares Endurteil wegen einer Schadensersatzforderung von 12.500,00 Euro nebst Zinsen in Höhe von 5 Prozentpunkten p.a. über dem jeweiligen Basiszinssatz seit dem 27.02.20.. sowie vorgerichtlicher Mahnkosten in Höhe von 15,00 Euro erwirkt.

Der von Susana Sander beauftragte Rechtsanwalt Heiko Weise beauftragt den Gerichtsvollzieher mit der Durchführung der Sachpfändung wegen eines Teilbetrags von 5.000,00 Euro. Die Rechtsanwaltsgebühr errechnet sich daher lediglich aus dem Teilbetrag von 5.000,00 Euro.

Nicht zum Gegenstand gehören die Kosten der laufenden Vollstreckungshandlung.

Der Wert ist für jede Zwangsvollstreckungsmaßnahme, die eine besondere Angelegenheit bildet, besonders zu bestimmen.

Die Hauptforderung

Die Hauptforderung entspricht der Höhe des Betrags, für den die Vollstreckung betrieben wird.

BEISPIEL

Rechtsanwalt Heiko Weise beantragt im Auftrag von Susana Sander den Erlass eines Pfändungs- und Überweisungsbeschlusses bezüglich des Kontoguthabens von Julia Wasser aus dem o.g. Vollstreckungstitel.

→ Die Hauptforderung beträgt 12.500,00 Euro.

Soll wegen einer Geldforderung nur ein bestimmter Gegenstand (Sache, Forderung oder sonstiges Recht) gepfändet werden, so ist dessen Wert maßgebend, wenn er geringer ist als der Wert der Vollstreckungsforderung.

BEISPIEL

Rechtsanwalt Heiko Weise pfändet das Klavier von Julia Wasser im Wert von 4.000,00 Euro.

→ Die Hauptforderung beträgt 4.000,00 Euro

Werden künftig fällig werdende Forderungen (Arbeitseinkommen, Unterhalt) gepfändet, ist der Jahresbetrag nebst evtl. Rückständen maßgebend.

BEISPIEL

Ein Gläubiger hat einen monatlichen Unterhaltsanspruch von 500,00 Euro seit dem 01.04.20.. Am 14.07. 20.. ergeht Sachpfändungsauftrag.

→ Der Gegenstandswert beträgt 8.000,00 Euro [2.000,00 Euro (Rückstand) zuzüglich 6.000,00 Euro (künftiger Unterhalt)].

§ 25 I Nr. 4 RVG

Im Verfahren über die Erteilung der Vermögensauskunft bestimmt sich der Gegenstandswert nach dem Betrag, der einschließlich Nebenforderungen aus dem Vollstreckungstitel geschuldet wird; der Wert beträgt jedoch höchstens 2.000,00 Euro.

Die Nebenforderung

§ 4 ZPO

Nebenforderungen sind Forderungen, welche aus dem geltend gemachten Hauptanspruch resultieren, z. B. Verzugszinsen, vorgerichtliche Mahnkosten, Ermittlungskosten).

In der Zwangsvollstreckung werden die Nebenforderungen in den Gegenstandswert einberechnet. Dies stellt eine Ausnahme zu der ihnen bisher bekannten Regelung der Gegenstandswertberechnung dar. Unterschieden wird in:

Zinsen auf die Hauptforderung: Ist im Urteil die Verzinsung der Hauptforderung ausgesprochen, so ist der auf die Zinsen entfallene Betrag in den Gegenstandswert für die Zwangsvollstreckung einzuberechnen. Der Zinsbetrag lässt sich durch die Zinsformel errechnen. Diese lautet:

$$Z = \frac{K \cdot p \cdot t}{100 \cdot 360}$$

Z = Zinsbetrag

K = Kapital (Hauptforderung)

p = Prozentsatz [%]

t = Verzinsungszeit

Nach der deutschen kaufmännischen Zinsmethode rechnet man für jeden Monat mit 30 Tagen und für das gesamte Jahr mit 360 Tagen.

BEISPIEL

Der Gläubiger Juan Santano hat gegen Maria Albers ein vollstreckbares Endurteil wegen einer Kaufvertragsforderung von 8.340,00 Euro nebst Zinsen in Höhe von 8 % p. a. seit dem 01.03.20.. erwirkt.

Rechtsanwalt Heiko Weise beauftragt am 12.06.20.. den Gerichtsvollzieher mit der Durchführung der Sachpfändung.

Die Zinsen sind nun aus der Hauptforderung von 8.340,00 Euro mit 8 Prozent für eine Verzinsungszeit von (01.03. bis 12.06.) 102 Tagen zu berechnen.

$$Z = \frac{8.340{,}00 \text{ Euro} \cdot 8 \cdot 102}{100 \cdot 360}$$

$$Z = 189{,}04 \text{ Euro}$$

Festgesetzte Kosten: Die mit Erlass eines Vollstreckungsbescheids oder nach Abschluss eines gerichtlichen Verfahrens durch das Gericht festgestellten und festgesetzten Kosten werden ebenfalls in den Gegenstandswert für die Zwangsvollstreckung einbezogen. Die Höhe der festgesetzten Kosten ist dem Vollstreckungsbescheid unter Punkt II. (KOSTEN WIE NEBENSTEHEND) zu entnehmen. Über die Kosten eines Rechtsstreits wird mittels Kostenfestsetzungsbeschluss entschieden.

Zinsen auf die festgesetzten Kosten: Bei Beantragung des Vollstreckungsbescheids bzw. bei Antrag auf Erlass eines Kostenfestsetzungsbeschlusses besteht für den Antragsteller die Möglichkeit auszusprechen, dass die Kosten des Verfahrens mit 5 Prozentpunkten p. a. über dem jeweiligen Basiszinssatz zu verzinsen sind.

Der Basiszinssatz wird von der Deutschen Bundesbank nach den gesetzlichen Vorgaben des § 247 I BGB berechnet und dessen aktueller Stand im Bundesanzeiger veröffentlicht. Der Basiszinssatz verändert sich zum 1. Januar und 1. Juli eines jeden Jahres um die Prozentpunkte, um welche seine Bezugsgröße seit der letzten Veränderung des Basiszinssatzes gestiegen oder gefallen ist. Der jeweils relevante Stand lässt sich der nachfolgenden Tabelle entnehmen:

Aktueller Stand	gültig ab
2,27 %	01.01.2025
3,37 %	01.07.2024
3,62 %	01.01.2024
3,12 %	01.07.2023
1,62 %	01.01.2023
– 0,88 %	01.07.2016 – 31.12.2022

Die Berechnung des Zinsbetrags mit einem Basiszinssatz ist umfangreich, wenn die Forderung bereits einer längeren Verzinsungsdauer unterliegt. Es ist dann der für den jeweiligen Zeitraum maßgebliche Basiszinssatz zu verwenden und der Zinsbetrag zu errechnen. Unterstützung findet man hier bei Verwendung einer Anwaltssoftware oder im Internet z. B. unter http://basiszinssatz.info/zinsrechner.

Mahn- und Auskunftskosten: Die dem Mandanten vorgerichtlich entstandenen Mahn- und Auskunftskosten, die mit dem Antrag auf Erlass eines Mahnbescheids bzw. mit der Klage bereits als Nebenforderung geltend gemacht wurden, werden in den Gegenstandswert für die Zwangsvollstreckung ebenfalls einbezogen.

BEISPIEL

Der Tenor des Urteils des Amtsgericht Heilbronn vom 15.11.2023 lautet:

1. Der Beklagte wird verurteilt, an die Klägerin 780,00 Euro nebst Zinsen in Höhe von 6 % p. a. seit dem 22.01.2023 sowie **vorgerichtliche Mahnkosten in Höhe von 7,50 Euro** zu bezahlen.
2. Der Beklagte trägt die Kosten des Verfahrens.

Kosten der bisherigen Zwangsvollstreckung (unverzinsliche Kosten): Für jeden Vollstreckungsauftrag ist dessen Gegenstandswert neu zu berechnen. Die für die bisherige Zwangsvollstreckung angefallenen Kosten (Rechtsanwaltsvergütung, Auskunftskosten, Gerichts- und Gerichtsvollzieherkosten) werden in den Gegenstandswert für den nachfolgenden Vollstreckungsauftrag eingerechnet.

BEISPIEL

Für die Abnahme der Vermögensauskunft des Schuldners Harry Herfordt sind folgende Kosten angefallen:

Rechtsanwaltsvergütung:	71,11 Euro
Gerichtsvollzieherkosten:	49,25 Euro
Gesamt:	120,36 Euro

Nach Vorliegen der Vermögensauskunft beantragt der Rechtsanwalt des Gläubigers nun den Erlass eines Pfändungs- und Überweisungsbeschlusses bezüglich des Kontoguthabens des Schuldners. Der Betrag von 120,36 Euro wird nun in den Gegenstandswert für diesen Auftrag eingerechnet.

§ 31b RVG

Gegenstandswert bei Zahlungsvereinbarungen: Ist Gegenstand einer Einigung nur eine Zahlungsvereinbarung, beträgt der Gegenstandswert für die Einigungsgebühr gem. Nrn. 1000 und 1003 VV RVG 50 Prozent des Anspruchs.

BEISPIEL

Rechtsanwalt Heiko Wiese hat dem Gerichtsvollzieher wegen einer Forderung in Höhe von insgesamt 5.679,55 Euro Sachpfändungsauftrag erteilt und einer gütlichen Erledigung gem. § 802 ZPO zugestimmt. Kann der Gerichtsvollzieher eine Zahlungsvereinbarung mit dem Schuldner erreichen, berechnet sich die Einigungsgebühr des Rechtsanwalts nun aus (5.679,55 · 50 %) 2.839,78 Euro.

Dies gilt jedoch ausschließlich in den Fällen, in denen eine Zahlungsvereinbarung über eine unstreitige Forderung mit dem Schuldner geschlossen wird. Ist die Forderung jedoch streitig und wird dieser Streit im Rahmen der Zahlungsvereinbarung beseitigt, greift § 31b RVG nicht ein. Der Gegenstandswert berechnet sich dann nach dem vollen Wert der Forderung.

Beinhaltet die Zahlungsvereinbarung weitere Regelungen (z. B. Abtretungserklärung bezüglich des pfändbaren Anteils des Einkommens des Schuldners, Regelung hinsichtlich der Verjährung nicht titulierter Forderungen), berechnet sich die Einigungsgebühr ebenfalls aus dem vollen Wert der Forderung.

8.1.2 Angelegenheiten der Zwangsvollstreckung

§ 18 RVG

In der Zwangsvollstreckung gilt jede Vollstreckungsmaßnahme bis zur Befriedigung des Gläubigers als eine besondere Angelegenheit im Sinne des § 15 RVG. In § 18 RVG werden diejenigen Zwangsvollstreckungsverfahren aufgelistet, die eine besondere Angelegenheit darstellen. Der Rechtsanwalt kann für jede dieser Maßnahmen eine gesonderte Vergütung nebst Auslagen gesondert berechnen.

Besondere Angelegenheiten der Zwangsvollstreckung gem. § 18 RVG sind u. a.:

Ziffer 1	Jede Vollstreckungsmaßnahme zusammen mit den durch diese vorbereiteten weiteren Vollstreckungshandlungen bis zur Befriedigung des Gläubigers;
Ziffer 2	Jede Vollziehungsmaßnahme bei der Vollziehung eines Arrests oder einer einstweiligen Verfügung gem. §§ 928 bis 934 und 936 ZPO, die sich nicht auf die Zustellung beschränkt;
Ziffer 4	Das Verfahren über die Einwendungen gegen die Erteilung der Vollstreckungsklausel, auf das § 732 ZPO anzuwenden ist;
Ziffer 7	Das Verfahren auf Zulassung der Austauschpfändung gem. § 811a ZPO
Ziffer 8	Das Verfahren über einen Antrag auf Anordnung einer anderen Verwertungsart gem. § 825 ZPO
Ziffer 11	Das Verfahren auf Eintragung einer Zwangssicherungshypothek
Ziffer 16	Das Verfahren zur Abnahme der Vermögensauskunft gem. §§ 802f und 802g ZPO.

Auch bereits die Androhung der Zwangsvollstreckung kann eine besondere Angelegenheit sein, wenn die Vollstreckungsvoraussetzungen vorliegen und wenn der Rechtsanwalt anschließend keine weiteren Tätigkeiten ausübt, z. B. weil der Schuldner auf die Zahlungsaufforderung hin gezahlt hat.

Keine besonderen Angelegenheiten sind anwaltliche Tätigkeiten, die zum Rechtszug gehören oder die bereits als vorbereitende Tätigkeiten im Rahmen des § 18 I Nr. 1 und Nr. 2 RVG gebührenrechtlich abgegolten sind. Für diese Tätigkeiten erhält der Rechtsanwalt keine gesonderte Vergütung, es sei denn, die anwaltliche Tätigkeit beschränkt sich auf eine dieser Tätigkeiten.

Keine besondere Angelegenheiten der Zwangsvollstreckung gem. § 19 RVG sind u. a.:

- Antrag auf Erteilung des Notfrist- bzw. Rechtskraftzeugnisses;
- Antrag auf erstmalige Erteilung der Vollstreckungsklausel, wenn deswegen keine Klage erhoben wird;
- Antrag auf Zulassung der Zwangsvollstreckung zur Nachtzeit und an Sonn- und Feiertagen gem. § 758a ZPO
- Zustellung eines Vollstreckungstitels, der Vollstreckungsklausel und der sonstigen in § 750 ZPO genannten Urkunden;
- Erinnerung gegen die Art und Weise der Zwangsvollstreckung gem. § 766 ZPO

8.2 Rechtsanwaltsvergütung

8.2.1 Rechtsanwaltsvergütung in der Zwangsvollstreckung

Für seine Tätigkeit in der Zwangsvollstreckung erhält der Rechtsanwalt besondere Gebühren gem.

- Nr. 3309 VV RVG (Verfahrensgebühr) und
- Nr. 3310 VV RVG (Terminsgebühr)

in Höhe von jeweils 0,3. Die Gebühr gem. Nr. 3310 VV RVG kann der Rechtsanwalt jedoch nur dann berechnen, wenn er selbst am Termin zur Abgabe der Vermögensauskunft teilnimmt.

Die Gebühren entstehen sowohl für den Gläubiger- als auch für den Schuldnervertreter (z. B. Antrag auf Löschung einer Eintragung im Schuldnerverzeichnis).

Bei Abschluss einer Ratenzahlung mit dem Schuldner kann auch während der Zwangsvollstreckung unter den Voraussetzungen der Nummern 1000 und 1003 VV RVG neben der Gebühr gem. Nr. 3309 VV RVG eine Einigungsgebühr in Höhe von 1,0 nach Nr. 1003 VV RVG entstehen, wenn gleichzeitig eine Vollstreckungsmaßnahme durch das Vollstreckungsgericht oder den Gerichtsvollzieher betrieben wird. Ist eine Vollstreckungsmaßnahme (noch) nicht anhängig, entsteht eine Einigungsgebühr in Höhe von 0,7 (Nr. 1000 Nr. 2 VV RVG).

Sind Auftraggeber in derselben Angelegenheit mehrere Personen, erhöht sich auch hier die Verfahrensgebühr für jede weitere Person um 0,3 gem. Nr. 1008 VV RVG. Mehrere Erhöhungen dürfen auch hier einen Gebührensatz von 2,0 nicht übersteigen.

Richtet sich die Zwangsvollstreckungsmaßnahme gegen mehrere Vollstreckungsschuldner, so erhält der Rechtsanwalt die Gebühr gem. Nr. 3309 VV RVG (zuzüglich Auslagen) so oft, wie die Anzahl der Schuldner, gegen welche vorgegangen wird.

8.2.2 Rechtsanwaltsvergütung in der Zwangsversteigerung und Zwangsverwaltung

Für die Vertretung im Zwangsversteigerungs- oder Zwangsverwaltungsverfahren erhält der Rechtsanwalt eine

› Verfahrensgebühr gem. Nr. 3311 VV RVG und
› Terminsgebühr gem. Nr. 3312 VV RVG

in Höhe von jeweils 0,4.

Die Verfahrensgebühr entsteht gem. Nr. 3311 VV RVG jeweils gesondert

1. Für die Tätigkeit im Zwangsversteigerungsverfahren bis zur Einleitung des Verteilungsverfahrens;
2. Im Zwangsversteigerungsverfahren für die Tätigkeit im Verteilungsverfahren, und zwar auch für eine Mitwirkung an einer außergerichtlichen Verteilung;
3. Im Verfahren der Zwangsverwaltung für die Vertretung des Antragstellers im Verfahren über den Antrag auf Anordnung der Zwangsverwaltung oder auf Zulassung des Beitritts;
4. Im Verfahren der Zwangsverwaltung für die Vertretung des Antragsstellers im weiteren Verfahren einschließlich des Verteilungsverfahrens;
5. Im Verfahren der Zwangsverwaltung für die Vertretung eines sonstigen Beteiligten im ganzen Verfahren einschließlich des Verteilungsverfahrens und
6. Für die Tätigkeit im Verfahren über Anträge auf einstweilige Einstellung oder Beschränkung der Zwangsvollstreckung und einstweilige Einstellung des Verfahrens sowie für Verhandlungen zwischen Gläubiger und Schuldner mit dem Ziel der Aufhebung des Verfahrens.

Die Terminsgebühr entsteht nur für die Wahrnehmung eines Versteigerungstermins für einen Beteiligten. Im Übrigen entsteht im Verfahren der Zwangsversteigerung und der Zwangsverwaltung keine Terminsgebühr.

Anmerkung zu Nr. 3312 VV RVG

Der Gegenstandswert in der Zwangsversteigerung bestimmt sich:

§ 26 RVG

1. Bei der Vertretung des Gläubigers oder eines anderen Beteiligten:
   › nach dem Wert des dem Gläubiger oder dem Beteiligten zustehenden Rechts einschließlich Nebenforderungen;
   › wird das Verfahren wegen einer Teilforderung betrieben, ist diese maßgebend;
   › der Wert des Gegenstands (Grundstücks) der Zwangsversteigerung und im Verteilungsverfahren der zur Verteilung kommende Erlös, wenn sie geringer sind als die Forderung.
2. Bei der Vertretung eines anderen Beteiligten, insbesondere des Schuldners:
   › nach dem Wert des Gegenstands der Zwangsversteigerung,
   › im Verteilungsverfahren nach dem zur Verteilung kommenden Erlös,
   › bei Miteigentümern oder sonstigen Mitberechtigten nach deren Anteil.
3. Bei der Vertretung eines Bieters, der nicht Beteiligter ist,
   › nach dem Betrag des höchsten für den Auftraggeber abgegebenen Gebots,
   › wenn ein solches Gebot nicht abgegeben ist, nach dem Wert des Gegenstands der Zwangsversteigerung.

LERNFELD 12

§ 27 RVG

Der Gegenstandswert in der Zwangsverwaltung bestimmt sich

1. Bei der Vertretung des Antragstellers
   - nach dem Anspruch, wegen dessen das Verfahren beantragt ist einschließlich Nebenforderungen
   - bei Ansprüchen auf wiederkehrende Leistungen ist der Jahreswert der Leistungen maßgeblich.
2. Bei Vertretung des Schuldners
   - nach dem zusammengerechneten Wert aller Ansprüche, wegen derer das Verfahren beantragt ist.
3. Bei der Vertretung eines sonstigen Beteiligten
   - nach billigem Ermessen gem. § 23 III 2 RVG.

8.2.3 Rechtsanwaltsvergütung im Insolvenzverfahren

§ 1 RVG

Ist der Rechtsanwalt als Insolvenzverwalter tätig, kann er seine Vergütung nicht nach dem Rechtsanwaltsvergütungsgesetz abrechnen. Seine Vergütung bemisst sich dann nach der Insolvenzrechtlichen Vergütungsverordnung (InsVV).

Für die Beratungstätigkeit des Rechtsanwalts im Rahmen der Beratungshilfe im Verbraucherinsolvenzverfahren mit dem Ziel einer außergerichtlichen Einigung mit den Gläubigern über die Schuldenbereinigung auf der Grundlage eines Plans nach § 305 I Nr. 1 InsO entstehen die in Nrn. 2502, 2504 bis 2508 VV RVG bezeichneten Gebühren und sind gegenüber der Staatskasse abzurechnen.

Bezieht sich die anwaltliche Tätigkeit auf die Vertretung des Schuldners oder des Gläubigers im Insolvenzverfahren ohne Beratungshilfe, erhält der Rechtsanwalt eine Verfahrensgebühr nach den Nrn. 3313 bis 3323 VV RVG.

LERNFELD 12

8.3 Zusammenfassung und Aufgaben

ZUSAMMENFASSUNG

Gegenstandswert für die Zwangsvollstreckung

Der Gegenstandswert für die Zwangsvollstreckung errechnet sich wie folgt:

Hauptforderung

\+ **Zinsen der Hauptforderung (bis Antragsstellung)**

\+ **vorgerichtlicher Mahn- und Auskunftskosten des Gläubigers**

\+ **festgesetzte Kosten**

\+ **Zinsen der festgesetzten Kosten**

\+ **bisherige Kosten der Zwangsvollstreckung (unverzinsliche Kosten).**

Der Rechtsanwalt kann für jede besondere Angelegenheit gem. § 18 RVG eine gesonderte Vergütung für seine Tätigkeit berechnen.

Gebühren für die Zwangsvollstreckung

An Gebühren fallen in der Zwangsvollstreckung an:

0,3 Verfahrensgebühr gem. Nr. 3309 VV RVG und evtl.

0,3 Terminsgebühr gem. Nr. 3110 VV RVG.

Gebühren für die Zwangsversteigerung und Zwangsverwaltung

Im Verfahren über die Zwangsversteigerung und Zwangsverwaltung fallen an Gebühren an:

0,4 Verfahrensgebühr gem. Nr. 3311 VV RVG und evtl.

0,4 Terminsgebühr gem. Nr. 3312 VV RVG.

Für die Tätigkeit des Rechtsanwalts im Insolvenzverfahren können bei gewährter Beratungshilfe die Gebühren gem. Nr. 2502, 2504 oder 2508 anfallen. Anderenfalls entstehen Verfahrensgebühren gem. den Nrn. 3313 bis 3323 VV RVG.

AUFGABEN

1. Rechtsanwalt Vollmer beauftragt den Gerichtsvollzieher mit der Sachpfändung gegen den Schuldner Wullich. Der Gerichtsvollzieher teilt mit, dass er die Sachpfändung nicht durchführen kann, weil der Schuldner unter der Anschrift nicht mehr wohnhaft ist. Rechtsanwalt Vollmer ermittelt bei dem Einwohnermeldeamt die neue Anschrift des Schuldners und beauftragt den nun zuständigen Gerichtsvollzieher mit der Sachpfändung.

   Wie viele Gebühren gem. Nr. 3309 VV RVG kann Rechtsanwalt Vollmer abrechnen?

2. Rechtsanwalt Rabe lässt das Konto des Schuldners Biehne durch Vorpfändung gem. § 845 ZPO sperren und beantragt zeitgleich einen Pfändungs- und Überweisungsbeschluss bezüglich des Kontoguthabens des Schuldners.

   Wie viele Gebühren gem. Nr. 3309 VV RVG kann Rechtsanwalt Rabe abrechnen?

3. Rechtsanwalt Guth stellt Antrag auf Abnahme der Vermögensauskunft. Zum anberaumten Termin erscheint der Schuldner nicht. Rechtsanwalt Guth beantragt da-

her beim zuständigen Vollstreckungsgericht den Erlass eines Haftbefehls gegen den Schuldner und beauftragt danach den zuständigen Gerichtsvollzieher mit der Verhaftung des Schuldners zum Zwecke der Abnahme der Vermögensauskunft.

Wie viele Gebühren gem. Nr. 3309 VV RVG kann Rechtsanwalt Guth abrechnen?

4. Rechtsanwältin Grün hat am 05.12.2024 Antrag auf Abnahme der Vermögensauskunft gestellt. In dem für den 11.01.2025 anberaumten Termin erscheint die Schuldnerin und erteilt dem Gerichtsvollzieher die notwendigen Angaben. Anfang Februar 2025 beantragt Rechtsanwältin Grün einen Pfändungs- und Überweisungsbeschluss bezüglich der Lohnforderung der Schuldnerin. Der Arbeitgeber teilt hierauf mit, dass die Schuldnerin bei ihm seit Ende Januar 2025 nicht mehr beschäftigt sei. Rechtsanwältin Grün stellt im März 2025 Antrag zur wiederholten Abnahme der Vermögensauskunft gem. § 802d ZPO.

Wie viele Gebühren gem. Nr. 3309 VV RVG kann Rechtsanwältin Grün berechnen?

5. Rechtsanwalt Jung erteilt dem Gerichtsvollzieher am 11.01.20.. Sachpfändungsauftrag. Es liegt eine vollstreckbare Ausfertigung des Urteils vor, wonach der Beklagte verurteilt wurde, an die Kläger Helene und Florian Siebert einen Betrag von 4.200,00 Euro nebst 4,25 % Zinsen hieraus seit Rechtshängigkeit sowie vorgerichtlicher Mahnkosten in Höhe von 15,00 Euro zu bezahlen. Die Zinsforderung zum Zeitpunkt der Antragstellung beläuft sich auf 89,25 Euro. Der Gerichtsvollzieher stellt am 21.03.20.. seine Kosten mit 38,50 Euro in Rechnung.

Erstellen Sie für Rechtsanwalt Jung eine Vergütungsrechnung.

6. Rechtsanwalt Schön ist beauftragt, für den Gläubiger beim zuständigen Gerichtsvollzieher die Abnahme der Vermögensauskunft gem. § 802c ZPO zu beantragen. Hauptforderung gem. Vollstreckungstitel: 2.900,00 Euro, Zinsforderung zum Zeitpunkt der Antragsstellung: 312,00 Euro. Rechtsanwalt Schön nimmt am Termin zur Abgabe der Vermögensauskunft teil. Der Gerichtsvollzieher berechnet seine Kosten mit 38,00 Euro.

Wie gestaltet sich die Kostenrechnung des Rechtsanwalts Schön?

7. Rechtsanwalt Koch ist vom Gläubiger beauftragt, dem Arbeitgeber des Schuldners Bauer ein vorläufiges Zahlungsverbot nach § 845 ZPO zuzustellen. Der Gerichtsvollzieher stellt am 11.05.20.. hierfür 19,25 Euro in Rechnung. Nach Zustellung beantragt Rechtsanwalt Koch den Erlass eines Pfändungs- und Überweisungsbeschlusses. Dieser wird antragsgemäß erlassen und dem Arbeitgeber am 02.06.20.. zugestellt. Für die Zustellung des Beschlusses fallen nochmals 19,25 Euro Zustellungskosten an. Die zu vollstreckende Forderung beträgt insgesamt 4.880,00 Euro.

Erstellen Sie die Kostenrechnung des Rechtsanwalts Koch, datiert auf den 14.06.20..

9. FORDERUNGSAUFSTELLUNG

9.1 Allgemeines

Jeder Zwangsvollstreckungsmaßnahme ist als Anlage eine Forderungsaufstellung beizufügen. Aus der Forderungsaufstellung ist ersichtlich, welche Forderung der Zwangsvollstreckung zugrunde liegt (Hauptforderung, Zinsen) und welche Kosten bisher entstanden sind (Mahnkosten, Kosten des Verfahrens, Auskunftskosten, Rechtsverfolgungskosten). Ebenso sind in einer Forderungsaufstellung bereits geleistete Zahlungen des Schuldners aufzulisten. Vor jedem Zahlungseingang, der eine Verrechnung des Zahlbetrages auch auf die Zinsforderung vorsieht (z. B. nach § 367 BGB) sowie vor jedem Zwangsvollstreckungsauftrag, für welchen eine Rechtsanwaltsvergütung anfällt, sind die Zinsen bis zum Zahlungseingang bzw. Tag der Antragsstellung zu berechnen. **Siehe hierzu auch Informationsband 2. Ausbildungsjahr, Lernfeld 10, Kapitel 4.3.**

BEISPIEL

In der Sache Armin Abel gegen Berta Braun liegt eine vollstreckbare Ausfertigung des Urteils des Landgerichts Heilbronn vom 15.08.2024 – Az.: 7 O 124/24 – vor. Der Tenor des Urteils lautet:

1. Die Beklagte wird verurteilt, an den Kläger einen Betrag von 8.500,00 Euro nebst 5 % Zinsen p.a. seit dem 10.01.2024 und vorgerichtlicher Mahnkosten in Höhe von 7,50 Euro zu bezahlen.
2. Die Beklagte trägt die Kosten des Verfahrens.

Ebenfalls liegt ein Kostenfestsetzungsbeschluss vom 22.09.2024 vor, wonach die Beklagte an den Kläger einen Betrag von 2.198,13 Euro nebst Zinsen in Höhe von 5 Prozentpunkten über dem jeweiligen Basiszinssatz seit 22.08.2024 zu bezahlen hat.

In dem Antrag auf Erlass eines Pfändungs- und Überweisungsbeschlusses vom 10.01.2025 wäre die Forderungsaufstellung (Blatt 3 des Antrages) wie folgt zu ergänzen.

BEISPIEL

Ausschnitt aus einem Antrag auf Erlass eines Pfändungs- und Überweisungsbeschlusses:

Kann der Gläubiger von dem Schuldner nachfolgend aufgeführte Beträge beanspruchen:		
8.500,00 €	☒ Hauptforderung	☐ Teilhauptforderung
€	☐ Restforderung aus Hauptforderung	
426,19 €	☒ nebst 5 % Zinsen daraus/aus ____________ Euro seit dem _ 10.01.2024 ___ ☒ bis _10.01.2025 __	
€	☐ nebst Zinsen in Höhe von _____ Prozentpunkten über dem jeweiligen Basiszinssatz daraus/aus ____________ Euro seit dem ____________ ____________ ☐ bis ____________	
€	Säumniszuschläge gemäß § 193 Absatz 6 Satz 2 des Versicherungsvertragsgesetzes	
7,50 €	☒ titulierte vorgerichtliche Kosten	
€	☐ Kosten des Mahn-/Vollstreckungsbescheides	
2.198,13 €	☒ festgesetzte Kosten	
€	☐ nebst ☐ 4 % Zinsen ☐ ___ Prozentpunkten über dem jeweiligen Basiszins daraus/aus ______________ Euro seit dem ______________ ☐ bis ______________	
70,73 €	☒ nebst Zinsen in Höhe von ☒ 5 ☐ _____ Prozentpunkten über dem jeweiligen Basiszins daraus/aus _________ Euro seit dem _ 22.08.2024 __ ☒ bis _ 10.01.2025 ___	
€	☐ bisherige Vollstreckungskosten	
11.202,55 €	Summe I	
€ (wenn Angabe möglich)	☐ gem. Anlage(n) ____________________________ (zulässig, wenn in dieser Aufstellung die erforderlichen Angaben nicht oder nicht vollständig eingetragen werden können)	
11.202,55 € (wenn Angabe möglich)	Summe II (aus Summe I und Anlage(n))	
Wegen dieser Ansprüche sowie wegen der Kosten für diesen Beschluss (vgl. Kostenrechnung) und wegen der Zustellungskosten für diesen Beschluss wird/werden die nachfolgend aufgeführte/-n angebliche/-n Forderung/-en des Schuldners gegenüber dem Drittschuldner – einschließlich der künftig fällig werdenden Beträge – so lange gepfändet, bis der Gläubigeranspruch gedeckt ist.		

Für eine Zwangsvollstreckungsmaßnahme (Sachpfändungsauftrag) vom 10.01.2025 ist eine Anwaltsvergütung in Höhe von 261,56 Euro, Gerichtskosten in Höhe von 22,00 Euro sowie Gerichtsvollzieherkosten in Höhe von 32,20 Euro entstanden. Der Schuldner hat am 18.05.2025 eine Teilzahlung in Höhe von 1.000,00 Euro an den Gläubiger bezahlt, mit dem Hinweis, dass der Betrag auf die Hauptforderung zu verrechnen ist.

BEISPIEL

In einem Sachpfändungsauftrag vom 10.06.2025 wäre die Forderungsaufstellung (Anlage 1) im dem Formular wie folgt zu ergänzen:

Forderungsaufstellung ☒ Der Gläubiger kann von dem Schuldner die nachfolgend aufgeführten Beträge beanspruchen: ☐ ____ (zusätzliche Informationen, z. B. bei Vollstreckung in unterschiedlicher Höhe gegen mehrere Schuldner)	
€	☐ Hauptforderung
7.500,00 €	☒ Restforderung
€	☐ Teilforderung
23,63 €	☒ nebst ___ 5 __ % Zinsen daraus/aus __ 7.500,00 ____ Euro seit dem _ 19.05.2025 ___ ☒ bis _ 10.06.2025 ___
€	☒ nebst _ 5 € Zinsen daraus/aus __ 7.500,00 ____ Euro ab Antragstellung
€	☐ nebst Zinsen in Höhe von ________ Prozentpunkten über dem jeweiligen Basiszinssatz daraus/aus ________ Euro seit dem ________ ☐ bis ________
€	☐ nebst Zinsen in Höhe von ________ Prozentpunkten über dem jeweiligen Basiszinssatz daraus/aus ________ Euro ab Antragstellung
575,23 €	☒ 5 % Zinsen aus 8.500,00 € seit dem 10.01.2024 bis 18.05.2025 (Zahlung) ________
€	☐ ________
€	☐ Säumniszuschläge gemäß § 193 Absatz 6 Satz 2 des Versicherungsvertragsgesetzes
7,50 €	☒ titulierte vorgerichtliche Kosten ☐ Wechselkosten
€	☐ Kosten des Mahn-/Vollstreckungsbescheides
2.198,13 €	☒ festgesetzte Kosten
€	☐ nebst _____ % Zinsen daraus/aus ________ Euro seit dem ________ ☐ bis ________
€	☐ nebst _____ € Zinsen daraus/aus ________ Euro ab Antragstellung
136,84 €	☒ nebst Zinsen in Höhe von __ 5 __ Prozentpunkten über dem jeweiligen Basiszinssatz daraus/aus ________ Euro seit dem _ 22.08.2024 _ ☒ bis _ 10.06.2025 ___
€	☒ nebst Zinsen in Höhe von ________ Prozentpunkten über dem jeweiligen Basiszinssatz daraus/aus ________ Euro ab Antragstellung
315,76 €	☒ bisherige Vollstreckungskosten
10.757,09 €	Summe I
€ (wenn Angabe möglich)	☐ gemäß sonstiger Anlage/-n des Gläubigers/Gläubigervertreters _____ (zulässig, wenn in dieser Aufstellung die erforderlichen Angaben nicht oder nicht vollständig eingetragen werden können)
€ (wenn Angabe möglich)	Summe II (aus Summe I und Summe aus sonstiger Anlage/sonstigen Anlagen des Gläubigers (Gläubigervertreters)

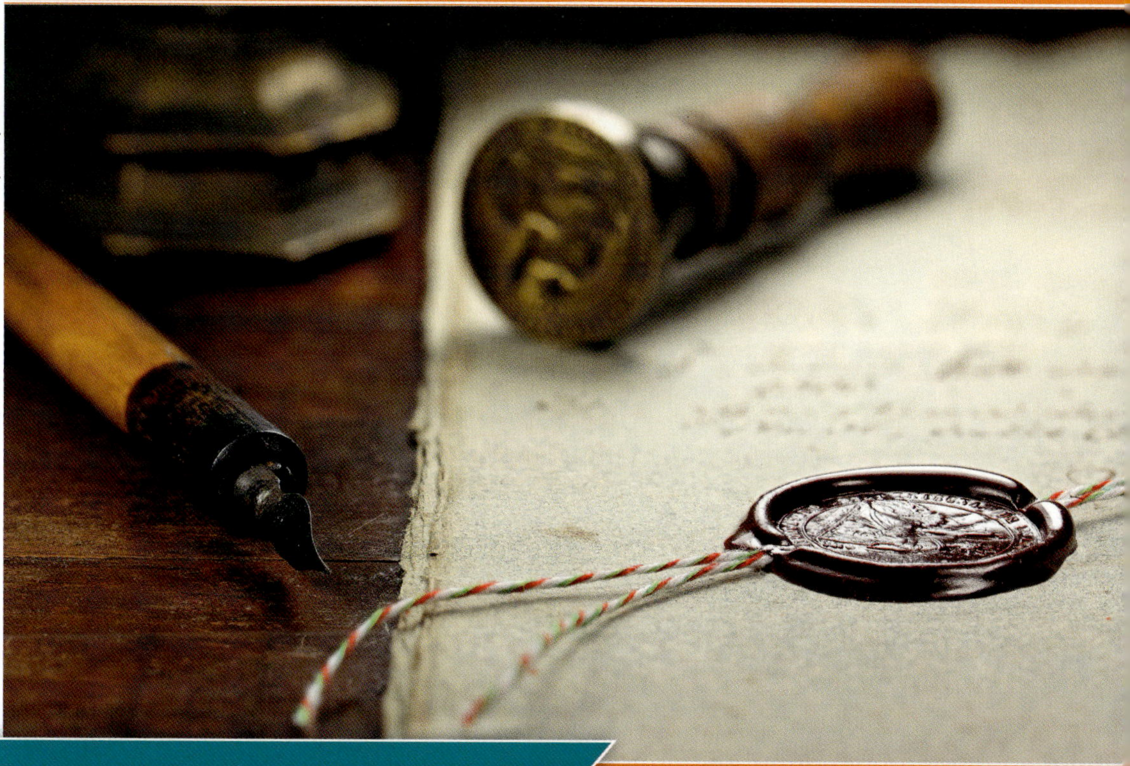

LERNFELD 12A

Beurkundungen im Familienrecht vorbereiten und abwickeln

1. ABSTAMMUNG UND ELTERLICHE SORGE

VORBEMERKUNG

LF 13 ▶

Die Grundlagen des Familienrechts finden Sie in Lernfeld 13. Das vorliegende Kapitel befasst sich vorrangig mit der notariellen Praxis im Familienrecht. Zur Vermeidung von Doppelungen wird daher nur dort, wo eine Ergänzung nötig erscheint, auf das materielle Recht eingegangen und im Übrigen auf die Ausführungen in Lernfeld 13 verwiesen.

1.1 Überblick

LF 13 | 1.7 ▶

Die biologische Verwandtschaft bedarf im Normalfall keiner vorsorgenden Regelung. Bei den rechtlichen Abstammungsverhältnissen werden dagegen Notarinnen und Notare tätig, und zwar vor allem bei der Anerkennung der Vaterschaft und bei der Regelung der elterlichen Sorge.

Bitte lesen Sie zu diesen Fragen zunächst einführend die Informationen unter Lernfeld 13, 1.7 (S. 255 dieses Bandes).

1.2 Mutterschaft und Vaterschaft im Rechtssinne

§ 1591 ff. BGB

LF 13 | 1.7.1 ▶

Wer Mutter und Vater eines Kindes sind, ist in den Paragraphen 1591 ff. BGB geregelt. Dabei entspricht die biologische Mutterschaft in der Regel auch der rechtlichen, da als Mutter die Frau gilt, die das Kind geboren hat. Abweichungen gibt es hier lediglich bei der in Deutschland verbotenen Eizellen-Spende.

Komplizierter ist dagegen die rechtliche Vaterschaft. Die wissenschaftliche Feststellung der biologischen Abstammung eines Kindes von seinem Vater ist erst seit wenigen Jahren zuverlässig möglich. Da aber die familiären und verwandtschaftlichen Beziehungen nicht erst seit Inkrafttreten des Bürgerlichen Gesetzbuches, sondern bereits lange zuvor als wesentliches Element der

(„patriarchalischen") Gesellschaft verstanden wurden, wurde eine gesetzliche Regelung gewählt, die an einfach nachprüfbare Voraussetzungen anknüpft. Dementsprechend gilt auch heute noch gemäß § 1592 Nr. 1 BGB vorrangig derjenige Mann als der Vater, der zum Zeitpunkt der Geburt des Kindes mit der Frau verheiratet war.

LF 13 | 1.7.1

Die gesellschaftliche Realität weicht mittlerweile jedoch in vielen Fällen von der „klassischen" Familie erheblich ab: Man denke an nicht-eheliche Lebensgemeinschaften, alleinerziehende Mütter und Väter, „Patchwork-Familien", eingetragene und nicht eingetragene gleichgeschlechtliche Partnerschaften. Deshalb besteht ein erhebliches Bedürfnis, die rechtliche Vaterschaft abweichend von § 1592 Nr. 1 BGB zu regeln.

Grundsätzlich gibt es in dem Fall, dass ein Mann nicht mit der Mutter des Kindes verheiratet ist, drei Möglichkeiten, eine rechtliche Vaterschaft zu begründen:

› Heirat vor Geburt des Kindes, § 1592 Nr. 1 BGB
› Gerichtliche Feststellung der Vaterschaft, § 1592 Nr. 3 i. V. m. § 1600d BGB, § 182 I FamFG
› Anerkennung der Vaterschaft, § 1592 Nr. 2 BGB

Bei gleichgeschlechtlichen Paaren muss dagegen vorrangig die Adoption (hierzu siehe Kapitel 2) in Erwägung gezogen werden.

1.3 Anerkennung der Vaterschaft

1.3.1 Form

Die Anerkennung der Vaterschaft muss in öffentlich beurkundeter Form erfolgen, § 1597 I BGB. Außer dem Notar wird die Vaterschaftsanerkennung durchgeführt durch

§ 1597 I BGB

› Standesämter,
› Jugendämter und
› Amtsgerichte.

1.3.2 Inhalt der Urkunde

Durch die Urkunde bestätigt der Anerkennende, Vater des jeweiligen Kindes zu sein. Diese Erklärung kann gemäß § 1594 IV BGB bereits vor der Geburt des Kindes abgegeben werden, wirksam wird sie jedoch nicht, solange noch die Vaterschaft eines anderen Mannes besteht.

§ 1594 IV BGB

BEISPIEL

Ein Paar lebt bereits seit einigen Jahren unverheiratet zusammen, die Frau ist jedoch noch verheiratet. Wenn sie nun schwanger wird, gilt der „Noch-Ehemann" als Vater des Kindes. Bevor die Vaterschaft durch den biologischen Vater anerkannt werden kann, muss zunächst gemäß §§ 1599 ff. BGB die Vaterschaft des Ehemannes angefochten werden.

Die Vaterschaftsanerkennung ist ein höchstpersönliches Rechtsgeschäft, eine Vertretung ist also nicht möglich. Sie darf nicht unter einer Bedingung oder Zeitbestimmung abgegeben werden, § 1594 III BGB.

§ 1596 I BGB

Beschränkt Geschäftsfähige können die Vaterschaft – durch eigene Erklärung! – anerkennen, allerdings ist zu ihrer Wirksamkeit die Zustimmung des gesetzlichen Vertreters erforderlich, § 1596 I BGB. Bei Geschäftsunfähigen erfolgt die Anerkennung durch den gesetzlichen Vertreter mit Zustimmung des Familiengerichts. Steht der Geschäftsunfähige unter Betreuung, ist die Zustimmung des Betreuungsgerichts erforderlich.

Unerheblich ist, ob der Anerkennende in Wahrheit der Vater des Kindes ist. Es wäre allerdings für den Notar eine Dienstpflichtverletzung, wissentlich eine solche Anerkennung zu beurkunden. Eine unrichtige Vaterschaftsanerkennung kann gemäß § 1600 ff. BGB angefochten werden.

1.3.3 Zustimmungserfordernisse

§ 1595 I BGB

Zur Wirksamkeit der Vaterschaftsanerkennung ist auf jeden Fall die Zustimmung der Mutter des Kindes notwendig, § 1595 I BGB. Das bedeutet, dass der relativ einfache und günstige Weg der Anerkennung der Vaterschaft gegen den Willen der Mutter nicht möglich ist. Sollte sich die Mutter verweigern, muss der genetische Vater gegebenenfalls auf Feststellung der Vaterschaft klagen. Die Zustimmung muss (auch in den nachfolgenden Fällen) notariell beurkundet werden, § 1597 I BGB.

Sofern der Mutter die elterliche Sorge nicht zusteht, ist darüber hinaus die Zustimmung des Kindes erforderlich, § 1595 II. Diese kann bei einem Kind, das noch nicht 14 Jahre alt ist, nur durch den gesetzlichen Vertreter (in diesem Fall also z. B. das Jugendamt) erfolgen. Ist das Kind über 14, aber noch beschränkt geschäftsfähig, so erteilt es die Zustimmung selbst, benötigt aber die Zustimmung des gesetzlichen Vertreters.

§ 1597 III BGB

Schließlich kann auch die Zustimmung desjenigen Mannes erforderlich sein, der zum Zeitpunkt der Geburt mit der Mutter verheiratet ist. Dies gilt für den Fall des § 1599 II BGB: das Kind wird nach Anhängigkeit (= Einreichung bei

Gericht) des **Scheidungsantrages** geboren und ein Dritter, in der Regel der genetische Vater, erkennt die Vaterschaft an. Dann muss auch der „Noch-Ehemann“ zustimmen.

Ist die Anerkennung aufgrund einer fehlenden Zustimmung noch nicht wirksam, so kann sie durch den Anerkennenden innerhalb eines Jahres widerrufen werden, § 1597 III BGB.

1.3.4 Abwicklung der Urkunde

Von der Anerkennungsurkunde und allen für die Wirksamkeit notwendigen Erklärungen sind beglaubigte Abschriften an das Standesamt, das die Geburt des Kindes beurkundet hat, sowie Vater, Mutter und anerkanntem Kind zu übersenden, § 1597 II BGB.

§ 1597 II BGB

1.4 Regelungen zur elterlichen Sorge

Zum Begriff der elterlichen Sorge und Einzelheiten zu deren Umfang lesen Sie bitte zunächst Lernfeld 13, Kapitel 1.7.3, S. 258. Kurz gefasst umfasst die elterliche Sorge die Personen- und Vermögenssorge und die gesetzliche Vertretung des Kindes.

◂ LF 13 | 1.7.3

1.4.1 Elterliche Sorge bei verheirateten und nicht verheirateten Eltern

Verheiratete Eltern

Bei verheirateten Eltern steht die elterliche Sorge grundsätzlich beiden Eltern gemeinsam zu, § 1626 BGB. Dies kann sich durch Tod eines Ehegatten oder Entziehung des Sorgerechts ändern, § 1680 BGB. In diesen Fällen steht dem anderen Ehegatten das Sorgerecht alleine zu.

§ 1626 BGB

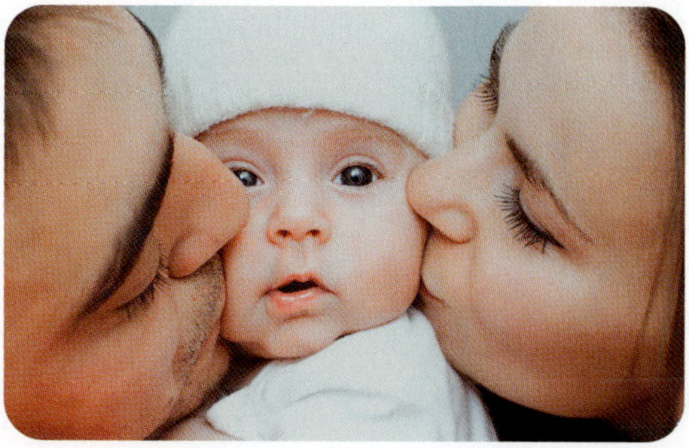

© kolinko_tanya – Fotolia.com

Regelungen zum Sorgerecht sind in der notariellen Praxis bei verheirateten Eltern während bestehender Ehe selten; wird allerdings die Ehe geschieden und eine Scheidungsfolgenvereinbarung beurkundet, so werden dort Regelungen zur elterlichen Sorge aufgenommen (hierzu später mehr unter 3.4).

Zu beachten ist die Frage der elterlichen Sorge allerdings dann, wenn Erklärungen

Minderjähriger beurkundet werden. Dann ist zu prüfen, wem das Sorgerecht zusteht. Im Normalfall hat die Vertretung durch beide Eltern zu erfolgen. Vertritt ein Elternteil alleine, so ist ein entsprechender Nachweis erforderlich.

Nicht verheiratete Eltern

§ 1626a BGB

Sind die Eltern nicht verheiratet, gibt der Gesetzgeber der Mutter das alleinige Sorgerecht, § 1626a III BGB. Dies gilt allerdings nicht, wenn

- die Eltern einander heiraten, § 1626a I Nr. 2,
- das Familiengericht den Eltern die elterliche Sorge gemeinsam überträgt, § 1626a I Nr. 3, oder
- sie eine Sorgeerklärung abgeben, also erklären, dass sie die Sorge gemeinsam übernehmen wollen, § 1626a I Nr. 1.

Für den Fall der Heirat nach der Geburt des Kindes erhält der Vater das Sorgerecht nach dem oben unter 1.2 ff. Gezeigten nur dann, wenn er auch Vater im Rechtssinne ist, er also entweder die Vaterschaft anerkannt hat oder diese gerichtlich festgestellt wurde.

An der Entscheidung des Familiengerichts ist der Notar nicht beteiligt.

1.4.2 Sorgeerklärung

Auch hier gilt wie für den Fall der Heirat nach der Geburt, dass nur der rechtliche Vater die elterliche Sorge erlangen kann. Praktisch führt dies dazu, dass meistens Vaterschaftsanerkennung und Sorgeerklärung gemeinsam beurkundet werden.

BEISPIEL

Ein unverheiratetes Paar erwartet ein gemeinsames Kind. Da eine Hochzeit momentan noch nicht geplant ist, erkennt der werdende Vater die Vaterschaft an, gleichzeitig geben die beiden eine übereinstimmende Sorgeerklärung ab. Dadurch sind beide bei Geburt des Kindes Eltern im Rechtssinne und haben das gemeinsame Sorgerecht.

© Björn Wylezich – Fotolia.com

Form

Die Sorgeerklärung muss gemäß § 1626 d I BGB notariell beurkundet werden.

Inhalt der Urkunde

Nach dem Gesetzeswortlaut müssen die Eltern erklären, dass sie die Sorge gemeinsam übernehmen wollen, § 1626a I Nr. 1. Das bedeutet, das Sorgerecht nur dann den Eltern gemeinsam zusteht, wenn beide Elternteile eine entsprechende Erklärung abgeben.

Eine Verpflichtung der nicht mit dem Vater verheirateten Mutter, dies zu tun, existiert nicht. Will der genetische Vater gegen den Willen der Mutter das Sorgerecht erlangen, muss er das Familiengericht anrufen. Diese Möglichkeit besteht erst seit der Reform des Sorgerechts im Jahr 2013; zuvor gab es für diese Väter keine Möglichkeit, das gemeinsame Sorgerecht zu erzwingen.

In der notariellen Praxis können die Sorgeerklärungen entweder getrennt oder, der häufigere Fall, gemeinsam beurkundet werden.

Es gelten für die Sorgeerklärung überwiegend dieselben Regeln wie oben unter 1.3.2 für die Vaterschaftsanerkennung gezeigt wurden: Die Erklärung kann bereits vor der Geburt abgegeben werden, es handelt sich um ein höchstpersönliches Rechtsgeschäft, Vertretung ist also nicht möglich, § 1626b BGB. Sie darf nicht unter einer Bedingung oder Zeitbestimmung stehen.

§ 1626b BGB

Beschränkt geschäftsfähige Eltern müssen die Erklärung selbst abgeben, bedürfen aber der Zustimmung ihrer gesetzlichen Vertreter, § 1626c BGB. Verweigern die gesetzlichen Vertreter die Zustimmung, kann sie auf Antrag des beschränkt Geschäftsfähigen durch das Familiengericht ersetzt werden.

§ 1626c BGB

Im Gegensatz zur Vaterschaftsanerkennung ist die Abgabe einer Sorgeerklärung für Geschäftsunfähige nicht möglich.

Erklärungen, die diesen Voraussetzungen entsprechen, werden sofort mit Abgabe wirksam. Ein Widerruf der Sorgeerklärung ist nicht vorgesehen.

Abwicklung der Urkunde

Anders als bei der Anerkennung der Vaterschaft (dort genügen beglaubigte Abschriften) erhalten die Erklärenden im Fall der Sorgeerklärung Ausfertigungen der Urkunden zum Nachweis ihres gemeinsamen Sorgerechts.

§ 1597 II BGB

Dem zuständigen Jugendamt muss die Abgabe der Sorgeerklärung unverzüglich mitgeteilt werden, § 1626d II BGB.

1.5 Zusammenfassung und Aufgaben

ZUSAMMENFASSUNG

	Vaterschaftsanerkennung, §§ 1594 ff. BGB	Sorgeerklärung, §§ 1626a ff. BGB
Zweck	Erlangung der rechtlichen Vaterschaft	Erlangung der gemeinsamen elterlichen Sorge
Form	Notarielle Beurkundung	Notarielle Beurkundung
Erklärung	**Höchstpersönlich** durch: Vater **Ausnahme:** gesetzlicher Vertreter bei Geschäftsunfähigen	**Höchstpersönlich** durch: beide Elternteile
Geschäftsfähigkeit	Abgabe möglich durch: › beschränkt Geschäftsfähige › Geschäftsunfähige	Abgabe möglich durch: › beschränkt Geschäftsfähige
Zustimmung erforderlich durch	› Mutter › anzuerkennendes Kind › ggf. bisherigen rechtlichen Vater › gesetzliche Vertreter bei beschränkt Geschäftsfähigen Form: notarielle Beurkundung, § 1597 I BGB	› gesetzliche Vertreter bei beschränkt Geschäftsfähigen Form: notarielle Beurkundung, § 1626d I BGB
Abwicklung	**beglaubigte Abschriften** an › Vater › Mutter › Kind › **Standesamt**	**Ausfertigungen** an › Vater › Mutter **Mitteilung** an › **Jugendamt**

AUFGABEN

1. Erläutern Sie bitte den Unterschied zwischen Vaterschaftsanerkennung und Sorgeerklärung.

2. Selena und Jonas leben seit ein paar Jahren zusammen und erwarten nun ein Kind. Sie möchten das gemeinsame Sorgerecht für das Kind haben. Was können sie unternehmen?

3. Alexandra ist schon seit Längerem nur noch „auf dem Papier" mit Marcus verheiratet. Mittlerweile ist sie mit Richard zusammen, mit dem sie seit kurzem ein gemeinsames Kind hat.
   a. Wer ist rechtlicher Vater dieses Kindes?
   b. Alexandra und Richard möchten das gemeinsame Sorgerecht für das Kind. Was ist zu unternehmen?

4. Sascha und Kristina waren über zwei Jahre zusammen, ohne verheiratet zu sein. Sie haben ein gemeinsames Kind, für das Kristina bislang das alleinige Sorgerecht hat. Nach der Trennung möchte Sascha ebenfalls die elterliche Sorge für das Kind. Kristina weigert sich jedoch, in irgendeiner Weise daran mitzuwirken. Wie kann Sascha vorgehen?

3. Anna-Maria, 19 Jahre alt, und Niklas, 17, erwarten ein Kind und möchten die elterliche Sorge gemeinsam ausüben.
   a. Welche Erklärungen müssen in welcher Form abgegeben werden?
   b. Wer erhält in welcher Form Ausfertigungen/Abschriften der Erklärungen, wem muss Mitteilung von der Beurkundung gemacht werden?

2. ADOPTION

2.1 Grundsätzliches

LF 13 | 1.7.5

Grundlegende Ausführungen zur Adoption, insbesondere von Minderjährigen, finden Sie in Lernfeld 13, 1.7.5., S. 261.

Die Adoption dient, sowohl bei der Adoption von Minderjährigen als auch bei der Volljährigenadoption, der Herstellung eines rechtlichen Abstammungsverhältnisses. Es wird also ein rechtliches Verhältnis wie im „normalen" Eltern-Kind-Verhältnis begründet.

Die Adoption wird durch das Familiengericht ausgesprochen. Im Notariat werden der Adoptionsantrag nebst aller notwendigen Einwilligungen beurkundet und anschließend mit sämtlichen notwendigen Unterlagen an das zuständige Familiengericht übersandt.

2.2 Minderjährigen- und Volljährigenadoption

§§ 1741, 1765 BGB

Es können sowohl Minderjährige als auch Volljährige adoptiert, also als „Kind" angenommen werden, §§ 1741, 1765 BGB. Während zwischen beiden Varianten keine grundsätzlichen systematischen Unterschiede bestehen, so unterscheiden sie sich doch in den Voraussetzungen und rechtlichen Wirkungen. In bestimmten Situationen ist es auch möglich, Volljährige mit den rechtlichen Wirkungen der Minderjährigen-Adoption als Kind anzunehmen.

§ 1772 I BGB

Der gesetzliche Normalfall ist die Annahme eines minderjährigen Kindes, die sogenannte Volladoption oder Adoption mit „starker Wirkung", § 1741. Mit den gleichen Wirkungen (siehe 2.3.1) kann allerdings gem. § 1772 I BGB auch ein Volljähriger adoptiert werden, wenn

› ein minderjähriger Bruder oder eine minderjährige Schwester des Anzunehmenden (= des Adoptivkindes) von dem Annehmenden (= Adoptivvater oder -mutter) angenommen worden ist oder gleichzeitig angenommen wird oder

- der Anzunehmende bereits als Minderjähriger in die Familie des Annehmenden aufgenommen worden ist oder
- der Annehmende das Kind seines Ehegatten annimmt oder
- der Anzunehmende in dem Zeitpunkt, in dem der Antrag auf Annahme bei dem Familiengericht eingereicht wird, noch nicht volljährig ist

2.2.1 Wirkungen der Minderjährigenadoption

Durch die Adoption wird das angenommene Kind in rechtlicher Hinsicht vollständig in die neue Familie integriert, als wäre es das leibliche Kind des oder der Annehmenden. Dies umfasst sowohl das Verhältnis zu den Eltern als auch zu den übrigen Verwandten, § 1754 BGB. Zugleich werden die verwandtschaftlichen Beziehungen zu der Ausgangsfamilie vollständig beendet, § 1755 BGB. Das Adoptivkind wird gleich behandelt wie ein leibliches Kind der Adoptivfamilie. Dies umfasst sämtliche Wirkungen der Verwandtschaft, z. B. das Erbrecht sowie die Unterhaltsansprüche und -verpflichtungen.

§ 1754 BGB

LF 13 | 1.7.6

LERNFELD 12

BEISPIEL

Ein Ehepaar hat zwei gemeinsame minderjährige Kinder; die Ehefrau hat aus einer vorangegangenen Beziehung einen achtjährigen Sohn. Dieser wird vom Ehemann adoptiert (sogenannte „Stiefkindadoption"). Der Ehemann verstirbt später, ohne ein Testament zu hinterlassen. Seine gesetzlichen Erben sind die Ehefrau und, zu gleichen Teilen, die leiblichen Kinder und der Adoptivsohn.

Nur in den Fällen, in denen

- die Annehmenden mit dem Kind im zweiten oder dritten Grad verwandt sind oder
- das Kind vom Ehegatten des verstorbenen Elternteils adoptiert wird,

erlöschen lediglich die Verwandtschaftsverhältnisse zu den bisherigen Eltern; mit der übrigen bisherigen Verwandtschaft bleibt das Adoptivkind verwandt, § 1756 BGB.

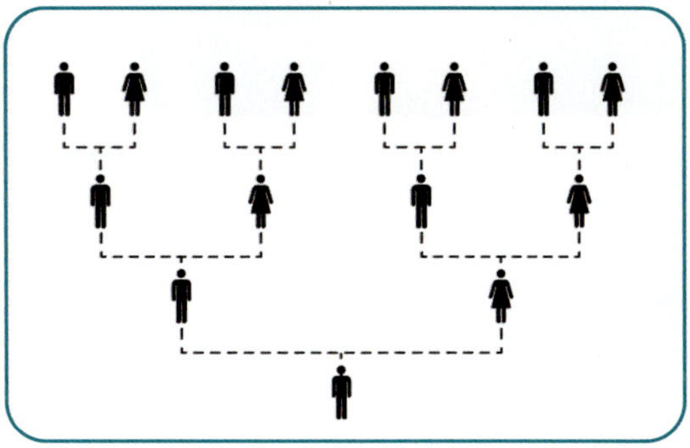

BEISPIEL

Als ein Kind durch den Tod seiner Eltern zur Vollwaise wird, erklären sich die Schwester der Mutter und ihr Mann, also Onkel und Tante mütterlicherseits, bereit, das Kind zu adoptieren. Es werden dadurch Verwandtschaftsverhältnisse zu den Verwandten des Onkels neu begründet; die bisherigen Verwandtschaftsverhältnisse bleiben bestehen. So erhält das Kind u. a. zwei **zusätzliche** Großeltern, die Eltern des Onkels/Adoptivvaters.

2.2.2 Wirkungen der Volljährigenadoption

§ 1767 II BGB

Für die Volljährigenadoption gelten gemäß § 1767 II BGB grundsätzlich die Vorschriften über die Minderjährigenadoption, sofern sich nicht aus den §§ 1767 ff. BGB etwas anderes ergibt.

Adoption mit schwacher Wirkung

Auch durch die Volljährigenadoption erlangt der Anzunehmende, das Adoptiv-„Kind", die rechtliche Stellung eines Kindes der neuen Eltern, der Annehmenden, § 1754 II BGB.

§ 1770 BGB

Im Gegensatz zur Minderjährigenadoption bleiben allerdings bei der Volljährigenadoption die bisherigen Verwandtschaftsverhältnisse bestehen und es werden, bis auf die Eltern, keine neuen Verwandtschaftsverhältnisse begründet, § 1770 BGB. Der Adoptierte behält also z. B. seine Erbansprüche gegenüber der Ausgangsfamilie einschließlich seiner leiblichen Eltern.

Adoption mit starker Wirkung

Nur dann, wenn die oben unter 2.2 genannten Voraussetzungen vorliegen, kann das Familiengericht auf Antrag bestimmen, dass die Volljährigenadoption die gleiche Wirkung wie die Minderjährigenadoption hat, § 1772 BGB. In diesem Fall werden die bisherigen Verwandtschaftsverhältnisse vollständig getrennt und der Anzunehmende komplett in die neue Familie integriert.

BEISPIEL

Tatjana ist Witwe und hat einen 16-jährigen Sohn, Timo. Sie lernt Christian kennen, den sie nach drei Jahren heiratet. Christian adoptiert den mittlerweile 19-jährigen Timo; auf Antrag bestimmt das Familiengericht, dass die Regeln der Minderjährigenadoption gelten sollen. Dadurch werden Christians Verwandte auch zu Verwandten von Timo, so sind z. B. Christians Eltern nun die rechtlichen Großeltern.

2.3 Adoptionsantrag

§ 1752 BGB

Der Adoptionsantrag muss in notariell beurkundeter Form beim zuständigen Familiengericht gestellt werden, § 1752 II S. 2 BGB. Zuständig ist das Familiengericht des Wohnsitzes des Annehmenden. Der Antrag darf, wie Vaterschaftsanerkennung und Sorgeerklärung, nicht unter einer Bedingung oder einer Zeitbestimmung stehen und ist ein höchstpersönliches Rechtsgeschäft; Vertretung ist also nicht zulässig.

Voraussetzung für die Adoption ist, dass zwischen den Adoptiveltern und dem Adoptivkind ein Eltern-Kind-Verhältnis erwartet werden kann, § 1741 I BGB. Sie muss bei Minderjährigen dem Wohl des Kindes dienen. Bei Volljährigen reicht es aus, dass die Adoption sittlich gerechtfertigt ist; dies ist insbesondere dann der Fall, wenn bereits ein Eltern-Kind-Verhältnis besteht, § 1767 I BGB.

§ 1741 BGB

In keinem Fall dürfen überwiegende Interessen anderer (leiblicher oder ebenfalls adoptierter) Kinder des Annehmenden der Adoption entgegenstehen, §§ 1745, 1769 BGB.

© Andrey Popov – Fotolia.com

Antragsberechtigt sind einzelne Personen oder auch Ehepaare gemeinsam. Wird das Kind durch eine Einzelperson angenommen, muss diese mindestens 25 Jahre alt sein, von Ehegatten muss einer mindestens 25, der andere mindestens 21 Jahre alt sein, § 1743 BGB.

Bei Ehegatten ist in der Regel nur eine gemeinsame Adoption möglich. Nur dann, wenn das Kind des Ehegatten adoptiert wird (Stiefkindadoption) oder der andere Ehegatte unter 21 Jahren alt oder geschäftsunfähig ist, kann ein Ehegatte alleine adoptieren, § 1741 II BGB.

Nicht Verheiratete können ein Kind nur alleine annehmen, es ist also nicht möglich, dass ein nicht verheiratetes Paar ein Kind gemeinsam adoptiert.

© Daniel Jędzura – Fotolia.com

Eingetragene Lebenspartner können ebenfalls nur alleine adoptieren. Dadurch ist bislang eine gemeinsame Adoption in gleichgeschlechtlichen Lebenspartnerschaften rechtlich ausgeschlossen. Das Bundesverfassungsgericht hat allerdings mit Urteil vom 19. Februar 2013 die sogenannte Sukzessivadoption ermöglicht. Das bedeutet, dass ein Lebenspartner das Kind des anderen Partners annimmt, auch wenn dieser selbst das Kind zuvor adoptiert hat. Über diesen Umweg können eingetragene Lebenspartner ein Kind gemeinsam adoptieren, was für Ehegatten rechtlich bereits vorgesehen ist. Es ist zu erwarten, dass hier auch eine gesetzliche Gleichstellung erfolgen wird.

2.4 Notwendige Einwilligungen

Sowohl bei der Minderjährigen- wie bei der Volljährigenadoption sind Rechte und Interessen diverser Personen betroffen. Deshalb ist es Voraussetzung, dass dem Familiengericht die nachfolgend aufgeführten Einwilligungen bzw. Erklärungen der Betroffenen in notariell beurkundeter Form vorgelegt werden.

Minderjährigenadoption	Volljährigenadoption
Einwilligung des Anzunehmenden (= Adoptivkind), § 1746 BGB	**Antrag** des Anzunehmenden, § 1768 I S. 1 BGB
Einwilligung der Eltern des Anzunehmenden, § 1747 BGB	–
Einwilligung des Ehegatten des **Annehmenden,** § 1749 I BGB	Einwilligung des Ehegatten des **Annehmenden,** § 1749 I BGB
Einwilligung des Ehegatten des An**zu**nehmenden, § 1749 II BGB	Einwilligung des Ehegatten des An**zu**nehmenden, § 1749 II BGB

2.5 Beizufügende Unterlagen

Mit dem Adoptionsantrag (bzw. bei der Volljährigenadoption den Anträgen) müssen, je nach Lage des Falles, folgende Unterlagen beim Familiengericht eingereicht werden:

- Geburtsurkunden von Annehmenden und Anzunehmendem
- Heiratsurkunde der annehmenden Ehegatten
- Sterbeurkunde des Ehegatten des Annehmenden
- Meldebescheinigung für Annehmende und Anzunehmenden
- Einfaches polizeiliches Führungszeugnis über den Annehmenden
- Ärztliche Atteste für Annehmende und Anzunehmenden

2.6 Abwicklung der Urkunden

An das Familiengericht werden der Adoptionsantrag bzw. die Adoptionsanträge (Volljährigenadoption) mit den notwendigen Einwilligungserklärungen und den beizufügenden Unterlagen in Ausfertigung übersandt.

Die Beteiligten erhalten beglaubigte Abschriften oder Ausfertigungen der Erklärungen, die sie jeweils abgegeben haben.

2.7 Zusammenfassung und Aufgaben

ZUSAMMENFASSUNG

Adoption = Annahme als Kind, §§ 1741 ff. BGB

	Minderjährigenadoption, §§ 1741 ff. BGB	Volljährigenadoption, §§ 1767 ff. BGB
Zweck	Herstellung eines Abstammungsverhältnisses	Herstellung eines Abstammungsverhältnisses
Form	Notarielle Beurkundung	Notarielle Beurkundung
Antrag	**Höchstpersönlich** durch: Annehmenden	**Höchstpersönlich** durch: Annehmenden **und** Anzunehmenden
Einwilligung erforderlich von	› Anzunehmendem › Eltern des Anzunehmendem › ggf. Ehegatten des Annehmenden und des Anzunehmenden	ggf. Ehegatten des Annehmenden und des Anzunehmenden
Abwicklung	› **Ausfertigungen** an das Familiengericht › **beglaubigte Abschriften/Ausfertigungen** an alle Urkundsbeteiligten	› **Ausfertigungen** an das Familiengericht › **beglaubigte Abschriften/Ausfertigungen** an alle Urkundsbeteiligten

AUFGABEN

1. Wie unterscheiden sich Minderjährigen- und Volljährigenadoption hinsichtlich der Wirkung?

2. Die Eheleute Steen können keine Kinder bekommen und möchten deshalb ein minderjähriges Kind adoptieren. Herr Steen ist 26, Frau Steen ist 20. In welcher Weise kann die Adoption erfolgen?

3. Jürgen von Humbug wurde mit 33 Jahren von dem unverheirateten Frederic von Humbug adoptiert. Dieser ist zwischenzeitlich vor seinem Vater Rüdiger von Humbug verstorben. Nun stirbt Rüdiger. Wird Jürgen Erbe, obwohl er kein leiblicher Abkömmling von Rüdiger von Humbug ist?

4. Theresa ist 19 und hat eine 13-jährige Schwester, Alexandra. Beide sind Waisen und leben schon seit zwei Jahren in einer Pflegefamilie. Die Pflegeeltern möchten die Schwestern adoptieren. Auf welche Arten ist dies möglich
   - bei Alexandra?
   - bei Theresa?

3. EHEVERTRAG/LEBENSPARTNERSCHAFTSVERTRAG UND SCHEIDUNGSFOLGENVEREINBARUNG

3.1 Einführung

LF 13 ▸

In Lernfeld 13, 1.2 bis 1.7, S. 208 finden Sie Informationen über das Eherecht/Recht der Lebenspartnerschaft, die Ehescheidung und das Unterhaltsrecht, die Sie als Grundlage für die nachfolgenden Ausführungen benötigen. Es wird im Folgenden im Wesentlichen dargestellt, welche Regelungen für die Ehe/Lebenspartnerschaft und im Fall der Scheidung getroffen werden können und in welcher Weise Notare daran mitwirken. Grundsätzlich gilt dies jeweils sowohl für die Ehe als auch für die eingetragene Lebenspartnerschaft, weshalb aus Gründen der besseren Lesbarkeit in der Regel nur von „Ehevertrag“ etc. gesprochen wird.

© IVASHstudio – Fotolia.com

3.2 Güterstände

Eheleute und eingetragene Lebenspartner können entweder im gesetzlichen Güterstand der Zugewinngemeinschaft zusammenleben, oder, nach Wahl des Güterstandes mittels notariell beurkundeten Vertrages, in Gütertrennung oder Gütergemeinschaft. Erhebliche Bedeutung in der notariellen Praxis hat darüber hinaus die sogenannte modifizierte Zugewinngemeinschaft. Hierbei wird der Güterstand beibehalten, die gesetzlichen Regelungen allerdings den Bedürfnissen der Ehegatten individuell angepasst. Dies ist grundsätzlich gemäß § 1408 BGB in weitem Umfang möglich, sofern nicht die Grenzen des Güterstandes soweit ausgedehnt werden, dass dadurch ein gesetzlich nicht vorgesehener Güterstand begründet wird.

◂ LF 13 | 1.3

§ 1408 BGB

3.3 Vorsorgende Eheverträge

Regelungen zum Güterstand bzw. dessen Ausgestaltung können die Ehegatten jederzeit vor Eheschließung oder während bestehender Ehe treffen. Ein Ehevertrag wird zwar von vielen Paaren als unromantisch betrachtet, da dieser oft als Misstrauen in die Beziehung verstanden wird, jedoch ist es je nach ehelichen Lebensverhältnissen in bestimmten Fällen sinnvoll, Regelungen vorab zu treffen. Sämtliche Vereinbarungen können auch noch im Fall der gescheiterten Beziehung in Vorbereitung auf die Ehescheidung getroffen werden; man spricht dann von einer Scheidungsfolgenvereinbarung, siehe unten 3.4.

© Jeanette Dietl – Fotolia.com

3.3.1 Form des Ehevertrags

Der Ehevertrag muss bei gleichzeitiger Anwesenheit beider Teile zur Niederschrift eines Notars geschlossen werden, § 1410 BGB. Das bedeutet, dass eine Aufspaltung in Angebot und Annahme nicht möglich ist.

§ 1410 BGB

Es handelt sich bei einem Ehevertrag aber **nicht** um höchstpersönliche Rechtsgeschäfte, Stellvertretung ist daher möglich. Wird eine widerrufliche Vollmacht zur Vertretung beim Abschluss eines Ehevertrags erteilt, so muss diese **nicht** nota-

§ 1585c BGB

riell beurkundet sein. Auch eine Genehmigung einer Erklärung, die durch einen vollmachtlosen Vertreter abgeschlossen wurde, ist nach herrschender Meinung **nicht formbedürftig.**

Notariell beurkundet werden müssen auch Vereinbarungen über den nachehelichen Unterhalt, § 1585c BGB, sowie über den Versorgungsausgleich, § 7 I Versorgungsausgleichsgesetz.

3.3.2 Möglicher Inhalt eines vorsorgenden Ehevertrags

In Eheverträgen, die vor der Ehe oder während bestehender, intakter Ehe geschlossen werden, finden sich normalerweise Regelungen zum

- Güterstand,
- Ehegatten-Unterhalt und
- Versorgungsausgleich.

Möglich sind auch Vereinbarungen über Kindes-Unterhalt, jedoch werden solche normalerweise erst dann getroffen, wenn eine Trennung bevorsteht, also in der Scheidungsfolgenvereinbarung.

Häufig werden Eheverträge auch mit Erbverträgen verbunden.

Vereinbarungen zum Güterstand

Die Ehegatten leben, wenn kein Ehevertrag geschlossen wird, im gesetzlichen Güterstand der Zugewinngemeinschaft. Durch den Ehevertrag kann schlicht vereinbart werden, dass für die Ehe Gütertrennung oder Gütergemeinschaft gelten soll.

Wie oben schon angesprochen, kann durch den Ehevertrag auch die Zugewinngemeinschaft lediglich modifiziert, also den individuellen Bedürfnissen der Eheleute angepasst werden. Regelungsgegenstände können z. B. sein:

LF 13 | 1.3.6 ▸

- Ausschluss der Verfügungsbeschränkungen der §§ 1365, 1369
- Ausschluss des Zugewinnausgleichs für den Fall der Ehescheidung
- Vereinbarungen zum Zugewinnausgleich

LF 13 | 1.3.6 ▸

§ 1414 BGB

Wird der Zugewinnausgleichsanspruch vollständig ausgeschlossen, so tritt automatisch Gütertrennung ein, § 1414 S. 2 BGB. Möglich ist es jedoch, unter Beibehaltung der Zugewinngemeinschaft zu vereinbaren, dass der Ausgleich nur für den Fall der Ehescheidung ausgeschlossen werden soll, während der Ausfall im Todesfall wie gesetzlich geregelt stattfindet. Ebenso können Vereinbarungen zur Höhe des Zugewinnausgleichsanspruchs getroffen werden, indem z. B. bestimmte Gegenstände (Grundbesitz, Unternehmen) von vornherein herausgenommen werden.

Vereinbarungen zum Unterhalt

Unterhalt schulden sich die Ehegatten untereinander sowie den jeweiligen Verwandten, vor allem also den Kindern, § 1601 BGB.

LF 13 | 1.7.7

Vereinbarungen zur Höhe des Kindesunterhalts finden sich in der Regel in Scheidungsfolgenvereinbarungen, s. u. 3.4. Ein Verzicht auf Kindesunterhalt ist dagegen unwirksam, da es sich hierbei um einen unzulässigen Vertrag zu Lasten Dritter handeln würde.

© bluedesign – Fotolia.com

Hinsichtlich des Ehegattenunterhalts sind verschiedene Regelungen denkbar:

- **Die Eheleute können eine konkrete Höhe des Unterhalts oder die Art und Weise der Unterhaltsleistung vereinbaren.**
- **Weiter können die gesetzlichen Unterhaltsansprüche herabgesetzt, zeitlich begrenzt oder auf bestimmte Fälle der §§ 1570 ff. BGB beschränkt werden.**
- **Schließlich ist auch ein kompletter Verzicht auf nachehelichen Unterhalt möglich. Auf Trennungsunterhalt, also Unterhalt während bestehender Ehe, kann mit Wirkung für die Zukunft im Ehevertrag nicht verzichtet werden, §§ 1361 IV, 1360a III, 1614 BGB.**

LF 13

Vereinbarungen zum Versorgungsausgleich

Der Versorgungsausgleich dient dazu, vereinfacht ausgedrückt, Ansprüche auf Rente, Pension etc., die während der Dauer der Ehe erworben wurden, auszugleichen. Dies ist insbesondere in den Fällen von erheblicher Bedeutung, wenn ein Ehegatte wegen z. B. Erziehungszeiten längerfristig nicht gearbeitet und damit geringere Rentenanwartschaften erworben hat.

LF 13 | 1.4.2

In Eheverträgen kann hinsichtlich des Versorgungsausgleichs vereinbart werden,

- diesen auf bestimmte Zeiten zu begrenzen (z. B. Kindererziehungszeiten) oder
- ihn vollständig auszuschließen.

Wirksamkeit von Eheverträgen

Die gesetzlichen Regelungen zu Ehe und Familie sind auf eine gerechte Interessen- und Lastenverteilung zwischen den Ehegatten gerichtet. Grundsätzlich können die Eheleute im Rahmen von Eheverträgen weitgehend von diesen Re-

gelungen abweichen. Insbesondere in Fällen, in denen eine deutliche wirtschaftliche oder soziale Unterlegenheit eines Ehegatten gegeben ist, ist es möglich, dass ehevertragliche Vereinbarungen teilweise oder vollständig unwirksam sind. Eheverträge unterliegen dabei wie alle Verträge einer richterlichen Kontrolle, die in zwei Stufen vollzogen wird, der Wirksamkeitskontrolle und der Ausübungskontrolle:

Zunächst wird geprüft, ob ein Ehevertrag bereits bei Abschluss entgegen § 138 BGB sittenwidrig war, also eine ungerechtfertigte, unzumutbare und einseitige Lastenverteilung vorlag, die mit dem Wesen der Ehe nicht vereinbar ist (Wirksamkeitskontrolle).

BEISPIEL

Jeannette ist arbeitslos und schwanger, der Vater des Kindes, Jörg, ist Zahnarzt und Inhaber einer gut gehenden Praxis. Jörg ist bereit, Jeannette zu heiraten, jedoch nur dann, wenn sie in einem Ehevertrag der Gütertrennung und dem vollständigen Verzicht auf Unterhalt zustimmt. Hier liegt eine so einseitige Lastenverteilung zum Nachteil von Jeannette bereits bei Abschluss des Ehevertrags vor, dass dieser insgesamt als sittenwidrig und unwirksam anzusehen ist.

Ist ein Ehevertrag nach diesen Maßstäben wirksam, so kann ein Vertragspartner dennoch nach den Grundsätzen von Treu und Glauben, § 242 BGB, an der Geltendmachung seiner Rechte aus dem Vertrag gehindert sein, wenn sich im Nachhinein Umstände ergeben haben, die zu einer ungerechtfertigten, unzumutbaren und einseitigen Lastenverteilung führen (Ausübungskontrolle).

BEISPIEL

Beide Eheleute waren bei Vertragsschluss berufstätig und kinderlos. Als die Ehefrau schwanger wird, beginnt der Ehegatte eine Affäre mit seiner Vorgesetzten und lässt sich in der Folge scheiden. Er beruft sich auf den vereinbarten Unterhaltsverzicht und will keinen Unterhalt bezahlen. Hier muss der Ehemann zumindest für die Zeit, in der die Ehefrau wegen Betreuung des gemeinsamen minderjährigen Kindes nicht für ihren Lebensunterhalt sorgen kann, Unterhalt leisten, da die Berufung auf den Unterhaltsverzicht eklatant unbillig wäre.

Wann eine ungerechtfertigte, unzumutbare und einseitige, mit dem Wesen der Ehe nicht zu vereinbarende Lastenverteilung vorliegt, ist im Einzelfall zu entscheiden. Die sogenannte „Kernbereichsrechtsprechung" des Bundesgerichtshofs nimmt dies jedenfalls dann an, wenn der Kernbereich des Eherechts betroffen ist, also insbesondere bei Verzicht auf

- Unterhalts wegen Kindesbetreuung,
- Unterhalts wegen Alters und auf Versorgungsausgleich und
- Unterhalts wegen Krankheit und Gebrechen.

Nicht zum Kernbereich gehört dagegen der Zugewinnausgleich. Hier kann grundsätzlich ein vollständiger Verzicht erklärt werden, ohne dass dies zu einer Unwirksamkeit des Ehevertrags führt.

Bei der Beurkundung von Eheverträgen muss ein Notar vor dem gezeigten Hintergrund besonders darauf achten, dass keine unzulässige Übervorteilung eines Ehegatten stattfindet. Es müssen also insbesondere im Vorwege die Situation der Ehegatten und die Motive für den Vertragsschluss geklärt werden und es muss streng darauf geachtet werden, dass eine ausreichende Belehrung beider Beteiligter stattfindet. Dies schließt eine Vertretung, insbesondere durch den anderen Ehegatten, regelmäßig aus.

Abwicklung der Urkunde

Die Beteiligten, also die (zukünftigen) Ehegatten erhalten Ausfertigungen des Ehevertrags, eventuell beteiligte Rechtsanwälte einfache Abschriften.

◂ LF 13 | 1.3.7

Ist eine in das Güterrechtsregister eintragungsfähige Tatsache im Ehevertrag enthalten, also z. B. eine Modifizierung der Zugewinngemeinschaft oder ein Güterstandswechsel, so sind die Eheleute über die Möglichkeit der Eintragung zu belehren. Sollten die Ehegatten dies wünschen, was in der Regel nicht der Fall ist, ist dem zuständigen Amtsgericht mit dem Antrag (§ 1561 BGB) eine beglaubigte Abschrift der Urkunde zu übersenden.

§ 1561 BGB

Falls mit dem Ehevertrag eine Änderung der gesetzlichen Erbfolge verbunden ist, so muss dies dem von der Bundesnotarkammer geführten Zentralen Testamentsregister mitgeteilt werden. Die Erbfolge (näher hierzu LF 13 und LF 13a) kann durch ausdrückliche Regelungen geändert werden, aber auch die Vereinbarung von Gütertrennung oder Gütergemeinschaft bewirkt eine Veränderung der gesetzlichen Erbteile.

© maho – Fotolia.com

3.4 Scheidungsfolgenvereinbarungen

Eine Scheidungsfolgenvereinbarung ist im Grunde ein ganz „normaler" Ehevertrag im Sinne der §§ 1408 ff. BGB. Allerdings ist die Interessenlage der Vertragspartner, der Ehegatten, eine andere: während beim vorsorgenden Ehevertrag Regelungen für die intakte Ehe im Vordergrund stehen, soll mit der Scheidungsfolgenvereinbarung die gescheiterte Ehe „abgewickelt" werden.

© 14ktgold – Fotolia.com

3.4.1 Möglicher Inhalt

Neben den Regelungen zu

- Güterstand,
- Ehegatten-Unterhalt für die Zeit des Getrenntlebens und nach der Scheidung und
- Versorgungsausgleich,

finden sich u. a. Regelungen zum

- Kindesunterhalt,
- Sorge- und Umgangsrecht,
- Hausratsteilung,
- Aufteilung von Vermögen, insbesondere Grundbesitz, sowie
- Erb- und Pflichtteilsverzicht.

LF 13 | 1.4.3 ▸

Teilweise sind diese Regelungen Voraussetzungen dafür, dass überhaupt die Scheidung durch das Familiengericht ausgesprochen werden kann. Insofern beruht eine Scheidungsfolgenvereinbarung oftmals auf der Erkenntnis der Ehegatten, dass bestimmte Entscheidungen sowieso getroffen werden müssen und es besser ist, dies einvernehmlich zu tun, statt ein Gericht darüber entscheiden zu lassen. Eine Scheidungsfolgenvereinbarung vereinfacht und beschleunigt daher auch das gerichtliche Verfahren und spart unter Umständen Kosten: muss vor Gericht über bestimmte Positionen gestritten werden, sind im Scheidungsverfahren auf jeden Fall zwei Rechtsanwälte erforderlich. Besteht aber über alle Punkte Einigkeit, muss nur ein Ehepartner einen Anwalt beauftragen, den Scheidungsantrag zu stellen. Der andere Teil kann diesem Antrag dann zustimmen, ohne dafür selbst anwaltliche Hilfe in Anspruch nehmen zu müssen.

BEISPIEL

Ein Ehepaar mit zwei minderjährigen Kindern hat sich bereits vor über einem Jahr getrennt, beide leben mittlerweile mit neuen Partnern zusammen und haben eine Regelung für den Umgang mit den Kindern gefunden. Das Sorgerecht üben sie nach wie vor gemeinsam aus. Da die Ehefrau neu heiraten möchte, soll nun das Scheidungsverfahren eingeleitet werden. Die Eheleute schließen eine notariell beurkundete Scheidungsfolgenvereinbarung ab, in der sie sich über alle Punkte einschließlich der Auseinandersetzung des gemeinsamen Vermögens einigen. Die zwei Monate später anberaumte Verhandlung vor dem Familiengericht unter Anwesenheit der Ehegatten und des Rechtsanwalts der Frau dauert lediglich zehn Minuten und endet mit der Scheidung unter Verweis auf die Scheidungsfolgenvereinbarung.

In der Scheidungsfolgenvereinbarung wird in der Regel das Trennungsdatum angegeben, um den Nachweis über die Trennungszeit und die daraus folgende Zerrüttung der Ehe zu belegen.

◂ LF 13 | 1.4.1

Güterstandsvereinbarungen

Hinsichtlich des Güterstandes ist der Regelfall die Vereinbarung von Gütertrennung. Dadurch wird erreicht, dass ab dem Zeitpunkt der Vereinbarung kein weiterer Zugewinnausgleichsanspruch mehr entsteht. Diese Folge tritt zwar gemäß § 1384 BGB auch mit Rechtshängigkeit des Scheidungsantrags ein. Allerdings kann zwischen Scheidungsfolgenvereinbarung und Scheidungsantrag noch einige Zeit vergehen, insbesondere wenn das Trennungsjahr noch nicht abgelaufen ist. Für diese Zeit sollen regelmäßig keine ausgleichpflichtigen Ansprüche mehr entstehen.

Haben die Ehegatten in Zugewinngemeinschaft gelebt, so ist es üblich, dass entweder eine Vereinbarung über die Höhe der Ausgleichsforderung und die Art und Weise des Ausgleichs getroffen wird oder ein vollständiger Ausgleich des Zugewinnausgleichs stattfindet.

LERNFELD 12A

BEISPIELE

Fall 1: Die Ehegatten haben während der Ehe ungefähr gleich viel verdient, ihr wesentliches Vermögen ist ein erst kürzlich erworbenes Haus, dass sie mit einem Bankkredit finanziert haben. Der Ehemann wohnt dort mittlerweile alleine und zahlt die Raten an die Bank. In der Scheidungsfolgenvereinbarung wird der Miteigentumsanteil der Ehefrau an dem Grundstück auf den Ehemann unter Befreiung von der Kreditschuld vereinbart. Der Zugewinnausgleich wird ausgeschlossen.

Fall 2: Eheleute haben minderjährige gemeinsame Kinder, die Ehefrau hat wegen der Kinderbetreuung während der Ehezeit nicht gearbeitet. Der Ehemann hat kurz nach Eheschließung ein Unternehmen gegründet, das mittlerweile einen erheblichen Wert hat. Ein Ehevertrag existiert nicht. Hier wird vereinbart, dass die Ehefrau zum Ausgleich des Zugewinns eine monatliche Zahlung für eine bestimmte Zeit erhält, da dem Ehemann der Zugewinnausgleich in einer Summe nicht möglich wäre.

Unterhalt

Hinsichtlich des Ehegattenunterhalts (siehe oben) sind in der Scheidungsfolgenvereinbarung üblich Regelungen zu

- Trennungsunterhalt und
- nachehelichem Unterhalt (also Unterhalt nach rechtskräftiger Scheidung).

Hier werden, im Gegensatz zum vorsorgenden Vertrag, in der Regel konkrete Vereinbarungen hinsichtlich Höhe und Art und Weise der Zahlung getroffen, die auf die Belange der Ehegatten zu diesem Zeitpunkt Rücksicht nehmen, die bei Eheschließung noch gar nicht bekannt sind.

Zu beachten ist, dass auf Trennungsunterhalt nicht vollständig verzichtet werden kann.

LF 13 | 1.7.7 ▶

Zum Kindesunterhalt wird oftmals eine Vereinbarung getroffen, die dem oder den Unterhaltsberechtigten einen über das in § 1612a BGB genannte Maß hinausgehenden Anspruch gewährt, also einen Unterhaltsanspruch, der höher ist, als der nach der Düsseldorfer Tabelle ermittelte Betrag. Außerdem unterwirft sich der Verpflichtete hinsichtlich dieser Ansprüche regelmäßig der Zwangsvollstreckung.

Versorgungsausgleich

§ 6 VersAusglG

Hinsichtlich des Versorgungsausgleichs ist der Verzicht der Regelfall in der Scheidungsfolgenvereinbarung. Gemäß § 6 I VersAusglG sind aber auch Modifizierungen des gesetzlich geregelten Versorgungsausgleichs möglich.

Erb- und Pflichtteilsverzicht

Nach den §§ 1933, 2077 und 2268 BGB ist das Erbrecht des Ehegatten sowohl gesetzlich als auch testamentarisch zwar ausgeschlossen, sobald der Scheidungsantrag gestellt wurde, jedoch kann zwischen Scheidungsfolgenvereinbarung und Scheidungsantrag ein gewisser Zeitraum liegen. Deshalb werden regelmäßig schon in der Vereinbarung alle Testamente und Erbverträge widerrufen bzw. ein wechselseitiger Erb- und Pflichtteilsverzicht erklärt.

3.4.2 Form

Zur Form gilt zunächst das oben unter 3.3.1 Gesagte. Ist die Übertragung von Grundbesitz Gegenstand der Scheidungsfolgenvereinbarung, ist diese ebenfalls beurkundungspflichtig, ebenso wie die Zwangsvollstreckungsunterwerfung in das gesamte Vermögen.

Sofern sich der Verpflichtete nicht der Zwangsvollstreckung unterwirft, sind Vereinbarungen über

- Trennungsunterhalt und
- Kindesunterhalt

nicht beurkundungspflichtig.

3.4.3 Abwicklung der Urkunde

Auch hier kann auf das oben Gesagte (3.3.3) verwiesen werden. Werden in der Scheidungsfolgenvereinbarung Regelungen zur Grundstücksübertragung getroffen, so sind diese wie in Lernfeld 10 gezeigt abzuwickeln.

◂ LF 10

3.5 *Zusammenfassung und Aufgaben*

ZUSAMMENFASSUNG

Vorsorgender Ehevertrag

- Regelungen für intakte Ehe

Scheidungsfolgenvereinbarung

- Regelungen für die Trennungszeit und die Zeit nach der rechtskräftigen Scheidung

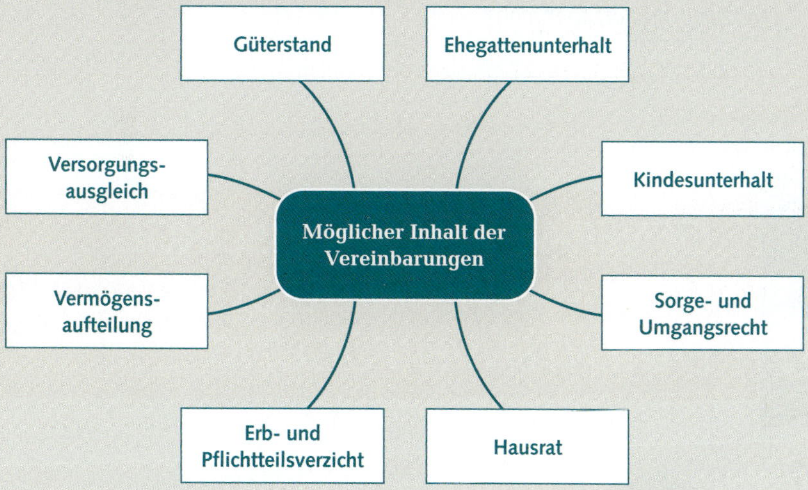

AUFGABEN

1. Welche Güterstände kennt das BGB?
2. Was können mögliche Motive für den Abschluss eines notariell beurkundeten Ehevertrags sein?
3. Erläutern Sie bitte, was die „modifizierte Zugewinngemeinschaft" ist und nennen Sie drei Beispiele für eine Modifikation.
4. Wozu führt es, wenn Ehegatten im Rahmen eines Ehevertrags den Versorgungsausgleich vollständig ausschließen?
5. Welchen Einfluss hat die Eintragung in das Güterrechtsregister auf die Wirksamkeit eines Ehevertrags?
6. Beurteilen Sie die Wirksamkeit folgender Formulierung in einem Ehevertrag: „Die Ehegatten schließen wechselseitig eine etwaige Unterhaltspflicht für gemeinsame Kinder aus."
7. Erläutern Sie den Unterschied zwischen Trennungsunterhalt und nachehelichem Unterhalt und stellen Sie dar, ob und gegebenenfalls in welcher Weise Ehegatten hierüber Regelungen treffen können.
8. Weshalb ist es sinnvoll, in einer Scheidungsfolgenvereinbarung einen Erb- und Pflichtteilsverzicht mit aufzunehmen?

4. GENERAL- UND VORSORGEVOLLMACHT, BETREUUNGS- UND PATIENTENVERFÜGUNG

4.1 Überblick

LF 13 | 1.7.8 ▸

Bitte informieren Sie sich zunächst in Lernfeld 13, 1.7.8, S. 268, über die gesetzlichen Regelungen zu Vormundschaft und Betreuung.

In der notariellen Praxis werden Regelungen zu diesem Problemkreis in der Regel dann beurkundet, wenn Personen Vorsorge für den Fall treffen wollen, dass sie aufgrund von Krankheit, Alter oder eines Unfalls nicht mehr in der Lage sein sollten, ihre Angelegenheiten selbst zu regeln. Für diese Fälle ist es der Wunsch der meisten Menschen, dass über sie nicht durch ihnen fremde Personen entschieden wird und dass Entscheidungen in ihrem Sinne getroffen werden. Dies wird dadurch erreicht, dass, soweit gesetzlich möglich, Personen, denen die Betroffenen vertrauen, im Vorwege benannt und mit weitreichenden Vollmachten ausgestattet werden **(General- und Vorsorgevollmacht, Betreuungsverfügung),** und möglichst spezifische Wünsche, z. B. für ärztliche Behandlungen, formuliert werden (u. a. in einer **Patientenverfügung).**

4.2 *General- und Vorsorgevollmacht*

§ 1896 BGB

§ 1896 BGB sieht für den Fall, dass eine volljährige Person aufgrund einer psychischen Krankheit oder einer körperlichen, geistigen oder seelischen Behinderung ihre Angelegenheiten ganz oder teilweise nicht (mehr) besorgen kann, ein Betreuer bestellt werden muss. Die Auswahl trifft das Betreuungsgericht.

Oft sind Betreuer Rechtsanwälte oder andere Personen, die dies als Erwerbstätigkeit ausüben. Auch, wenn Betreuer der strengen Kontrolle durch das Gericht unterliegen, ist es für viele Menschen eine unangenehme Vorstellung, dass eine fremde Person weitreichende Entscheidungen über ihr Leben und ihr Vermögen trifft. Außerdem gehen die Kosten, die durch die Betreuung anfallen, zulasten des Betreuten.

Um dies zu vermeiden, ist es möglich, eine oder mehrere Personen, denen der Betroffene vertraut, zu bevollmächtigen, in den vorgenannten Fällen Entscheidungen zu treffen. In der Regel werden in der sogenannten General- und Vorsorgevollmacht (oder nur: Vorsorgevollmacht) als Bevollmächtigte ein Ehegatte, die Kinder oder nahestehende Freunde eingesetzt. Dies hat zum einen den Vorteil, dass sofort, wenn es notwendig wird, Entscheidungen getroffen werden können. Muss nämlich erst ein Betreuer eingesetzt werden, ist zunächst ein eventuell langwieriges gerichtliches Verfahren zu durchlaufen. Zum anderen ist die Vertretungsbefugnis des Betreuers dadurch eingeschränkt, dass für diverse Geschäfte, u. a. Grundstücksgeschäfte, Genehmigungen durch das Gericht notwendig werden. Auch dies trifft für Bevollmächtigte nicht zu. Sie können im Rahmen ihrer Vollmacht uneingeschränkt tätig werden.

Soll die Vollmacht nach dem Willen des Vollmachtgebers tatsächlich in der Weise wirken, dass sie für den Fall, dass er selbst nicht mehr entscheiden kann, sämtliche Entscheidungen sofort durch den Bevollmächtigten getroffen werden können, ist es allerdings nicht möglich, die Vollmacht unter einer Bedingung („für den Fall, dass ich meine Angelegenheiten nicht mehr selbst regeln kann") oder beschränkt zu erteilen. Sie muss vielmehr ab Vollmachterteilung, also unter Umständen lange, bevor der „Notfall" eintritt, wirksam sein. Sonst müsste in eben diesem Fall erst, unter Umständen gerichtlich, geprüft werden, ob der Vollmachtgeber tatsächlich nicht mehr selbst entscheiden kann. Dies macht deutlich, dass eine so umfassende Vollmacht wirklich nur Personen erteilt werden sollte, denen der Vollmachtgeber uneingeschränkt vertraut.

Eine notarielle Beurkundung der Vollmacht ist grundsätzlich nicht notwendig. Diese ist nur dann erforderlich, wenn der Bevollmächtigte auch über Grundbesitz des Vollmachtgebers verfügen soll. Außerdem hat die beurkundete Vollmacht den Vorteil, dass Dritte in der Regel weder deren Echtheit anzweifeln noch Zweifel an der Geschäftsfähigkeit des Vollmachtgebers bei deren Erteilung erheben.

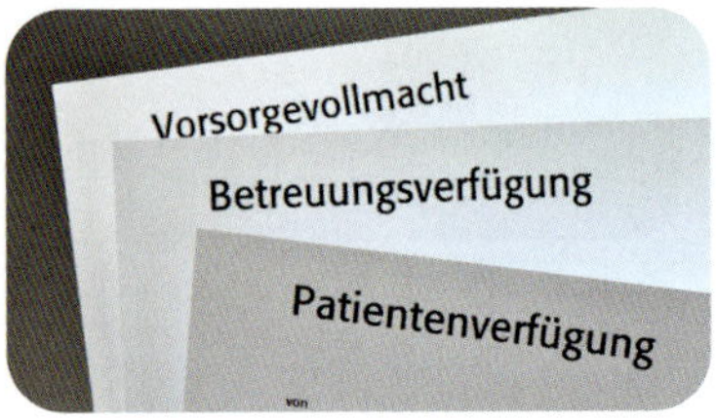

Um zusätzliche Rechtssicherheit zu erreichen, kann die Vorsorgevollmacht im zentralen Register der Vorsorgeurkunden (ZVR), welches durch die Bundesnotarkammer geführt wird, registriert werden.

4.3 Betreuungsverfügung

§ 1903 BGB

Durch die General- und Vorsorgevollmacht wird das Bedürfnis nach vorsorgenden Regelungen meistens so weit abgedeckt, dass daneben die Anordnung einer Betreuung nicht notwendig ist. In Ausnahmefällen, wenn es zur Abwendung erheblicher Gefahren für die Person oder das Vermögen notwendig ist, sieht das Gesetz in § 1903 BGB jedoch vor, dass eine Betreuung unter Einwilligungsvorbehalt angeordnet wird. Dadurch benötigt der Betreute, z. B. in den Fällen von Alkohol- oder Spielsucht, für Willenserklärungen die Einwilligung des Betreuers. Diese Regelung kommt der Entmündigung, die das Gesetz grundsätzlich nicht mehr vorsieht, am nächsten und kann in einer Vorsorgevollmacht nicht getroffen werden. Zum Schutz des Betroffenen ist hier immer die Mitwirkung des Gerichts notwendig.

Möglich ist allerdings, bereits im Vorwege eine Person zu benennen, die als Betreuer bestellt werden soll, § 1897 IV BGB. Diese sogenannte Betreuungsverfügung kann separat erfolgen, regelmäßig wird sie aber direkt in die Vorsorgevollmacht mit aufgenommen. Eine bestimmte Form ist nicht vorgeschrieben.

4.4 Patientenverfügung

§ 1901a BGB

In die Vorsorgevollmacht wird oft zusätzlich eine Patientenverfügung aufgenommen. Darin wird vorab die Einwilligung in ärztliche Untersuchungen, Heilbehandlungen und Eingriffe erteilt oder diese untersagt, vgl. § 1901a BGB. Eine verbindliche Anweisung an Ärzte kann es dabei nicht geben, da jeder behandelnde Arzt letztlich in eigener Verantwortung entscheiden muss. Die Tatsache, dass diese Verfügung meist gemeinsam mit Vorsorgevollmacht und Betreuungsverfügung beurkundet wird, liegt wohl in dem Bedürfnis begründet, all diese existentiellen Fragen abschließend zu regeln. Die Patientenverfügung kann allerdings auch getrennt verfasst werden und muss lediglich schriftlich verfasst werden, bedarf aber nicht der Beurkundung. Insbesondere dann, wenn die Patientenverfügung auch z. B. im Fall eines Unfalls mit anschließender ärztlicher Notfallversorgung Wirkung entfalten soll, ist es anzuraten, eine weitere Ausfertigung davon z. B. bei den Ausweispapieren oder dem Führerschein etc. stets mit sich zu führen.

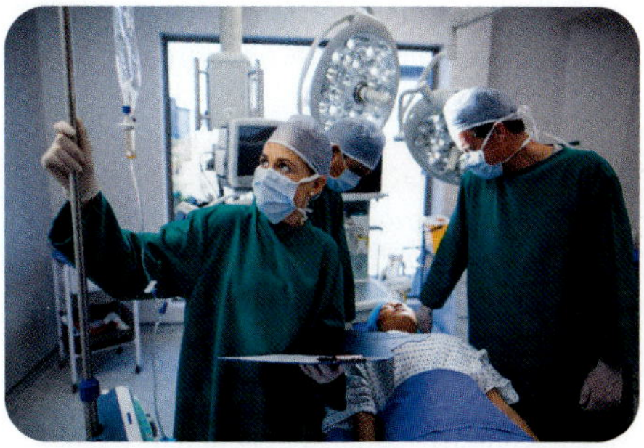

Durch die Patientenverfügung werden nicht nur behandelnden Ärzten etc. Anweisungen erteilt, sondern auch Bevollmächtigte und Betreuer sind gehalten, die Wünsche des Betroffenen zu berücksichtigen und sie gegenüber Ärzten durchzusetzen, § 1901a I, IV BGB.

4.5 Zusammenfassung und Aufgaben

ZUSAMMENFASSUNG

	Zweck	**Notarielle Beurkundung vorgeschrieben**
(General- und) Vorsorgevollmacht	Vorsorgliche Regelung der Personen- und Vermögenssorge für den Fall, dass der Vollmachtgeber nicht mehr entscheidungsfähig ist	Nein, nur bei Bevollmächtigung zu Grundstücksgeschäften
Betreuungsverfügung	Benennung eines Betreuers für den Fall, dass die Betreuung notwendig wird	Nein
Patientenverfügung	Einwilligung/Untersagung ärztlicher Untersuchungen, Behandlungen, Eingriffe, für den Fall, dass der Verfügende die Entscheidung nicht mehr selbst treffen kann	Nein

AUFGABEN

Bitte kreuzen Sie an, ob die folgenden Aussagen zu Vorsorgevollmacht, Betreuungs- und Patientenverfügung richtig oder falsch sind.

Aussage	Richtig	Falsch	Begründung
Die Vorsorgevollmacht macht eine Betreuungsverfügung in jedem Fall überflüssig.			
Eine Patientenverfügung ist für Ärzte in jedem Fall bindend.			
Die Entscheidung über die Bestellung eines Betreuers kann in der Urkunde rechtsverbindlich vorgenommen werden.			
Eine Vorsorgevollmacht kann unter eine Bedingung gestellt werden.			
Alle Vollmachten müssen notariell beurkundet werden.			
Als Betreuer kann nur ein Verwandter benannt werden.			

5. KOSTENBERECHNUNG

5.1 Kosten der familienrechtlichen Beurkundungen

§§ 1901a BGB

LF 9A | 6

Die Erstellung der Kostenberechnung der in diesem Kapitel behandelten Urkunden stellt keine besondere Schwierigkeit dar und folgt den allgemeinen Regeln, die Sie im Informationsband für das zweite Ausbildungsjahr kennengelernt haben.

Welche Gebühren in den hier genannten Fällen in Ansatz zu bringen sind, finden Sie in der folgenden Übersicht:

Geschäft	Gebührensatz	Geschäftswert	Bemerkungen
Vaterschaftsanerkennung	–	–	Die Beurkundung der Vaterschaftsanerkennung ist **gebührenfrei,** KV Teil 2, Vorbemerkung 2 III GNotKG i. V. m. § 62 I Nr. 1 BeurkG. **Auslagen** können erhoben werden.
Sorgeerklärung	1,0, KV Nr. 21200 GNotKG	5.000,00 Euro, § 36 I, III GNotKG	Sorgeerklärung und evtl. Zustimmung durch ges. Vertreter sind **derselbe** Beurkundungsgegenstand, § 109 I S. 2 GNotKG
Adoptionsantrag	1,0, KV Nr. 21200 GNotKG **(Antrag)** 0,5 KV Nr. 21201 Nr. 8 GNotKG **(Einwilligung** des Kindes, der Eltern oder des Ehegatten)	**Minderjährigenadoption:** 5.000,00 Euro, § 101 GNotKG **Volljährigenadoption:** 30–50 % des Reinvermögens des **Annehmenden,** höchstens 1 Mio. Euro, § 36 II GNotKG	
Ehevertrag/ Lebenspartnerschaftsvertrag	2,0, KV Nr. 21100 KV GNotKG	Summe der Vermögen der Verlobten/Ehegatten/Lebenspartner, § 100 I GNotKG	
Scheidungsfolgenvereinbarung	2,0, KV Nr. 21100	**Güterstandsvereinbarungen:** Summe der Vermögen, § 100 I GNotKG **Unterhaltsverzicht:** 5.000,00 Euro, § 36 I, III GNotKG **Ausschluss des Versorgungsausgleichs:** 5.000,00 Euro, § 36 I, III GNotKG **Erb- und Pflichtteilsverzicht:** Nach Lage des Falles gem. § 102 GNotKG	Die Regelungen in der Scheidungsfolgenvereinbarung sind **verschiedene** Beurkundungsgegenstände mit **demselben** Gebührensatz, § 111 Nr. 2 GNotKG, deshalb sind die Geschäftswerte zu **addieren,** §§ 86 II, 35 I GNotKG. Je nach individueller Vereinbarung können andere Regelungen hinzukommen oder genannte entfallen.

Geschäft	Gebührensatz	Geschäftswert	Bemerkungen
General- und Vorsorgevollmacht	1,0, KV Nr. 21200 GNotKG	Nach billigem Ermessen zu bestimmen, höchstens 50 % des Vermögens des Vollmachtgebers, § 98 III GNotKG	Eine **Betreuungsverfügung** in derselben Urkunde ist **gegenstandsverschieden,** § 110 Nr. 3 GNotKG. Eine **Patientenverfügung** in derselben Urkunde ist dagegen **gegenstandsgleich,** § 109 II S. 1 Nr. 1 GNotKG
Betreuungsverfügung	1,0, KV Nr. 21200 GNotKG	i. d. R. 5.000,00 Euro, § 36 I, III GNotKG	(s. o.)
Patientenverfügung	1,0, KV Nr. 21200 GNotKG	5.000,00 Euro, § 36 I, III GNotKG	

Hinzu kommen jeweils noch die Auslagen und die Umsatzsteuer.

BEISPIEL

Ein kinderloses Ehepaar hat sich nach mehrjähriger Ehe getrennt und lässt im Notariat eine Scheidungsfolgenvereinbarung beurkunden. Vereinbart wird Gütertrennung, wechselseitiger Verzicht auf Unterhalt und Ausschluss des Versorgungsausgleichs. Der Ehemann hat ein Reinvermögen von 74.000,00 Euro (nach Abzug von 22.000,00 Euro Schulden), die Ehefrau ein Vermögen von 48.000,00 Euro (nach Abzug von 54.000,00 Euro Schulden).

Geschäftswert:

<u>Gütertrennung:</u>
Summe der Vermögen der Ehegatten, 125.000,00 Euro

(Beachte § 100 I S. 2: bei der Ehefrau sind die Verbindlichkeiten nur bis zur Hälfte des Vermögens abzuziehen, also bis 51.000,00 Euro)

+ <u>Unterhaltsverzicht:</u> 5.000,00 Euro

+ Ausschluss des <u>Versorgungsausgleichs:</u> 5.000,00 Euro

= 135.000,00 Euro

2,0 Gebühr aus 135.000,00 Euro: **654,00 Euro**

5.2 Zusammenfassung und Aufgaben

ZUSAMMENFASSUNG

Notarielle Kosten im Bereich des Familienrechts

Wichtige Vorschriften

- **Gebührensätze: KV Nr. 21100 oder 21200 Vorbem. 2 III KV**
- **Geschäftswerte: §§ 36, 98, 100, 101, 102**

AUFGABEN

Bitte ermitteln Sie in den nachfolgenden Fällen die anfallenden Gebühren. Auslagen und Umsatzsteuer können außer Betracht bleiben.

1. Marleen und Sascha sind nicht verheiratet und bekommen ein Kind. Noch vor der Geburt erkennt Sascha die Vaterschaft an, beide geben eine übereinstimmende Sorgeerklärung ab.

2. Simone hat aus erster Ehe eine 6-jährige Tochter, Alexandra. Seit zwei Jahren ist Simone mit Jürgen verheiratet und es hat sich eine starke Bindung zwischen Alexandra und Jürgen entwickelt. Deshalb adoptiert Jürgen Alexandra.

3. Vor ihrer Eheschließung vereinbaren Björn und Celia per notarieller Urkunde Gütertrennung. Celia hat ein Vermögen (nach Abzug aller Schulden) von 450.000,00 Euro, Björn hat ein Reinvermögen von 30.000,00 Euro

4. Karl ist Witwer, mittlerweile 68 und verfügt über ein Vermögen von 340.000,00 Euro. Da er für die Zukunft vorsorgen möchte, lässt er eine Vorsorgevollmacht mit Betreuungs- und Patientenverfügung beurkunden, in der er seine Kinder Anja und Nanette umfassend bevollmächtigt.

6. DIE „EHE FÜR ALLE“

Am 30. Juni 2017 hat der Bundestag das „Gesetz zur Einführung des Rechts auf Eheschließung für Personen gleichen Geschlechts“ beschlossen. Durch dieses Gesetz wurde das BGB dahingehend abgeändert, dass ab Inkrafttreten auch Menschen gleichen Geschlechts die Ehe eingehen können.

Das Lebenspartnerschaftsgesetz bleibt weiterhin bestehen. Nur dann, wenn zwei Lebenspartnerinnen oder Lebenspartner dies wünschen, können sie durch Erklärung vor dem Standesbeamten ihre Lebenspartnerschaft in eine Ehe umwandeln. Ohne diese Erklärung bestehen bereits geschlossene, eingetragene Lebenspartnerschaften unverändert fort. Neue Lebenspartnerschaften können allerdings nicht mehr geschlossen werden.

Die Informationen zur Ehe (Lernfeld 13, 1.1–1.4.5) und zur eingetragenen Lebenspartnerschaft (Lernfeld 13, 1.5) sowie zum Ehe- und Lebenspartnerschaftsvertrag (Lernfeld 12A, 3) verlieren durch diese Gesetzesänderung ihre Richtigkeit nicht, da sowohl das Eherecht, wie auch das Recht der Lebenspartnerschaft nicht verändert wurde. Mittelfristig ist jedoch davon auszugehen, dass die eingetragene Lebenspartnerschaft ihre Bedeutung verlieren wird.

LERNFELD 13

In familien- und erbrechtlichen Angelegenheiten tätig werden

1. FAMILIENRECHT

Das Familienrecht ist ein Teilgebiet des Zivilrechts. Es regelt die Rechtsverhältnisse der Personen, die durch Ehe, Familie und Verwandtschaft oder durch Lebenspartnerschaft verbunden sind. Weitere Inhalte des Familienrechts sind auch die außerhalb der Verwandtschaft bestehenden gesetzlichen Vertretungsfunktionen wie Vormundschaft, Pflegschaft und rechtliche Betreuung.

1.1 Verlöbnis

1.1.1 Definition

§ 1297 BGB

Das Verlöbnis (die Verlobung) ist das Versprechen, eine Person zu heiraten. Die Regeln der §§ 1297 ff. BGB gelten seit 30. September 2017 auch für Personen gleichen Geschlechts.

1.1.2 Rechtsnatur

Beim Verlöbnis handelt es sich um einen **Vertrag** mit der wechselseitigen Verpflichtung zur künftigen Eheschließung.

MERKE

Die Verpflichtung zur Eheschließung kann gemäß § 1297 Abs. 1 BGB nicht eingeklagt werden.

MERKE

Das Versprechen einer Strafe für den Fall, dass die Eheschließung unterbleibt, ist nichtig.

1.1.3 Zustandekommen

Wie jeder Vertrag kommt die Verlobung durch zwei übereinstimmende Willenserklärungen zustande. Sobald ein Partner den anderen fragt, ob er ihn heiraten möchte und dieser zusagt, sind sie verlobt.

MERKE

Das Wort „Verlobung“ muss nicht ausgesprochen werden. Daher ist man spätestens auf dem Weg zum Standesamt verlobt, um dort die Eheschließung anzumelden.

Die Verlobung ist zudem ein höchstpersönliches Rechtsgeschäft, bei dem man sich nicht vertreten lassen kann. Sie bedarf keiner besonderen Form. Voraussetzung ist lediglich, dass keiner der Vertragsparteien bereits verheiratet oder anderweitig verlobt ist. Auch Minderjährige, die die personenrechtlichen Folgen ihres Handelns einsehen können, sind berechtigt, das Versprechen abzugeben.

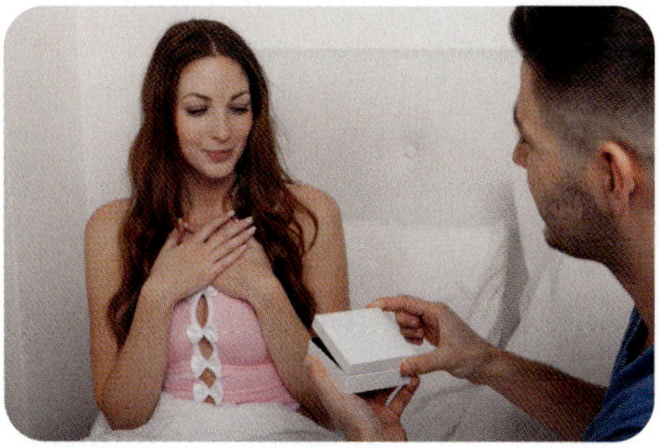

Die Verlobten können schon zur Zeit der Verlobung einen Ehevertrag schließen, § 1408 BGB. Dieser wird aber erst mit Eheschließung wirksam.

1.1.4 Beweismöglichkeiten

Bei einem Rechtsstreit kann es nötig werden, das Verlöbnis zu beweisen. Dazu muss alles aufgeführt werden, was auf ein ernstliches Eheversprechen hinweist.

BEISPIEL

Liebesbriefe, Verlobungsringe, Einladungen zur Verlobungsfeier, Zeitungsanzeigen etc. In Betracht kommen auch Zeugenaussagen von Freunden und Verwandten, die die Verlobung bezeugen können.

1.1.5 Rechtsfolgen der Verlobung

Zeugnisverweigerungsrecht

Verlobte gelten als Angehörige im Sinne des § 11 Abs. 1 Nr. 1a StGB. Sie haben sowohl im Zivil- als auch im Strafprozess ein Zeugnisverweigerungsrecht.

Rückgabe von Geschenken bei Entlobung

Gemäß § 1301 BGB kann jeder Verlobte bei Unterbleiben der Eheschließung die zum Zeichen der Verlobung, also in Erwartung der zukünftigen Ehe, gemachten Geschenke zurückverlangen. § 1301 BGB gilt also nicht für Anstandsgeschenke und Geschenke, die auch ohne zukünftige Eheschließung gemacht worden wären.

BEISPIEL

Ein Geburtstagsgeschenk kann nicht zurückverlangt werden. Der Verlobungsring und das Hochzeitskleid aber schon.

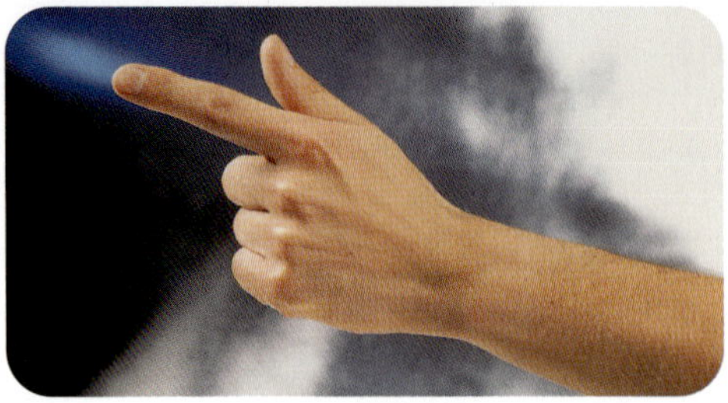

Es spielt dabei keine Rolle, aus welchem Grund die Verlobung gelöst wurde. Allerdings ist die Grenze erreicht, wenn ein Partner die Eheschließung in einer gegen die guten Sitten verstoßenden Weise vereitelt hat (z. B. durch eine Straftat). Menschliches Fehlverhalten (z. B. Untreue) reicht dafür aber nicht aus.

Schadensersatz bei Rücktritt

§ 1298 Abs. 1 BGB

Tritt ein Verlobter vom Verlöbnis zurück, so ist er dem anderen bei Vorliegen bestimmter Voraussetzungen schadensersatzpflichtig, § 1298 Abs. 1 BGB. Um einen Rücktritt handelt es sich, wenn nur einer der Verlobten die Verlobung aufheben möchte. Dafür reicht eine formlose Erklärung.

BEISPIEL

Franz beendet die Beziehung zu seiner Verlobten Kathi.

Wer grundlos von der Verlobung zurücktritt, schuldet dem anderen oder dessen Eltern Schadensersatz. Kein Grund ist z. B. die Erkenntnis, dass man nicht zusammenpasst oder die Gefühle nachgelassen haben.

§ 1298 Abs. 3 BGB

§ 1299 BGB

Nach § 1298 Abs. 3 BGB schuldet der Zurücktretende keinen Schadensersatz, wenn er mit wichtigem Grund zurücktritt, den der andere verschuldet hat. Beispiele sind Untreue, Straftat oder Misshandlung durch den anderen Verlobten. Nach § 1299 BGB schuldet dann aber der andere Schadensersatz, der durch sein Verhalten den Rücktritt veranlasst hat.

BEISPIEL

Franz tritt zurück, weil Kathi untreu ist. Franz muss keinen Schadensersatz zahlen, aber Kathi. Verschuldet aber Franz den Rücktritt, z. B. weil er untreu ist, muss er den Schaden ersetzen.

Es gibt auch wichtige Rücktrittsgründe, an denen keiner Schuld ist und folglich keiner Schadensersatz zahlen muss.

BEISPIEL

Franz tritt zurück, weil er oder weil Kathi schwer krank ist.

Umfasst werden nur Aufwendungen, die im Hinblick auf die Eheschließung gemacht wurden, z. B. bereits entstandene Kosten für Hochzeit, Brautkleid oder Einrichtung der Ehewohnung. Die Kosten müssen nach § 1298 Abs. 2 BGB angemessen sein, also im Verhältnis zum Verdienst des Verlobten stehen.

BEISPIEL

Kathi verdient 1.200,00 Euro netto und hat Lady Gaga für ihre Hochzeit engagiert. Die Kosten von 100.000,00 Euro sind nicht angemessen zum Verdienst.

1.1.6 Zusammenfassung und Aufgaben

ZUSAMMENFASSUNG

Das Verlöbnis ist ein **Vertrag** mit der wechselseitigen Verpflichtung zur künftigen Eheschließung mit Rechtsfolgen.

Schadensersatzpflicht bei Rücktritt eines Verlobten

- **ohne wichtigen Grund**
  - Beispiele: Erkenntnis, dass man nicht zusammenpasst oder dass Gefühle erloschen sind.
  - **Schadensersatz § 1298 Abs. 1 BGB** → Ja
- **mit wichtigem Grund**
  - Beispiele: Untreue, Straftat oder Misshandlung durch den anderen Verlobten
  - **Schadensersatz § 1298 Abs. 3 BGB (von keinem verschuldet)** → Nein
  - **Schadensersatz §§ 1298, 1299 BGB (von einem Verlobten verschuldet)** → Ja

AUFGABEN

1. Welche der folgenden Aussagen sind richtig? Bitte nennen Sie jeweils die passende Vorschrift aus dem BGB.

a. Auf Eingehung der Ehe kann geklagt werden.

b. Ein Strafversprechen für den Fall, dass die Ehe unterbleibt, ist möglich.

c. Verlobte dürfen bereits einen Ehevertrag schließen.

d. Verlobungsgeschenke sind nach Auflösung der Verlobung zurückzugeben.

e. Geburtstagsgeschenke sind nach Auflösung der Verlobung zurückzugeben.

2. Bitte lösen Sie folgende Fälle unter Angabe der passenden Vorschriften.

a. Kerstin hat nach der Verlobung mit Max ein großes Sofa für die zukünftige Ehewohnung gekauft. Plötzlich löst Max die Verlobung mit der Begründung, dass er sie nicht mehr liebe. Kerstin kann das Sofa nur mit einem Verlust von 300,00 Euro verkaufen und verlangt in dieser Höhe Schadensersatz. Zu Recht?

b. Max hat nach der Verlobung alle Vorbereitungen für die Hochzeit getroffen. Um seine Freunde zu beeindrucken, hat der gelernte Elektriker (Verdienst: 1.400,00 Euro netto) einen Live-Gig von Sido für 10.000,00 Euro gebucht. Kerstin kann sich eine gemeinsame Zukunft mit Max mittlerweile nicht mehr vorstellen und löst die Verlobung. Kann er von ihr 10.000,00 Euro verlangen?

c. Die Verlobungsparty von Max und Kevin hat 600,00 Euro gekostet. Kevin hat den Betrag von seinem Ersparten bezahlt. Als sich kurz danach herausstellt, dass Max ernsthaft und dauerhaft erkrankt ist, kann er sich ein gemeinsames Leben mit ihm nicht mehr vorstellen und löst die Verlobung. Muss Max ihm die Kosten für die Verlobungsparty ersetzen?

1.2 Eherecht

1.2.1 Eheschließung

§§ 1310 ff. BGB

Die Ehe wird durch Vertrag nach §§ 1310–1312 BGB begründet.

Die Eheschließung

Antrag

- Anmeldung beim Standesamt, in dessen Bezirk einer der Verlobten seinen Wohnsitz hat (Zuständigkeit)
- Vorlage der Abstammungsurkunden oder Abschriften aus dem Familienbuch beim Standesbeamten
- Der Standesbeamte prüft, ob Ehehindernisse vorliegen.
- Terminbestimmung

Ablauf

- Die Ehe wird nur dadurch geschlossen, dass die Eheschließenden vor dem Standesbeamten erklären, die Ehe miteinander eingehen zu wollen, § 1310 BGB. Eine rein kirchliche Trauung ist in Deutschland nicht möglich.
- Gemäß § 1311 BGB ist die Erklärung höchstpersönlich und bei gleichzeitiger Anwesenheit der Eheschließenden abzugeben, eine Vertretung ist also nicht möglich.
- Die Erklärungen sind nacheinander vor dem Standesbeamten abzugeben, § 1312 BGB.
- Auf Wunsch können die Eheschließenden einen oder zwei Trauzeugen bestimmen, § 1312 S. 2 BGB.

Die Anzeige familienrechtlicher Umstände gegenüber dem Standesamt regelt das Gesetz zur Reform des Personenstandsrechts (PStRG) von 2009. Im Zuge der Reform mussten bis Ende 2013 alle deutschen Standesämter die bisher gedruckten Personenstandsbücher durch elektronische Personenstandsregister ersetzen.

1.2.2 Ehefähigkeit

§ 1303 BGB

Gemäß § 1303 BGB darf eine Ehe ausnahmslos nicht vor Eintritt der Volljährigkeit eingegangen werden. Dies gilt für alle Personen, auch solche mit nicht-deutscher Staatsangehörigkeit. Mit dieser Neufassung von 2017 hat der Gesetzgeber die alte Regelung abgelöst, dass eine Ehe zwischen Voll- und 16-Jährigen mit Genehmigung des Familiengerichts möglich war.

Hintergrund der Änderung war die Eindämmung von Frühehen. Das nun geltende Voraustrauungsverbot verbietet, dass Minderjährige im Rahmen einer religiösen oder traditionellen Zeremonie/Handlung heiraten oder verlobt werden. Beteiligte und ZeugInnen können mit einem Bußgeld von bis zu 5.000,00 Euro belangt werden, §§ 11, 70 Personenstandsgesetz.

Zudem sieht § 1303 BGB vor, dass eine Ehe mit einer Person, die das 16. Lebensjahr nicht vollendet hat, nicht eingegangen werden kann. Dies bezieht sich auf im Ausland geschlossene Ehen mit Minderjährigen, die hier nicht anerkannt werden.

Die Kinder von Personen, deren Ehe in Deutschland nichtig ist, gelten in Deutschland als nichtehelich. Allerdings bleibt die Ehe im Herkunftsland nach dortigem Recht wirksam, auch die Kinder bleiben nach dortigem Recht ehelich. Die Vaterschaft muss hier in Deutschland anerkannt werden.

Ehen, die im Ausland mit mindestens einer Person zwischen 16 und 18 Jahren geschlossen wurden, sind in Deutschland aufhebbar, § 1314 Abs. 1 Nr. 1 BGB.

1.2.3 Eheverbote und Aufhebung der Ehe

§ 1306–1308 BGB

Das BGB kennt zwei Eheverbote und ein Ehehindernis. Die Eheverbote (Formulierung: „darf nicht") führen zur Aufhebung der Ehe. Das Ehehindernis (Formulierung: „soll nicht") führt dazu, dass die Ehe gültig ist, auch wenn sie gebotswidrig geschlossen wurde.

Eheverbote

nach § 1306 BGB Doppelehe

Eine Ehe darf nicht geschlossen werden, wenn zwischen einer der Personen, die die Ehe miteinander eingehen wollen, und einer dritten Person eine Ehe besteht. Dieses Eheverbot führt dazu, dass die zweite Ehe aufgehoben werden kann. Die zweite Ehe wird aber solange als rechtlich wirksam behandelt, bis sie nicht durch Urteil des Familiengerichtes aufgehoben wird. Wer eine Doppelehe schließt, macht sich zudem strafbar nach dem StGB.

Beispiel

Ehemann Uwe Hahn macht eine Kur und verliebt sich in den „Kurschatten" Frau Hof. Noch während der Kur heiratet er in dem Kurort diese Frau, ohne dass seine Ehefrau überhaupt etwas von der Affäre weiß.

nach § 1307 BGB Verwandtschaft

Der Beischlaf und die Ehe zwischen Verwandten sind verboten und führt dazu, dass die Ehe aufgehoben werden kann. Der Tatbestand ist im StGB mit Strafe bedroht. Dies gilt für Verwandte in gerader Linie sowie voll- und halbbürtigen Geschwistern. Den/die Cousin(e), Onkel und Tante darf man also heiraten.

Beispiel

Die Geschwister Jan und Julia können aufgrund der Verwandtschaft nicht heiraten. Dies wird der Standesbeamte in der Regel bei Vorlage der Abstammungsurkunden vor der Eheschließung feststellen. Andernfalls wird die Ehe aufgehoben.

Ehehindernisse

nach § 1308 BGB Annahme als Kind

Eine Ehe „soll“ nicht geschlossen werden zwischen Personen, deren Verwandtschaft durch Annahme als Kind (= Adoption) begründet worden ist. Das Hindernis besteht für Adoptivgeschwister und adoptierte Verwandte in gerader Linie. Die Formulierung macht deutlich, dass das Ehehindernis überwunden werden kann. Nach § 1766 S.1 BGB wird die Adoptivverwandtschaft automatisch aufgehoben, wenn die in Verletzung des § 1308 BGB geschlossen wurde.

Für Adoptivverwandte in der Seitenlinie (z. B. Tante, Onkel) enthält § 1308 II BGB einen Befreiungstatbestand. Das Familiengericht entscheidet über die Befreiung und darf diese nur ablehnen, wenn wichtige Gründe entgegenstehen. Dies wird in seltenen Fällen angenommen, etwa wenn der Familienverbund durch die Heirat gestört wird.

Beispiel

Die Familie Schmidt besteht aus Vater, Mutter, der 3-jährigen leiblichen Tochter Lea und dem 5-jährigen adoptierten Lasse. Gemäß § 1754 BGB (siehe Kapitel 1.7.7) begründet die Adoption ein rechtliches Verwandtschaftsverhältnis wie zu einem leiblichem Kind. Es besteht also ein Heiratshindernis zu den Eltern in gerader Linie und zu Lea als Schwester.

Möchten Lea und Lasse als Volljährige heiraten, können sie jedoch nach § 1308 Abs. 2 BGB einen Befreiungsantrag stellen wegen Verwandtschaft in Seitenlinie durch Adoption.

LERNFELD 13

§ 1314 Abs. 2 BGB kennt noch **weitere Nichtigkeitsgründe,** die zur Aufhebung der Ehe führen können:

§ 1314 BGB

- Störung der Geistestätigkeit/Bewusstlosigkeit eines Ehegatten bei der Eheschließung
- Unwissenheit eines Ehegatten, dass es sich um eine Eheschließung handelt
- Verleitung eines Ehegatten zur Ehe durch Drohung oder arglistige Täuschung, die nicht die Vermögensverhältnisse betrifft
- Scheinehe

Die **Heilung eines Aufhebungsgrundes** ist nach § 1315 BGB in Einzelfällen möglich. Das ist insbesondere der Fall, wenn beide Ehegatten die Ehe fortführen möchten.

§ 1315 BGB

BEISPIEL

Um steuerliche Vorteile zu erlangen sind Constanze und Maja eine Scheinehe nach § 1314 Abs. 2 Nr. 5 BGB eingegangen. Sie hatten sich vorgenommen, wie in einer Wohngemeinschaft zu leben und nach außen so zu tun, als seien sie ein Paar. Als das Finanzamt beim Familiengericht den Antrag auf Aufhebung stellt, leben sie aber in einer ehelichen Lebensgemeinschaft und möchten diese fortführen. Die Aufhebung ist somit nach § 1315 Abs. 1 S. 1 Nr. 5 BGB ausgeschlossen.

§§ 1316 ff.BGB

Die Aufhebung läuft nach einem **Aufhebungsverfahren** ab: Nach § 1316 BGB sind sowohl der Ehegatte als auch die nach Landesrecht zuständige Verwaltungsbehörde antragsberechtigt. Der Antrag ist beim Familiengericht zu stellen und der Ehegatte muss sich anwaltlich vertreten lassen, § 78 Abs. 2 ZPO. Die Antragsfristen nach §§ 1317, 1320 BGB sind zu beachten.

Die Ehe kann gemäß § 1313 BGB nur durch richterliche Entscheidung für die Zukunft ab Rechtskraft aufgelöst werden. Die Folgen der Aufhebung bestimmen sich nach § 1318 BGB. Bis dahin eingetretene Wirkungen der Ehe (siehe Kapitel 1.2.4) bleiben bestehen.

1.2.4 Wirkungen der Ehe

Der Ehename

§ 1355 BGB

Die Pflicht zur Führung eines gemeinsamen Ehenamens besteht heute nicht mehr, jedoch „sollen" die Eheleute gemäß § 1355 Abs. 1 S. 1 BGB einen gemeinsamen Ehenamen führen, den sie gemäß § 1355 Abs. 3 S. 1 BGB bei der Eheschließung gegenüber dem Standesbeamten erklären. Bestimmen die Eheleute keinen Ehenamen, so behält jeder seinen Namen, § 1355 Abs. 1 S. 3 BGB.

Die Ehegatten können den Ehenamen selbst bestimmen, § 1355 Abs. 1 S. 2 BGB. Dabei haben sie folgende Möglichkeiten:

- Die Eheleute bestimmen den Namen des Mannes oder den Namen der Frau zum gemeinsamen Ehenamen, § 1355 Abs. 1 S. 1, Abs. 2 BGB.
- Die Eheleute behalten den eigenen Namen, § 1355 Abs. 1 S. 3 BGB.
- Die Eheleute stellen dem Ehenamen den Geburtsnamen oder den aktuell geführten Namen voran oder fügen ihn an, § 1355 Abs. 4 S. 1 BGB (sog. Begleitname). Das geht nicht, wenn ein Ehepartner bereits einen Doppelnamen führt, § 1355 Abs. 4 S. 2 BGB.

Im Falle eines Doppelnamens kann ausnahmsweise dieser Name Ehename werden oder nur einer der Namen mit dem des anderen kombiniert werden. Nur eine Kombination von zwei gleichen Namen ist nicht möglich (z. B. Müller-Müller).

BEISPIEL

Anna Mosch und Philip Schäfer heiraten. Folgende Namenskombinationen sind möglich:

- Anna Mosch und Philip Schäfer
- Anna und Philip Mosch
- Anna und Philip Schäfer
- Anna Mosch und Philip Schäfer-Mosch/Mosch-Schäfer
- Anna Mosch-Schäfer/Schäfer-Mosch und Philip Schäfer

Im Mai 2025 tritt das neue Namensrecht in Kraft. Danach dürfen Ehegatten dann auch „echte Doppelnamen“ führen. Daraus ergibt sich dann im obigen Beispiel folgende neue Variante:

› Anna Schäfer-Mosch/Mosch-Schäfer und
  Philip Mosch-Schäfer/Schäfer-Mosch

Auch Kinder dürfen dann einen Doppelnamen führen.

Die eheliche Lebensgemeinschaft

§ 1353 BGB

Nach § 1353 Abs. 1 S. 2 BGB sind die Ehegatten einander zur ehelichen Lebensgemeinschaft verpflichtet und tragen füreinander Verantwortung. Diese Regelung gilt als Generalklausel für das ganze Eherecht und findet vor allem im Unterhalt- und Güterrecht Anwendung. Der Gesetzgeber hat den Inhalt der ehelichen Pflichten bewusst nicht konkretisiert, da es den Eheleuten überlassen bleiben soll, ihr Leben selbst zu gestalten. Als Grundelemente der ehelichen Lebensgemeinschaft gelten:

› das Zusammenleben in häuslicher Gemeinschaft bei gemeinschaftlicher Mitbenutzung von Ehewohnung und Hausrat
› die eheliche Treue
› der gegenseitige Beistand in persönlichen Angelegenheiten des Ehegatten, z. B. Begleitung zu Ämtern
› die gegenseitige Rücksichtnahme, z. B. Unterlassen häuslicher Gewalt und von Alkohol- oder Medikamentenmissbrauch
› die vermögensrechtliche Rücksichtnahme, z. B. Verpflichtung, zum Lebensunterhalt beizutragen
› die Anteilnahme an der Haushaltsführung
› die gemeinsame Kindeserziehung

Die Pflicht zur ehelichen Lebensgemeinschaft ist als Rechtspflicht grundsätzlich einklagbar. Eine **Herstellungsklage** auf Geschlechtergemeinschaft ist heute jedoch nicht mehr begründet, da das Kinderkriegen nicht mehr als Ehezweck gilt.

Für dieses Verfahren vor dem Familiengericht besteht **Anwaltszwang** gemäß §§ 266 Abs. 1 Nr. 2 und 3, 112 Nr. 3, 114 Abs. 1 FamFG. Dieser Antrag wird aber nur selten gestellt, da die Vollstreckung aus einem Herstellungsurteil nach § 120 Abs. 3 FamFG ausgeschlossen ist.

Möglich ist ebenfalls eine **Schadensersatzklage,** wenn ein Ehegatte die eheliche Lebensgemeinschaft verletzt, § 280 Abs. 1 BGB analog. Sie ist allerdings ausgeschlossen, soweit die Pflichtverletzung den höchstpersönlichen Bereich der Ehe betrifft.

BEISPIEL

Die Ehefrau verschweigt dem Ehemann, dass sie das in der Ehe geborene Kind im Ehebruch mit einem anderen Mann gezeugt hat, weshalb dieser erst nach 5 Jahren die Vaterschaft erfolgreich angefochten und in der Zwischenzeit dem Kind zu Unrecht Unterhalt gewährt hat.

LERNFELD 13

Haushaltsführung und Erwerbstätigkeit

Die Ehegatten regeln die Haushaltsführung und die Erwerbstätigkeit im gegenseitigen Einvernehmen, § 1356 BGB. Die Ehegatten können die Rollenverteilung somit frei vereinbaren. Können sie sich nicht einigen, bleibt die Haushaltsführung gemeinschaftliche Aufgabe, zu der beide Ehegatten nach Kräften beizutragen haben.

Wird die Haushaltsführung dagegen einem der Ehegatten (Hausfrauenehe) übertragen, so hat das zwei Konsequenzen:

- **Der Ehegatte leitet den Haushalt in eigener Verantwortung und kann diesbezügliche Entscheidungen selbstständig treffen, § 1356 Abs. 1 S. 2 BGB.**
- **Er erfüllt seine Pflicht, zum Familienunterhalt beizutragen, in der Regel durch die Haushaltsführung, § 1360 S. 2 BGB. Aus einem Nebenverdienst muss er nur zum Familienunterhalt beitragen, wenn dieser andernfalls nicht sichergestellt wäre.**

Auch die **Erwerbstätigkeit** kann von den Eheleuten einvernehmlich frei geregelt werden. Möglich ist eine Alleinverdiener-, Doppelverdiener- oder Zuverdienstehe, bei der der eine Ehegatte sich um den Haushalt kümmert und nebenbei etwas hinzuverdient. Grundsätzlich sind beide Ehegatten ohne Zustimmung des anderen berechtigt, eine Erwerbstätigkeit anzunehmen, § 1356 Abs. 2 S. 1 BGB. Nur im Ausnahmefall ist ein Verbot der Erwerbstätigkeit aus Gründen der Rücksichtnahme auf die Familie gerechtfertigt.

Jeder Ehegatte ist zudem verpflichtet, einen Beitrag zum angemessenen Lebensunterhalt der Familie zu leisten, § 1360 S. 1 BGB. Wenn es zur Sicherung des **Familienunterhalts** notwendig ist, ist in der Regel auch die Hausfrau bzw. der Hausmann verpflichtet, eine angemessene Erwerbstätigkeit anzunehmen.

Die „Schlüsselgewalt“

§ 1357 BGB

Jeder Ehegatte ist berechtigt, Geschäfte zur angemessenen Deckung des täglichen Lebensbedarfs auch mit Wirkung für den anderen Ehegatten zu besorgen, § 1357 Abs. 1 BGB. Die rechtliche Konsequenz aus § 1357 BGB ist, dass beide Ehepartner für einen schuldig gebliebenen Betrag gesamtschuldnerisch haften, § 421 BGB.

BEISPIEL

Frau Schulte kauft im Supermarkt für 25,00 Euro für die Familie ein. Da sie den Geldbeutel zu Hause vergessen hat, erlaubt die Kassiererin ihr den Betrag „anzuschreiben". Der Supermarkt kann die 25,00 Euro sowohl von Frau als auch von Herrn Schulte verlangen.

Bei **Geschäften zur Deckung des täglichen Lebensbedarfs** handelt es sich um alle Besorgungen für die Familie, z. B. Lebensmittel, Hygieneartikel, Kleidung, Möbel, Haushaltsgegenstände, Kinderausstattung, Arzt- und Apothekenkosten.

Als **angemessen** im Sinne des § 1357 Abs. 1 S. 1 gelten alle Geschäfte, die den Lebensverhältnissen entsprechen. Kauft ein Ehegatte einen Gegenstand, der dem Lebensstandard nicht angemessen ist oder etwas für sich alleine, so haftet nur er für den ausstehenden Betrag.

BEISPIEL

Die Ehefrau eines Durchschnittsverdieners möchte als regelmäßige Leserin der Promiklatschspalten etwas mehr „Glamour" in die Familie bringen und kauft daher für 300,00 Euro Kaviar für das familiäre Abendessen. Sie haftet gegenüber dem Feinkosthändler allein.

Die alleinige Haftung eines Ehegatten tritt auch ein, wenn die Ehegatten die Schlüsselgewalt im Ehevertrag ausgeschlossen haben, § 1357 Abs. 2 S. 1 BGB. Dieser im Innenverhältnis der Ehegatten vereinbarte Ausschluss entfaltet jedoch im Außenverhältnis nur Wirkung, wenn er dem Dritten gegenüber bekannt ist, § 1357 Abs. 2 S. 2 BGB.

LERNFELD 13

Die Sorgfaltspflicht

§ 1359 BGB

Die Sorgfaltspflicht unter Ehegatten meint entgegen des Wortlauts nicht, dass die Ehegatten besonders sorgsam miteinander umzugehen haben, denn das ist bereits von § 1353 BGB erfasst. Vielmehr enthält die Vorschrift ein Haftungsprivileg der Ehegatten zueinander: Soweit es im Rahmen des Anspruchs eines Ehegatten gegen den anderen auf ein Verschulden ankommt, hat der andere Ehegatte nur für die eigenübliche Sorgfalt i. S. v. § 277 BGB einzustehen. Die Vorschrift dient der Aufrechterhaltung des Familienfriedens.

BEISPIEL

Herr Schneider zerbricht aus Versehen die wertvolle Vase, die seine Frau geerbt hatte. Grundsätzlich ist er für den fahrlässig herbeigeführten Schaden ersatzpflichtig, §§ 823, 276 BGB. Nach § 1359 muss Herr Schneider den Schaden jedoch nur ersetzen, wenn er diejenige Sorgfalt verletzt hat, die er auch in eigenen Angelegenheiten anzuwenden pflegt, § 277 BGB. Dies bedeutet, dass er nur für grobe Fahrlässigkeit, nicht aber für ein Versehen haften muss.

Ein Ehegatte haftet nur, wenn er **grob fahrlässig** oder **vorsätzlich** einen Schaden am Eigentum des anderen Ehegatten verursacht. Dies gilt nicht im Straßenverkehr, hier haftet der Ehegatte auch für leichte Fahrlässigkeit.

BEISPIEL

Herr Sieber sitzt mit seiner Frau im Auto und streift aus Unachtsamkeit einen rechts fahrenden LKW auf der Autobahn. Frau Sieber stößt bei dem Aufprall mit dem Kopf gegen die Seitenscheibe und muss wegen einer Platzwunde ärztlich behandelt werden. In diesem Fall muss Herr Sieber trotz der nur leichten Fahrlässigkeit die Arztrechnung übernehmen.

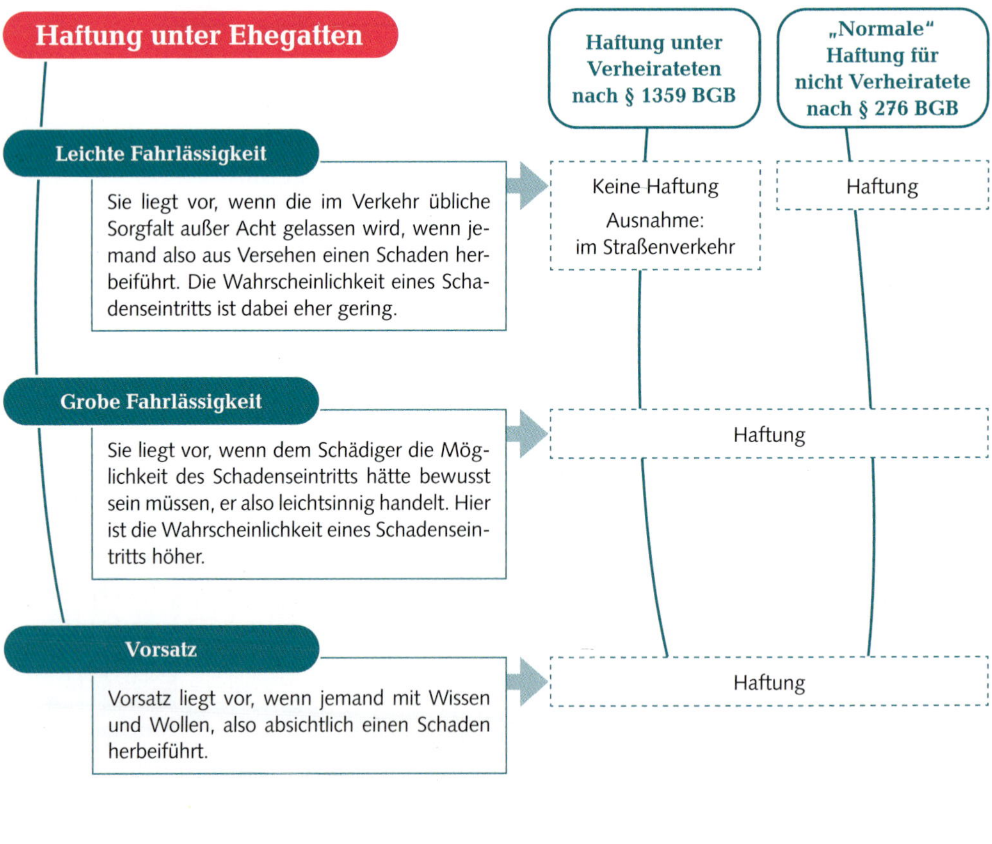

Der Familienunterhalt

Der Familienunterhalt umfasst die Pflicht, zum Lebensunterhalt für die Familie beizutragen. Dazu zählen der Ehegatte und die noch im Haushalt lebenden Kinder. Gegenüber anderen Verwandten gelten Sonderregelungen.

§ 1360 BGB

Zum angemessenen Lebensunterhalt zählen nach § 1360a Abs. 1 BGB Ausgaben für

- den gemeinsamen Haushalt,
- die persönlichen Bedürfnisse jedes Ehegatten und
- die Deckung des Lebensbedarfs gemeinsamer Kinder.

Hieraus folgt, dass ein einkommensloser Ehegatte von dem Alleinverdiener in der Regel auch ein **Taschengeld** in Höhe von 5 % bis 7 % von dessen Nettoeinkommen zur freien Verwendung verlangen kann.

Der Unterhalt kann in Naturalien (Naturalunterhalt) oder in Geld (Barunterhalt) geleistet werden, § 1360a Abs. 2 S. 2 BGB. Barbeträge sind allerdings für eine angemessene Zeit im Voraus zur Verfügung zu stellen, § 1360a Abs. 2 BGB.

Hat ein Ehegatte einen Gerichtsprozess zu führen, der nicht nur sein eigenes Vermögen betrifft, kann er vom anderen Zahlung des Prozesskostenvorschusses verlangen, wenn er ihn nicht selbst bezahlen kann, § 1360a Abs. 4 BGB. Das gilt auch für familiengerichtliche Verfahren gegen den Ehegatten.

1.2.5 Zusammenfassung und Aufgaben

ZUSAMMENFASSUNG

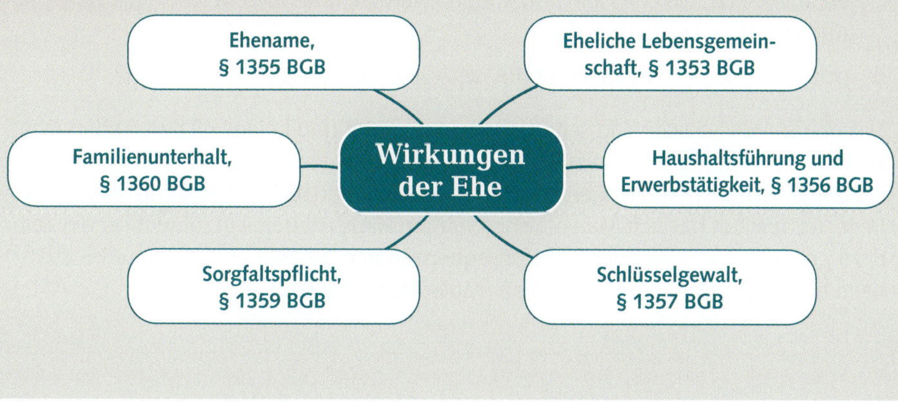

AUFGABEN

Bitte geben Sie bei der Lösung immer die passenden Vorschriften an!

1. Die stadtbekannten Streithähne Tom und Tim treten vor den Standesbeamten Müller, um zu heiraten. Müller ist der Meinung: „Das hält sowieso nicht“ und verweigert die Eheschließung. Zu Recht?

2. Berta Klause tritt mit dem volltrunkenen Bernd Sauerbier, der nur noch torkeln und lallen kann, vor den Standesbeamten. Der Standesbeamte Müller verweigert die Eheschließung. Zu Recht?

3. Ben und Simone sind von der aktuellen Scheidungsstatistik geschockt. Deshalb erklären sie vor dem Standesbeamten einvernehmlich: „Wir schließen die Ehe auf 5 Jahre.“ Zu Recht?

4. Die Halbgeschwister Jan (18) und Julia (19) treten vor den Standesbeamten. Dieser vergisst das Verwandtschaftsverhältnis zwischen den beiden zu prüfen und vollzieht die Trauung. Erst 2 Jahre später fällt ihm der Fehler auf. Kann er die Eheschließung rückgängig machen und wenn ja, wie und mit welchen Folgen?

5. Die alleinstehende Anneliese Schmitz (63) lernt den aus Afrika stammenden Nelson Miller kennen, der sich illegal in Deutschland aufhält. Damit Nelson eine Aufenthaltsgenehmigung in Deutschland bekommt, wollen sie heiraten. Im Gegenzug zahlt Nelson ihr monatlich 300,00 Euro. Ein Zusammenleben soll für die Behörden vorgetäuscht werden, tatsächlich aber nicht stattfinden. Nach der Heirat wird die Ausländerbehörde misstrauisch.

a. Begründen Sie, ob und wenn ja, aus welchem Grund die Ehe aufgehoben werden kann.

b. Vorausgesetzt, die Ehe kann aufgehoben werden: Wer ist antragsberechtigt?

c. Vorausgesetzt, die Ehe kann aufgehoben werden: Innerhalb welcher Frist kann die Aufhebung beantragt werden?

d. Unter welchen Umständen könnte die Aufhebung ausgeschlossen sein?

6. Lisa und Marco Schmitz sind seit 3 Jahren verheiratet und beide voll berufstätig. Den Haushalt wollen sie gemeinsam führen. Für Ausgaben zur Haushaltsführung haben sie ein Gemeinschaftskonto eingerichtet, auf das beide monatlich 100,00 Euro einzahlen. In der letzten Zeit hat sich Marco nicht mehr am Haushalt beteiligt, obwohl er die Zeit dazu gehabt hätte. Lisa zieht ihre Konsequenzen und möchte eine Putzfrau beschäftigen und die Kosten mit Marco teilen. Muss Marco zahlen?

»

7. Herr Schönherr ist Alleinverdiener und seine Frau führt den Haushalt. Sie wendet dabei alle Fertigkeiten an, die sie von ihrer Mutter gelernt hat. Herrn Schönherr schmeckt das Essen nicht und er findet, dass seine Hemden nicht ordentlich gebügelt sind. Daher droht er: „Wenn das nicht besser wird, gehst du arbeiten!" Zu Recht?

8. Die nicht erwerbstätige Hausfrau kauft bei einem Versandhaus einen Staubsauger für 139,00 Euro. Der Ehemann meint, der alte Staubsauger sei noch gut und will die Rechnung nicht bezahlen. Kann das Versandhaus von ihm den Kaufpreis verlangen?

9. Das Ehepaar Schmidt hat sich gegenseitig die Schlüsselgewalt entzogen und dies per Ehevertrag geregelt, der bei ihrem Anwalt liegt. Sonst haben Sie niemandem davon erzählt. Beim Einkauf im Supermarkt bleibt Frau Schmidt 44,00 Euro schuldig. Kann der Supermarkt den Betrag von Herrn Schmidt verlangen?

10. Max und Tina sind Eltern geworden. Max kann mit Kindern allerdings nicht viel anfangen und überlässt Tina die ausschließliche Betreuung. Entspricht dieses Verhalten dem Familienrecht?

LERNFELD 13

1.3 Eheliches Güterrecht

1.3.1 Eigentumsverhältnisse

© athomass– Fotolia.com

Für die Zwangsvollstreckung und für andere Streitigkeiten, ist es oft wichtig zu wissen, welche Gegenstände eines Ehehaushalts welchem Ehegatten allein gehören.

Im Falle einer Zwangsvollstreckung besteht die Gefahr, dass der andere Ehegatte versucht, die Vollstreckung zu vereiteln, indem er behauptet, Eigentümer des Vollstreckungsobjekts zu sein.

MERKE

Grundsätzlich gehören Gegenstände, die nach der Eheschließung erworben werden, dem erwerbenden Ehegatten und werden nicht etwa Gemeinschaftseigentum, § 1363 Abs. 2 S. 1 BGB.

Liegt also ein Vollstreckungstitel gegen einen Ehegatten vor, könnte der andere Ehegatte diesem widersprechen, § 809 ZPO.

§ 1362 BGB

Hier greift § 739 ZPO, der hinsichtlich des für die Zwangsvollstreckung wichtigen Gewahrsams auf § 1362 BGB verweist. § 1362 BGB soll die Vereitelung der Zwangsvollstreckung verhindern und enthält zwei **Eigentumsvermutungen:**

› Zugunsten des Gläubigers gilt die Vermutung, dass die im Besitz eines oder beider Ehegatten befindlichen Gegenstände nur dem Ehegatten gehören, der Schuldner ist, § 1362 Abs. 1 S. 1 BGB.

› Zugunsten des Gläubigers gilt auch die Vermutung, dass die ausschließlich für den persönlichen Gebrauch eines Ehegatten bestimmten Gegenstände (z. B. Kleidung, Schmuck) diesem allein gehören, § 1362 Abs. 2 BGB.

Somit kann der Gerichtsvollzieher pfänden, § 808 Abs. 1 ZPO. Falls der andere Ehegatte behauptet, Allein- oder Miteigentümer eines Pfändungsobjekts zu sein, kann er dies im Wege der Drittwiderspruchsklage nach § 771 ZPO geltend machen und die Vermutung des § 1362 Abs. 1 S. 1 BGB widerlegen.

1.3.2 Zugewinngemeinschaft

§ 1363 BGB

Schließen die Eheleute keinen Ehevertrag, so gilt der Güterstand der Zugewinngemeinschaft. Er wird daher auch als gesetzlicher Güterstand bezeichnet, § 1363 Abs. 1 BGB.

Als Grundsatz für die Zugewinngemeinschaft gilt die **Vermögenstrennung,** § 1363 Abs. 2 S. 1 BGB. Dies bedeutet, dass die Ehegatten jeweils Alleineigentum an den in die Ehe eingebrachten Gegenständen behalten. Das gilt auch für Gegenstände, die die Eheleute nach der Heirat erwerben. Daraus folgt, dass ein Ehegatte für solche Anschaffungen auch als Alleinschuldner haftet, es sei denn, es handelt sich um Geschäfte zur Deckung des täglichen Lebensbedarfs nach § 1357 BGB. Auch für Schulden haftet man allein.

BEISPIEL

Max kauft sich von seinem Einkommen im Großhandel ein teures Rennrad und erledigt dort gleichzeitig den Wocheneinkauf für sich und Ehefrau Kerstin. Für den Kaufpreis des Rennrads haftet Max alleine, da es sich um einen für ihn bestimmten Luxusartikel handelt. Für den Wocheneinkauf haften Max und Kerstin gesamtschuldnerisch nach §§ 1357, 421 BGB, da es sich um ein Geschäft zur Deckung des täglichen Lebensbedarfs handelt.

Gemeinschaftliches Eigentum entsteht nur an Gegenständen, die von beiden erworben wurden (Miteigentum).

Endet die Zugewinngemeinschaft etwa durch Tod, Aufhebung, Scheidung oder Wahl eines anderen Güterstandes, so wird der Zugewinn ausgeglichen, § 1363 Abs. 2 S. 2 BGB. Man könnte die Zugewinngemeinschaft daher auch als „Vermögenstrennung mit späterem Gewinnausgleich" bezeichnen.

§ 1364 BGB

In der Zugewinngemeinschaft gilt zudem der **Grundsatz der selbstständigen Vermögensverwaltung,** § 1364 BGB: Jeder Ehegatte verwaltet sein Vermögen selbstständig und kann folglich im eigenen Namen auch grundsätzlich frei hierüber verfügen. Hiervon gibt es zwei Ausnahmen:

Die selbstständige Vermögensverwaltung

Grundsatz: Jeder Ehegatte verwaltet sein Vermögen selbstständig

Ausnahme 1: Verfügungen über das Vermögen im Ganzen

§ 1365 BGB

Ein Ehegatte kann über sein Vermögen als Ganzes nur dann verfügen, wenn der andere diesem Vertrag zustimmt. Hierdurch soll die wirtschaftliche Grundlage der Familie geschützt werden. Diese Bestimmung greift auch ein, wenn einzelne Gegenstände ihrem Wert nach im Ergebnis das Gesamtvermögen darstellen. Bei kleineren Vermögen bleibt das Geschäft zustimmungsfrei, wenn dem Ehegatten 15 % verbleiben. Macht bei einem größeren Vermögen das verbleibende Vermögen 10 % des ursprünglichen Gesamtvermögens aus, greift § 1365 in der Regel nicht ein. Die Verfügung wäre wirksam.

Beispiel

Die Eheleute Kerstin und Max haben ein Sparvermögen von 30.000,00 Euro. Als Max schwer erkrankt und nach der Behandlung bei einem „Wunderheiler" plötzlich wieder gesund wird, möchte er diesem 25.000,00 Euro spenden. Kerstin ist dagegen. Ihre Zustimmung ist jedoch nicht erforderlich, da Max 5.000,00 Euro, also mehr als 16 % des Gesamtvermögens, verbleiben. Diese Verfügung betrifft also nicht das Gesamtvermögen und ist ohne Kerstins Zustimmung wirksam.

Ausnahme 2

§ 1369 BGB

Über Haushaltsgegenstände, die im Eigentum eines Ehegatten stehen, darf dieser nur mit Zustimmung des anderen Ehegatten verfügen. Haushaltsgegenstände sind alle Sachen, die dem ehelichen Haushalt, also der Hauswirtschaft und dem ehelichen Zusammenleben dienen, z. B. Möbel, Küchenutensilien, Radio, TV oder Gartenmöbel. Auch ein Auto kann Haushaltsgegenstand sein, wenn es dem Zweck dient, private Geschäfte zu erledigen wie Kinder zur Schule fahren oder Familieneinkäufe erledigen. Von dieser Regelung sind Gegenstände ausgenommen, die ausschließlich dem persönlichen Gebrauch eines Ehegatten dienen. Dies kann etwa ein Auto sein, das nur ein Ehegatte zu beruflichen Zwecken nutzt. Die Ehegatten können die Zweckbestimmung eines Gegenstandes jederzeit gemeinschaftlich ändern.

Beispiel

Kerstin hat im Schaufenster eines Nobelkaufhauses eine Designerhandtasche gesehen, die sie unbedingt haben möchte. Um diese zu finanzieren, möchte sie das geerbte Silberbesteck verkaufen, das auch von ihrem Mann Max für die täglichen Mahlzeiten benutzt wird. Dies ist ohne Zustimmung von Max nicht möglich, da es sich um einen Haushaltsgegenstand handelt. Anders wäre der Fall, wenn es sich um ein Zweitbesteck handelte, denn dieses gilt als Luxus- und nicht als Haushaltsartikel.

Rechtsfolgen

Für beide Ausnahmen gilt, dass ein Vertrag, der ohne die erforderliche Einwilligung geschlossen wurde, schwebend unwirksam ist, §§ 1366 Abs. 1, 1369 Abs. 3 BGB. Der andere Ehegatte kann sowohl gegenüber dem verfügenden Ehegatten als auch gegenüber dem Vertragspartner nachträglich genehmigen, § 182 BGB. Der Vertrag ist dann von Anfang an gültig, § 184 I BGB. Genehmigt der andere Ehegatte die Verfügung nicht, so ist der Vertrag von Anfang an unwirksam, § 1366 Abs. 4 BGB. Die Mitwirkung eines Ehegatten kann gemäß §§ 1365 Abs. 2, 1369 Abs. 2 BGB auf Antrag vom Familiengericht ersetzt werden. Ist eine Verfügung bereits ohne Einwilligung erfolgt, so kann der andere Ehegatte dies gegenüber dem Käufer notfalls gerichtlich geltend machen und Herausgabe verlangen, §§ 1368, 812 BGB.

1.3.3 Berechnung des Zugewinnausgleichs

Die Vorschriften über den Zugewinnausgleich enthalten Regeln darüber wie das Vermögen aufzuteilen ist, wenn der Güterstand der Zugewinngemeinschaft endet.

Der Zugewinn

§ 1373 BGB

Als Zugewinn wird der während der Ehe beiderseitig erzielte Vermögenszuwachs bezeichnet. Das BGB sieht dafür eine genaue Rechenmethode vor, wonach Zugewinn der Betrag ist, um den das Endvermögen eines Ehegatten dessen Anfangsvermögen übersteigt, § 1373 BGB. Einen negativen Zugewinn gibt es nicht.

MERKE

Endvermögen
– Anfangsvermögen
= Zugewinn

Das Anfangsvermögen

§ 1374 BGB

Als Anfangsvermögen wird das Vermögen bezeichnet, das einem Ehegatten abzüglich der Verbindlichkeiten beim Beginn der Zugewinngemeinschaft gehört, § 1374 Abs. 1 BGB.

Bestimmte Vermögenszuwächse fallen aber nicht in den Zugewinnausgleich und werden daher dem Anfangsvermögen zugerechnet, sog. privilegiertes Anfangsvermögen nach § 1374 II BGB. Dazu gehört Vermögen, das einem aufgrund einer persönlichen Beziehung mit einem Dritten zufließt und gerade nicht den ehelichen Lebensverhältnissen zuzurechnen ist, wie etwa eine Erbschaft oder eine Schenkung. Seit 2013 fällt der Lottogewinn nicht mehr ins Anfangsvermögen, da ihm keine persönliche Beziehung zugrunde liegt.

Nach neuem Recht kann das Anfangsvermögen auch negativ sein, § 1374 Abs. 3 BGB. Die Ehegatten können das Anfangsvermögen in einem Verzeichnis festhalten, § 1377 BGB.

MERKE

Vermögen bei Beginn der Zugewinngemeinschaft
– Verbindlichkeiten
+ Erbschaft
+ Schenkungen
= Anfangsvermögen

Das Endvermögen

Als Endvermögen wird das Vermögen bezeichnet, das einem Ehegatten bei Beendigung der Zugewinngemeinschaft abzüglich der Verbindlichkeiten gehört. Das Endvermögen kann auch negativ sein, § 1375 Abs. 1 BGB.

§ 1375 BGB

BEISPIEL

Geschenke an die Geliebte

Gegebenenfalls wird dem Vermögen hinzugerechnet, dass der Ehegatte unentgeltliche Zuwendungen gemacht hat, durch die er nicht einer sittlichen Pflicht oder einer auf den Anstand zu nehmenden Rücksicht entsprochen hat, § 1375 Abs. 2 S. 1 Nr. 1 BGB.

Auch Vermögensverschwendungen nach Eintritt der Zugewinngemeinschaft werden hinzugerechnet, § 1357 Abs. 2 S. 1 Nr. 2 BGB.

BEISPIEL

Ehemann verspielt Geld im Casino, macht Luxusreisen etc.

Schließlich werden auch die Beträge hinzugerechnet, die das Vermögen vermindert haben, weil ein Ehegatte absichtlich Handlungen vorgenommen hat, um den anderen zu schädigen, § 1357 Abs. 2 S. 1 Nr. 3 BGB.

BEISPIEL

Ehemann verschenkt Geld, damit die Ehefrau es nicht bekommt.

Bei Scheidung endet der Güterstand grundsätzlich mit Rechtskraft des Scheidungsurteils. Aus Gründen der Praktikabilität wird aber der Stichtag für die Berechnung des Endvermögens vorverlegt, nämlich auf den Zeitpunkt der Rechtshängigkeit des Scheidungsantrags bei Gericht, also wenn die Antragsschrift des einen Ehegatten dem anderen Ehegatten durch das Gericht zugestellt wird.

MERKE

  Vermögen
– Verbindlichkeiten
+ sittenwidrige Zuwendungen
+ Verschwendung
+ Schädigungshandlung
= Endvermögen

Der Zugewinnausgleich

Derjenige Ehegatte, dessen Zugewinn den des anderen übersteigt, ist dem anderen zum hälftigen Ausgleich des Überschusses verpflichtet, § 1378 Abs. 1 BGB. Der Ausgleichsanspruch steht somit dem Ehegatten zu, der einen geringeren Zugewinn erzielt hat.

§ 1375 BGB

MERKE

höherer Gewinn
– geringerer Zugewinn
= Überschuss
: 2
= Ausgleichsforderung

Gemäß § 1379 BGB sind beide Ehegatten einander zur Auskunft über den Bestand ihres Vermögens verpflichtet.

BEISPIEL

Max geht mit einer Eigentumswohnung im Wert von 119.000,00 Euro in die Ehe, schuldet seinen Eltern aber noch 4.000,00 Euro für seine Ausbildung. Kerstin besitzt am Tag der Hochzeit ein Sparvermögen von 14.000,00 Euro, muss einer Freundin aber noch 200,00 Euro zurückzahlen. Kerstin erbt während der Ehe 5.000,00 Euro und Max bekommt 15.000,00 Euro von seiner Oma geschenkt. Bei Beendigung der Ehe ist Max Wohnung 140.000,00 Euro wert, aber bei seinen Eltern hat er immer noch 3.000,00 Euro Schulden. Kerstin hat mittlerweile 30.000,00 Euro gespart und keine Schulden. Kurz vor Auflösung der Ehe fährt Max alleine nach Las Vegas und verspielt 10.000,00 Euro. Berechnen Sie die Höhe des Zugewinnausgleichs.

Anfangsvermögen § 1374 BGB

Kerstin	Max
+ 14.000,00 Euro Sparvermögen	+ 119.000,00 Euro Eigentumswohnung
– 200,00 Euro Verbindlichkeiten	– 4.000,00 Euro Verbindlichkeiten
+ 5.000,00 Euro Erbschaft	+ 15.000,00 Euro Schenkung
= +18.800,00 Euro	**= +130.000,00 Euro**

Endvermögen § 1375 BGB

Kerstin	Max
+ 30.000,00 Euro Sparvermögen	+ 140.000,00 Euro Eigentumswohnung
	– 3.000,00 Euro Verbindlichkeiten
	+ 10.000,00 Euro Verschwendung
= +30.000,00 Euro	**= +147.000,00 Euro**

Zugewinn § 1373 BGB

Kerstin	Max
+ 30.000,00 Euro Endvermögen	+ 147.000,00 Euro Endvermögen
– 18.800,00 Euro Anfangsvermögen	– 130.000,00 Euro Anfangsvermögen
= +11.200,00 Euro	**= +17.000,00 Euro**

BEISPIEL

Ausgleichsforderung § 1378 BGB

	17.000,00 Euro höherer Zugewinn
–	11.200,00 Euro geringerer Zugewinn
=	5.800,00 Euro Überschuss
	Überschuss geteilt durch 2
=	**2.900,00 Euro Höhe der Ausgleichsforderung**

Ergebnis: Kerstin kann gegenüber Max eine Ausgleichsforderung in Höhe von 2.900,00 Euro geltend machen.

1.3.4 Gütertrennung

Die Gütertrennung tritt ein, wenn die Zugewinngemeinschaft bzw. der Zugewinnausgleich im Ehevertrag ausgeschlossen wurden oder der Güterstand der Gütergemeinschaft aufgehoben und Gütertrennung vereinbart wurde, § 1414 BGB.

© Pixelot – Fotolia.com

Kennzeichen der Gütertrennung

- vollständige Vermögenstrennung
- selbstständige Vermögensverwaltung mit Ausnahme der §§ 1365, 1369 BGB
- Haftung nur für eigene Schulden mit Ausnahme des § 1357 BGB
- Jeder Ehegatte nimmt sein Vermögen in einem Vermögensverzeichnis auf. Neuanschaffungen tragen die Ehegatten in ein Nachtragsverzeichnis ein.
- Endet die Ehe, wird ein wirtschaftlicher Zuwachs nicht ausgeglichen.

Der Güterstand der Gütertrennung endet durch Tod eines Ehegatten, Scheidung oder Aufhebung der Ehe.

Die Gütertrennung wird in der Praxis häufig vereinbart, wenn ein Ehegatte vermögender ist als der andere und den anderen vom Vermögenszuwachs ausschließen möchte. Zudem ist sie praktikabel, wenn ein Ehegatte einen Gewerbebetrieb führt, da dieser im Falle der Scheidung dann nicht liquidiert werden muss. Gleichzeitig wird das Vermögen des anderen Ehegatten durch den Haftungsausschluss vor dem Zugriff der Unternehmensgläubiger geschützt.

LERNFELD 13

1.3.5 Gütergemeinschaft

§ 1415 ff. BGB

Die Eheleute können im Ehevertrag auch Gütergemeinschaft vereinbaren, § 1415 ff. BGB. Die praktische Bedeutung beschränkt sich heute vor allem auf den Bereich der Landwirtschaft, wenn beide Ehegatten die zur Führung des Betriebes erforderlichen Grundstücke und Maschinen in die Ehe einbringen. Bei der Gütergemeinschaft können insgesamt drei verschiedene Gütermassen gebildet werden:

Die 3 Gütermassen der Gütergemeinschaft

Gesamtgut

§ 1416 BGB

Das Gesamtgut umfasst das gesamte Vermögen, das Ehegatten vor oder während der Ehe erwerben. Diese Gesamthandsgemeinschaft der Ehegatten hat zur Folge, dass kein Ehegatte über einzelne Gegenstände des Gesamtguts verfügen darf, ebenso wenig über seinen Anteil am Gesamtgut. Das Gesamtgut verwaltet entsprechend der Regelung des Ehevertrags der Ehemann oder die Ehefrau oder bei fehlender Regelung beide gemeinschaftlich, § 1421 BGB. Wird es von einem Ehegatte allein verwaltet, so ist in folgenden Fällen die Zustimmung des anderen Ehegatten erforderlich: Der Ehegatte will über das Gesamtgut im Ganzen verfügen, § 1423 BGB. Der Ehegatte will über Grundstücke verfügen, § 1424 BGB. Der Ehegatte will Schenkungen aus dem Gesamtgut vornehmen, § 1425 BGB.

Beispiel

Alle Nutzflächen, Gebäude und Geräte eines landwirtschaftlichen Betriebs.

Sondergut

§ 1417 BGB

Das Sondergut besteht aus Gegenständen, die nicht durch Rechtsgeschäft übertragen werden können. Das Sondergut wird von den Ehegatten selbstständig und unbeschränkt und auf Kosten des Gesamtguts verwaltet.

Beispiel

- Urheberrechte
- Unpfändbare Forderungen
- Nießbrauch
- beschränkt persönliche Dienstbarkeit

Vorbehaltsgut

§ 1418 BGB

Zum Vorbehaltsgut: Hierzu gehören nur Gegenstände, die im Ehevertrag zu solchen erklärt wurden. Persönliche Gegenstände eines Ehegatten und sein Arbeitseinkommen gehören nicht zum Vorbehaltsgut.

Beispiel

- Geburtshaus
- Familienschmuck

Der Güterstand der Gütergemeinschaft endet durch Tod eines Ehegatten, Scheidung, Aufhebung der Ehe oder durch rechtskräftiges Urteil nach Klage eines Ehegatten. Nach Beendigung der Gütergemeinschaft erfolgt die **Auseinandersetzung über das Gesamtgut,** § 1471 BGB. Diese erfolgt in der Regel durch vertragliche Einigung oder durch Klage. Vorbehalts- und Sondergut verbleiben jeweils bei den Ehegatten.

1.3.6 Ehevertrag

Die Ehegatten können ihren Güterstand frei wählen oder ändern und dies vertraglich regeln, § 1408 Abs. 1 BGB. In einem sog. Ehevertrag können die Eheleute aber auch noch andere Regelungen für die Ehe und vor allem für den Fall der Scheidung festlegen.

§ 1408 BGB

Mögliche inhaltliche Regelungen:

- Änderung und Ausschließung des gesetzlichen Güterstands
- Ausschluss des Zugewinnausgleichs trotz Zugewinngemeinschaft
- Modifizierung der Zugewinngemeinschaft, etwa Ausschluss einzelner Vermögenswerte
- Beseitigung der Verfügungsbeschränkung über das Vermögen im Ganzen oder über Haushaltsgegenstände, §§ 1365, 1369 BGB
- Beschränkung und Ausschließung der Schlüsselgewalt, § 1357 BGB
- Festlegung des Vorbehaltsguts in der Gütergemeinschaft; zur näheren Bezeichnung der einzelnen Gegenstände kann auf das bei den Registerakten befindliche Verzeichnis Bezug genommen werden, § 1418 BGB.
- Nacheheliche Unterhaltsverpflichtungen gemäß § 1585c BGB

Ein Ehevertrag kann vor oder während der Ehe geschlossen werden. Er ist nur wirksam, wenn er notariell beurkundet wird, anderenfalls ist der Vertrag formnichtig, § 1410 BGB. Der Ehevertrag ist für die Ehepartner bindend und kann nur durch gemeinschaftliche notarielle Beurkundung aufgehoben werden. Durch einen komplett neuen Ehevertrag wird der zeitlich ältere Ehevertrag gegenstandslos.

§ 1410 BGB

1.3.7 Wirkung im Außenverhältnis

Grundsätzlich wird der Ehevertrag bereits durch Abschluss wirksam. Wird aber der gesetzliche Güterstand geändert oder die Schlüsselgewalt nach § 1357 II S. 2 BGB beschränkt, ist dies einem Dritten gegenüber nur wirksam, wenn dieser die Vereinbarung kennt, § 1412 BGB. Eine Eintragung ins Güterrechtsregister erfolgt nicht mehr, da dies zum 01.01.2023 aus Gründen des Bürokratieabbaus abgeschafft wurde.

1.3.8 Zusammenfassung und Aufgaben

ZUSAMMENFASSUNG

Die 3 Güterstände

	Zugewinngemeinschaft	Gütertrennung	Gütergemeinschaft
§	§§ 1363 ff. BGB	§ 1414 BGB	§§ 1415 ff. BGB
Entstehung	Gesetzlicher Güterstand	Wahlgüterstand durch Ehevertrag	
Kennzeichen	Vermögenstrennung, § 1364 BGB		Vermögensverschmelzung zum Gesamtgut. Sondergut und Vorbehaltsgut bleiben getrennt.
Vermögensverwaltung	Selbstständig, § 1364 BGB	Selbstständig	Gemeinschaftlich
Haftung	Selbstständige Haftung mit Ausnahme von § 1357 BGB	Selbstständige Haftung mit Ausnahme von § 1357 BGB	Haftung mit dem Gesamtgut, § 740 ZPO
Beendigung durch Scheidung	Zugewinnausgleich nach §§ 1373 ff. BGB	Jeder behält sein Vermögen	Teilung des Gesamtguts, § 1478 BGB Vorbehalts- und Sondergut verbleiben bei den jeweiligen Ehegatten.

AUFGABEN

Bitte geben Sie bei der Lösung immer die passenden Vorschriften an!

1. Kerstin und Max gehen vermögenslos in die Ehe. Jedoch bringt Kerstin eine Eigentumswohnung mit in die Ehe, die sie von ihren Eltern geschenkt bekommen hat. Das Paar lebt von den Mieteinnahmen. Nach zwei Jahren Ehe erhält Kerstin ein Jobangebot aus London und verkauft ihre Eigentumswohnung ohne Absprache mit Max an die Xiu Real Estate Limited aus Hong Kong. Als Max davon erfährt, verlangt er von dieser die Rückabwicklung des Vertrages. Zu Recht?

2. Überprüfen Sie ob die folgenden Aussagen zur Zugewinngemeinschaft richtig oder falsch sind. Tragen Sie 1 für richtig und 9 für falsch ein.

Aussagen zur Zugewinngemeinschaft	1 oder 9
Die Zugewinngemeinschaft muss durch Ehevertrag vereinbart werden.	
Durch die Zugewinngemeinschaft ändern sich die vor der Eheschließung bestehenden Eigentumsverhältnisse nicht. Es bleibt bei der Vermögenstrennung.	
Gemeinschaftliches Eigentum (Miteigentum) entsteht nur an Gegenständen, die von beiden gemeinsam erworben wurden.	
Die Zugewinngemeinschaft kann auch als „Gütergemeinschaft mit späterem Gewinnausgleich" bezeichnet werden.	
Grundsätzlich können die Ehegatten in der Zugewinngemeinschaft Verfügungen nur mit Zustimmung des anderen tätigen.	

3. Die Ehe von Kerstin und Max dauerte nur 7 Jahre. Zum Zeitpunkt der Eheschließung hatte Max einen Golf GTI im Wert von 20.000,00 Euro und Kerstin Schmuck im Wert von 10.000,00 Euro. Max hatte den Pkw finanziert. Es standen noch 10.000,00 Euro bei der Bank offen. Kerstin hatte keine Verbindlichkeiten. Während der Ehe erbt Max von seiner in die USA ausgewanderten Tante 10.000,00 Euro; Kerstin bekommt 5.000,00 Euro von ihrer Patentante geschenkt. Als der Scheidungsantrag zugestellt wird, hat Max ein Vermögen von 40.000,00 Euro und eine offene Kreditverbindlichkeit in Höhe von 3.000,00 Euro bei einem Möbelhändler. Kerstin hat 30.000,00 Euro und keine Schulden. Bitte berechnen Sie den Zugewinnausgleich.

1.4 Ehescheidung

1.4.1 Zerrüttungsprinzip

§ 1564 BGB

Eine Ehe kann durch gerichtliches Urteil geschieden werden, wenn sie gescheitert ist, §§ 1564 BGB. Der einzige Scheidungsgrund ist also das Scheitern der Ehe.

Nach dem **Zerrüttungsprinzip** gilt eine Ehe als gescheitert, wenn die Lebenspartnerschaft über einen gewissen Zeitraum nicht mehr besteht und nicht zu erwarten ist, dass sie wiederhergestellt wird, § 1565 Abs. 1 BGB. Weitere Voraussetzung für die Ehescheidung ist, dass die Ehegatten vorher eine gewisse Zeit getrennt leben, § 1565 Abs. 2 BGB. In der **Trennungszeit** müssen die Ehegatten die häusliche Gemeinschaft aufheben. Dies ist auch innerhalb einer gemeinsamen Wohnung möglich, wenn die Ehegatten von „Tisch und Bett" getrennt sind, § 1567 Abs. 1 BGB. Dazu müssen die Eheleute sämtliche ehesozialen Bindungen abbrechen, sie müssen getrennt wirtschaften und dürfen außer Bad und Küche keine Räume gemeinsam benutzen.

Trennungszeit vor der Scheidung

Frist	Scheidungsanlass	§§
< 1 Jahr	Nur wenn die Ehe für den Antragsteller eine unzumutbare Härte darstellt. Beispiel: Gewalttätigkeit gegenüber Ehepartner	§ 1565 Abs. 2 BGB
1–3 Jahre	Bei Scheitern der Ehe und Zustimmung beider Ehegatten, auch über die Modalitäten der Scheidung, kann die Ehe sofort geschieden werden. Stimmt ein Ehegatte nicht zu, muss der Antragsteller das Scheitern der Ehe beweisen.	§ 1566 Abs. 1 BGB
≥ 3 Jahre	Die Ehe kann geschieden werden, ohne dass ein Ehegatte das Scheitern beweisen muss, da das Scheitern der Ehe vermutet wird. Es reicht der Vortrag beim Gericht.	§ 1566 Abs. 2 BGB

Nach der **Härteklausel** des § 1568 BGB soll eine Ehe ausnahmsweise nicht geschieden werden, obwohl sie gescheitert ist. Dadurch soll nicht die Scheidung an sich, sondern lediglich die Scheidung zur Unzeit vermieden werden, um die Kinder oder den Ehegatten zu schützen, etwa bei einer ernsthaften Gefahr der Selbsttötung eines minderjährigen Kindes (Kinderschutzklausel) oder psychischer Belastung eines todkranken Ehegatten (Ehegattenschutzklausel).

§ 1568 BGB

1.4.2 Rechtsfolgen der Scheidung

Ehewohnung

§ 1568a BGB

Bei der Wohnungszuweisung nach Scheidung geht es um die Frage, wer in der Ehewohnung bleiben darf. Ist ein Ehegatte Alleineigentümer der Ehewohnung, so wird der Richter ihm diese zusprechen, es sei denn, der andere Ehegatte konnte zur Erziehung gemeinsamer Kinder keine andere geeignete Wohnung finden. Gehört die Ehewohnung beiden Ehegatten oder haben sie die Wohnung beide gemietet, so kann der Richter aus Gründen der Billigkeit die Wohnung einem Ehegatten alleine zusprechen. Näheres regelt die Hausratsverordnung. Auch eine Wohnungsüberlassung nach dem Gewaltschutzgesetz ist möglich, siehe Exkurs nach Kapitel 1.7.

Aufteilung von Haushaltsgegenständen

§ 1568b BGB

Bei der Hausratszuweisung nach Scheidung geht es um die Frage, wer den Hausrat einer Ehewohnung behalten darf. Grundsätzlich werden alle im Alleineigentum eines Ehegatten befindlichen Gegenstände ihm zugesprochen, es sei denn, der andere Ehegatte ist auf diese Gegenstände angewiesen. Hausrat, der beiden Ehegatten gemeinsam gehört, verteilt der Richter gerecht und zweckmäßig. Näheres regelt die Hausratsverordnung.

Ehegattenunterhalt

§§ 1569 ff. BGB

Es gilt der Grundsatz der Eigenverantwortung, wonach jeder Ehegatte nach der Scheidung verpflichtet ist, selbst für seinen Unterhalt zu sorgen. Unter folgenden Voraussetzungen kann aber eine Unterhaltspflicht bestehen:

1. Bedürftigkeit: Der Unterhaltsberechtigte ist nicht in der Lage, sich aus seinem Einkommen oder Vermögen selbst zu unterhalten, § 1577 BGB.

2. Unterhaltstatbestand: Ein Ehegatte kann nur Unterhalt verlangen, wenn eine der Anspruchsgrundlagen der §§ 1570–1576 BGB vorliegen. Danach steht ihm etwa Unterhalt zu, wenn er ein gemeinschaftliches Kind betreut oder wegen Alters oder Krankheit nicht arbeiten kann.

3. Leistungsfähigkeit: Dem Ehegatten, der Unterhalt zahlen soll, muss selbst genug Geld zum Leben bleiben, § 1581 BGB. Die Oberlandesgerichte haben Unterhaltsrichtlinien entwickelt, die festlegen, wie viel Geld einem Unterhaltspflichtigen verbleiben muss.

Die Höhe des Unterhalts richtet sich nach den ehelichen Lebensverhältnissen und ist grundsätzlich monatlich im Voraus als Geldrente zu leisten. Der Anspruch erlischt, wenn eine der Voraussetzungen wegfällt oder etwa, wenn der Ehegatte wieder heiratet, § 1568 Abs. 1 BGB.

Kindesunterhalt

§§ 1601–1615 BGB

Der Kindesunterhalt ist gesondert geregelt und wird in Kapitel 1.7.8 ausführlich behandelt.

Sorge- und Umgangsrecht für Kinder

§§ 1626–1698b BGB

Das **Sorgerecht** wird von den Eltern nach der Scheidung grundsätzlich weiterhin gemeinsam ausgeübt. Der Elternteil, bei dem das Kind lebt, kann selbstständig über die täglichen Angelegenheiten entscheiden. Entscheidungen von erheblicher Bedeutung sind gemeinsam zu entscheiden, im Streitfall entscheidet das Familiengericht. Das **Umgangsrecht** regelt den persönlichen Umgang zwischen Eltern und Kind. Die Umgangszeiten sollten nach einer Scheidung fest geregelt werden, um Streit zu vermeiden. Weitere Informationen finden Sie in den Kapiteln 1.7.5 und 1.7.6.

Versorgungsausgleich

§ 1587 BGB i. V. m. Versorgungsausgleichgesetz (VersAusglG)

Bei Scheidung soll die soziale Sicherung der Ehegatten erhalten bleiben. Dies spielt besonders dann eine Rolle, wenn nur ein Ehepartner erwerbstätig war und der andere den Haushalt geführt hat. Daher werden die während der Ehezeit erworbenen Anwartschaften ausgeglichen. Als Ehezeit gilt dabei die Zeit vom Beginn des Monats, in dem die Ehe geschlossen wurde, bis zum Ende des Monats vor Zustellung des Scheidungsantrags. Der Versorgungsausgleich betrifft folgende Ansprüche:

- gesetzliche Rentenversicherung
- Beamtenversorgung
- betriebliche Altersversorgung einschließlich der Zusatzversorgungen des öffentlichen Dienstes
- berufsständische Altersversorgungen (z. B. Rechtsanwalts-, Ärzte- und Apothekerversorgungen)
- private Lebensversicherungen

Der Versorgungsausgleich wird so berechnet, dass der Ehegatte mit den werthöheren Anwartschaften die Hälfte des Wertunterschiedes auf den anderen Ehegatten überträgt.

Familienname

§ 1355 Abs. 5 BGB

Grundsätzlich kann man als Geschiedener den Ehenamen beibehalten. Eine Änderung des Namens ist nach einer Scheidung noch durch Erklärung gegenüber dem Standesbeamten möglich. So kann der Geschiedene entweder wieder seinen Geburtsnamen annehmen oder den Geburtsnamen vor oder hinter den Ehenamen stellen, sodass sich ein Doppelname ergibt.

Vermögensrechtliche Folgen

§§ 1363–1563 BGB

Siehe Kapitel 1.3

MERKE

Auch für die Trennungszeit kann ein Unterhaltsanspruch bestehen, § 1361 BGB. Die Verteilung der Haushaltsgegenstände und der Ehewohnung bei Getrenntlebenden sind geregelt, §§ 1361a, 1361b BGB.

1.4.3 Gerichtliches Scheidungsverfahren

§ 121 FamFG

Scheidungssachen sind Ehesachen nach § 121 Nr. 1 FamFG. Die Parteien in diesem Verfahren werden Antragsteller und Antragsgegner genannt, § 113 Abs. 5 Nr. 3 und 4 FamFG. Das Scheidungsverfahren wird mit einem Antrag bei Gericht eingeleitet, § 124 S. 1 FamFG.

§ 133 FamFG

Beim **Scheidungsantrag** handelt es sich um einen sog. Rechtsgestaltungsantrag, der Folgendes enthalten **muss,** § 133 FamFG:

- Namen und Geburtsdaten der gemeinschaftlichen minderjährigen Kinder sowie die Mitteilung ihres gewöhnlichen Aufenthalts.
- Die Erklärung, ob Ehegatten eine Regelung über die elterliche Sorge, den Umgang und die Unterhaltspflicht gegenüber den gemeinschaftlichen minderjährigen Kindern sowie die durch die Ehe begründete gesetzliche Unterhaltspflicht, die Rechtsverhältnisse an der Ehewohnung und an den Haushaltsgegenständen getroffen haben.
- Die Angabe, ob Familiensachen, an denen beide Ehegatten beteiligt sind, anderweitig anhängig sind.
- Die Heiratsurkunde und die Geburtsurkunden der gemeinschaftlichen minderjährigen Kinder sollen beigefügt werden.

Die **Zuständigkeit** ist wie folgt geregelt:

- **Sachlich:** Ausschließlich das Amtsgericht als Familiengericht, §§ 23a Abs. 1 S. 1 und S. 2, 23b Abs. 1 GVG, 111 Nr. 1, 121 Nr. 1 FamFG.
- **Örtlich:** Es gilt die Rangfolge des § 122 FamFG.
- **Funktionell:** Der Familienrichter, § 23b Abs. 3 GVG.

Verfahrensrechtliche Besonderheiten im Scheidungsverfahren

Im Scheidungsverfahren herrscht grundsätzlich **Anwaltszwang.**

Ausnahmen vom Anwaltszwang bestehen für die Zustimmung zur Scheidung, für die Rücknahme des Scheidungsantrags und für den Widerruf der Zustimmung der Scheidung.

→ § 114 Abs. 1 FamFG
§ 114 Abs. 4 Nr. 3 FamFG

Die Verhandlungen sind **nicht öffentlich,** aber die Verkündung des Beschlusses erfolgt öffentlich.

→ § 170 GVG
§ 173 GVG

Die gerichtliche Entscheidung erfolgt durch **Beschluss** und wird mit dessen Rechtskraft wirksam.

→ § 116 FamFG

Gegen den Beschluss ist das Rechtsmittel der **sofortigen Beschwerde** gegeben.

Die Beschwerde steht jedem zu, der durch den Beschluss in seinen Rechten beeinträchtigt wird.

→ § 58 Abs. 1 FamFG
§ 59 Abs. 1 FamFG

Im Verfahren auf Scheidung oder Aufhebung der Ehe gilt **eingeschränkte Amtsermittlung.** Dies bedeutet, dass von den Beteiligten nicht vorgebrachte Tatsachen nur berücksichtigt werden, wenn sie geeignet sind, der Aufrechterhaltung der Ehe zu dienen oder wenn der Antragsteller einer Berücksichtigung nicht widerspricht.

→ § 127 FamFG

Das Gericht hat das **persönliche Erscheinen** der Ehegatten anzuordnen und sie anzuhören.

→ § 128 FamFG

Im Scheidungsverfahren gibt es verschiedene Verfahrensarten:

	Isolierte Verfahren	Verbundverfahren	Einstweilige Anordnung
Bedeutung	In Familiensachen gibt es Verfahren, die unabhängig von einem Scheidungsverfahren anhängig gemacht werden können. Diese Verfahren werden als isolierte Verfahren bezeichnet. Isolierte Verfahren regeln immer nur Ansprüche für die Zeit der Trennung oder betreffen Regelungen nach der Rechtskraft der Scheidung.	Die links genannten Verfahren des § 111 FamFG können auf Antrag mit der Scheidung zusammen verhandelt und entschieden werden. Sie werden dadurch zu Folgesachen. Das gesamte Verfahren nennt man Scheidungsverbund. Folgesachen werden zusammen mit der Ehesache durchgeführt und entschieden, § 142 Abs. 1 FamFG. Sie werden erst mit Rechtskraft der Scheidung wirksam, § 148 FamFG.	Muss in einer familienrechtlichen Sache sehr eilig entschieden werden, so kann der Erlass einer einstweiligen Anordnung beantragt werden. *Beispiel: Der alleinverdienende Ehemann zieht aus der Wohnung aus und sperrt alle Konten. Die Ehefrau weiß nicht, wie sie im nächsten Monat die Miete zahlen und sich und die Kinder ernähren soll.*
§	§ 111 FamFG	§ 137 FamFG	§ 49 FamFG
Verfahrensinhalt und -ablauf	› Ehesachen › Abstammungssachen › Adoptionssachen › Ehewohnungs- und Haushaltssachen › Gewaltschutzsachen › Versorgungsausgleichssachen › Unterhaltssachen › Güterrechtssachen › Sonstige Familiensachen › Lebenspartnerschaftssachen › Kindschaftssachen	**Auf Antrag** ist der Scheidungsverbund gemäß § 137 Abs. 2 FamFG mit folgenden Verfahren möglich: › Versorgungsausgleichssachen › Unterhaltssachen (Ehegatten und Kindesunterhalt) › Ehewohnungs- und Haushaltssachen › Güterrechtssachen Die Folgesachen des § 137 Abs. 2 FamFG müssen spätestens 2 Wochen vor dem Scheidungstermin anhängig gemacht werden. Folgesachen nach § 137 Abs. 3 FamFG sind: › Sorgerecht › Umgangsrecht › Kindesherausgabe Diese Folgesachen müssen bis zum Schluss der mündlichen Verhandlung in den Verbund einbezogen werden und Gründe des Kindeswohl dürfen nicht entgegenstehen. Neben den o.g. Verbundsachen, die auf Antrag verbunden werden, gibt es noch den **Zwangsverbund.** Dort wird das Verfahren von Amts wegen miteinander verbunden. Dies ist grundsätzlich beim Versorgungsausgleich der Fall, er wird von Amts wegen mit dem Scheidungsverfahren verbunden, §§ 111 Nr. 7, 137 Abs. 2 FamFG, 9 ff. VerAusglG.	Die einstweilige Anordnung ergeht nur auf **Antrag** und wenn ein entsprechendes Hauptverfahren eingeleitet wurde, § 51 Abs. 1 S. 1 FamFG. Der Antrag kann schriftlich oder mündlich zu Protokoll der Geschäftsstelle erklärt werden, § 25 FamFG. Es besteht kein Anwaltszwang. Das Familiengericht kann im Wege der einstweiligen Anordnung Regelungen treffen über: › Die elterliche Sorge, die Herausgabe und den Umgang mit gemeinschaftlichen Kindern › Den Unterhalt für die Kinder und den Ehegatten › Das Getrenntleben der Ehegatten › Die Benutzung der Ehewohnung und des Hausrats sowie die Herausgabe und Benutzung persönlicher Gegenstände › Maßnahmen nach dem Gewaltschutzgesetz › Die Leistung eines Prozesskostenvorschusses Sachlich und örtlich ist das Gericht des ersten Rechtszuges zuständig, also das Amtsgericht als Familiengericht, § 50 Abs. 1 S. 1 FamFG.

	Isolierte Verfahren	Verbundverfahren	Einstweilige Anordnung
Zweck	Isolierte Verfahren werden oft angestrebt, wenn ein Verbundverfahren gesetzlich nicht möglich ist oder eine Sache noch nicht anhängig gemacht werden kann oder schon längst entschieden ist.	Es kann vorkommen, dass sich das Scheidungsverfahren durch die Einbeziehung von Folgesachen sehr in die Länge zieht. Daher besteht die Möglichkeit, Folgesachen wieder vom Scheidungsverbund abzutrennen. Die **Abtrennung**smöglichkeiten sind in § 140 FamFG geregelt.	Bei diesem Verfahren geht es darum, dass offene Rechtsfragen sehr schnell zu einer Lösung geführt werden sollen. Dazu werden für die Betroffenen die untragbaren Zustände vorläufig gerichtlich geregelt, bis eine endgültige Entscheidung ergeht. Dazu kann das Gericht Maßnahme erlassen, die einen bestehenden Zustand sichern oder vorläufig regeln.
Entscheidung	Beschluss, § 116 FamFG	Einheitliche Entscheidung durch Beschluss, § 142 Abs. 1 FamFG	Beschluss, §§ 38, 51 Abs. 2 FamFG. Die Entscheidung verliert ihre Wirkung unter den Voraussetzungen des § 56 FamFG. Sie kann vom Gericht aufgehoben oder abgeändert werden, § 54 FamFG.
Rechtsmittel	› Beschwerde, § 58 Abs. 1 FamFG › 1 Monat ab Zustellung des Beschlusses, § 63 Abs. 1 FamFG › beim OLG als Beschwerdegericht, § 119 Abs. 1 Nr. 1a GVG › Sprungrechtsbeschwerde findet nur auf Antrag statt, § 75 Abs. 1 FamFG	› Beschwerde gegen erstinstanzliche Endentscheidungen, § 58 Abs. 1 FamFG › 1 Monat ab Zustellung des Beschlusses der Verbundentscheidung, §§ 63 Abs. 1 und 3 FamFG. › Einlegung durch Einreichung einer Beschwerdeschrift, § 64 Abs. 1 S. 2 FamFG, die schriftlich begründet werden muss, §§ 65 Abs. 1, 117 Abs. 1 S. 1 FamFG. › Beschwerde ist beim Gericht einzulegen, dessen Beschluss angefochten wird, also beim Amtsgericht als Familiengericht › Das Amtsgericht gibt die Beschwerde an das zuständige Beschwerdegericht ab, also an das OLG, § 119 Abs. 1 Nr. 1a GVG › Die Sprungrechtsbeschwerde ist nur unter bestimmten Voraussetzungen möglich, § 75 Abs. 1 S. 2 FamFG › Anschlussrechtsmittel sind beim Beschwerdegericht einzulegen, § 60 S. 1 FamFG.	Grundsätzlich sind die Entscheidungen der einstweiligen Anordnung nicht anfechtbar, § 57 FamFG. Dies gilt nicht in Verfahren nach § 161 Nr. 6 FamFG: › Regelungen der elterlichen Sorge › Anordnungen der Kindesherausgabe › Regelungen des Verbleibens eines Kindes bei einer Pflege- oder Bezugsperson › gänzliche Zuweisung der Ehewohnung an einen Ehegatten › Entscheidung über einen Antrag nach den §§ 1 und 2 des Gewaltschutzgesetzes Diese können nur als Entscheidungen des ersten Rechtszuges mit der **Beschwerde** angefochten werden, § 58 FamFG. Es gilt eine Frist von zwei Wochen ab Bekanntgabe des Beschlusses, § 63 Abs. 2 Nr. 1 FamFG. Die Entscheidungen nach §§ 49, 54 FamFG auf Abänderung oder Aufhebung einer einstweiligen Anordnung sind nicht anfechtbar.

1.4.4 Vergütungsberechnung im Scheidungsverfahren*

Die Gebühren für die Ehescheidung sind die gleichen Gebühren, wie in einem Zivilverfahren:

- Verfahrensgebühr
- Terminsgebühr
- Evtl. eine Einigungsgebühr

© Stadtratte – Fotolia.com

Verfahrenswert Scheidung

Die Scheidung und die mit ihr verbundenen Folgesachen gelten gebührenrechtlich als **eine Angelegenheit,** § 44 Abs. 1 FamGKG. Damit die Gebühren errechnet werden können, müssen die einzelnen Verfahrenswerte ermittelt und addiert werden. Häufig wartet der Rechtsanwalt die Festsetzung des Verfahrenswertes durch das Gericht ab.

Erhält der Anwalt einen gerichtlichen Auftrag für die Scheidung, entsteht eine Verfahrensgebühr. Mit der Einreichung der Scheidung entsteht eine

1,3 Verfahrensgebühr nach der **Nr. 3100 VV RVG.**

Einigen sich die Ehepartner über eine oder mehrere Folgesachen bereits vor Einreichung des Scheidungsantrags, so entsteht für diesen Teil nur eine

0,8 Verfahrensgebühr nach der **Nr. 3101 VV RVG.**

Bei einer einvernehmlichen Scheidung stimmen die beiden Ehepartner dem Scheidungsantrag zu. Dennoch muss in einer mündlichen Verhandlung über den Scheidungsantrag entschieden werden. Für diese mündliche Verhandlung fällt eine

1,2 Terminsgebühr nach der **Nr. 3104 VV RVG** an.

Der **Versorgungsausgleich** ist eine obligatorische Folgesache und obligatorische Folgesachen werden von Amts wegen entschieden, d. h. dass für den Versorgungsausgleich **kein** Antrag gestellt werden muss. Über die anderen, fakultativen Folgesachen (z. B. Unterhalt, Kindschaftssachen usw.) entscheidet das Gericht nur, wenn eine Partei einen entsprechenden Antrag stellt.

Für die Scheidung selbst fallen also immer folgende Gebühren an:

1,3 Verfahrensgebühr aus dem Verfahrenswert der Scheidung + Versorgungsausgleich

1,2 Terminsgebühr aus dem Verfahrenswert der Scheidung + Versorgungsausgleich

* *Diese Regelungen gelten analog auch für die Verfahren nach dem Lebenspartnerschaftsgesetz (LpartG)*

Berechnung des Verfahrenswertes der Scheidung

Für die Berechnung der Verfahrenswerte in Ehesachen gilt nach § 43 FamGKG:

1. In Ehesachen ist der Verfahrenswert unter Berücksichtigung aller Umstände des Einzelfalls, insbesondere des Umfangs und der Bedeutung der Sache und der Vermögens- und Einkommensverhältnisse der Ehegatten, nach Ermessen zu bestimmen. Der Wert darf nicht unter 3.000 Euro und nicht über 1 Million Euro angenommen werden.
2. Für die Einkommensverhältnisse ist das in drei Monaten erzielte Nettoeinkommen der Ehegatten einzusetzen.

MERKE

Der Verfahrenswert des Scheidungsverfahrens berechnet sich nach dem Nettoeinkommen **beider** Ehegatten in 3 Monaten.

Aber: Der Verfahrenswert beträgt mindestens 3.000,00 Euro!

Der Verfahrenswert der Scheidung erhöht sich um ein zusätzliches Einkommen wie z. B. Weihnachts- oder Urlaubsgeld (bezogen auf drei Monate).

Nach § 43 FamGKG sind weitere Zu- und Abschläge zum Verfahrenswert möglich:

- **Umfang der Sache: Erhöhung möglich bis zu 30 %,**
  z. B. das Verfahren dauert länger als gewöhnlich, da es eine rechtlich schwierige Angelegenheit ist, da ausländisches Recht mit berücksichtigt werden muss.
- **Bedeutung der Sache: Erhöhung möglich bis zu 30 %,**
  z. B. die Ehe besteht seit langer Zeit oder es handelt sich bei der Scheidung um eine Person des öffentlichen Lebens.
- **Vermögensverhältnisse zuzüglich 5–10 % des Vermögens**
- **Schulden: Abzug der Schuldzinsen in drei Monaten**
- **Kinder: Abzug von jeweils 750,00 Euro pro Kind (250 · 3 Monate = 750)**

(Diese Zu- und Abschläge bleiben im weiteren Verlauf der Abrechnungen hier jedoch unberücksichtigt.)

Für die Berechnung der Verfahrenswerte für Scheidung und Folgesachen gehen wir in nachfolgenden Erläuterungen von folgendem Beispielsfall aus:

BEISPIEL

Das Ehepaar Brotknecht möchte sich scheiden lassen. Frau Brotknecht beauftragt Rechtsanwalt Reuter Scheidungsantrag einzureichen. Herr Brotknecht verdient netto 3.000,00 Euro, Frau Brotknecht verdient netto 1.800,00 Euro. Herr Brotknecht hat eine gesetzliche und eine betriebliche Rente zu erwarten, Frau Brotknecht nur eine gesetzliche. Herr Brotknecht hat Weihnachtsgeld in Höhe von 2.000,00 Euro von seinem Arbeitgeber erhalten und Frau Brotknecht 1.000,00 Euro Urlaubsgeld. Für die beiden Kinder soll RA Reuter das alleinige

Sorgerecht beantragen. Ebenso soll er für Frau Brotknecht Unterhalt in Höhe von 750,00 Euro und je Kind Unterhalt in Höhe von 450,00 Euro beantragen und die Überlassung der Wohnung nach der Scheidung. Der RA von Herrn Brotknecht beantragt für Herrn Brotknecht das wöchentliche Umgangsrecht mit den Kindern und einen Ausgleich für Hausrat anlässlich der Scheidung. Allen Anträgen wird statt gegeben. Die Ehe der Eheleute Brotknecht wird geschieden.

BEISPIEL

Berechnung Verfahrenswert Scheidung:

Nettomonatseinkommen beider Ehegatten in drei Monaten
$3 \cdot (3.000 + 1.800) = 14.400$ Euro Nettomonatseinkommen

Hinzu kommt:
Weihnachtsgeld und Urlaubsgeld für 3 Monate

$$\frac{(2.000 + 1.000)}{12} \cdot 3 = 750 \text{ Euro}$$

Verfahrenswert Scheidung (Nettomonatseinkommen)
14.400 + 750 = **15.150 Euro**

Gerichtskosten im Scheidungsverfahren

Die Gerichtskosten im Scheidungsverfahren sind abhängig vom Verfahrenswert und betragen 2,0 Gebührensätze nach Nr. 1110 FamGkG.

Der Verfahrenswert bestimmt sich nach den Vorgaben im FamGKG. Hierbei sind die Einkommensverhältnisse der Ehegatten und die Folgesachen maßgeblich.

Je höher die Einkommensverhältnisse der Ehegatten und je mehr Folgesachen im Scheidungsverbund bei Gericht anhängig sind, desto höher sind die Gerichtskosten.

Für die Gerichtskosten fällt **keine** Umsatzsteuer an.

Berechnung der Verfahrenswerte für Folgesachen

Zusätzlich zum Verfahrenswert für die Scheidung kommen für den Versorgungsausgleich (obligatorische Folgesache) und für die anderen fakultativen Folgesachen (z. B. Kindschaftssachen, Unterhalt, Ehewohnung, Haushaltssachen) weitere Verfahrenswerte hinzu. Hierbei muss zum Teil entschieden werden, ob die Sache im Scheidungsverbund verhandelt wird oder als selbstständige Familiensache.

› **Versorgungsausgleich**

In der Regel wird mit der Scheidung auch der Versorgungsausgleich von Amts wegen durchgeführt. Für jedes Anrecht auf Rente werden **10 % des Nettoeinkommens beider Ehegatten in drei Monaten** berechnet (jedoch ohne die o. g. Zu- und Abschläge nach § 43 FamGKG).

§ 50 FamGKG

Aber: Der Wert beträgt **mindestens 1.000,00 Euro.**

§ 2 VersAusglG

Folgende Anwartschaften werden zum Ausgleich herangezogen:

- Anwartschaften aus der gesetzlichen Rentenversicherung
- Anrechte aus der Beamtenversorgung
- Anrechte aus anderen berufsständischen Versorgungssystemen (z. B. Anwälten, Künstlern, Ärzten usw.)
- Anwartschaften aus einer betrieblichen Altersvorsorge
- Ansprüche aus einer privaten Altersvorsorge (z. B. Lebensversicherung auf Rentenbasis)
- private Berufsunfähigkeits-, Erwerbs- oder Invaliditätsversicherungen.

BEISPIEL

Berechnung Verfahrenswert Versorgungsausgleich:

Herr Brotknecht hat 2 Rentenanwartschaften (gesetzlich und betrieblich),
Frau Brotknecht hat 1 Rentenanwartschaft (nur gesetzlich).

Nettoeinkommen beider Ehegatten in drei Monaten:
14.400,00 Euro + 750,00 Euro (Urlaubs- und Weihnachtsgeld) = 15.150,00 Euro.

10 % aus 15.150,00 Euro = 1.515,00 Euro

1.515,00 Euro · 3 (Rentenanwartschaften) = 4.545,00 Euro

› **Kindschaftssachen**

Zu den Kindschaftssachen, §§ 44 (2), 45 FamGKG, zählen

- elterliche Sorge
- Umgangsrecht
- Herausgabe des Kindes

Für jede Kindschaftssache werden im Verbundverfahren 20 % des Wertes der Scheidung berechnet, höchstens jedoch 5.000,00 Euro. Geht es um mehrere Kinder, so gibt es **keine** Erhöhung. Im selbstständigen Verfahren wird jede Kindschaftssache mit 5.000,00 Euro berechnet. Auch hier gilt: keine Erhöhung bei mehreren Kindern.

BEISPIEL

Berechnung Verfahrenswert für Kindschaftssachen:

20 % des Wertes der Scheidung, höchstens 5.000,00 Euro

Elterliche Sorge:

20 % aus 15.150,00 Euro = 3.030,00 Euro → höchstens 5.000,00 Euro

Umgangsrecht:

20 % aus 15.150,00 Euro = 3.030,00 Euro → höchstens 5.000,00 Euro

› **Unterhalt, § 51 FamGKG**

Für die Berechnung des Verfahrenswertes für den Unterhalt geht man vom Jahresunterhalt (Obergrenze) + die Rückstände aus. Der Unterhalt wird pro Unterhaltsanspruch berechnet.

BEISPIEL

Berechnung des Verfahrenswertes für Unterhalt:

Unterhalt für die beiden Kinder:
(450,00 Euro · 12 Monate) · 2 Kinder = 10.800,00 Euro

Unterhalt Ehefrau:
750,00 Euro · 12 Monate = 9.000,00 Euro

› **Zugewinnausgleich**

Für den Zugewinn erhöht sich der Verfahrenswert um den jeweils geforderten Geldbetrag:

› **Ehewohnung**

Gem. § 48 (1) FamGKG wird für die Ehewohnung von einem Verfahrenswert von 5.000,00 Euro anlässlich der Scheidung und 4.000,00 Euro bei Getrenntleben der Ehegatten ausgegangen.

› **Haushaltssachen**

Gem. § 46 (2) FamGKG gilt für Haushaltssachen ein Verfahrenswert von 4.000,00 Euro anlässlich der Scheidung und 3.000,00 Euro bei Getrenntleben der Ehegatten.

BEISPIEL

Ermittlung des gesamten Verfahrenswertes aus obigem Beispiel:

Scheidung:	15.150,00 Euro
+ Versorgungsausgleich	4.545,00 Euro
+ Elterliche Sorge	3.030,00 Euro
+ Umgangsrecht	3.030,00 Euro
+ Unterhalt Kinder	10.800,00 Euro
+ Unterhalt Ehefrau	9.000,00 Euro
+ Ehewohnung	5.000,00 Euro
+ Haushaltssachen	4.000,00 Euro
= Verfahrenswert Scheidung und Folgesachen	54.555,00 Euro

Die Abrechnung für obiges Beispiel sieht dann folgendermaßen aus:

1,3 Verfahrensgebühr aus 54.555,00 Euro	gem. Nr. 3100 VV RVG	1.893,45 Euro
1,2 Terminsgebühr aus 54.555,00 Euro	gem. Nr. 3104 VV RVG	1.747,80 Euro
Post- und Telekommunikation	gem. Nr. 7002 VV RVG	20,00 Euro
Zwischensumme		3.661,25 Euro
19 % UST	gem. Nr. 7008 VV RVG	695,64 Euro
2,0 Gerichtskosten aus 54.555,00 Euro	gem. Nr. 1110 FamGkG	1.556,00 Euro
Gesamt		5.912,89 Euro

LERNFELD 13

§ 42 Fam GKG

MERKE

Falls ein Verfahrenswert nicht ermittelt werden kann, ist er zu schätzen (nicht über 500.000,00 Euro). Fehlen Anhaltspunkte für eine Schätzung, so ist von einem Wert von 5.000,00 Euro auszugehen.

Vereinbarungen über fakultative Folgesachen

Treffen die Beteiligten über die **fakultativen Folgesachen** Vereinbarungen bzw. einigen sie sich (i.d.R. durch Vergleiche), so entsteht eine Einigungsgebühr. Diese Vereinbarungen werden jedoch erst nach der Scheidung rechtswirksam, d.h., die Einigungsgebühr entsteht auch erst bei Rechtskraft des Scheidungsbeschlusses. Welche anderweitigen Gebühren entstehen ist abhängig vom Auftrag des Mandanten.

Hat der Anwalt für die Folgesachen einen **außergerichtlichen Auftrag** und wird die Einigung in der Kanzlei ausgehandelt und abgeschlossen, so entsteht eine:

0,5–2,5 Geschäftsgebühr gem. Nr. 2300 VV RVG

1,5 Einigungsgebühr gem. Nr. 1000 VV RVG

Damit aus der Einigung vollstreckt werden kann, muss die Einigung entweder vom Gericht protokolliert oder von einem Notar beurkundet werden. Somit wird aus dem außergerichtlichen Vergleich ein gerichtlicher Vergleich und zugleich ein Titel zur Vollstreckung.

Für den Antrag auf Protokollierung berechnet der Anwalt eine

0,8 Verfahrensgebühr gem. Nr. 3101(2) VV RVG

MERKE

Die Geschäftsgebühr ist gem. Anmerkung 3 Abs. 4 VV RVG auf diese 0,8 Verfahrensgebühr anzurechnen (zur Hälfte, aber höchstens 0,75).

Der Notar berechnet für die Beurkundung eine 20/10 Beurkundungsgebühr.

Hat der Anwalt für die fakultativen Folgesachen einen **gerichtlichen Auftrag,** muss man Folgendes unterscheiden:

- Sind die Folgesachen **anhängig,** so erhält er eine:

1,3 Verfahrensgebühr gem. Nr. 3100 VV RVG

1,2 Terminsgebühr gem. Nr. 3104 VV RVG

evtl. eine 1,0 Einigungsgebühr gem. Nr. 1003 VV RVG

Hierbei spielt es keine Rolle, ob die Einigung im Termin oder in der Kanzlei erzielt wurde.

- Sind die Folgesachen **nicht anhängig,** so erhält er eine:

0,8 Verfahrensgebühr gem. Nr. 3101 VV RVG

1,2 Terminsgebühr gem. Nr. 3104 VV RVG

evtl. eine 1,5 Einigungsgebühr gem. Nr. 1000 VV RVG

Gebühren bei der Aussöhnung

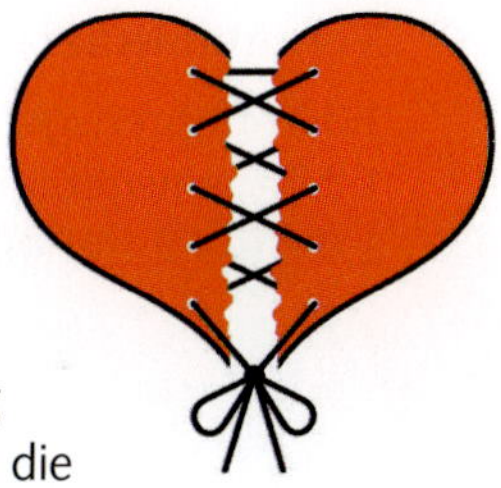
© Azat Valeev – Fotolia.com

Wenn das Ehepaar sich wieder versöhnt und die eheliche Lebensgemeinschaft wieder aufnimmt bzw. fortsetzt und hat der Rechtsanwalt an dieser Versöhnung mitgewirkt, so entsteht eine Aussöhnungsgebühr. Die Aussöhnungsgebühr entsteht nur, wenn der Scheidungsantrag bereits gestellt wurde bzw. wenn die Einreichung des Antrags bevorsteht, d.h. der „ernstliche Wille eines Ehegatten, die Scheidungssache anhängig zu machen" war vorhanden (Nr. 1001 VV RVG).

Auch hier wird unterschieden:

- Ist der Antrag noch **nicht anhängig,** erhält der Anwalt eine:

0,80 Verfahrensgebühr gem. Nr. 3101 VV RVG

1,2 Terminsgebühr gem. Nr. 3104 VV RVG

1,5 Aussöhnungsgebühr gem. Nr. 1001 VV RVG

- Ist der Antrag **anhängig,** erhält der Anwalt eine

1,3 Verfahrensgebühr gem. Nr. 3100 VV RVG

1,2 Terminsgebühr gem. Nr. 3104 VV RVG

1,0 Aussöhnungsgebühr gem. Nr. 1003, 1001 VV RVG

MERKE

Die Aussöhnungsgebühr wird immer aus dem Verfahrenswert der Scheidung (ohne Folgesachen, auch ohne den Versorgungsausgleich) berechnet.

BEISPIEL

Frau Mergenthaler beauftragt RA Heinrich Scheidungsantrag einzureichen. Frau Mergenthaler hat ein monatliches Nettoeinkommen in Höhe von 1.700,00 Euro. Ihr Mann verdient 2.500,00 Euro netto. Herr Mergenthaler und Frau Mergenthaler haben einen Anspruch auf gesetzliche Rente. RA Heinrich reicht beim Amtsgericht Scheidungsantrag ein. Bevor es zur mündlichen Verhandlung kommt und die Ehe geschieden wird, gelingt es RA Heinrich, dass sich das Ehepaar wieder versöhnt. RA Heinrich nimmt den Scheidungsantrag zurück.

Berechnung Verfahrenswert

Verfahrenswert Scheidung:	
3 · Nettoeinkommen beider Ehegatten	12.600,00 Euro
Versorgungsausgleich: 2 · (10 % aus 12.600,00 Euro)	+ 2.520,00 Euro
	15.120,00 Euro

Vergütungsberechnung

1,3 Verfahrensgebühr aus 15.120,00 Euro	gem. Nr. 3100 VV RVG	990,60 Euro
1,2 Terminsgebühr aus 15.120,00 Euro	gem. Nr. 3104 VV RVG	914,40 Euro
1,0 Aussöhnungsgeb. aus 12.600,00 Euro	gem. Nr. 1001, 1003 VV RVG	707,00 Euro
Post- und Telekommunikation	gem. Nr. 7002 VV RVG	20,00 Euro
Zwischensumme		2.632,00 Euro
19 % USt	gem. Nr. 7008 VV RVG	500,08 Euro
Gesamt		2.132,08 Euro

Verfahrenswert ohne Versorgungsausgleich

Gebühren bei der einstweiligen Anordnung

§ 17 Nr. 4b RVG

Das Hauptsacheverfahren (Scheidungsverfahren) und das Verfahren über eine einstweilige Anordnung sind gebührenrechtlich **verschiedene Angelegenheiten.** Das bedeutet, es wird jeweils eine **eigene Vergütungsberechnung** erstellt.

Für die einstweilige Anordnung fallen die Gebühren an, die auch bei der Scheidung anfallen. Ein Antrag auf einstweilige Anordnung kann auch gestellt werden, wenn kein Scheidungsverfahren anhängig ist.

Werden mehrere Anträge auf einstweilige Anordnung gestellt, z. B. Antrag einer einstweiligen Anordnung wegen Unterhalt und Antrag einer einstweiligen Anordnung wegen des Umgangsrecht, so entsteht für **jeden** Antrag eine **ge-**

sonderte Vergütungsabrechnung, da jeder Antrag gebührenrechtlich eine eigene Angelegenheit ist.

© Winne – Fotolia.com

Für die einstweilige Anordnung darf, wegen der geringeren Bedeutung, nur die Hälfte (50 %) des Verfahrenswerts der Hauptsache angesetzt werden.

Ändert das Gericht auf Antrag eine Entscheidung in einer einstweiligen Anordnung ab oder hebt es eine Entscheidung auf (z. B. Abänderung des Kindesunterhalts, weil die Einkommensverhältnisse sich geändert haben), so sind das Abänderungs- bzw. das Aufhebungsverfahren und das ursprüngliche Verfahren über den Antrag der einstweiligen Anordnung gebührenrechtlich als eine Angelegenheit zu sehen, d. h. der Anwalt darf nur eine Abrechnung erstellen.

BEISPIEL

Frau Hildebrand beauftragt RA Werner, Scheidungsantrag einzureichen. Verfahrenswert der Scheidung ist 25.000,00 Euro. Für das Besuchsrecht und für den Kindesunterhalt in Höhe von 300,00 Euro wird eine einstweilige Anordnung beantragt.

Berechnung des Verfahrenswertes im Scheidungsverfahren:

25.000,00 Euro Scheidung
5.000,00 Euro Umgangsrecht (20 % von 25.000,00 Euro = 5.000 Euro, höchstens 5.000,00 Euro)
3.600,00 Euro Unterhalt (12 · 300,00 Euro)
33.600,00 Euro Verfahrenswert des Scheidungsverfahrens

Berechnung der Verfahrenswerte für die einstweilige Anordnung:

Antrag auf einstweilige Anordnung über das Umgangsrecht:
5.000,00 → 50 % = 2.500,00 Euro

Antrag auf einstweilige Anordnung über den Unterhalt:
3.600,00 → 50 % = 1.800,00 Euro.

Vergütungsberechnung des Anwalts:

Für das Hauptverfahren:

1,3 Verfahrensgebühr aus 25.000,00 Euro gem. Nr. 3100 VV RVG
1,2 Terminsgebühr aus 25.000,00 Euro gem. Nr. 3104 VV RVG

Für die Anträge auf einstweilige Anordnung:

Umgangsrecht

1,3 Verfahrensgebühr aus 2.500,00 Euro gem. Nr. 3100 VV RVG
1,2 Terminsgebühr aus 2.500,00 Euro gem. Nr. 3104 VV RVG

Unterhalt

1,3 Verfahrensgebühr aus 1.800,00 Euro gem. Nr. 3100 VV RVG
1,2 Terminsgebühr aus 1.800,00 Euro gem. Nr. 3104 VV RVG

1.4.5 Zusammenfassung und Aufgaben

ZUSAMMENFASSUNG

Voraussetzungen der Scheidung

Auf die Gründe für Scheidung kommt es nach dem Gesetz grundsätzlich nicht an. Mag auch im Einzelfall eine Scheidung moralisch fragwürdig sein, etwa wegen minderjähriger Kinder, so fragt weder das Gesetz noch der Scheidungsrichter nach den Gründen des Scheiterns der Ehe. Für die Scheidung gilt das Zerrüttungsprinzip. Vom Scheidungsrichter werden den Eheleuten daher grundsätzlich nur zwei Fragen gestellt:

Seit wann leben Sie getrennt?

Wollen Sie die eheliche Lebensgemeinschaft fortsetzen?

Sind die Trennungsfristen eingehalten und wird die zweite Frage mit „Nein" beantwortet, so kann die Ehe sofort geschieden werden.

Scheidungsverfahren: Nettoeinkommen beider Ehegatten in drei Monaten

	Folgesachen im Scheidungsverbund	Selbstständige Familiensachen
Versorgungsausgleich § 50 FamGKG	Für **jedes** Anrecht: 10 % des Nettoeinkommens beider Ehegatten in drei Monaten **(insgesamt** mind. 1.000,00 Euro)	
Kindschaftssachen* › elterliche Sorge › Umgangsrecht › Kindesherausgabe § 44 (2), 45 FamGKG	**Jede** Kindschaftssache: 20 % des Wertes der Scheidung (höchstens 5.000,00 Euro) mehrere Kinder: **keine** Erhöhung	**Jede** Kindschaftssache: 5.000,00 Euro mehrere Kinder: **keine** Erhöhung
Unterhalt Ehegatte bzw. Kind(er)** § 51 FamGKG	Jahresunterhalt + Rückstände	
Zugewinnausgleich § 35 FamGKG	geforderter Geldbetrag	
Gewaltschutzsachen § 49 FamGKG		Schutz vor Gewalt und Nachstellungen: 2.000,00 Euro Überlassung der Wohnung 4.000,00 Euro
Ehewohnung § 48 I FamGKG	Anlässlich der Scheidung 5.000,00 Euro Bei Getrenntleben der Ehegatten 4.000,00 Euro	
Haushaltssachen § 48 (2) FamGKG	Anlässlich der Scheidung 4.000,00 Euro Bei Getrenntleben der Ehegatten 3.000,00 Euro	

* *Mehrere selbstständige Kindschaftssachen können gemeinsam in einem Verfahren oder getrennt in mehreren Verfahren beantragt (und abgerechnet) werden..*

** *Unterhalt für die Dauer des Getrenntlebens und nachehelicher Unterhalt sind verschiedene Gegenstände.*

Falls ein Gegenstandswert nicht ermittelt werden kann, ist er zu schätzen (nicht über 500.000,00 Euro).

Fehlen Anhaltspunkte für eine Schätzung, ist von 5.000,00 Euro auszugehen. *§ 42 FamGKG*

Verfahrenswerte bei Einstweiligen Anordnungen

„Im Verfahren der einstweiligen Anordnung ist der Wert in der Regel unter Berücksichtigung der geringeren Bedeutung gegenüber der Hauptsache zu ermäßigen. Dabei ist von der Hälfte des für die Hauptsache bestimmten Werts auszugehen." *§ 41 FamGKG*

Verfahrenswert der Einstweiligen Anordnung → 50 % der jeweiligen Hauptsache

LERNFELD 13

AUFGABEN

1. Das Scheitern der Ehe ist Voraussetzung für die Scheidung. Da sich die Prognose, ob die Ehegatten die Lebensgemeinschaft wiederherstellen können, häufig schwierig treffen lässt, enthält das BGB zwei Zerrüttungsvermutungen. Um welche handelt es sich?

2. Das Gesetz sieht Härteklauseln vor, die Möglichkeiten eröffnen, die Scheidung trotz Scheitern der Ehe abzuwenden. Entscheiden Sie durch Ankreuzen, ob folgende Gründe eine unzumutbare Härte darstellen.

Gründe	Ja	Nein
Sehr schwere Krankheit des Ehegatten		
Arbeitslosigkeit des Ehegatten		
Schulprobleme des Kindes		
Selbstmordgefährdung des Kindes		

3. Leonard und Sarah sind im verflixten siebten Jahr verheiratet. Kann ihre Ehe geschieden werden, wenn beide Ehegatten seit 15 Monaten getrennt leben und die Scheidung wollen?

4. Bibi und Benjamin Blümchen lassen sich scheiden. Bibis Mädchenname ist Blocksberg, den will sie aber nicht annehmen.

a. Welche Möglichkeiten der Namenswahl hat Bibi nach der Scheidung?

b. Kann Benjamin von Bibi verlangen, ihren Mädchennamen wieder anzunehmen?

5. Karl und Karla Krause haben am 03.03.19xx geheiratet und befinden sich im laufenden Scheidungsverfahren. Karl hat gearbeitet und Karla hat sich um den Haushalt gekümmert. In Ihrer Kanzlei möchten Sie sich über den Versorgungsausgleich informieren. Beantworten Sie folgende Fragen.

a. Welchem Zweck dient der Versorgungsausgleich?

b. Unter welchen Voraussetzungen findet der Versorgungsausgleich statt?

c. Wann beginnt und wann endet die für den Versorgungsausgleich relevante Ehezeit?

d. Welcher Ehegatte ist ausgleichspflichtig?

6. Erläutern Sie die drei Voraussetzungen, die beim Ehegattenunterhalt zu prüfen sind.

7. Wie erfährt das Gericht von einer Scheidung?

»

8. Ist im Scheidungsverfahren ein Anwalt nötig?

9. Welches Gericht ist für die Scheidung sachlich zuständig?

10. Wie wird im Scheidungsverfahren entschieden und welches Rechtsmittel ist gegeben?

11. Frau Schuster lässt durch ihren Anwalt Pohl Scheidungsantrag einreichen. Ihr Ehemann hat einen monatlichen Nettoverdienst von 4.850,00 Euro sowie 2.400,00 Euro Weihnachtsgeld. Frau Schuster verdient netto 4.115,00 Euro und erhielt im Sommer 4.020,00 Euro Urlaubsgeld. Es ist ein minderjähriges Kind vorhanden. Beide Ehegatten haben jeweils Ansprüche auf gesetzliche und betriebliche Altersrenten. Über die Hauptsache und die obligatorische Folgesache wird streitig verhandelt und Beweis erhoben. Über die Unterhaltsansprüche der Ehefrau und des Kindes wird gestritten, wobei die Antragstellerin für sich 800,00 Euro und für das Kind 300,00 Euro beantragt. Die Parteien schließen einen Unterhaltsvergleich, nach dem Herr Schuster seiner Frau 750,00 Euro und seinem Kind 250,00 Euro bezahlt. Die Ehe wird geschieden und das Sorgerecht der Antragstellerin übertragen.

Ermitteln Sie den Verfahrenswert.

Erstellen Sie die Vergütungsberechnung für RA Pohl.

1.5 Die eingetragene Lebenspartnerschaft

1.5.1 Homo-Ehe und LPartG

© SG-design – Fotolia.com

Seit 2017 ist die Homo-Ehe in Deutschland möglich. Dies macht § 1353 BGB deutlich, wonach Homosexuelle nun nach den gleichen gesetzlichen Regeln heiraten dürfen wie Heterosexuelle.

Vorher konnten gleichgeschlechtliche Paare nur eine Lebenspartnerschaft nach dem Lebenspartnerschaftsgesetz (LPartG) eingehen. Zahlreiche Benachteiligungen gegenüber der Ehe, etwa im Miet-, Erb- und Steuerrecht, wurden zwar auf Geheiß des Bundesverfassungsgerichts abgebaut. Jedoch blieben Benachteiligungen, etwa, dass Lebenspartner nicht gemeinsam Kinder adoptieren durften.

Neue Lebenspartnerschaften können heute nicht mehr begründet werden. Bestehende Lebenspartnerschaften werden nicht automatisch in eine Ehe umgewandelt, sondern beide Partner müssen gemeinsam auf dem Standesamt erklären, dass sie künftig eine Ehe auf Lebenszeit führen wollen. Falls die Betroffenen keine Umwandlung in eine Ehe möchten, bleiben bereits eingetragene Lebenspartnerschaften bestehen. Auf diese findet das LPartG weiter Anwendung.

Die Rechtsfolgen der eingetragenen Lebenspartnerschaft ähneln denen der Ehe.

Rechtsfolgen der eingetragenen Partnerschaft

Allgemein

- Partnerschaftliche Lebensgemeinschaft
- Lebenspartnerschaftsname
- Sorgfaltspflicht
- Unterhaltspflicht
- Schlüsselgewalt

Dem Lebenspartner steht entsprechend ein Zeugnisverweigerungsrecht zu.

§ 2 LPartG
§ 3 LPartG
§ 4 LPartG
§ 5 LPartG
§ 8 Abs. 2 LPartG

Schwägerschaft

Mit den Verwandten eines Lebenspartners besteht Schwägerschaft.

§ 11 LPartG

§§ 383 Abs. 1 Nr. 2a ZPO, 52 Abs. 1 Nr. 2a StPO

Güterstand

Es gilt der gesetzliche Güterstand der Zugewinngemeinschaft.

Durch einen Lebenspartnerschaftsvertrag können die Güterstände der Gütergemeinschaft oder Gütertrennung vereinbart werden.

§ 6 LPartG

§ 7 LPartG i.V.m. §§ 1409 ff. BGB

Erbrecht

Für Lebenspartner gelten die gleichen erbrechtlichen Vorschriften wie für Eheleute.

§ 10 LPartG

Aufhebungsgründe

§ 15 LPartG

Die Trennungszeiten entsprechen denen der Ehe.

Trennungs- und Unterhaltsrecht

§§ 12–14 LPartG

Für die Zeit des Getrenntlebens enthält das LPartG ähnliche Regelungen zu Unterhalt, Verteilung von Haushaltsgegenständen und Wohnungszuweisung wie das BGB.

§§ 16–20 LPartG

Für die Zeit nach Aufhebung der Lebenspartnerschaft gelten Regelungen zum Unterhalt, Verteilung von Haushaltsgegenständen und Versorgungsausgleich.

Regelungen in Bezug auf Kinder des Lebenspartners

§ 9 LPartG

Führt der allein sorgeberechtigte Elternteil eine Lebenspartnerschaft, hat sein Lebenspartner im Einvernehmen mit dem sorgeberechtigten Elternteil die Befugnis zur Mitentscheidung in Angelegenheiten des täglichen Lebens des Kindes.

Sonstige Rechtsfolgen

SGB/BGB

- Sozialrecht: Einbeziehung des Lebenspartners in die Kranken- und Pflegeversicherung. Positive Auswirkungen auf die Unfallversicherung.
- Mietrecht: Der überlebende Lebenspartner darf weiter in der Mietwohnung leben.

1.5.2 Gerichtliches Verfahren

§ 111 Nr. 11 FamFG

Lebenspartnerschaftssachen zählen zu den Familiensachen, § 111 Nr. 11 FamFG. Die einzelnen Lebenspartnerschaftssachen sind in § 269 FamFG aufgeführt, etwa die Aufhebung der Lebenspartnerschaft oder der Versorgungsausgleich zwischen Lebenspartnern. Die für die Ehe und andere Familiensachen geltenden Vorschriften finden entsprechende Anwendung, § 270 FamFG. Das Verfahren wird durch Einreichen einer Antragsschrift anhängig gemacht, §§ 270, 124 FamFG. Die Vertretung durch einen Anwalt ist in den Fällen des § 269 Abs. 1 Nr. 1, 2, 8, 9, 10, Abs. 2 FamFG und in Folgesachen notwendig. Sachlich zuständig ist ausschließlich das Amtsgericht als Familiengericht, §§ 23a Abs. 1 Nr. 1, 23b Abs.1 GVG; 111 Nr. 11 FamFG. Die örtliche Zuständigkeit richtet sich nach §§ 270, 122 FamFG. Entscheidungen ergehen per Beschluss und können mit der Beschwerde bzw. der Sprungrechtsbeschwerde angefochten werden, §§ 58, 63, 75 FamFG.

1.5.3 Zusammenfassung und Aufgaben

ZUSAMMENFASSUNG

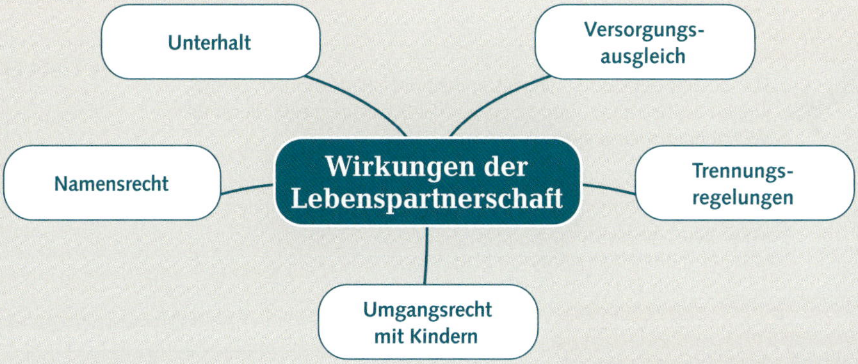

AUFGABEN

1. Bitte nennen Sie drei Lebenspartnerschaftssachen.
2. Wodurch wird ein Verfahren in Lebenspartnerschaftssachen anhängig?
3. Bitte füllen Sie die Lücken:

Die ________________ haben bei der Erfüllung der sich aus dem lebenspartnerschaftlichen Verhältnis ergebenden ________________ einander nur für diejenige ________________ einzustehen, welche sie in eigenen ________________ anzuwenden pflegen.

Die Lebenspartner leben im ________________ der Zugewinngemeinschaft, wenn sie nicht durch ________________ etwas anderes vereinbart haben.

1.6 Die nichteheliche Lebensgemeinschaft

Die Partner der nichtehelichen Lebensgemeinschaft werden vom Gesetz als Lebensgefährten bezeichnet. Die nichteheliche Lebensgemeinschaft ist nicht gesetzlich.

Das Bundesverfassungsgericht definiert die nichteheliche Lebensgemeinschaft an folgenden Merkmalen:

- ist auf Dauer angelegt
- zeichnet sich durch innere Bindung aus, die ein gegenseitiges Einstehen der Partner füreinander begründet
- geht über die Beziehungen einer reinen Haushalts- und Wirtschaftsgemeinschaft hinaus
- lässt daneben keine weitere Lebensgemeinschaft gleicher Art zu

Eine Wohngemeinschaft stellt also in der Regel keine nichteheliche Lebensgemeinschaft dar. Auch Verlobte stellen keine nichteheliche Lebensgemeinschaft dar, denn nach der Verlobung bestehen mehr gesetzlich geregelte gegenseitige Rechte und Pflichten.

1.6.1 Rechtbeziehung im Innenverhältnis

An die nichteheliche Lebensgemeinschaft sind keine Rechtsfolgen geknüpft, da sie anders als die Ehe nicht grundgesetzlich nach Art. 6 GG geschützt ist. Dies ist vom Gesetzgeber so gewollt und bietet Partnern die Möglichkeit, neben der Ehe eine Lebensform mit weniger starren Vorschriften zu wählen. Im Innenverhältnis bedeutet dies für die Lebensgefährten:

- Es besteht keine **Unterhalt**sverpflichtung, außer für gemeinsame Kinder.
- Wird ein gemeinsames Kind geboren, so muss die **Vaterschaft** durch ausdrückliche Erklärung gegenüber dem Notar/Jugendamt anerkannt werden.
- Die gemeinsame **elterliche Sorge** für ein gemeinsames Kind ist ebenfalls nur durch ausdrückliche Erklärung möglich.
- Jeder bleibt Eigentümer seines **Vermögens** und der von ihm eingebrachten **Haushaltsgegenstände;** an gemeinsam angeschafften Gegenständen entsteht Mitbesitz.
- Ein **Versorgungsausgleich** findet nicht statt.

LERNFELD 13

Die Lebensgefährten haben jedoch die Möglichkeit, Regelungen vertraglich festzulegen. Dazu können sie einen **nichtehelichen Partnerschaftsvertrag** aufsetzen, in dem sie etwa folgende Lebensbereiche regeln können:

Trennungsfolgen

z. B. Unterhalt, Aufteilung von Vermögen und Haushaltsgegenständen, Übernahme der Kindererziehung

Erbschaft

Das Ehegattenerbrecht findet keine Anwendung. Die Erbfolge muss also durch Erbvertrag oder Testament geregelt werden.

Krankheit

Erkrankt ein Lebensgefährte, so hat der Partner kein Recht, Auskunft über dessen Gesundheitszustand zu verlangen oder eine Einwilligung zu einer Operation zu geben. Dies kann durch gegenseitige Vollmachten geändert werden.

Es bleibt zu beachten, dass der Partnerschaftsvertrag grundsätzlich nur zwischen den beiden Partnern wirkt, sogenannte Wirkung „inter partes".

1.6.2 Rechtsbeziehungen im Außenverhältnis

Im Außenverhältnis gelten ebenfalls andere Vorschriften als für die Ehe. Dies wirkt sich insofern aus, dass die Lebensgefährten etwa kein Recht auf einen gemeinsamen Namen haben, ihnen kein Anspruch auf Altersrente des Partners oder Hinterbliebenenrente zusteht und sie steuerlich nicht gemeinsam veranlagt werden können.

Grundsätzlich stehen die Partner einer nichtehelichen Lebensgemeinschaft Außenstehenden nicht gemeinsam gegenüber, sondern getrennt als rechtlich eigenständige Personen. Vertragspartner kann daher nicht die eheliche Lebensgemeinschaft selbst, sondern nur die jeweiligen Partner einzeln oder zusammen werden. Dies spielt besonders beim Mietvertrag eine Rolle.

Früher war es ein großes Problem, als unverheiratetes Paar eine Mietwohnung zu finden. Heute ist das wesentlich einfacher, denn Vermieter sind meist lediglich daran interessiert, dass die Miete pünktlich gezahlt wird. Eine wichtige Entscheidung beim Zusammenziehen ist, ob der Mietvertrag von beiden unterschrieben wird, oder nur von einem.

Gemeinsamer Mietvertrag – Pro

Da eine Kündigung nur gemeinsam möglich ist, kann kein Partner den anderen einfach so vor die Tür setzen.	Beide Partner können bei Mängeln sämtliche Rechte gegenüber dem Vermieter geltend machen.	Beide Partner haben ein eigenes Besitzrecht an der Wohnung, also auch Mitbestimmungsrecht bei Umgestaltung oder Renovierung.

Gemeinsamer Mietvertrag – **Kontra**

Die Partner haften gesamtschuldnerisch für den Mietzins, § 421 BGB. Wird ein Partner zahlungsunfähig, muss der andere die Miete alleine zahlen.	Die Kündigung der Wohnung ist nur gemeinsam möglich, es sei denn mit dem Vermieter wurde vorher eine Entlassungsklausel geschlossen.	Zieht bei Trennung ein Partner aus der Wohnung aus, haftet er weiter gesamtschuldnerisch für den gesamten Mietzins. Er kann von dem in der Wohnung verbleibenden Partner aber verlangen, an einer Kündigung mitzuwirken und zur Not die Einwilligung zur gemeinschaftlichen Kündigung vor Gericht einklagen.

MERKE

Entscheidet man sich für einen gemeinsamen Mietvertrag, macht es Sinn, in einem **zusätzlichen Vertrag** mit dem Partner zu regeln, wer sich mit welchem Betrag an den Miet- und sonstigen Kosten der Wohnung beteiligen soll.

LERNFELD 13

1.7 Kindschafts- und Verwandtschaftsrecht

1.7.1 Abstammung

Biologisch bezeichnet der Begriff Abstammung die Weitergabe von Genen über die Generationen hinweg, also die biologische Herkunft eines Individuums. Der Begriff wird als Rechtsbegriff im Familienrecht verwendet.

Mutterschaft: Die rechtliche Mutter ist die Frau, die das Kind geboren hat, § 1591 BGB. Dies ist etwa bei einer Eispende von Bedeutung, die in Deutschland nach dem Embryonenschutzgesetz verboten ist. Auch wenn das Kind genetisch von der Eispenderin abstammt, gilt die austragende Frau als Mutter. Dasselbe gilt bei einer Embryonenspende und der Leihmutterschaft. Beide sind in Deutschland jedoch verboten.

§ 1591 BGB

Vaterschaft: Die Vaterschaft ist in §§ 1592 ff. BGB geregelt. Danach gilt der Mann als Vater des Kindes,

- der zum Zeitpunkt der Geburt mit der Mutter verheiratet ist,
- der die Vaterschaft anerkannt hat oder
- dessen Vaterschaft gerichtlich anerkannt wurde.

BEISPIEL

Marie, die seit 7 Jahren mit Alexander verheiratet ist, hat eine Affäre mit ihrem Tennislehrer Jan und wird von ihm schwanger. Obwohl Jan der Erzeuger des Kindes ist, gilt Alexander nach § 1592 Nr. 1 BGB als Vater des Kindes. Sowohl Jan als auch Alexander sind berechtigt, die Vaterschaft anzufechten, § 1600 BGB.

§ 1594 ff. BGB

Die **Vaterschaftsanerkennung** erfolgt durch konstitutiven Akt, § 1594 BGB. Sie ist nur mit Zustimmung der Mutter möglich, § 1595 BGB. Anerkennung und Zustimmung müssen öffentlich beurkundet werden, § 1597 Abs. 1 BGB. Minderjährige bis 13 Jahre können nur durch den gesetzlichen Vertreter und Minderjährige ab 14 Jahre nur selbst mit Zustimmung des gesetzlichen Vertreters anerkennen, § 1596 Abs. 1 und 2 BGB.

§ 1600d BGB

Besteht keine Vaterschaft kraft Ehe mit der Mutter oder kraft Anerkennung, kann die **Vaterschaft gerichtlich festgestellt** werden, § 1600d BGB. Das Gericht ordnet dazu ein Abstammungsgutachten an, als dessen Grundlage Blutproben des Kindes und des potenziellen Kindsvaters dienen. Diese werden von einem unabhängigen Labor miteinander verglichen und das Ergebnis in einem Gutachten festgehalten, welches dem Familiengericht übergeben wird. Wurde eine Verwandtschaft festgestellt, wird diese durch Urteil festgeschrieben.

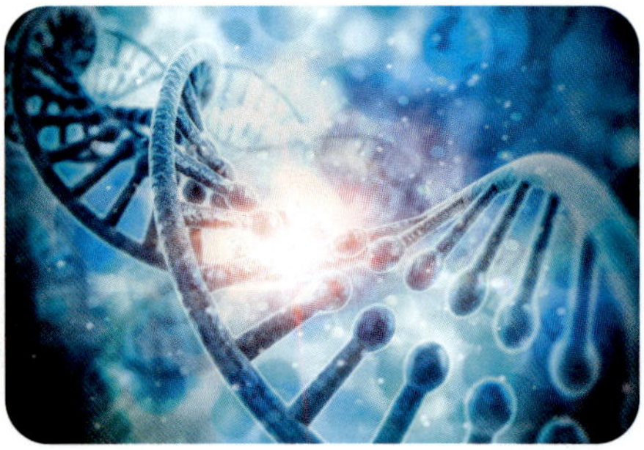

Bestehen Zweifel an der Vaterschaft, kann diese angefochten werden.

Die Vaterschaftsanfechtung

Anfechtungsberechtigte

§ 1600 Abs. 1 BGB

- der Ehemann zum Zeitpunkt der Geburt des Kindes
- der Mann, der die Vaterschaft anerkannt hat
- der Mann, der an Eides statt versichert, zur Empfängniszeit mit der Mutter Geschlechtsverkehr gehabt zu haben
- die Mutter
- das Kind
- die zuständige Behörde im Falle der Vaterschaftsanerkennung

Ausschluss der Anfechtung

§ 1600 Abs. 5 BGB

Ist das Kind mit Einwilligung des Mannes und der Mutter durch künstliche Befruchtung mittels Samenspende eines Dritten gezeugt worden, so ist die Anfechtung der Vaterschaft durch den Mann und die Mutter ausgeschlossen.

Eine Vaterschaftsanfechtung ist **nicht** dadurch ausgeschlossen, dass sich Vater und Kind äußerlich offensichtlich unähnlich sehen.

Frist – **§ 1600b Abs. 1 BGB**

Zwei Jahre ab dem Zeitpunkt, in dem der Anfechtungsberechtigte von den Umständen erfährt, die gegen die Vaterschaft sprechen.

Zuständigkeit – **§ 170 FamFG**

Grundsätzlich zuständig ist das Amtsgericht als Familiengericht am gewöhnlichen Aufenthaltsort des Kindes.

Kosten – **§ 183 FamFG**

Die Kosten einer erfolgreichen Vaterschaftsanfechtung sind zwischen den Beteiligten gegeneinander aufzuheben, wobei das betroffene minderjährige Kind an den Gerichtskosten nicht beteiligt wird. Jeder Beteiligte trägt also seine Rechtsanwalts- und sonstige Kosten selbst und die Gerichts- und Gutachterkosten werden unter den beteiligten Erwachsenen aufgeteilt.

Rechtsfolgen – **z. B. § 1601 ff. BGB**

Die Vaterschaft kann u. a. folgende Auswirkungen haben:

- Zahlen von Kindesunterhalt
- Erbansprüche
- Erhalt der deutschen Staatsbürgerschaft
- Änderung des Familiennamens
- Zeugnisverweigerungsrecht

MERKE

Ein heimlich eingeholtes DNA-Gutachten ist für eine gerichtliche Vaterschaftsanfechtung nicht statthaft.

1.7.2 Rechte und Pflichten des Kindes

Aus dem Verhältnis von Eltern zu ihren Kindern entstehen ebenfalls Rechte und Pflichten. Eheliche und nichteheliche Kinder haben dieselben Rechte und Pflichten.

Die Rechtstellung des Kindes zu seinen Eltern

Rechte

- Leben, Nahrung, Kleidung und Bildung, UN-Kinderrechtskonvention
- gewaltfreie Erziehung, § 1631 Abs. 2 BGB
- elterliche Sorge, Art. 6 Abs. 2 GG
- Bildung und Übernahme der Ausbildungskosten, § 1631a BGB
- Unterhalt, § 1600 BGB
- Umgang mit Eltern und Verwandten, §§ 1684 f. BGB

Die Rechtstellung des Kindes zu seinen Eltern

Pflichten

- Dienstleistung in Haushalt und Geschäft, § 1619 BGB
- Schulpflicht, Schulgesetze der Länder
- Pflicht zu Beistand und Rücksicht, § 1618a BGB

1.7.3 Sorgerecht

§§ 1626 ff. BGB

Nicht nur Kinder, sondern auch Eltern haben ein Recht auf elterliche Sorge, Art. 6 Abs. 2 GG, § 1626 Abs. 1 BGB. Dies gilt genauso für nicht verheiratete Eltern, wenn sie gemeinsam eine beurkundete **Sorgerechtserklärung** abgegeben haben oder später heiraten, § 1626a BGB. Ansonsten übt die Mutter das Sorgerecht alleine aus.

Die elterliche Sorge beginnt mit der Geburt des Kindes und endet mit der Volljährigkeit, dem Tode des Kindes oder dem Entzug durch das Vormundschaftsgericht, §§ 1666, 1667 BGB. Bei der Ausübung der elterlichen Sorge haben die Eltern stets das **Wohl des Kindes** zu beachten.

Umfang der elterlichen Sorge

Personensorge

§§ 1631 ff. BGB

Pflege: Die Eltern müssen dafür sorgen, dass dem Kind angemessener Wohnraum, Kleidung und Nahrungsmittel zur Verfügung stehen und sie übernehmen die körperliche Pflege und die Gesundheitsfürsorge.

Erziehung: Die Eltern haben für die körperliche, seelische und sittliche Erziehung des Kindes zu sorgen. Dazu gehören auch die Überwachung des regelmäßigen Schulbesuchs oder die Beratung bei der Berufswahl.

Beaufsichtigung: Die Eltern sollen das Kind vor Selbstgefährdung oder vor Gefährdung durch Dritte schützen. Dazu gehört etwa auch die Verkehrserziehung.

Aufenthalt: Die Eltern bestimmen den Wohnort des Kindes. Sie entscheiden auch über die Unterbringung in Kindergarten, Schule, Internat, die Teilnahme an Klassenfahrten oder die Unterbringung bei Freunden. Wird den Eltern das Kind widerrechtlich vorenthalten, können sie die Herausgabe verlangen.

Vermögenssorge

§§ 1638 ff. BGB

Die Eltern haben die Pflicht, alle Maßnahmen zu ergreifen, um das Kindesvermögen zu erhalten, zu vermehren oder zu verwerten. Dies gilt für Erbschaften und Schenkungen nur dann, wenn die Verwaltung durch die Eltern nicht ausgeschlossen wurde. Für diese Fälle wird eine Pflegschaft angeordnet. Übersteigt der Vermögenserwerb des Kindes den Betrag von 15.000,00 Euro, so haben die Eltern ein Verzeichnis mit der Versicherung der Richtigkeit und Vollständigkeit beim Familiengericht einzureichen, § 1640 BGB. Die Eltern müssen das Geld des Kindes wirtschaftlich anlegen und verwalten. Zum weiteren Schutz des Kindesvermögens müssen einige besonders wichtige Geschäfte durch das Familiengericht genehmigt werden (siehe unten).

Gesetzliche Vertretung des Kindes

§ 1629 BGB

Die gesetzliche Vertretung des Kindes umfasst alle Handlungen mit Rechtswirkungen für das Kind, wodurch das Kind berechtigt und verpflichtet wird. Die Eltern können Willenserklärungen für das Kind abgeben und empfangen, §§ 104 ff., 164 BGB. Sie können für das Kind vor Gericht klagen und verklagt werden, §§ 51, 52 ZPO. Kraft des Vertretungsrechtes können sie über das Kindesvermögen im Rahmen der Vermögenssorge sowohl im eigenen Namen als auch im Namen des Kindes verfügen. Für besonders einschneidende Geschäfte, z. B. Grundstücksgeschäfte benötigen sie jedoch der Genehmigung des Vormundschaftsgerichtes, §§ 1643, 1645 BGB. Schenkungen aus dem Kindesvermögen zu machen, die den Rahmen des Üblichen übersteigen, ist ihnen ganz verboten. Das Kind wird Eigentümer an allen beweglichen Sachen, die die Eltern mit Mitteln des Kindes erwerben, § 1646 BGB.

LERNFELD 13

§ 1687 BGB

Das **gemeinsame Sorgerecht** besteht auch nach **Trennung oder Scheidung** der Eltern weiter, solange nicht ein Elternteil die Alleinsorge beim Familiengericht beantragt.

Behalten die Eltern die gemeinsame Sorge, so kann das Elternteil, bei dem sich das Kind gewöhnlich aufhält, die täglichen Angelegenheiten des Kindes regeln, § 1687 Abs. 1 S. 2 BGB. Entscheidungen des täglichen Lebens sind solche, die häufig vorkommen und die keine schwer abzuändernden Auswirkungen auf die Entwicklung des Kindes haben.

BEISPIEL

Bei der Entscheidung, bei welchem Freund das Kind am Nachmittag spielt, ist eine Angelegenheit des täglichen Lebens.

Entscheidungen von erheblicher Bedeutung sind gemeinschaftlich zu treffen, § 1687 Abs. 1 S. 1 BGB.

BEISPIEL

Entscheidungen von erheblicher Bedeutung betreffen etwa die Anmeldung an einer Schule oder die Einwilligung zu einer Operation.

§ 1628 BGB

Können die Eltern sich nicht einigen, überträgt das Familiengericht die Entscheidung auf Antrag einem Elternteil, § 1628 BGB.

§ 1686 BGB

Den Eltern steht ein **Auskunftsrecht** zu, auch wenn sie nicht sorgeberechtigt sind. Jeder Elternteil kann vom anderen Elternteil bei berechtigtem Interesse Auskunft über die persönlichen Verhältnisse des Kindes verlangen, soweit dies nicht dem Kindeswohl widerspricht, § 1686 BGB. Auskunftsverpflichtet ist jeder, der das Kind in seiner Obhut hatte. Ein berechtigtes Interesse besteht nur, wenn der Auskunftsberechtigte sich die Information nicht auf anderem Wege beschaffen kann, etwa indem er das Kind selbst fragt. Dies ist bei kleinen Kindern nicht möglich.

BEISPIEL

Das 3-jährige Kind ist in der Obhut der Großeltern erkrankt. Der Vater, dem lediglich das Umgangsrecht zusteht, kann von den Großeltern Auskunft verlangen, welche Medikamente das Kind schon bekommen hat.

Inhaltlich umfasst das Auskunftsrecht Informationen über den persönlichen Werdegang des Kindes, wie schulische Leistungen, Fotokopien der Zeugnisse, Angaben über die berufliche Situation des Jugendlichen, Mitteilung der besonderen persönlichen Interessen, Übermittlung von Fotos und Auskunft über den Gesundheitszustand einschließlich von Belegen, wenn diese sinnvoll und zweckentsprechend sind. Nicht umfasst sind Auskünfte, die den höchstpersönlichen Bereich des Kindes betreffen, etwa das Tagebuch des Kindes oder die Frage, ob ein Jugendlicher eine Freundin hat.

1.7.4 Umgangsrecht

§§ 1684 ff. BGB

Das Kind hat ein Recht auf den **Umgang mit jedem Elternteil,** und umgekehrt ist jedes Elternteil zum Umgang mit dem Kind verpflichtet, § 1684 BGB. Dies ist unabhängig davon, wem das Sorgerecht zusteht, kann aber tatsächlich kaum erzwungen werden. Dies spielt insbesondere eine Rolle, wenn die Eltern getrennt sind. Das Umgangsrecht dient dem Zweck, dass sich Eltern und Kind nicht entfremden und berechtigt daher jedes Elternteil zum persönlichen Umgang mit dem Kind, § 1684 Abs. 1 BGB.

Das Familiengericht kann den Umgang zum Wohl des Kindes **einschränken** oder **ausschließen,** § 1684 Abs. 3 und Abs. 4 BGB. Üblich ist, dass Kinder im Schulalter jedes zweite Wochenende und die halben Schulferien beim anderen Elternteil verbringen. Zum Wohl des Kindes können aber auch andere Regelungen getroffen werden. Ist ein Elternteil etwa suchtkrank, so kann auch der begleitete Umgang durch einen Mitarbeiter des Jugendamts angeordnet werden. Werden die Umgangsregeln von einem Elternteil nicht eingehalten, wird zunächst ein Vermittlungsverfahren angestrebt. Zuletzt können sie auch durch Ordnungsgeld oder Ordnungshaft vollstreckt werden.

§ 1685 BGB

Auch **weitere Verwandte** können umgangsberechtigt sein, sofern dies dem Kindeswohl dient, § 1685 BGB. Darunter fallen etwa die Großeltern, Onkel, Tanten, Cousins oder Cousinen. Anders als bei den Eltern besteht aber keine Umgangspflicht, auch das Kind hat keinen eigenen Anspruch. Dies macht ein Urteil des

OLG Bremen von 2012 deutlich. Darin wurde das Umgangsrecht einer Tante zu ihrer Nichte abgelehnt, da andere Bezugspersonen als die Eltern nur dann ein Umgangsrecht hätten, wenn diese für das Kind tatsächliche Verantwortung tragen oder getragen haben. Es müsse also eine sozial-familiäre Beziehung vorliegen, die nur bestehe, wenn die Person mit dem Kind längere Zeit in häuslicher Gemeinschaft zusammengelebt habe.

1.7.5 Adoption

Die Adoption wird im BGB als „Annahme als Kind“ bezeichnet. Minderjährigen- und Volljährigenadoption sind möglich. Das BGB geht von der **Adoption Minderjähriger** als Regelfall aus, § 1741 BGB.

§§ 1741 ff. BGB

Die Adoption Minderjähriger ist nach § 1741 BGB zulässig, wenn

- sie dem Wohl des Kindes dient,
- zu erwarten ist, dass zwischen dem Kind und dem Annehmenden ein Eltern-Kind-Verhältnis entstehen wird und
- die Zustimmung beider Elternteile vorliegt.

Die Annahme ist nur **zulässig,** wenn der Annehmende mindestens 25 Jahre alt und ggs. sein Ehegatte mindestens 21 Jahre alt ist, § 1743 Abs. 2 BGB.

Vor Ausspruch der Adoption soll eine **Probezeit** vereinbart werden, in der beide Seiten die Möglichkeit haben sich kennenzulernen, § 1744 BGB.

Die Annahme darf nicht ausgesprochen werden, wenn der Annehmende bereits Kinder hat und die Adoption deren Interessen zuwiderläuft oder gefährdet werden, § 1745 BGB.

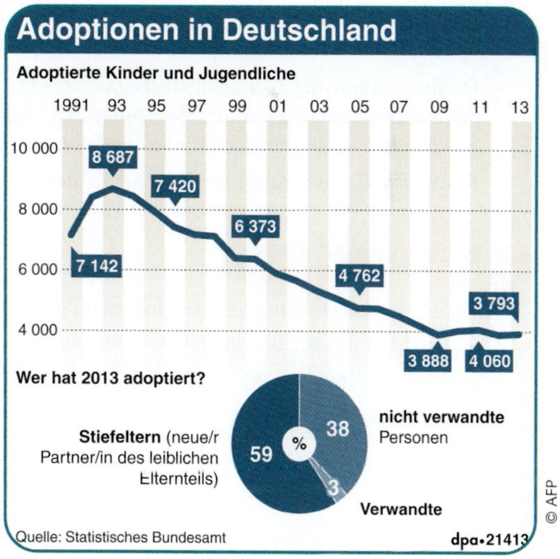

Weitere Voraussetzung für die Adoption sind folgende **Einwilligungen:**

› Einwilligung des Kindes, § 1746 BGB
› Einwilligung der bisherigen Eltern des Kindes, § 1747 BGB
› Einwilligung des anderen Ehegatten, § 1749 BGB

Die Einwilligungserklärungen müssen gegenüber dem Familiengericht abgegeben werden und bedürfen der notariellen Beurkundung, § 1750 Abs. 1 BGB.

Das Familiengericht entscheidet über die Annahme durch **Beschluss,** § 1752 BGB.

LERNFELD 13

Mit der Annahme erlangt das Kind die **rechtliche Stellung** eines gemeinschaftlichen Kindes, § 1754 Abs. 1 BGB. Zugleich erlöschen die Verwandtschaftsverhältnisse des Kindes zu seinen bisherigen Verwandten, § 1755 Abs. 1 BGB.

Das Kind erhält nach der Adoption den **Familiennamen** der Annehmenden als Geburtsnamen, § 1757 Abs. 1 BGB. Mit Zustimmung des Familiengerichts kann auf Antrag auch der Vorname geändert werden, wenn dies dem Wohl des Kindes entspricht, § 1757 Abs. 4 BGB.

§§ 111 Nr. 4, 186 FamFG

BEISPIEL

Adedoyin kommt aus Nigeria. Damit in der Schule die Kinder sie nicht hänseln oder sie immer wieder nach Aussprache und Schreibweise ihres Namens gefragt wird, erhält sie nach ihrer Adoption durch eine deutsche Familie einen neuen Vornamen.

Adoptionssachen sind **Familiensachen** gem. §§ 111 Nr. 4, 186 FamFG. Der Verfahrensablauf richtet sich nach dem Gesetz über Verfahren in Familiensachen und ist in den Angelegenheiten der freiwilligen Gerichtsbarkeit geregelt (FamFG).

Das gerichtliche Adoptionsverfahren

Zuständigkeiten

Sachlich zuständig: Das Amtsgericht als Familiengericht, §§ 23 Abs. 1 Nr. 1 und 2, S. 2; 23b Abs. 1 GVG; 111 Nr. 4, 186 FamFG

Örtlich zuständig: Ausschließlich das Gericht, in dessen Bezirk der Annehmende oder einer der Annehmenden seinen gewöhnlichen Aufenthalt hat, § 187 Abs. 1 FamFG. Ist dies nicht gegeben, ist der gewöhnliche Aufenthalt des Kindes maßgebend, § 187 Abs. 2 FamFG.

Funktionell zuständig: Der Familienrichter, § 23b Abs. 2 GVG

Beteiligte des Verfahrens

- der Annehmende und der Anzunehmende, § 188 Abs. 1 Nr. 1a FamFG
- die Eltern des Anzunehmenden, § 188 Abs. 1 Nr. 1b FamFG
- der Ehegatte des Annehmenden, § 188 Abs. 1 Nr. 1c FamFG
- auf Antrag das Jugendamt und das Landesjugendamt, § 188 Abs. 2 FamFG

Ablauf

Ein Kind und die Annehmenden können über die Adoptionsvermittlungsstelle zusammengebracht werden. Die leiblichen Eltern werden über die Persönlichkeiten der Annehmenden und den Vermittlungsverlauf informiert. Die Eltern des Kindes werden dann gebeten, in die Adoption ihres Kindes durch diese Adoptiveltern bei einem Notar einzuwilligen. Die notarielle Einwilligung hat zur Folge, dass die elterlichen Rechte ruhen und Amtsvormundschaft eintritt. Schließlich erfolgt eine Pflegezeit zwischen den Annehmenden und dem Kind. Am Ende der Adoptionspflegezeit stellen die künftigen Adoptiveltern für ihr Adoptivpflegekind einen Adoptionsantrag. Dieser muss notariell beurkundet werden. Der Vormund des Kindes muss die Einwilligung ebenfalls notariell beurkunden lassen. Der notarielle Adoptionsantrag ist dann an das für den Wohnort der Annehmenden zuständige Familiengericht zu richten. Das Gericht holt zuletzt eine fachliche Äußerung der Adoptionsvermittlungsstelle ein. Es entscheidet schließlich durch Beschluss.

Sonstiges

Eine Aussetzung des Verfahrens kann aus wichtigem Grund erfolgen, § 21 FamFG.
Eine Rücknahme des Antrags ist bis zur Rechtskraft der Endentscheidung möglich, § 22 FamFG.

Entscheidung und Rechtsmittel

Das Familiengericht entscheidet durch Beschluss, § 197 FamFG. Dieser ist nicht anfechtbar.

1.7.6 Verwandtschaft/Schwägerschaft

Unter Verwandtschaft versteht man die auf Abstammung beruhende Verbindung von Personen zueinander. Zu unterscheiden sind die Blutsverwandtschaft, § 1589 BGB, und die Adoptionsverwandtschaft, § 1754 BGB.

© Nataliya Yakovleva – Fotolia.com

§ 1589 BGB

MERKE

Personen, bei denen eine von der anderen abstammt, sind in gerader Linie verwandt, § 1589 Abs. 1 S. 1 BGB.

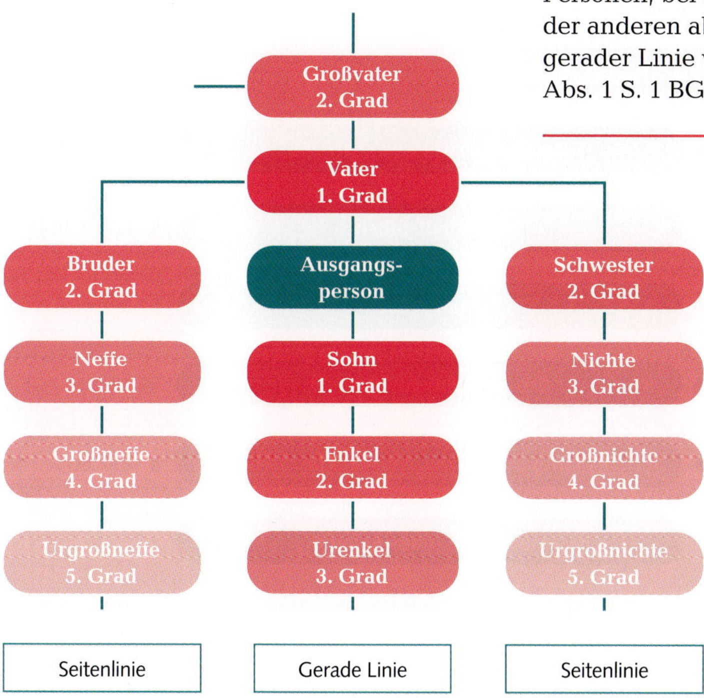

Das bedeutet, dass Sie mit ihren Eltern, Großeltern, Urgroßeltern sowie mit ihren Kindern, Enkeln und Urenkeln in gerader Linie verwandt sind.

MERKE

In der Seitenlinie miteinander verwandt sind Personen, die nicht voneinander, sondern von derselben dritten Person abstammen, § 1589 Abs. 1 S. 2 BGB.

Sie sind in der Seitenlinie also verwandt mit ihren Tanten, Onkeln, Nichten, Neffen, Cousins und Cousinen.

MERKE

Der Grad der Verwandtschaft bestimmt sich nach der Zahl der vermittelnden Geburten, wobei die eigene Geburt nicht mitzuzählen ist, § 1589 Abs. 1 S. 3 BGB.

BEISPIEL

Sie sind mit ihren Omas im 2. Grad in gerader Linie verwandt. Um die Verwandtschaft herzustellen, mussten ihre Omas, davon abstammend das jeweilige Elternteil und Sie selbst geboren werden. Da ihre Geburt nicht mitzählt, bleiben zwei die Verwandtschaft vermittelnden Geburten.

Rechtsfolgen der Verwandtschaft

Zeugnisverweigerungsrecht	z. B. § 383 ZPO
Unterhaltspflicht	§ 1601 ff. BGB
Eheverbot	§ 1307 BGB
Erb- und Pflichtteilsrecht	§§ 1924 ff. BGB
Berücksichtigung bei der Auswahl des Betreuers	§ 1897 BGB
Ausschluss eines Richters	z. B. § 41 ZPO

Unter Schwägerschaft versteht man die Verknüpfung zwischen Verwandtschaft und Ehe.

MERKE

Die Verwandten eines Ehegatten sind mit dem anderen Ehegatten verschwägert. § 1590 Abs. 1 S. 1 BGB.

Verschwägert ist also immer der Ehegatte allein und nicht seine Verwandten mit den Verwandten des anderen Ehegatten. Die Schwägerschaft besteht auch nach Scheidung fort, § 1590 Abs. 2 BGB. Die Linie und der Grad der Schwägerschaft bestimmen sich nach der Linie und dem Grad der sie vermittelnden Verwandtschaft, § 1590 Abs. 1 S. 2 BGB.

BEISPIEL

Zum Bruder des Ehegatten besteht Schwägerschaft 2.Grades in der Seitenlinie. Brüder sind untereinander im zweiten Grad miteinander verwandt, da es der Geburt der Mutter und des Bruders bedurfte, um diese Verwandtschaft herzustellen. Sie stammen nicht voneinander, sondern von einer gemeinsamen dritten Person, nämlich der Mutter ab und sind somit in der Seitenlinie verwandt. Danach bestimmt sich auch die Schwägerschaft.

1.7.7 Unterhalt

Verwandte in gerader Linie sind einander zu Unterhalt verpflichtet. Das gilt sowohl in aufsteigender als auch in absteigender Linie. Dies bedeutet, dass Eltern ihren Kindern gegenüber genauso unterhaltspflichtig sind wie umgekehrt. Die Unterhaltspflicht gilt unabhängig vom Grad der Verwandtschaft, solange sie in gerader Linie besteht. Geschwister sind nicht in gerader Linie miteinander verwandt, also besteht zwischen ihnen keine Unterhaltspflicht.

Unterhalt zwischen Verwandten

Eine Unterhaltsverpflichtung besteht nur unter folgenden drei Voraussetzungen:

§§ 1601 ff. BGB

› **Unterhaltstatbestand, § 1601 BGB:** Es muss Verwandtschaft in gerader Linie vorliegen.

› **Bedürftigkeit, § 1602 BGB:** Unterhaltsberechtigt ist nur, wer außerstande ist, sich selbst zu unterhalten. Dies ist beim **Kindesunterhalt** der Fall, wenn das minderjährige Kind keine ausreichenden eigenen Einkünfte und kein verfügbares Vermögen hat. **Minderjährige** Kinder können sogar dann Unterhalt beanspruchen, wenn sie zwar ein verfügbares Vermögen haben, die daraus sich ergebenden Erträge jedoch nicht zur Bedarfsdeckung ausreichen, § 1602 Abs. 2 BGB. **Volljährige** Kinder müssen hingegen grundsätzlich erst ihr Vermögen aufbrauchen, bevor sie Unterhalt beanspruchen. Sie unterliegen zudem einer Erwerbsobliegenheit, müssen also ihre Arbeitskraft zur Erzielung von ausreichenden Einkünften einsetzen. Während der Ausbildung haben volljährige Kinder daher einen Unterhaltsanspruch, da sie in dieser Zeit kein ausreichendes eigenes Einkommen erzielen können. Beim **Verwandtenunterhalt** richtet sich der Bedarf nach der Lebensstellung der Eltern und nicht etwa nach den Einkommensverhältnissen der Kinder. Die Bedarfshöhe der Eltern wird jedoch in der Regel niedrig, am Rande des Existenzminimums angesetzt, was die unterhaltsverpflichteten Kinder entlastet. Ist jedoch eine Heimunterbringung zu bezahlen oder fallen Pflegekosten an, dann entspricht der Bedarf der tatsächlichen Höhe der Kosten und einem Barbetrag für weitere Bedürfnisse wie sonstige Pflegeleistungen oder Taschengeld.

› **Leistungsfähigkeit, § 1603 BGB:** Der Unterhaltsverpflichtete muss nur insoweit Unterhalt gewähren, wie er seinen eigenen angemessenen Unterhalt nicht gefährdet. Das Gesetz will dem Unterhaltsverpflichteten, seinem Ehegatten und seinen Kindern die eigene, angemessene Lebensstellung nicht nehmen. Es regelt allerdings nicht, welcher Betrag dem Unterhaltsschuldner mindestens verbleiben soll. Deshalb arbeitet die Praxis mit Mindestselbstbehaltsbeträgen, die sich aus Leitlinien der Oberlandesgerichte entnehmen lassen. Nach den Leitlinien des OLG Düsseldorf etwa verbleiben dem Unterhaltspflichtigen mindestens 1.800,00 Euro von seinem Einkommen für sich und 1.400,00 Euro für seinen nicht erwerbstätigen Ehegatten. Daneben sind aber noch viele individuelle Aspekte zu bedenken, sodass von dem Tabellenwert erheblich abgewichen werden kann.

§ 1605 BGB

Verwandte in gerader Linie sind einander verpflichtet auf Verlangen über ihre Einkünfte und ihr Vermögen Auskunft zu erteilen, soweit dies zur Feststellung eines Unterhaltsanspruchs oder einer Unterhaltsverpflichtung erforderlich ist, § 1605 BGB. Dieser Anspruch kann auch von einer Behörde geltend gemacht werden, etwa vom Sozialamt.

§ 1606 BGB

Gibt es in der Familie mehrere vermögende Verwandte in gerader Linie, die in der Lage wären, Unterhalt zu leisten, so gilt die gesetzliche Rangfolge. Danach sind Abkömmlinge vor den Verwandten in gerader Linie unterhaltspflichtig und unter ihnen die näheren vor den entfernten, § 1606 Abs. 1 und 2 BGB.

BEISPIEL

Die 46-jährige unterhaltsbedürftige Angela möchte wissen, welcher ihrer Verwandten unterhaltspflichtig ist. Ihre Eltern sind sehr vermögend, aber auch ihre volljährige Tochter ist leistungsfähig. Nach § 1606 Abs. 1 BGB ist ihre Tochter vor den Eltern unterhaltspflichtig.

§ 1609 BGB

Auch die Rangfolge bei mehreren Unterhaltsberechtigten ist gesetzlich geregelt, § 1609 BGB. Diese ist von Bedeutung, wenn nicht genug Geld da ist, um allen bedürftigen Verwandten Unterhalt zu zahlen. In der Rangfolge stehen minderjährige unverheiratete Kinder an erster Stelle.

§ 1610 BGB

Das Maß des zu gewährenden Unterhalts bestimmt sich nach der Lebensstellung des Bedürftigen, kann also individuell verschieden sein, § 1610 BGB. Der Unterhalt ist grundsätzlich als Geldrente zu gewähren, d. h. als monatliche Zahlung über einen festgelegten Zeitraum, § 1612 BGB.

§ 1611 BGB

Der Unterhaltspflichtige kann die Unterhaltszahlung teilweise verweigern, wenn eine Zahlung als „unbillig", d. h. unangemessen und ungerecht erscheint, § 1611 BGB. Bei grober Unbilligkeit ist auch ein vollständiger Ausschluss der

Unterhaltspflicht möglich. Ein Härtefall kann in den folgenden drei Fallgruppen vorliegen.

1. **Unbilligkeit wegen „sittlichem Verschulden"** liegt etwa vor, wenn der unterhaltsfordernde Elternteil seine Bedürftigkeit durch Spiel-, Alkohol- oder Drogensucht selbst verursacht hat. Allerdings gilt dies nur, wenn die Sucht eigenverantwortlich verschuldet war und eine Suchtbehandlung abgelehnt wurde, da die Sucht sonst als unverschuldete Krankheit anzusehen ist. Ein Verschulden der Pflegebedürftigkeit durch eine ungesunde Lebensführung wie etwa durch Rauchen ist hiervon nicht umfasst.

2. **Die Vernachlässigung der eigenen Unterhaltspflicht** kann dazu führen, dass ein Elternteil später keinen Unterhalt von seinem Kind verlangen kann.

3. **Eine schwere Verfehlung gegen den Unterhaltspflichtigen** kann den Anspruch auf Elternunterhalt verwirken. Darunter fallen etwa Bedrohungen, körperliche Gewalt oder sexuelle Misshandlung. Nicht ausreichend sind minderschwere Störungen der Eltern-Kinder-Beziehung wie Kontaktabbruch oder Enterbung des Kindes.

Kindesunterhalt

§ 1601 BGB

Eltern sind verpflichtet, ihren Kindern Unterhalt zu gewähren, § 1601 BGB. Die Unterhaltspflicht besteht nur gegenüber leiblichen oder adoptierten Kindern, nicht gegenüber Stiefkindern, denn es besteht keine leibliche Verwandtschaft. Grundsätzlich gelten für den Unterhaltsanspruch von Kindern dieselben Voraussetzungen wie für andere Verwandte. Allerdings bestimmt sich die Bedürftigkeit der Kinder nach dem Alter. Volljährige Kinder sind nicht bedürftig, wenn sie in der Lage sind, sich aus eigenem Vermögen oder einer Erwerbstätigkeit zu unterhalten. Gegenüber minderjährigen Kindern besteht eine **gesteigerte Unterhaltspflicht.** Sie müssen neben der Schul- und Berufsausbildung nicht arbeiten gehen.

§ 1612a BGB

Der **Mindestunterhalt** für minderjährige Kinder richtet sich nach dem doppelten Freibetrag für das sächliche Existenzminimum eines Kindes, § 1612a BGB. Die Höhe des Barunterhalts berechnen die Gerichte in der Regel nach der Düsseldorfer Tabelle. Maßgebliche Faktoren sind dabei das anzurechnende Einkommen des zu Unterhalt Verpflichteten und das Alter des Kindes. Das Kindergeld wird zur Hälfte bedarfsdeckend angerechnet, wenn ein Elternteil seinen Unterhalt durch Betreuung des Kindes erfüllt, § 1612b BGB.

Das Unterhaltsverfahren

- Einleitung durch Antrag, wenn der Unterhaltsverpflichtete nicht freiwillig zahlt, §§ 113 Abs. 1 FamFG, 253 Abs. 5 ZPO
- eigenständiges Unterhaltsverfahren, aber auch als Folgesache einer anhängigen Ehesache möglich
- Anwaltszwang, § 114 Abs. 1 FamFG
- Zuständig ist das Amtsgericht als Familiengericht ausschließlich, §§ 111 Nr. 8, 122 Nr. 1, 231 Abs. 1 Nr. 1 FamFG; 23a Abs. 1 S. 1 Nr. 1 u. S. 2, 23 b Abs. 1 GVG
- Zustellung der Antragsschrift an Antragsgegner bzw. Verfahrensbevollmächtigten mit Gelegenheit zur Stellungnahme, §§ 113 Abs. 1 FamFG, 253, 271 ZPO
- Das Gericht kann anordnen, dass die Beteiligten Nachweise über die Höhe ihres Einkommens vorlegen müssen, § 235 Abs. 1 FamFG
- Das Gericht darf auch bei Dritten Einkünfte zur Einkommenshöhe einholen, etwa beim Arbeitgeber, Sozialleistungsträgern, Finanzämtern etc., § 236 FamFG
- Bei Kindesunterhaltssachen kann das Kind vom Jugendamt als Beistand vertreten werden, § 234 FamFG
- Wenn der Unterhaltsberechtigte dringend auf die Zahlung des Unterhalts angewiesen ist, kann er einen Antrag auf einstweilige Anordnung stellen, §§ 246 ff. FamFG
- Termin zur mündlichen Verhandlung
- Richter legt durch Beschluss die Höhe der Unterhaltspflicht fest, § 116 FamFG.
- Zulässige Rechtsmittel sind die Beschwerde, die Sprungrechtsbeschwerde und die Rechtsbeschwerde

1.7.8 Betreuung, Vormundschaft und Pflegschaft

Betreuung

I. Vorbemerkung

Der Sinn des Betreuungsgesetzes besteht in der Schaffung einer starken Rechtsstellung psychisch Kranker oder körperlich, geistig oder seelisch Behinderter (z. B. auch für Demenz- oder Suchtkranke). Mit der Reform des Betreuungsrecht 2023 sollen die Interessen der Betreuten noch stärker in den Vordergrund gestellt und die Qualität der beruflichen Betreuung, etwa durch Betreuungsvereine, verbessert werden.

II. Bestellung

Unter Betreuung versteht man die die gerichtliche Erlaubnis, die Angelegenheiten eines **Volljährigen** zu besorgen, die dieser aufgrund von Krankheit oder Behinderung nicht mehr selbst besorgen kann, § 1814 I BGB. Im neuen Betreuungsrecht ist klar geregelt, dass ein Betreuer nur bestellt wird, wenn dies erforderlich ist, § 1814 III BGG **(Erforderlichkeitsgrundsatz)**. Das ist dann nicht der Fall, wenn andere Hilfen verfügbar und ausreichend sind. Dazu zählen auch tatsächliche Unterstützungsleistungen durch Familienangehörige, Bekannte oder soziale Dienste. Ist eine rechtsgeschäftliche Vertretung der betroffenen Person erforderlich, so bedarf es regelmäßig dann keiner Betreuung, wenn die Person einer Vertrauensperson eine Vorsorgevollmacht erteilt hat. Eine rechtliche Betreuung wird höchstens auf 7 Jahre bestellt, danach muss sie vom Betreuungsgericht erneut überprüft und ggfs. angeordnet werden. Wird der Betreuer gegen den Willen des Betreuten bestellt, muss die gerichtliche Überprüfung nach spätestens 2 Jahren erfolgen.

III. Umfang

Gemäß § 1815 I BGB besteht der Aufgabenkreis eines Betreuers aus einem oder mehreren Aufgabenbereichen, welche vom Gericht im Einzelnen anzuordnen sind. Beispiele:

› Geld verwalten,
› Briefe beantworten, z. B. vom Sozialamt
› über ärztliche Behandlungen entscheiden,
› eine neue Wohn-Möglichkeit suchen,
› Rechtsgeschäfte erledigen, z. B. Mietverträge abschließen oder kündigen, Versicherungsverträge abschließen oder kündigen.

Die in § 1815 II BGB aufgezählten Entscheidungen darf der Betreuer nur treffen, wenn sie als Aufgabenbereich vom Betreuungsgericht ausdrücklich angeordnet worden sind. Dazu gehören etwa freiheitsentziehende Maßnahmen des Betreuten.

Auch höchstpersönliche Rechtsgeschäfte wie Heirat oder Testamentserrichtung dürfen nicht vom Betreuer vorgenommen werden.

Im neuen Betreuungsrecht ist klar geregelt, dass der Betreuer die Angelegenheiten der betreuten Person so zu besorgen hat, dass diese im Rahmen ihrer Möglichkeiten ihr Leben nach ihren Wünschen gestalten kann. Von seiner Vertretungsmacht darf der Betreuer nur Gebrauch machen, soweit dies erforderlich ist. Der Betreuer muss sich durch regelmäßige persönliche Kontakte und Besprechung anstehender Entscheidungen ein Bild davon machen, welche Wünsche die betreute Person hat und was sie nicht will. Den festgestellten Wünschen der betreuten Person hat der Betreuer in den gesetzlich festgelegten Grenzen zu entsprechen und sie bei deren Umsetzung rechtlich zu unterstützen, § 1821 BGB. Der Betreuer hat eine Auskunftspflicht gegenüber nahestehenden Verwandten, § 1822 BGB. Er darf den Betreuten gerichtlich und außergerichtlich vertreten, § 1823 BGB.

IV. Die Auswahl des Betreuers

Bei der Auswahl des zu bestellenden Betreuers hat das Betreuungsgericht grundsätzlich die Wünsche der zu betreuenden Person zu berücksichtigen, § 1816 II BGB. Der Betreuer muss in der Lage sein, den gerichtlich angeordneten Aufgabenkreis zu besorgen, § 1816 I BGB. Schlägt der Betreute niemanden vor, so werden gemäß § 1816 III BGB der Ehegatte, Eltern, Kinder etc. berücksichtigt. Es kann ein Betreuer für alle Aufgaben bestellt werden, aber auch mehrere Betreuer für verschiedene Aufgaben, § 1817 BGB. Eine Person, die keine familiäre Beziehung zum Betreuten hat, darf nur zum Betreuer bestellt werden, wenn sie sich einem anerkannten Betreuungsverein angeschlossen hat, § 1816 IV, 1818 BGB. Ein Betreuer darf jedoch kein Mitarbeiter des Heims sein, in dem ein Betreuter wohnt, und darf nicht bei dem Pflegedienst arbeiten, der dem Betreuten hilft, § 1816 VI BGB.

Betreuer üben ihre Tätigkeit grundsätzlich ehrenamtlich aus, es sei denn es handelt sich um berufliche Betreuer wie etwa einen Betreuungsverein.

Die vom Betreuungsgericht ausgewählte Person ist verpflichtet, die Betreuung zu übernehmen, wenn ihr die Übernahme unter Berücksichtigung ihrer familiären, beruflichen und sonstigen Verhältnisse zugemutet werden kann, § 1819 BGB. Sie bekommt eine Betreuerurkunde, die er bei Rechtsgeschäften für den Betreuten gemeinsam mit seinem Personalausweis vorzuzeigen hat.

V. Neue Schutzvorschriften für den Betreuten

- **Schutz des Wohnraums:** Ein von der betreuten Person selbst genutzter Wohnraum darf durch den Betreuer grundsätzlich nur dann aufgegeben werden, wenn dies dem Willen der betreuten Person entspricht, § 1833 BGB. Der Betreuer hat die Absicht, selbst genutzten Wohnraum der betreuten Person aufzugeben, dem Betreuungsgericht unter Angabe der Gründe und der Sichtweise der betreuten Person unverzüglich anzuzeigen. In bestimmten Fällen ist eine gerichtliche Genehmigung erforderlich. Dies verbessert Möglichkeiten der gerichtlichen Kontrolle.
- **Gerichtliche Aufsicht:** Das neue Betreuungsrecht macht die Wünsche betreuter Menschen zum zentralen Maßstab für die Aufsicht und Kontrolle durch die Betreuungsgerichte. Bei Anhaltspunkten dafür, dass der Betreuer den Wünschen der betreuten Person nicht oder nicht in geeigneter Weise nachkommt, besteht grundsätzlich die Pflicht der zuständigen Rechtspflegerin oder des zuständigen Rechtspflegers, die betreute Person persönlich anzuhören, §§ 1862 i.V.m. 1821 BGB.
- **Berichtspflicht des Betreuers:** Damit das Betreuungsgericht seine Kontrollaufgaben besser wahrnehmen kann, wurden die Anforderungen an die vom Betreuer bei Gericht einzureichenden Berichte klarer formuliert, § 1863 BGB.

VI. Zuständigkeiten

- **Sachlich zuständig** ist das Amtsgericht als Betreuungsgericht, §§ 1896 BGB, 23 a Abs. 1 Nr. 2, Abs. 2 Nr. 1, 23 c Abs. 1 GVG.
- **Örtlich zuständig** ist grundsätzlich das Gericht, in dessen Bezirk der Betroffene seinen gewöhnlichen Aufenthalt hat, § 272 Abs. 1 Nr. 2 FamFG. Nach Einrichtung der Betreuung ist das Gericht zuständig, bei dem die Betreuung anhängig ist, § 272 Abs. 1 Nr. 1 FamFG.
- **Funktionell zuständig** als Sachbearbeiter, für die Einleitung der Betreuung unter gleichzeitiger Bestellung des Betreuers, ist der Richter, §§ 3 Nr. 2 b, 15 RPflG. In allen anderen Fällen ist der Rechtspfleger zuständig, vgl. §§ 3 Nr. 2 b, 15 RPfflG.

Für die Aufnahme von Anregungen und Anträge auf Betreuung ist die Servicekraft der Geschäftsstelle für die Protokollierung zuständig, §§ 25 FamFG i.V.m. 3 Abs. 2 GStO.

IV. Rechtsmittel

Im Betreuungsverfahren ist die Beschwerde und die Sprungrechtsbeschwerde statthaft, §§ 58 ff., 75, 303 FamFG.

LERNFELD 13

Vormundschaft

Das Vormundschaftsrecht betrifft **Minderjährige,** deren Eltern die elterliche Sorge nicht mehr innehaben, zum Beispiel, weil sie verstorben sind oder weil sie im Ausland leben und nicht erreichbar sind. Die umfassende Modernisierung zum 1.1.2023 wurde notwendig, da das Vormundschaftsrecht in der Vergangenheit häufig ergänzt und geändert und dadurch sehr unübersichtlich geworden ist. Mit der Reform wurde das Vormundschaftsrecht neu geordnet und an die Anforderungen der Gegenwart angepasst. Wesentliche Neuerungen sind:

- Die Rechte des Mündels (§ 1788 BGB) und die Pflichten des Vormunds (§ 1789 ff. BGB) werden ausdrücklich normiert.
- Die verschiedenen Vormundschaftstypen werden zu einem Gesamtsystem zusammengefügt, in dem die beruflichen Vormünder einschließlich des Jugendamts als Amtsvormund gleichrangig sind. Ehrenamtliche Vormünder sind weiterhin vorrangig zu bestellen.
- Die Rechte der Pflegepersonen, bei denen ein Mündel aufwächst, werden gestärkt.
- Steht bei Anordnung der Vormundschaft noch nicht fest, welche Person zum Vormund bestellt werden soll, kann vorübergehend ein Vormundschaftsverein oder das Jugendamt als vorläufiger Vormund bestellt werden. Dadurch wird sichergestellt, dass ausreichend Zeit für die Suche nach dem für diesen Mündel am besten geeigneten Vormund zur Verfügung steht. Im Übrigen gilt

der Grundsatz der Personalisierung: Die minderjährige Person soll in ihrem Vormund einen festen Ansprechpartner finden, zu dem sie ein Vertrauensverhältnis aufbauen kann.

I. Arten der Vormundschaft

auf Anordnung – §§ 1773, 1774 BGB

- Minderjähriger steht nicht mehr unter elterlicher Sorge, z. B. beide Eltern tot oder Entzug der elterlichen Sorge – **§ 1773 Nr. 1 BGB**
- Eltern weder personen- noch vermögensvertretungsberechtigt (Eltern drogenabhängig) – **§ 1773 Nr. 2 BGB**
- Familienstand des Minderjährigen nicht zu ermitteln – **§ 1773 I Nr. 3 BGB (Findelkind)**

kraft Gesetzes = Amtsvormundschaft – §§ 1786, 1787 BGB

- Eltern sind nicht miteinander verheiratet und die Mutter ist minderjährig, keine gemeinsame Sorgerechtserklärung – **§ 1786 BGB**
- bei Feststellung der Nichtvaterschaft, z. B. durch Anfechtung (Abstammungssache) – **§ 1786 BGB**
- mit Einwilligungserklärung der Eltern in eine Adoption, § 1786 BGB; auch bei vertraulicher Geburt (Entbindung unter Pseudonym) – **§ 1787 BGB**

II. Auswahl und Bestellung des Vormundes

Die Auswahl des Vormunds erfolgt durch das Familiengericht und soll auf die Person entfallen, die am besten geeignet ist. Außerdem soll der Wille des Mündels, sein kultureller Hintergrund und seine Lebensumstände berücksichtigt werden, §1778 BGB.

Als Vormund kommt gemäß § 1774 BGB in Betracht:

- Eine natürliche Person ehrenamtlich
- Eine natürliche Person beruflich
- Ein Mitarbeiter eines Vormundschaftsvereins
- Das Jugendamt

Eine natürliche Person muss die in § 1779 BGB genannten Voraussetzungen erfüllen und etwa bereit und in der Lage sein, die Vormundschaft zum Wohle des Mündels auszuüben. Der Vormund darf nicht geschäftsunfähig sein, § 1784 I BGB. Es gibt auch Personen, die nicht zum Vormund bestellt werden sollen. Zu diesen Personen zählen beispielsweise Minderjährige, Betreute oder wer von den Eltern als Vormund ausgeschlossen wurde, § 1784 II BGB.

Es kann auch ein Berufs- oder Vereinsvormund bestellt werden, § 1780 BGB. Solange die Auswahl eines geeigneten Vormunds läuft, kann ein vorläufiger Vormund bestellt werden. Dies ist gemäß § 1774 II BGB entweder ein vom Landesjugendamt anerkannter Vormundschaftsverein oder das Jugendamt.

Grundsätzlich soll das Familiengericht den von den Eltern vorgeschlagenen Vormund benennen, § 1782 BGB. Widerspricht dies dem Wohl des Mündels, darf das Familiengericht den Wunsch der Eltern übergehen, § 1783 BGB.

Neu ist seit 2023 die Schaffung zusätzlicher Möglichkeiten der Aufteilung des Sorgerechts. So können komplexe und konfliktträchtige Sorgerechtsbereiche (z. B. Unterhalt oder Umgang) auf einen zusätzlichen Pfleger übertragen werden, ohne dass dadurch die generelle Vormundschaft in Frage steht, § 1776 BGB.

Die vom Familiengericht ausgewählte Person ist grundsätzlich verpflichtet, die Vormundschaft zu übernehmen, wenn die Übernahme unter Berücksichtigung ihrer familiären, beruflichen und sonstigen Verhältnisse zugemutet werden kann, § 1785 BGB.

III. Anordnung der Vormundschaft

Die Anordnung einer Vormundschaft ergeht durch Beschluss (mit Rechtsmittelbelehrung), §§ 38 I, 39 FamFG, dieser Beschluss wird mit Bekanntgabe an den Vormund wirksam, § 40 I FamFG.

IV. Pflichten des Vormundes

Die Stellung des Vormundes entspricht im Wesentlichen derjenigen der Eltern. Der Vormund hat das Recht und die Pflicht, für die Person und das Vermögen des Mündels zu sorgen, insbesondere ist er auch grundsätzlich zur Vertretung des Mündels berechtigt, § 1789 BGB.

Mit der Reform zum 01.01.2023 wurden die Pflichten des Vormunds erstmalig im Gesetz konkretisiert und festgeschrieben. § 1790 BGB stellt klar, dass der Vormund unabhängig ist und die Vormundschaft **im Interesse des Mündels** zu führen hat. Dabei hat er die wachsende Fähigkeit und das wachsende Bedürfnis des Mündels zu selbstständigem und verantwortungsbewusstem Handeln zu berücksichtigen und zu fördern und Angelegenheiten mit ihm zu besprechen. Mehrere Vormünder und zusätzliche Pfleger haben sich abzusprechen und gegenseitig Auskunft zu erteilen, § 1792 BGB. Zudem hat der Vormund auf die Belange der Pflegeperson Rücksicht zu nehmen, § 1796 BGB. Bei Meinungsverschiedenheiten entscheidet das Familiengericht, § 1793 BGB.

Die **Personensorge** umfasst gemäß § 1795 BGB die Aufenthaltsbestimmung, die Pflege, Erziehung und Beaufsichtigung des Mündels unter Berücksichtigung seiner Rechte gemäß § 1788 BGB. Der Vormund muss die Genehmigung des Familiengerichts einholen, wenn das Mündel einen Ausbildungs- oder Arbeitsvertrag abschließen oder ins Ausland umziehen möchte, § 1795 II BGB.

Der Vormund hat die **Vermögenssorge** zum Wohle des Mündels unter Berücksichtigung der Grundsätze einer wirtschaftlichen Vermögensverwaltung auszuüben, § 1798 I BGB. Der Vormund kann nicht in Vertretung des Mündels Schenkungen machen, § 1798 III BGB.

Das Familiengericht unterstützt den Vormund und berät ihn über seine Rechte und Pflichten bei der Wahrnehmung seiner Aufgaben, § 1802 BGB. Gemäß § 1803 BGB hat das Familiengericht den Mündel etwa persönlich anzuhören, wenn Anhaltspunkte bestehen, dass der Vormund pflichtwidrig die Rechte des Mündels nicht beachtet oder seinen Pflichten anderweitig nicht nachkommt.

V. Rechte des Mündels

Die Rechte des Mündels wurden mit der Reform 2023 erstmals im Gesetz festgeschrieben. Gemäß § 1788 BGB hat das Mündel insbesondere ein Recht auf

- Förderung seiner Entwicklung und Erziehung zu einer eigenverantwortlichen und gemeinschaftsfähigen Persönlichkeit
- Pflege und Erziehung unter Ausschluss von Gewalt, körperlichen Bestrafungen, seelischen Verletzungen und anderen entwürdigenden Maßnahmen
- Persönlichen Kontakt mit seinem Vormund
- Achtung seines Willens, seiner persönlichen Bindungen, seines religiösen Bekenntnisses und kulturellen Hintergrunds
- Beteiligung an ihn betreffenden Angelegenheiten, soweit es nach seinem Entwicklungsstand angezeigt ist.

VI. Aufwandsentschädigung und Vergütung

Der ehrenamtliche Vormund bekommt keine Vergütung, kann jedoch vom Mündel Aufwendungsersatz verlangen, § 1808 I, II BGB. Die Ansprüche des berufsmäßig tätigen Vormunds richten sich nach dem Vormünder- und Betreuervergütungsgesetz, § 1808 III BGB. Bei mittellosen Mündeln wird die Vergütung aus der Staatskasse gezahlt, in diesem Fall gehen aber die Ansprüche des Vormunds gegen den Mündel auf die Staatskasse über, das heißt der Mündel ist grundsätzlich verpflichtet, der Staatskasse die dem Vormund ausgezahlten Beträge zurückzuerstatten.

VII. Beendigung der Vormundschaft

Die Vormundschaft kann beendet werden durch:

- Entlassung des Vormunds durch das Familiengericht **im Interesse des Mündels,** etwa bei pflichtwidrigem Verhalten des Vormunds, § 1804 I BGB
- Entlassung des Vormunds durch das Familiengericht **im Interesse des Vormunds,** etwa weil dem Vormund die Vormundschaft nicht mehr zuzumuten ist, § 1804 II BGB

- Wegfall der Voraussetzungen nach § 1773 BGB (z. B. Volljährigkeit, Tod des Mündels)
- Tod des Vormundes, siehe § 1805 I BGB

VIII. Zuständigkeiten

- **sachlich:** Amtsgericht als Familiengericht, §§ 1774 S. 1 BGB; 23a I Nr. 1, 23b I GVG; 111 Nr. 2, 151 Nr. 4 FamFG
- **örtlich:** Aufenthaltsort des Kindes, § 152 II FamFG
- **funktionell:** Rechtspfleger, § 3 Nr. 2a RPflG (Ausnahme der Richter, § 14 I Nr. 10 RPflG – Vormundschaft über Ausländer)

Pflegschaft

I. Allgemein

Die Pflegschaft hat eine Fürsorgetätigkeit zum Inhalt. Die Pflegschaft greift bei einem Schutzbedürfnis im Gegensatz zur Vormundschaft, nur für einzelne **Angelegenheiten** ein. Im Rahmen seines Aufgabenkreises ist der Pfleger gesetzlicher Vertreter.

Für Minderjährige unterscheidet man zwischen

- **Ergänzungspflegschaft für Minderjährige,** § 1809 BGB: Diese ist anzuordnen, wenn Eltern oder Vormund tatsächlich oder rechtlich verhindert sind, eine bestimmte Angelegenheit für das minderjährige Kind zu besorgen.
- **Pflegschaft für ein ungeborenes Kind,** § 1810 BGB: Diese wird angeordnet, um die künftigen Rechte des Kindes zu wahren.
- **Zuwendungspflegschaft für Minderjährige,** § 1811 BGB: Diese wird angeordnet, wenn für den Minderjährigen ein Erbe zu verwalten ist.

Die Pflegschaft für Minderjährige ist aufzuheben, wenn der Grund für die Anordnung der Pflegschaft weggefallen ist, § 1812 BGB. Die Vorschriften der Vormundschaft finden auf diese Pflegschaft Anwendung, § 1813 BGB.

Für Volljährige gibt es ebenfalls verschiedene Gründe, aus denen eine Pflegschaft angeordnet werden kann. Diese werden unter dem Kapitel **„Sonstige Pflegschaft"** in den §§ 1882 ff. BGB aufgeführt.

Die häufigste Art ist die **Abwesenheitspflegschaft für Volljährige,** § 1884 BGB. Diese wird angeordnet, wenn ein abwesender Volljähriger unbekannten Aufenthaltes ist und deswegen sein Vermögen nicht versorgen kann, oder bekannten Aufenthaltes ist, sich aber nicht um seine Vermögensangelegenheiten kümmern kann. Fällt dieser Umstand weg, ist die Pflegschaft wieder aufzuheben, §1886 BGB. Wird der Abwesende für tot erklärt oder wird seine Todeszeit nach dem Verschollenheitsgesetz festgestellt, so endet die Pflegschaft mit der Rechtskraft des jeweiligen Beschlusses, § 1887 BGB. Die Vorschriften des Betreuungsrechts sind auf die sonstigen Pflegschaften entsprechend anzuwenden, § 1888 BGB.

1.7.9 Zusammenfassung und Aufgaben

ZUSAMMENFASSUNG

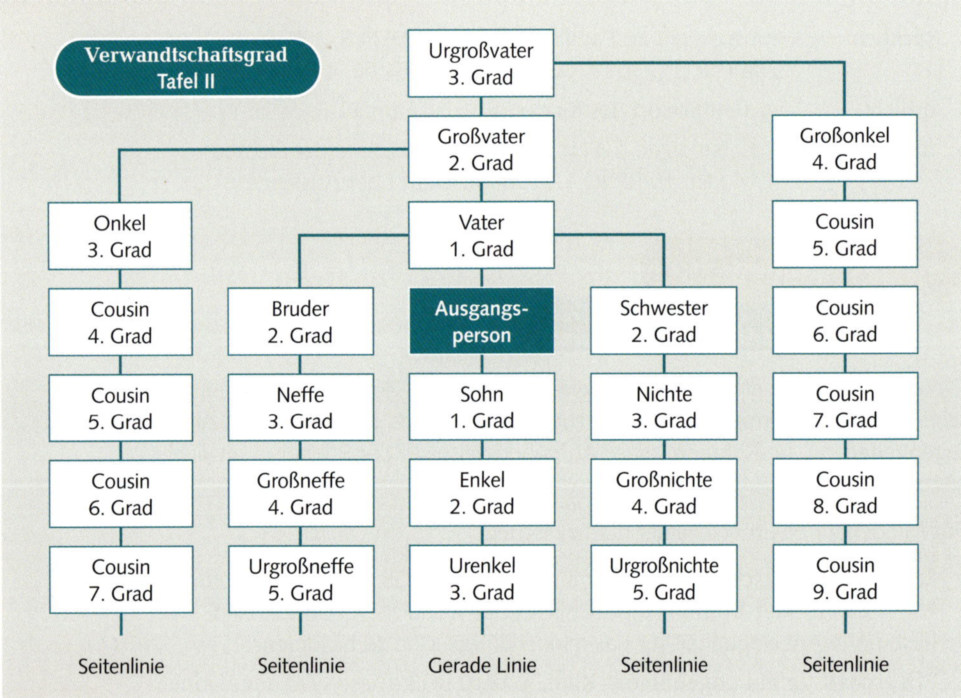

AUFGABEN

1. Überprüfen Sie die folgenden Aussagen und begründen Sie Ihre Entscheidung, indem Sie die passende Vorschrift genau zitieren.

Aussage	Richtig	Falsch	§§
Tina und Klaus sind nicht verheiratet. Mit der Geburt von Sohn Hannes gilt Klaus automatisch als Vater, auch wenn das Kind nicht von ihm ist.			
Peter heiratet die schwangere Bettina, obwohl er weiß, dass das Kind nicht von ihm ist. Er muss die Vaterschaft anerkennen.			

»

Ricarda und Thomas sind verheiratet. Thomas stirbt nach nur 2 Jahren Ehe an einer schweren Krankheit. 7 Monate nach seinem Tod wird Tochter Nina geboren. Thomas gilt als Vater.			
Thomas gilt in Fall 3 auch als Vater, wenn Ricarda vor Ninas Geburt Robert geheiratet hat.			
Tina und Klaus sind nicht verheiratet. Klaus will die Vaterschaft des neugeborenen Sohnes Hannes anerkennen. Er ist sich sicher, dass Hannes sein leiblicher Sohn ist. Daher kann er die Anerkennung auch gegen den Willen von Tina aussprechen.			
Ein 15-Jähriger kann die Vaterschaft ohne Zustimmung der Eltern anerkennen.			
Die Vaterschaftsanerkennung muss öffentlich beglaubigt werden.			
In der Ehe von Ricky und Rocko wird Tochter Amber geboren. Rocko zweifelt die Vaterschaft an und kann von Ricky und Tochter Amber verlangen, dass diese in eine genetische Abstammungsuntersuchung einwilligen und die Entnahme einer Untersuchungsprobe dulden.			
Weigert sich Ricky, diese Einwilligung abzugeben, so kann diese vom Gericht ersetzt werden. Außerdem kann es die Duldung der Probeentnahme anordnen.			

2. Anabel und Tom, beide 22 Jahre alt, sind verheiratet und können keine Kinder bekommen. Begründen Sie, ob und wenn ja wann eine Adoption infrage kommt.

3. Lisa und André sind verheiratet und haben das gemeinsame Sorgerecht für Tochter Stella. Sie können sich nicht einigen, ob Stella als weiterführende Schule eine Gesamtschule oder ein Gymnasium besuchen soll. Die Anmeldefristen enden bald. Was kann Lisa tun?

4. Steffi und Peter leben getrennt. Die gemeinsame 16-jährige Tochter Sophie lebt bei ihrer Mutter. Peter ist nicht sorgeberechtigt.

a. Muss Steffi ihrem Ex-Mann über folgende Angelegenheit ihrer Tochter Auskunft geben, wenn er es verlangt? Sophie hat seit einem Jahr einen Freund, möchte aber nicht, dass ihr Vater dies weiß.

b. Peter ahnt, dass Sophie einen Freund hat und möchte mit ihr zum Frauenarzt, um ihr die Pille verschreiben zu lassen. Steffi findet das noch zu früh.

5. Katja soll im Zivilprozess gegen den Ex-Mann ihrer Schwester Nicola aussagen. Begründen Sie, ob Katja zur Aussage verpflichtet ist.

6. Die 19-jährige Anna ist im 1. Ausbildungsjahr der Ausbildung zur Frisörin, als bei ihr eine starke Allergie gegen Haarspray festgestellt wird, in deren Folge sie die Ausbildung aufgeben muss. Ihre Eltern weigern sich, weiter Unterhalt zu zahlen. Zu Recht?

7. Magda (23) steht wegen einer geistigen Behinderung unter vollständiger Betreuung. Überprüfen Sie, ob folgende von Magda getätigten Rechtsgeschäfte wirksam sind:

a. Magda hat im Internet einen Pullover für 59,99 Euro auf Rechnung bestellt.

b. Magda hat sich am Kiosk eine BRAVO gekauft.

c. Bei Magda wurde ein Tumor festgestellt. Sie hat mit Einwilligung ihres Betreuers einen Termin für eine lebensgefährliche Operation vereinbart.

8. Überprüfen Sie die folgenden Aussagen zur Vormundschaft auf Richtigkeit und begründen Sie Ihre Entscheidung durch Angabe der passenden Vorschrift.

Aussage	Richtig	Falsch	§§
Eine Vormundschaft kann für Minderjährige und Volljährige angeordnet werden, wenn beide Eltern gestorben sind.			
Die Vormundschaft wird nur auf Antrag des Minderjährigen angeordnet.			
Für die Vormundschaft ist das Amtsgericht örtlich zuständig, an dem die Kindsmutter ihren Wohnsitz hat.			
Das Gericht ist bei der Auswahl des Vormunds weitestgehend frei. Bis zur endgültigen Bestellung kann das Jugendamt vorläufig die Vormundschaft übernehmen.			
Die Person, die vom Gericht als Vormund bestellt wird, darf die Übernahme des Amtes jederzeit ablehnen.			
Die Anordnung einer Vormundschaft ergeht durch Beschluss.			
Der Vormund kann den Mündel zur Pflege und Erziehung in seinen Haushalt aufnehmen.			

EXKURS

Gewaltschutzsachen

Unter Gewaltschutz wird der Schutz vor Gewalt und Nachstellung verstanden. Kommt es zwischen Personen zu einer vorsätzlichen Körper- oder Freiheitsverletzung, so hat das Gericht auf Antrag der verletzten Person die zur Abwehr weiter erforderlichen Maßnahmen zu treffen. Dies ist im sog. Gewaltschutzgesetz (GewSchG) geregelt. In solchen Fällen kann das Gericht z. B. anordnen, dass der Täter es unterlässt, die Wohnung der verletzten Person zu betreten oder sich in einem bestimmten Umkreis der Wohnung oder zur Person aufzuhalten, § 1 GewSchG. Das Gewaltschutzgesetz enthält ferner einen eigenen Anspruch auf Wohnungsüberlassung, wenn damit eine unbillige Härte vermieden wird.

Dies betrifft Fälle, in denen das Wohl eines Partners oder von im Haushalt lebenden Kindern beeinträchtigt ist. Diese Regelung ist auch für nichteheliche zusammenlebende Partner anwendbar.

Das Verfahren wird mit einem Antrag auf eine einstweilige Anordnung eingeleitet, wobei kein Anwaltszwang herrscht, §§ 10, 114 Abs. 4 Nr. 1 FamFG. Sachlich zuständig ist ausschließlich das Amtsgericht als Familiengericht, §§ 23a Abs. 1 Nr. 1, S. 2, 23b Abs. 1 GVG; 111 Nr. 6, 210 FamFG. Die örtliche Zuständigkeit kann der Antragsteller selber wählen. Entweder das Gericht, in dessen Bezirk sich die gemeinsame Wohnung befindet oder das Gericht, in dessen Bezirk der Antragsgegner seinen gewöhnlichen Aufenthalt hat, § 211 FamFG. In dem Verfahren muss nicht zwingend eine mündliche Verhandlung stattfinden, § 51 FamFG. Das Verfahren der einstweiligen Anordnung ist ein selbstständiges Verfahren, auch wenn eine Hauptsache anhängig ist. Der Richter trifft durch Beschluss eine einstweilige Anordnung, welche der Polizeidienststelle zur Information und anderen öffentlichen Stellen zugesandt wird, § 216a FamFG. Eine Entscheidung in Gewaltschutzsachen ist grundsätzlich nicht anfechtbar, es sei denn es hat eine mündliche Verhandlung stattgefunden; dann ist die sofortige Beschwerde statthaft. Die einstweilige Anordnung tritt erst bei Wirksamwerden einer anderweitigen Regelung außer Kraft, es sei denn, das Gericht hat einen früheren Zeitpunkt bestimmt.

2. ERBRECHT

© animaflora – Fotolia.com

Das Erbrecht ist verfassungsrechtlich in Artikel 14 (1) GG gewährleistet. Die Inhalte darüber werden in den jeweiligen Gesetzen geregelt. Die materiellen Vorschriften finden sich im Wesentlichen im fünften Buch des BGB, vereinzelt aber auch in anderen Büchern. Ergänzend heranzuziehen sind u. a. der Allgemeine Teil und das Familienrecht, soweit das Erbrecht keine Sonderregelungen enthält.

Verlässliche Zahlen darüber, wie viel Vermögen jährlich in Deutschland vererbt wird, gibt es nicht. Seit die Vermögenssteuer nicht mehr erhoben wird, hat auch der Staat keine verlässlichen Daten mehr zum Reichtum der Bürger. Je nach Quelle variieren die Zahlen zwischen 60 und 360 Mrd. Euro. Die Finanzämter nahmen im Jahr 2019 rund 6,99 Mrd. Euro Erbschaftssteuer ein.

Sicher ist allerdings, dass das kommende Jahrzehnt das Jahrzehnt der Erben werden wird. In den Vermögensabteilungen der Banken rechnet man damit, dass zwischen zwei und vier Billionen Euro weitergereicht werden. Dies scheint auch Grund genug dafür zu sein, dass sich die Zahl der Fachanwälte für Erbrecht seit der Einführung der Fachanwaltschaft im Jahr 2019 von 173 auf 2.016 im Bundesgebiet erhöht hat*.

* *vgl. Fachanwaltsstatistik der BRAK vom 01.01.2019*

2.1 Grundbegriffe des Erbrechts

2.1.1 Erbfall und Erblasser

§ 1922 (1) BGB

Der Tod einer natürlichen Person wird als Erbfall bezeichnet. Der Todeszeitpunkt ist nach medizinischer Erkenntnis der Eintritt des Gehirntodes. Dieser tritt beim vollständigen, irreversiblen Ausfall der Gehirnfunktion ein.

MERKE

Juristische Personen und rechtsfähige Personengesellschaften sterben nicht, sondern werden durch Auflösung beendet.

Der Verstorbene wird als Erblasser bezeichnet. Vom Erblasser spricht das Gesetz allerdings auch, wenn der noch lebende Mensch eine Verfügung von Todes wegen (z. B. ein Testament) errichtet.

Die Auflösungsgründe und die damit verbundenen Rechtsfolgen sind im Gesellschaftsrecht geregelt. Die erbrechtlichen Bestimmungen für juristische Personen und rechtsfähige Personengesellschaften sind nicht bildungsplanrelevant und werden aus diesem Grund nicht weiter behandelt.

2.1.2 Erbe und Erbfähigkeit

§§ 1923 BGB

Die Person, auf die das Vermögen des Erblassers mit dessen Tod übergeht, wird als Erbe bezeichnet. Erbe kann eine oder mehrere Personen gleichzeitig sein. Erbe kann allerdings nur sein, wer auch erbfähig ist.

Die Erbfähigkeit ergibt sich aus den Regelungen des § 1923 BGB.

Erbfähig ist demnach

1. eine noch lebende natürliche Person oder
2. ein Kind, das beim Erbfall noch nicht geboren, aber schon gezeugt ist und nach dem Erbfall mit Vollendung der Geburt die Rechtsfähigkeit erlangt.

Die Geschäftsfähigkeit ist kein Erfordernis für die Erbfähigkeit. Erbfähigkeit ist demnach ein Aspekt der Rechtsfähigkeit – alle rechtsfähige Personen, auch juristische Personen, sind in der Lage, als Erbe berufen zu werden.

BEISPIEL

Das Ehepaar Benno und Nora sind mit dem Auto auf dem Weg in die Klinik. Bei Nora haben die Wehen eingesetzt. Ihre Tochter soll heute auf die Welt kommen. Auf spiegelglatter Fahrbahn kommt das Fahrzeug von der Straße ab und prallt gegen einen Baum. Benno und Nora sterben beide noch am Unfallort. Ihre kleine Tochter wird noch am Unfallort per Kaiserschnitt gesund und unversehrt auf die Welt gebracht. Beide Eltern sind bei der Geburt bereits verstorben. In der Sterbeurkunde von Benno steht 11:46 Uhr als Todeszeitpunkt, bei Nora 12:23 Uhr. Zeitpunkt der Geburt ist laut Urkunde 12:37 Uhr.

Da Nora erst nach Benno gestorben ist, ist sie zunächst noch für wenige Minuten (von 11:46 Uhr bis zum eigenen Ableben) erbfähig. Die gemeinsame Tochter ist bei Eintritt des Erbfalls noch nicht geboren, aber bereits gezeugt. Sie ist demnach ab ihrer Geburt erbfähig und kann das Erbe von Nora antreten.

2.1.3 Erbschaft und Nachlass

Das hinterlassene Vermögen ist die Erbschaft. Dabei werden sowohl aktive als auch passive Vermögenswerte (geldwerte Rechte) berücksichtigt. Grundsätzlich sind alle Rechte vererblich, die nicht untrennbar mit der Person des Erblassers verbunden sind. Vermögensbezogene Rechte und Pflichten sind daher in der Regel vererblich, persönlichkeitsbezogene Rechte und Pflichten regelmäßig nicht.

BEISPIELE

- Dingliche Rechte wie das Eigentum, das Pfandrecht und der Besitz können vererbt werden, nicht aber der Nießbrauch (z. B. das lebenslange Recht, ein Haus oder eine Wohnung zu bewohnen).
- Schuldrechtliche Ansprüche sind vererblich, eine Ausnahme bildet jedoch die persönliche Dienstleistungspflicht des Arbeitnehmers.
- Die Mitgliedschaft in einem Verein oder einer Gesellschaft ist grundsätzlich persönlichkeitsbezogen und deshalb nicht vererblich, es sei denn, in der Vereinssatzung oder im Gesellschaftsvertrag ist etwas Anderes geregelt.

2.1.4 Verfügung von Todes wegen

Verfügungen von Todes wegen sind rechtsgeschäftliche Bestimmungen für den Fall des Todes. Diese Anordnungen des Erblassers werden z. B. in Form eines Testaments oder eines Erbvertrags verfasst und haben Vorrang gegenüber der gesetzlichen Erbfolge, da der Erblasser zum Zeitpunkt ihrer Entstehung noch nicht tot ist (mehr dazu in Kapitel 2.3).

2.2 Grundprinzipien des Erbrechts

2.2.1 Gesamtrechtsnachfolge

Mit dem Erbfall geht das Vermögen des Erblassers als Ganzes auf den/die Erben über **(Universalsukzession).** Einzelne Gegenstände des Erbes können nicht letztwillig vererbt werden. Im Gegensatz zur angewendeten Universalsukzession würde dies einer Singularsukzession entsprechen. Durch ein Vermächtnis (näheres dazu in Kapitel 2.4.6) ist eine Einzelzuwendung von Einzelgegenständen zwar möglich, aber lediglich mit schuldrechtlicher Wirkung. Durch die Gesamtrechtsnachfolge entsteht mit dem Erbfall zunächst kein herrenloses Vermögen.

Das Vermögen ist von selbst einem neuen Rechtsträger zugeordnet. Es benötigt demnach keine Maßnahmen oder Handlungen des oder der Erben. Selbst wenn diese vom Erbfall überhaupt nichts wissen, werden sie mit dem Tod des Erblassers dessen Gesamtrechtsnachfolger **(Prinzip des Vonselbsterwerbs).**

Gesamtrechtsnachfolge bedeutet aber auch, dass neben dem Vermögen auch die Schulden auf den oder die Erben übergehen.

MERKE

Ein Ausschlagen nur der Schulden bei gleichzeitiger Annahme des Vermögens ist nicht möglich!

BEISPIEL

Der Erblasser hat unter anderem einen sehr wertvollen Sportwagen in der Garage stehen. Für den Sportwagen wurde ein Darlehen aufgenommen. Das Darlehen ist zum Zeitpunkt des Erbes noch nicht vollständig beglichen. Entsprechend kann der Erbe nicht über den Sportwagen verfügen, ohne die Verbindlichkeiten zu bezahlen.

2.2.2 Testierfähigkeit

Testierfähigkeit ist das Recht des Erblassers, durch Verfügung von Todes wegen das Schicksal seines Vermögens nach seinem Tod zu bestimmen. Es stellt eine Ausprägung der Privatautonomie dar. Durch die Testierfähigkeit ergibt sich für den Erblasser die Möglichkeit, der gewillkürten Erbfolge (z. B. durch ein Testament) vor der gesetzlichen Erbfolge Vorrang zu geben. Die gewillkürte Erbfolge kann allerdings auch jederzeit wieder vom Erblasser widerrufen werden (vgl. hierzu Kap. 2.4.4 Erbvertrag und Kap. 2.4.3 Gemeinschaftliches Testament).

2.2.3 Familienerbfolge

Wenn keine Verfügung des Erblassers von Todes wegen besteht, tritt die gesetzliche Erbfolge ein. Als gesetzliche Erben kommen lediglich Verwandtschaft und der Ehegatte/eingetragene Lebenspartner in Betracht.

2.2.4 Zusammenfassung und Aufgaben

ZUSAMMENFASSUNG

Tod	=	Erbfall
Vermögen	=	Erbschaft
Personen, auf die das Vermögen des Erblassers übergeht	=	Erbe

Die gewillkürte Erbfolge hat Vorrang vor der gesetzlichen Erbfolge.

AUFGABEN

1. Unterscheiden Sie die Begriffe Erblasser und Erbschaft.
2. Beschreiben Sie in eigenen Worten das Grundprinzip der Gesamtrechtsachfolge.
3. Erblasserin Martina Bäuerle stirbt und hinterlässt mit Ehegatte Matthias Bäuerle nur einen Erben. Matthias würde gerne ausschließlich Martinas Vermögen erben, nicht aber die Verbindlichkeiten. Er sucht die Rechtsanwaltskanzlei Hauff & Heinle Anwalts GmbH auf, um sich diesbezüglich beraten zu lassen. Begründen Sie, welche Antwort Matthias wohl erhalten würde.
4. Erblasser Andre Würz stirbt während eines Auswärtsspiels seiner „großen Liebe“ FC Bayern München. Sein Sohn Lasse Würz möchte die langjährige Mitgliedschaft seines Vaters gerne als Erbe fortführen. Schließlich beinhaltet sie ein Vorkaufsrecht bei allen Heimspielen. Beurteilen Sie Lasses Vorhaben rechtlich.

»

5. Zur Bestreitung seines Lebensunterhalts war Andre Würz beim Weingut Hirsch als Pflücker beschäftigt. Diese Position möchte Felia Würz (seine Tochter) als seine Rechtsnachfolgerin einnehmen. Christian Hirsch weigert sich, da er nur männliche Pflücker einstellen möchte. Beurteilen Sie, ob Felia Würz gegenüber Christian Hirsch einen Beschäftigungsanspruch durchsetzen kann.

6. Zeigen Sie auf, wer als Erbe in Betracht kommt, wenn keine Verfügung von Todes wegen existiert.

7. Zeigen Sie auf, ob ein Zusammenhang zwischen Erbfähigkeit und Rechtsfähigkeit besteht.

8. Erläutern Sie das Prinzip des Vonselbsterwerbs.

2.3 Die gesetzliche Erbfolge

Wenn der Erblasser keine Verfügung von Todes wegen verfasst, tritt die gesetzliche Erbfolge ein. Sie stellt somit den gesetzlichen Normalfall dar. Nach dem Prinzip der Familienerbfolge kommen als gesetzliche Erben Verwandte, der überlebende Ehegatte oder der überlebende Lebenspartner in Betracht. Ist niemand der eben genannten vorhanden, kommt der Staat (Fiskus) als Erbe in Betracht.

2.3.1 Erbrecht der Verwandten

§§ 1589 BGB

LF 13 | 1.7

Das Erbrecht der Verwandten ist nach Ordnungen aufgebaut, die nach dem Prinzip der Verwandtschaft gebildet worden sind.

Zu einer Ordnung werden jeweils die Personen zusammengefasst, die vom Erblasser bzw. von Voreltern einer Stufe abstammen. Grundgedanke dabei ist, dass die näheren Verwandten vor den entfernteren Verwandten erben (sogenanntes **Parentelsystem**). Demnach erben die Abkömmlinge des Erblassers vor den Vorfahren. So soll das Vermögen des Erblassers an die jüngere Generation geleitet werden, d. h. dass z. B. das Vermögen des Erblassers Heinz an seinen Sohn Bruno geht, nicht an seinen Vater Otto.

Zu berücksichtigen ist, dass mehrere mit dem Erblasser in verschiedener Weise verwandte Personen gemeinsam Mitglieder einer Ordnung sein können (z. B.

Kinder und Enkelkinder des Erblassers). In solchen Fällen wird die Rangfolge der Erben nach dem **Stammes- und Liniensystem** bestimmt.

Jedes Kind des Erblassers bildet einen Stamm, dem seine Abkömmlinge angehören. Von einer Linie wird gesprochen, wenn man von einer Person aufwärts zu deren Vorfahren sieht. Die Mutter des Erblassers und seine Großeltern mütterlicherseits gehören demnach der mütterlichen Linie an, wohingegen der Vater und die Großeltern väterlicherseits zur väterlichen Linie gehören.

Wird die Erbfolge festgelegt, ist das **Repräsentationsprinzip** zu beachten. Dieses besagt, dass nur der Verwandte eines Stammes erbt, der mit dem Erblasser am nächsten verwandt ist, die anderen Angehörigen dieses Stammes sind vom Erbe ausgeschlossen.

§ 1924 BGB

Das **Eintrittsprinzip** sorgt dafür, dass an die Stelle des bereits verstorbenen Erben dessen Abkömmlinge in der Erbfolge berücksichtigt werden.

Kinder des Erblassers und damit auch ihre Stämme sind zu gleichen Teilen als Erben berufen.

BEISPIEL

Ulrike hat einen Sohn mit Namen Dominique. Außerdem lebt noch Ulrikes Mutter Gerta. Dominique wiederum hat einen Sohn. Er heißt Frederik. Das **Repräsentationsprinzip** besagt, dass Dominique im Fall des Todes seiner Mutter Ulrike erbt. Sein Sohn Frederik erbt nichts. Ulrikes Mutter Gerta erbt ebenfalls nichts.

Nach dem **Eintrittsprinzip** würde Frederik nur erben, wenn Dominique vorverstorben wäre und er an dessen Stelle als Erbe tritt.

Gesetzliche Erben der ersten Ordnung

Gesetzliche Erben der ersten Ordnung sind die Abkömmlinge des Erblassers (Kinder, Enkel, Urenkel usw.). Nichteheliche Kinder sind den ehelichen Kindern gleichgestellt.

§§ 1924 (1) BGB

BEISPIEL

Erblasser Sebastian stirbt. Seine Ehefrau Janina ist bereits vor Jahren verstorben. Aus ihrer Ehe sind die gemeinsamen Kinder Emma und Lotte entstanden, die beide noch leben. Lotte ist geschieden und hat die beiden Söhne Pius und Karl. Emma hat Karriere als Anwältin gemacht. Sie hat keine Kinder, ist aber mit Matti verheiratet. Sebastians Eltern Werner und Hanne sind bereits über 100 Jahre alt und erfreuen sich noch bester Gesundheit.

Grafische Darstellung der Verteilung des Erbes:

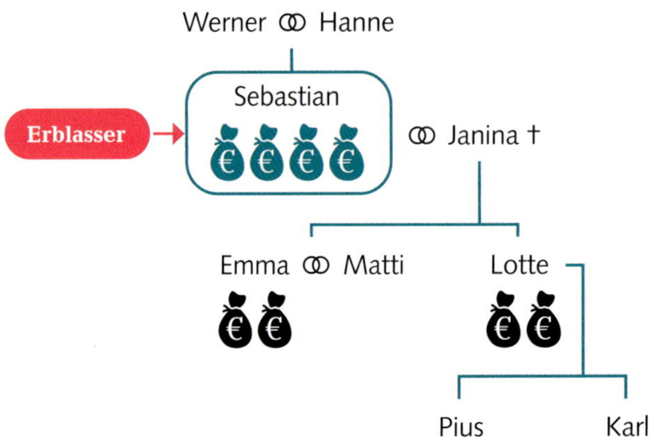

Gem. § 1924 (1) BGB sind die gesetzlichen Erben der ersten Ordnung die Kinder des Erblassers: Emma und Lotte. Sie werden zu gleichen Teilen vom Erbe profitieren und erben jeweils die Hälfte der Erbschaft. Lottes Kinder Pius und Karl sind nicht erbberechtigt, da Lotte noch am Leben ist.

Die Eltern von Sebastian, Hanne und Werner, sind keine Erben erster Ordnung und somit ebenfalls nicht erbberechtigt, wenn Erben der ersten Ordnung vorhanden sind.

BEISPIEL

Variation:

Konstellation wie eben mit folgender Variation: Lotte stirbt aber vor ihrem Vater Sebastian (Erblasser).

Grafische Darstellung der Verteilung des Erbes:

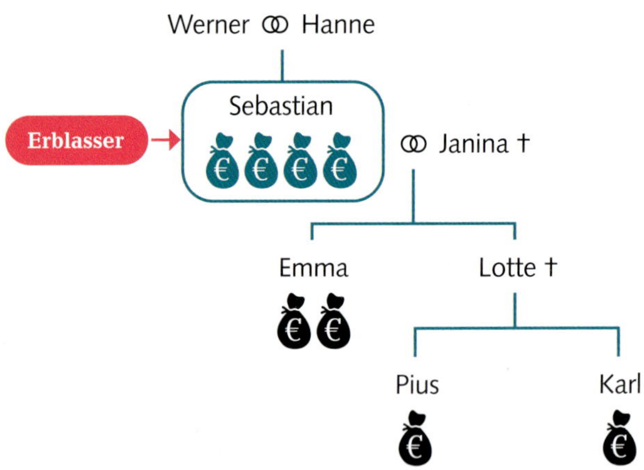

Gem. § 1924 (1) BGB sind die gesetzlichen Erben der ersten Ordnung die Kinder des Erblassers, also Emma und Lotte. Sie erben zu gleichen Teilen – jeweils die Hälfte. Da Lotte bereits vor Sebastian gestorben ist, geht ihr Erbteil gem. § 1924 (3) BGB zu gleichen Teilen auf ihre Kinder Pius und Karl über (Eintrittsprinzip). Die beiden Söhne von Lotte erben demnach je ein Viertel der Erbschaft, Emma die Hälfte.

MERKE

Enkel und Urenkel des Erblassers können nur dann erben, wenn ihre Eltern bereits verstorben sind oder ihre Eltern das Erbe ausschlagen.

Gesetzliche Erben der zweiten Ordnung

Gesetzliche Erben der zweiten Ordnung sind die Eltern des Erblassers und deren Abkömmlinge (Mutter, Vater, Bruder, Schwester, Neffen, Nichten etc.). Sie sind nur dann erbberechtigt, wenn keine Erben der ersten Ordnung vorhanden sind.

§ 1925 BGB

Leben zur Zeit des Erbfalls die Eltern des Erblassers, erben diese zu gleichen Teilen alleine. Geschwister sind dann nicht erbberechtigt.

Lebt zur Zeit des Erbfalls ein Elternteil nicht mehr, so erben an Stelle des bereits verstorbenen Elternteils die Geschwister zu gleichen Teilen. Existieren keine Geschwister, erbt der noch lebende Elternteil die gesamte Erbschaft.

BEISPIEL

Die alleinstehende Erblasserin Lollo stirbt. Sie war nie verheiratet und hat auch keine Kinder. Lollo hat eine Schwester (Edda) und einen Bruder (Theo). Ihre beiden Eltern Gudrun und Heribert leben ebenfalls noch.

Grafische Darstellung der Verteilung des Erbes:

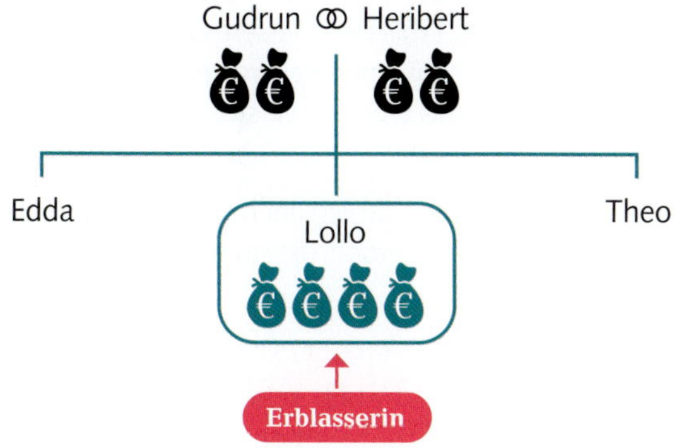

Da die Erblasserin Lollo keine Erben der ersten Ordnung hat, erben gem. § 1925 (1) BGB ihre Eltern Gudrun und Heribert (gesetzliche Erben der zweiten Ordnung). Sie profitieren alleine und zu gleichen Teilen und erben jeweils die Hälfte der Erbschaft. Lollos Geschwister erben in diesem Fall nichts.

BEISPIEL

Variation:

Konstellation wie eben mit folgender Variation: Lollos Mutter Gudrun ist bereits vor Lollo verstorben.

Grafische Darstellung der Verteilung des Erbes:

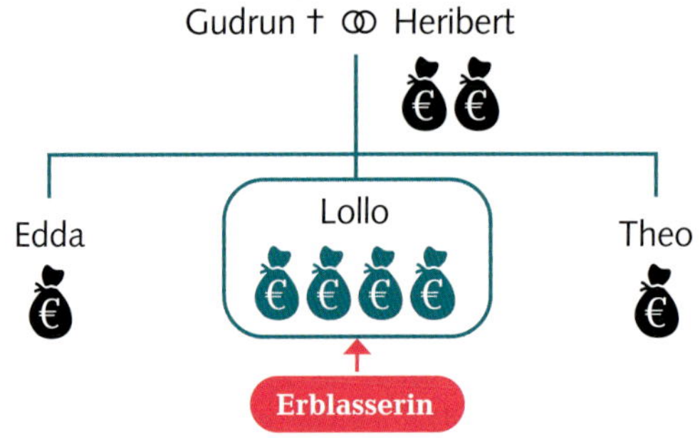

Da die Mutter zum Zeitpunkt des Erbfalls nicht mehr lebt, treten an ihre Stelle gem. § 1925 (3) BGB die beiden Geschwister von Lollo (Edda und Theo). Sie erben zu gleichen Teilen (§ 1924 (4) BGB). Demnach erbt Heribert die Hälfte der Erbschaft. Edda und Theo erben jeweils ein Viertel.

Gesetzliche Erben der dritten Ordnung

§ 1926 BGB

Gesetzliche Erben der dritten Ordnung sind die Großeltern des Erblassers und deren Abkömmlinge (Oma, Opa, Onkel, Tante, Cousin, Cousine etc.). Erben der dritten Ordnung können nur erben, wenn keine Erben der ersten und der zweiten Ordnung mehr leben.

Bei den gesetzlichen Erben der dritten Ordnung verhält es sich wie bei denen der zweiten Ordnung. Sind zur Zeit des Erbfalls die Großeltern des Erblassers noch am Leben, so erben sie allein und zu gleichen Teilen.

Lebt zur Zeit des Erbfalls von einem Großelternpaar ein Großelternteil nicht mehr, so erben anstelle des verstorbenen Großelternteils dessen Abkömmlinge (aus Sicht des Erblassers dessen Onkel, Tante, Cousin oder Cousine). Wenn keine Abkömmlinge vorhanden sind, erbt der noch lebende Großelternteil das Erbe des verstorbenen Großelternteils alleine.

Wenn ein Großelternteil beim Ableben des Erblassers nicht mehr am Leben ist und keine Abkömmlinge mehr existieren, erben die anderen Großeltern oder deren Abkömmlinge alleine.

BEISPIEL

Erblasser Harry stirbt. Harrys Ehefrau Cathy ist auch schon tot. Kinder aus der Ehe gibt es keine. Harrys Eltern Horst und Barbara leben ebenfalls nicht mehr. Harry war ihr einziges Kind.

Margret, Harrys Großmutter mütterlicherseits ist mit 103 Jahren die älteste Einwohnerin in ihrem Heimatdorf. Margrets Ehemann Wilhelm fiel 1944 im Zweiten Weltkrieg an der Ostfront. Fritz-Otto, Harrys Großvater väterlicherseits, lebt auch noch. Er leidet unter Demenz und wohnt in einem Pflegeheim. Seine Frau Ida starb schon früh an einer Lungenentzündung. Die Tochter von Fritz-Otto und Ida heißt Marion und ist Harrys Tante. Marion ist geschieden und hat zwei Kinder – Ali (32 Jahre) und Can (41 Jahre).

Grafische Darstellung der Verteilung des Erbes:

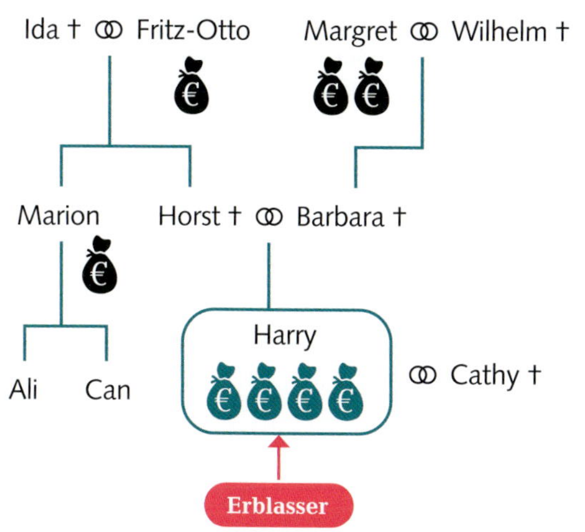

Der kinderlose Harry hat keine gesetzlichen Erben der ersten Ordnung. Die gesetzlichen Erben der zweiten Ordnung (seine Eltern Horst und Barbara) leben ebenfalls nicht mehr.

Die gesetzlichen Erben der dritten Ordnung sind demnach die Großeltern allein und zu gleichen Teilen. Margret, seine Großmutter mütterlicherseits, lebt noch. Da sie keine Abkömmlinge hat, erbt sie den Teil ihres verstorbenen Ehegatten Wilhelm. Fritz-Otto, der Großvater väterlicherseits lebt ebenfalls noch. Anstelle von Ida, seiner Großmutter väterlicherseits, erbt deren Tochter Marion ihren Erbteil. Da Marion noch lebt, sind Ali und Can nicht erbberechtigt.

Margret erhält demnach die Hälfte des Erbes, Fritz-Otto und Marion jeweils ein Viertel.

Ab der vierten Erbordnung treten für die verstorbenen Abkömmlinge nicht mehr deren Abkömmlinge ein. Es erben nun grundsätzlich der oder die Nächstverwandten alleine. Es kommt demnach zu einem Übergang von der Erbfolge nach Stämmen zum **Gradualsystem.** Dieses richtet sich nach der Zahl der sie vermittelnden Geburten. Die Zugehörigkeit zu den verschiedenen Stämmen wird dabei nicht mehr berücksichtigt.

Auf eine grafische Darstellung wird an dieser Stelle verzichtet.

2.3.2 Erbrecht des Ehegatten

Eine erbrechtliche Sonderstellung haben Ehegatten bzw. eingetragene Lebenspartner. Sie werden nicht in das System der Erbordnungen integriert, sondern erhalten durch § 1931 BGB einen gesonderten Erbanspruch. Besteht zugleich eine Verwandtschaft zwischen den Ehegatten (z. B. Cousine und Cousin), so begründet diese ein gesondertes Erbrecht nach dem soeben dargestellten System.

© beeboys – Fotolia.com

Voraussetzungen

Das gesetzliche Ehegattenerbrecht setzt zunächst voraus, dass zum Zeitpunkt des Erbfalls eine Ehe besteht und ein Ehegatte noch am Leben ist.

§ 1933 BGB

Das Erbrecht des Ehegatten ist aber bereits ausgeschlossen, wenn zum Todeszeitpunkt des Erblassers die Voraussetzungen für die Scheidung bestanden haben und der Erblasser die Scheidung beantragt oder der Scheidung zugestimmt hat.

LERNFELD 13

Grundsätze

Nach der Vorstellung des Gesetzgebers sollen Ehegatten das Erbe nur mit relativ nahen Verwandten des Erblassers teilen müssen. Dies sind die Erben der ersten und zweiten Ordnung sowie die Großeltern des Erblassers. Sind solche Erben nicht vorhanden, erbt der Ehegatte alleine.

- Neben Verwandten der ersten Ordnung, also Kindern, Enkeln etc., erhält der überlebende Ehegatte gemäß § 1931 (1) BGB ein Viertel des Erbes.
- Neben Verwandten der zweiten Ordnung und Großeltern erbt der Ehegatte die Hälfte der Erbschaft.

Um die jeweiligen Erbteile zu ermitteln, empfiehlt es sich wie folgt vorzugehen:

Schritt 1

Alle überlebenden Verwandten werden in Erbordnungen, Stämme und Linien eingeteilt.

Schritt 2

Das Erbe des Ehegatten wird bestimmt. Sind Erben der ersten Ordnung vorhanden, erhält er ein Viertel, neben Erben der zweiten Ordnung oder Großeltern erbt der Ehegatte die Hälfte. Existieren keine Verwandten der ersten und zweiten Ordnung und auch keine Großeltern mehr, erhält der Ehegatte die gesamte Erbschaft.

Schritt 3

Der verbleibende Rest der Erbschaft wird nach den Grundsätzen des Erbrechts bei Verwandten verteilt. Allerdings nur für Erben der ersten und zweiten Ordnung sowie den Großeltern des Erblassers.

Voraus des Ehegatten

§ 1932 (1) BGB

Dem Ehegatten stehen neben seinem Erbteil als sogenannter Voraus die Gegenstände des ehelichen Haushalts und die Hochzeitsgeschenke zu.

Neben Verwandten der zweiten Ordnung und neben Großeltern ist dieser Voraus sehr umfangreich. Er umfasst den gesamten Hausrat, einschließlich möglicher Luxusgegenstände (z. B. ein Porsche in der Garage) → großer Voraus.

Neben Verwandten der ersten Ordnung steht dem überlebenden Ehegatten nur der angemessene Hausrat zu. Der Umfang des Voraus ist demnach stark eingeschränkt → kleiner Voraus.

Auswirkung des Güterstandes auf das Erbe

Der Güterstand, in dem die Ehegatten vor dem Tod des Erblassers gelebt haben, hat eine zusätzliche Bedeutung für die Höhe des Erbteils, der dem überlebenden Ehegatten zufällt.

Die Wahl des Güterstandes hat folgende Auswirkung auf die Verteilung der Erbschaft.

› Auswirkung bei Zugewinngemeinschaft

Lebten die Ehegatten im gesetzlichen Regelgüterstand der Zugewinngemeinschaft, wird der Zugewinn bei Beendigung der Zugewinngemeinschaft durch den Tod des Erblassers pauschal ausgeglichen. Der Erbteil des Ehegatten erhöht sich um ein Viertel, unabhängig davon, ob im Einzelfall tatsächlich ein Zugewinn erwirtschaftet wurde.

§ 1931 (1) BGB, § 1371 (1) BGB

BEISPIEL

Erblasser Steffen stirbt. Er lebte mit seiner zweiten Ehefrau Carolin im Güterstand der Zugewinngemeinschaft. Aus der Ehe sind die Kinder Emil und Ella entstanden.

Grafische Darstellung der Verteilung des Erbes:

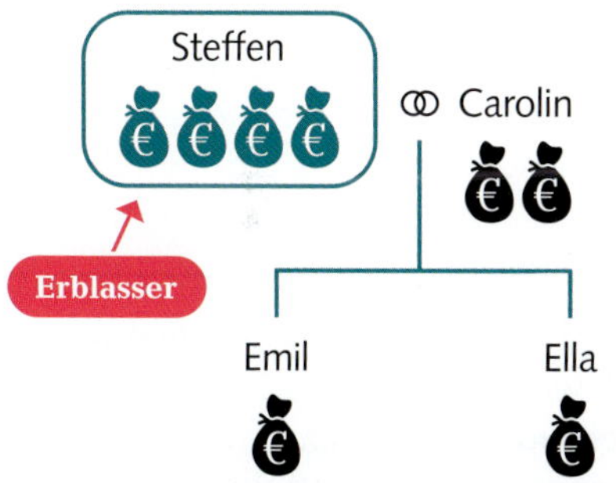

Gem. § 1931 (1) BGB erbt Carolin als überlebende Ehegattin zunächst ein Viertel der Erbschaft gegenüber Erben der ersten Ordnung zzgl. kleiner Voraus. Da Carolin und Steffen im Güterstand der Zugewinngemeinschaft gelebt haben, wird der Zugewinnausgleich pauschal ausgeglichen. Carolins Erbe erhöht sich um ein weiteres Viertel (§ 1371 (1) BGB). Sie erhält demnach die Hälfte der Erbschaft. Die Kinder Emil und Ella sind ebenfalls zur Erbschaft berufen und teilen sich die verbleibende Hälfte zu gleichen Teilen. Beiden steht je ein Viertel der Erbschaft zu.

BEISPIEL

Erblasserin Sofy stirbt bei einem Zugunglück während den Flitterwochen in Thailand. Ihr Ehemann Ben überlebt den Unfall schwer verletzt. Kinder sind in der jungen Ehe noch keine entstanden. Sofys Vater Dimitrios lebt ebenfalls noch. Geschwister hatte Sofy keine. Sofy und Ben lebten im Güterstand der Zugewinngemeinschaft.

Grafische Darstellung der Verteilung des Erbes:

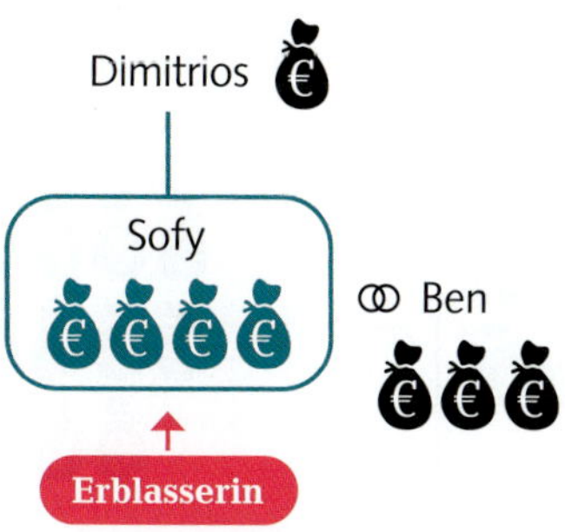

Gem. § 1931 (1) BGB erhält Ben neben Erben der zweiten Ordnung die Hälfte der Erbschaft zzgl. großer Voraus. Da Sofy und Ben im Güterstand der Zugewinngemeinschaft lebten, erhöht sich die Erbschaft von Ben durch den pauschalen Ausgleich des Zugewinns um ein weiteres Viertel (vgl. § 1371 (1) BGB). Ben erhält demnach drei Viertel der Erbschaft. Sofys Vater Dimitrios erhält ein Viertel.

§ 1931 (2) BGB

Gibt es weder Verwandte der ersten oder der zweiten Ordnung und hat der Erblasser auch keine Großeltern mehr, erhält der überlebende Ehegatte die ganze Erbschaft.

BEISPIEL

Erbrechtliche und güterrechtliche Lösung

Erblasser Wolfgang hinterlässt ein Endvermögen von 400.000,00 Euro. Endvermögen = Zugewinn, da bei Beginn der Ehe kein Vermögen vorhanden war. Seine Ehefrau Marion hat kein eigenes Vermögen, da sie sich während der gesamten Ehe um die Erziehung ihres Kindes Mona und um den Haushalt gekümmert hat. Marion und Wolfgang lebten im Güterstand der Zugewinngemeinschaft.

Die **erbrechtliche Lösung** würde nun vorsehen, dass Marion neben Erben der ersten Ordnung zunächst ein Viertel des Nachlasses zzgl. kleiner Voraus erhalten würde. Durch den gewählten Güterstand der Zugewinngemeinschaft würde sich das Erbe um ein weiteres Viertel erhöhen. Marion würde demnach 200.000,00 Euro erhalten. Ebenso Mona.

Schlägt Marion das Erbe aus, bekommt sie einen Zugewinnausgleich in Höhe von 200.000,00 Euro. Zusätzlich würde Marion aber noch ein Achtel des verbleibenden Vermögens als kleinen Pflichtteil erhalten. Sie würde demnach nochmal 25.000,00 Euro erhalten und nun insgesamt 225.000,00 Euro als Erbe erhalten **(güterrechtliche Lösung).**

BEISPIEL

Erblasser Jörn hinterlässt neben seiner Ehefrau Yenny noch drei seiner Großeltern sowie einen Sohn des bereits verstorbenen Großvaters, seinen Onkel Arnold.

Etwas schwieriger wird die Situation wieder, wenn neben den Großeltern des Erblassers auch die Kinder der Großeltern als Erben der Dritten Ordnung zur Verwandtenerbschaft berufen wären, diese Kinder aber aufgrund der Regelungen des § 1931 (1) BGB nicht zur Erbfolge gelangen, sondern deren Erbteil dem Ehegatten zufällt.

Grafische Darstellung der Verteilung des Erbes:

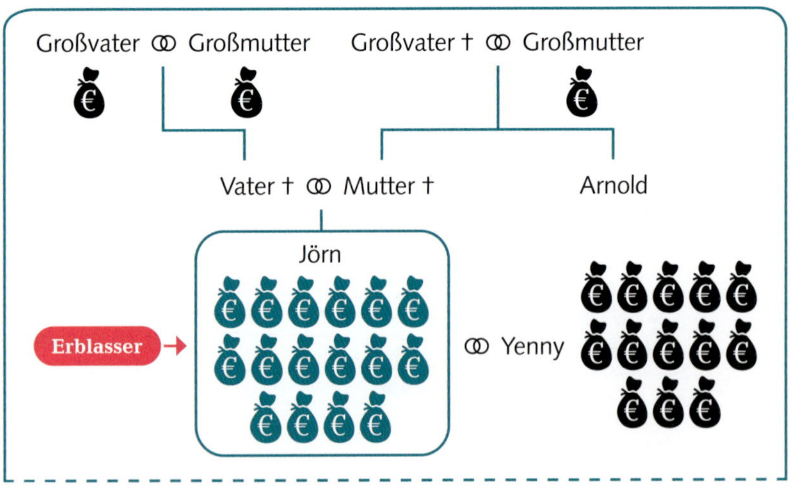

Yenny, die Ehefrau des Erblassers, erhält neben Verwandten der zweiten Ordnung oder neben Großeltern die Hälfte der Erbschaft zzgl. großer Voraus. Da Jörn und Yenny im Güterstand der Zugewinngemeinschaft lebten, erhält Yenny zusätzlich ein Viertel und erhält zunächst insgesamt drei Viertel der Erbschaft.

Jedem Großelternteil würde nun ein Sechzehntel des Nachlasses zustehen. Da ein Großvater bereits verstorben ist, würde an dessen Stelle nun eigentlich Jörns Onkel Arnold zur Verwandtenerbschaft berufen werden. Die Regelungen des § 1931 (1) BGB untersagen dies aber. Den Teil (ein Sechzehntel), den eigentlich Jörns Onkel erhalten würde, erhält nun die Ehefrau Yenny.

Ehefrau Yenny: ¼ Anteil + ¼ Anteil Zugewinn + 1/16 Anteil des Onkels = 13/16
Großeltern: je 1/16

› Auswirkung bei Gütertrennung

Haben die Ehegatten den Güterstand der Gütertrennung gewählt, besteht eine Trennung des Vermögens der Ehegatten. Der gesetzliche Erbanteil des überlebenden Ehegatten erhöht sich demnach nicht. Eine Besonderheit ergibt sich dennoch aus § 1931 (4) BGB. Sind als gesetzliche Erben der überlebende Ehegatte und ein oder zwei Kinder als Erben berufen, erben der überlebende Ehegatte und die Kinder zu gleichen Teilen.

Sind während der Ehe mehr als zwei Kinder (≥ 3 Kinder) entstanden, erhält der Ehegatte immer ein Viertel der Erbschaft. Die Kinder teilen sich drei Viertel der Erbschaft untereinander zu gleichen Teilen auf.

Neben Verwandten der zweiten Ordnung sowie den Großeltern erhält der überlebende Ehegatte die Hälfte der Erbschaft. Neben anderen Ordnungen erhält der überlebende Ehegatte die gesamte Erbschaft.

BEISPIEL

Erblasser Manuel wird von seiner Ehefrau Tomomi sowie den Kindern Leonie und Moritz überlebt. Manuel und Tomomi lebten im Güterstand der Gütertrennung.

Grafische Darstellung der Verteilung des Erbes:

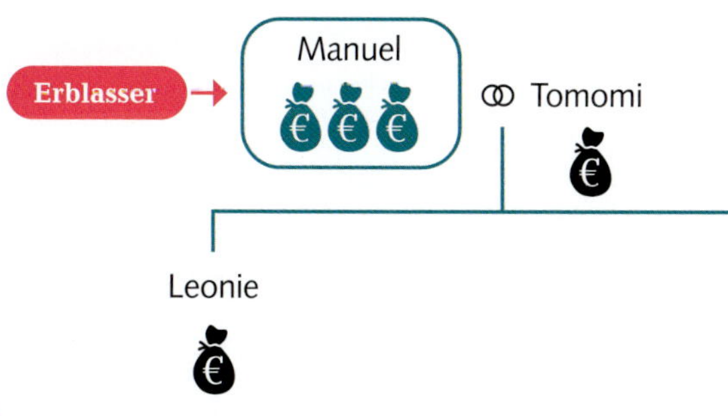

Gem. § 1931 (4) BGB erhält Tomomi neben den Kindern ein Drittel des Nachlasses zzgl. kleiner Voraus.

Die zwei Kinder erhalten ebenfalls je ein Drittel des Nachlasses.

§ 1483 (1) BGB

› **Auswirkung bei Gütergemeinschaft**

Leben die Ehegatten zu Lebzeiten im Güterstand der Gütergemeinschaft endet der Güterstand mit dem Tod eines Ehegatten (wie bei den anderen Güterständen auch). Gem. § 1931 (1) BGB erbt der Ehegatte neben Verwandten der ersten Ordnung ein Viertel, neben Verwandten der zweiten Ordnung sowie den Großeltern des Erblassers die Hälfte des Nachlasses. Allerdings können die Ehegatten vereinbaren, dass die Gütergemeinschaft nach dem Tod eines Ehegatten zwischen dem überlebenden Ehegatten und den gemeinsamen Kindern fortgesetzt wird.

2.3.3 Erbrecht des Lebenspartners

§ 10 LPartG

Die erbrechtlichen Bestimmungen des § 10 LPartG sind weitestgehend deckungsgleich mit den erbrechtlichen Bestimmungen des BGB.

Gem. § 10 LPartG ist der überlebende Lebenspartner neben Verwandten der ersten Ordnung zu einem Viertel und neben Verwandten der zweiten Ordnung sowie den Großeltern zur Hälfte erbberechtigt. Analog zum Ehegatten stehen auch dem Lebenspartner ein großer oder kleiner Voraus zu.

2.3.4 Erbrecht des Staates

Das Bundesland, in dem der Erblasser lebte, wird dann gesetzlicher Erbe, wenn weder ein Ehegatte noch ein Lebenspartner oder ein Verwandter vorhanden ist.

Der bestellte Nachlasspfleger des Nachlassgerichtes versucht zunächst Erben zu ermitteln. Sind keine Erben auffindbar, wird der Fiskus als gesetzlicher Erbe eingesetzt. Zuvor werden die Gläubiger des Erblassers aufgefordert, innerhalb einer bestimmten Frist ihre Forderungen anzumelden.

Ausschlagen kann der Fiskus das Erbe nicht. Die Haftung beschränkt sich aber grundsätzlich auf den Nachlass.

2.3.5 Zusammenfassung und Aufgaben

ZUSAMMENFASSUNG

Gesetzliche Erbfolge

1.	Gesetzliche Erben der ersten Ordnung: Kinder, Enkelkinder, Urenkelkinder usw. des Erblassers

2.	Gesetzliche Erben der zweiten Ordnung: Eltern, Geschwister, Nichten, Neffen usw. des Erblassers

3.	Gesetzliche Erben der dritten Ordnung: Großeltern, Onkel, Tanten, Cousins, Cousinen usw. des Erblassers

4.	Gesetzliche Erben der vierten Ordnung: Urgroßeltern des Erblassers und deren Kinder, Enkelkinder, Urenkelkinder usw.

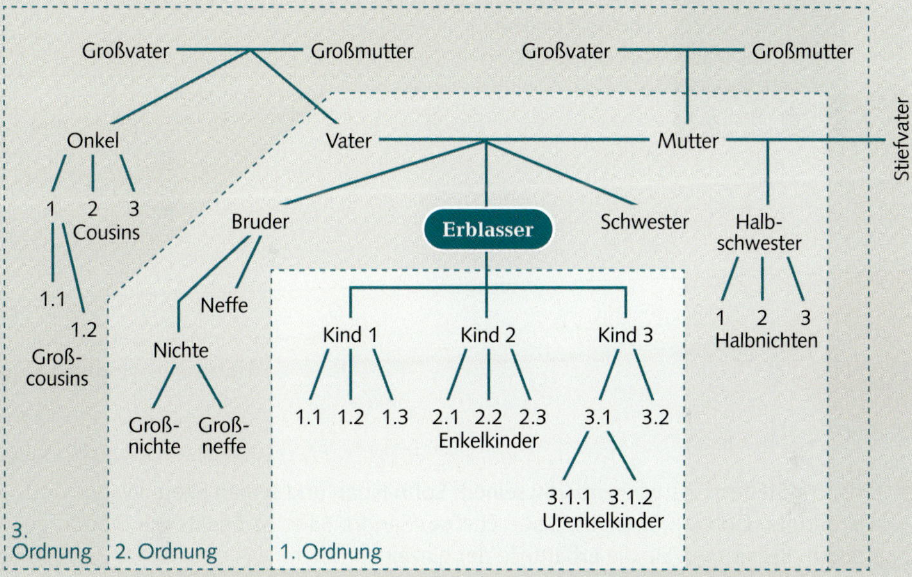

Erbrecht des Ehegatten

Der Umfang wird bestimmt vom Verwandtschaftsgrad der gesetzlichen Erben und dem gewählten Güterrecht.

Ein Erbe des überlebenden Ehegatten ist ausgeschlossen, wenn zur Zeit des Erbfalls die Voraussetzung für die Scheidung der Ehe gegeben war und der Erblasser die Scheidung beantragt oder ihr zugestimmt hat.

Ehegatten lebten in …	Erbteil des Ehegatten neben Verwandten der 1. Ordnung	Erbteil des Ehegatten neben Verwandten der 2. Ordnung oder Großeltern	Erbteil des Ehegatten neben Erben 3. und fernerer Ordnungen (ausgenommen Großeltern)
Zugewinngemeinschaft	¼ Pauschalisierter Zugewinnausgleich, § 1371 I BGB + ¼ Erbteil, § 1931 I BGB = ½	¼ Pauschalisierter Zugewinnausgleich, § 1371 I BGB + ½ Erbteil, § 1931 I BGB = ¾	1/1
Gütertrennung	› neben einem Kind: ½ › neben 2 Kindern: ⅓ › im Übrigen: ¼	½	1/1
Gütergemeinschaft	¼	½	1/1

AUFGABEN

1. Erblasser Steffen Gottwik wird von seinem Sohn Noah und seinen Eltern Walter Gottwik und Ilse Gottwik überlebt. Seine Ehefrau Sandra Baier ist bereits vor Steffen gestorben. Bestimmen Sie die Erbanteile der einzelnen Erben.

2. Der verwitwete Erblasser Fabian Yelin hinterlässt zwei Kinder. Ihre Namen sind Malu und Mats. Martin, sein dritter Sohn, ist bereits vorverstorben. Jedes der Kinder hat wiederum selbst zwei Kinder (auch Martin). Es gibt kein Testament. Bestimmen Sie die Erbanteile der gesetzlichen Erben.

3. Marco Häring hat zwei leibliche Töchter, Mara und Luisa. Adoptiert hat er Moritz. Maras Kind heißt Erik. Luisas Kinder heißen Mila und Ivo, wobei Ivo auch der Sohn von Moritz ist. Bei einem Autounfall kommen Marco und seine drei Kinder ums Leben. Bestimmen Sie, wer zu welchem Anteil Erbe geworden ist.

4. Zeigen Sie auf, wodurch der Umfang des gesetzlichen Erbrechts des Ehegatten bestimmt wird.

»

5. Thomas Melzl hinterlässt seine Ehefrau Carolin Melzl, seinen Vater Thomas Melzl (sen.) und seine Schwester Kerstin Melzl. Bestimmen Sie die gesetzliche Erbfolge, wenn Thomas und Carolin im Güterstand der Gütertrennung gelebt haben. Ein Testament existiert nicht.

6. Liftbetreiber Dieter Haas hinterlässt seine Ehefrau Jeanette Haas (geb. Röhrig). Beide waren zum Zeitpunkt der Eheschließung vermögenslos. Da sich Jeanette ihre gesamte Ehe über als Hausfrau und Mutter verdient gemacht hat, hat sie auch beim Tod von Dieter kein Vermögen. Dieter hingegen hat während der Ehe mehrere Fahrzeuge erworben (Wert 2.000.000,00 Euro). Sein Sparguthaben beläuft sich auf 1.500.000,00 Euro. Außerdem hat Dieter ein bebautes Grundstück für 2.000.000,00 Euro gekauft. Aus der Ehe mit Jeanette sind die Kinder Jürgen und Birgit hervorgegangen. Bestimmen Sie die Erbschaft der Erben nach erbrechtlicher Lösung, wenn Dieter und Jeanette im gesetzlichen Güterstand gelebt haben und kein Testament existierte.

7. Die 26-jährige Rechtsanwaltsangestellte Bianca Berg und der wohlhabende 34-jährige Anwalt Frank Fest leben zusammen. Da Bianca im dritten Monat schwanger ist, wollen Frank und Bianca noch vor der Geburt heiraten. Eine Regelung über den ehelichen Güterstand haben sie bislang noch nicht getroffen. Kurz nach der Eheschließung kommen die Zwillinge Peter und Paul auf die Welt.

Als die Zwillinge zwei Jahre alt sind, erwischt Bianca ihren Ehemann Frank mit der Nachbarin Naomi in eindeutiger Situation. Doch die Liebe hält Stand und die beiden versöhnen sich nach kurzem, heftigem Streit. Nach neun Monaten kommt ihre Tochter Pia auf die Welt. Kurz nach der Geburt fährt Frank zu einem Anwältekongress nach Berlin. Auf dem Rückweg stirbt er bei einem Verkehrsunfall. Er hinterlässt kein Testament. Neben seiner Ehefrau und den Kindern lebt noch seine Mutter Franka.

a. Zeigen Sie auf, wer auf das Ableben des Frank erbt und geben Sie die jeweiligen Erbquoten (zu welchen Teilen wird geerbt) an.

b. Zeigen Sie auf, wie sich die Erbquoten darstellen, wenn Bianca und Frank Gütertrennung vereinbart hätten.

c. Zeigen Sie auf, wie sich die Erbquoten darstellen würden, hätten Bianca und Frank während ihrer Ehe keine Kinder bekommen.

d. Zeigen Sie auf, wie sich die Erbquoten darstellen würden, hätten Bianca und Frank während ihrer Ehe nur die Zwillinge Peter und Paul bekommen und Gütertrennung vereinbart.

8. Elisabeth, die 90-jährige Großtante von Laura, ist gestorben. Sie lebte mit ihrem Ehegatten Oskar im gesetzlichen Güterstand. Ein Testament existiert nicht. Bestimmen Sie die gesetzlichen Erbanteile, wenn der Stammbaum der Familie folgendermaßen aussieht:

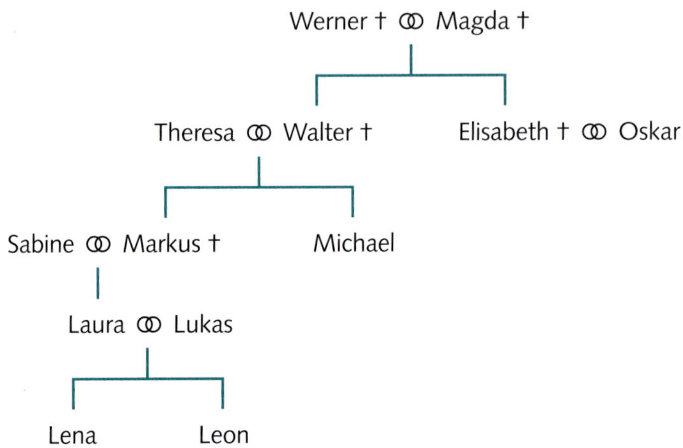

2.4 Die gewillkürte Erbfolge

Sehr häufig hat der Erblasser andere Vorstellungen davon, was mit seinem Erbe geschieht, als es das Gesetz vorsieht. Ist dies der Fall, hat er grundsätzlich drei Möglichkeiten. Der Erblasser kann ein Einzeltestament, ein Gemeinschaftstestament oder einen Erbvertrag in Betracht ziehen, wobei ein Testament ein einseitiges, nicht empfangsbedürftiges und der Erbvertrag ein zweiseitiges Rechtsgeschäft darstellt.

2.4.1 Testierfähigkeit

Die Testierfähigkeit ist die Möglichkeit, eine Verfügung von Todes wegen zu verfassen. Der Gesetzgeber hat einige Regelungen zur Testierfähigkeit aufgestellt. Demnach sind drei Faktoren zu berücksichtigen.

Alter

§ 2229 BGB, § 2233 BGB

Während die Geschäftsfähigkeit die Volljährigkeit voraussetzt, ist für die Testierfähigkeit die Vollendung des 16. Lebensjahres ausreichend. Allerdings sind die letztwilligen Verfügungen dann an die notarielle Form gebunden.

Geistige Gebrechen

Auch hier kennt das BGB eine Sonderbestimmung, die allerdings nicht von den Regelungen bei der Geschäftsfähigkeit abweicht. Somit sind Personen, die geistig gestört, geistesschwach oder im Bewusstsein gestört sind, testierunfähig und können kein Testament errichten.

§ 2229 (4) BGB

Fähigkeit zu lesen

Gibt der Erblasser zu, nicht lesen zu können oder ist der Notar davon überzeugt, dass dieser nicht lesen kann, so kann er sein Testament nur durch die Erklärung gegenüber dem Notar errichten.

§ 2233 (2) BGB

Aus diesen gesetzlichen Bestimmungen kann abgeleitet werden, dass nur eine volljährige Person, die lesen und schreiben kann sowie im Vollbesitz seiner geistigen Kräfte ist, unbeschränkt testierfähig ist.

MERKE

Eine letztwillige Verfügung, die eine testierunfähige Person errichtet, ist nichtig und führt letztlich dazu, dass die gesetzliche Erbfolge zur Geltung kommt.

2.4.2 Formen des Einzeltestaments

Das Gesetz kennt die ordentlichen und die außerordentlichen Testamentsformen.

Ordentliche Testamentsformen

Die Form des eigenhändigen Testaments wird durch § 2247 BGB bestimmt. Insofern muss das Testament eigenhändig errichtet werden. Das Gesetz meint dabei mit Eigenhändigkeit, dass der gesamte Text der Verfügung tatsächlich selbst geschrieben wird. Alle Textpassagen des Schriftstücks müssen von der Hand des Erblassers stammen. Alle elektronischen, mechanischen Hilfsmittel, Schreibapparate oder ähnliches sind ebenso unzulässig wie die Hilfe durch einen anderen. Die Hand des Erblassers darf auch nicht durch einen Dritten geführt werden. Worauf der Erblasser seinen letzten Willen eigenhändig schreibt, ist im Hinblick darauf irrelevant (z. B. Niederschrift des letzten Willens auf einem Bierdeckel), sofern sich aus der gewählten Form keine Zweifel über die Ernsthaftigkeit ergeben.

Grundsätzlich muss das eigenhändige Testament vom Erblasser unterschrieben werden. Die Unterschrift soll laut Gesetz zwar Name und Vorname enthalten, kann aber, wenn die Urheberschaft und die Ernsthaftigkeit festgestellt werden können, auch anders lauten.

BEISPIEL

Steffen Zwink wird seit seiner Jugend mit dem Spitznamen Evil angesprochen. Sogar seine Eltern und seine Ehefrau verwenden diesen Kosenamen. Unterschreibt Steffen Zwink sein Testament mit „Euer Evil", kann die Urheberschaft wohl festgestellt werden.

© Daniel Jędzura – Fotolia.com

Zwingend ist allerdings, dass die Unterschrift den Text abschließt. Nachträglich, nach der Unterschrift verfasste Inhalte sind ungültig, wenn diese nicht wieder von einer Unterschrift abgeschlossen werden. Des Weiteren soll das Testament auch Einrichtungszeit und den Ort enthalten. Zweck dieser Vorgabe ist es, die Feststellung der zeitlichen Reihenfolge mehrerer Testamente zu ermöglichen. Obwohl es sich nur um eine Sollvorschrift handelt, kann deren Verletzung bei Zweifel über die Errichtungsreihenfolge ein Testament unwirksam werden lassen, besonders dann, wenn sich im Testament auch keine weiteren Hinweise finden, die auf eine Reihenfolge der Erstellung schließen lassen.

§ 2232 BGB

Das öffentliche Testament wird durch die Niederschrift eines Notars verfasst, indem der Erblasser dem Notar seinen letzten Willen mündlich erzählt oder ihm ein Schriftstück mit seiner Erklärung übergibt (§ 2232 BGB). Zweck dieser Form ist in erster Linie die wesentlich höhere Sicherheit. Es wird errichtet durch

- Erklärung des letzten Willens vor dem Notar und Niederschrift nach den Bestimmungen des BeurkG durch den Notar,
- Übergabe einer offenen Schrift an den Notar und Errichtung eines entsprechenden Niederschriftvermerks durch den Notar als Beurkundungsvorgang oder
- Übergabe einer verschlossenen Schrift an den Notar und Errichtung eines entsprechenden Niederschriftvermerks durch den Notar als Beurkundungsvorgang.

Bei den beiden letztgenannten Formen ist die Notwendigkeit der Eigenhändigkeit der Schrift nicht mehr erforderlich.

Wie bei den gesetzlichen Bestimmungen zur Testierfähigkeit bereits erwähnt, können beschränkt testierfähige Personen und Personen, die nicht lesen können, ein Testament nur vor dem Notar oder durch Übergabe einer offenen Schrift errichten.

Außerordentliche Testamentsformen

Die sogenannten außerordentlichen Formen sind das Bürgermeistertestament, das Drei-Zeugen-Testament sowie das Seetestament.

Bürgermeistertestament

Das Bürgermeistertestament wird in den Fällen errichtet, in denen die Besorgnis besteht, der Erblasser werde sterben, bevor ein Notar beurkunden kann. Tritt dieser Fall ein, rückt der Bürgermeister in die Rolle des Notars, wobei er zwei Zeugen braucht.

§ 2249 BGB

Drei-Zeugen-Testament

Das Drei-Zeugen-Testament kann vor drei Zeugen nach den Bestimmungen des § 2249 BGB oder bei sehr dringlicher Todesgefahr auch mündlich vor drei Zeugen errichtet werden, wenn sich der Erblasser an einem Ort befindet, an dem kein Notar zu erreichen ist.

§ 2250 BGB

Seetestament

Das Seetestament kann auf Schiffen außerhalb inländischer Häfen ebenfalls vor drei Zeugen errichtet werden.

§ 2251 BGB

Alle drei Formen des außerordentlichen Testaments haben allerdings nur eine sehr kurze Haltbarkeit. Stirbt der Erblasser nicht innerhalb von drei Monaten nach der Errichtung, gelten die außerordentlichen Testamente als nicht errichtet.

2.4.3 Gemeinschaftliches Testament

Das gemeinschaftliche Testament ist eine Form, die lediglich Ehepaaren oder eingetragenen Lebenspartnern offensteht. Es entbindet einen der Partner von der Verpflichtung der eigenhändigen Errichtung. Es reicht aus, wenn ein Partner schreibt, der andere sich nur durch seine Unterschrift der letztwilligen Verfügung anschließt. Eine Wirkung dieser Wechselbezüglichkeit könnte sein, dass nach dem Tod des einen Partners der überlebende seine wechselbezüglichen Verfügungen nicht mehr ändern kann.

Eine besondere Form des gemeinschaftlichen Testaments ist das Berliner Testament. Die Ehegatten oder Lebenspartner bestimmen dabei, dass sie sich gegenseitig als Erbe einsetzen und erst nach dem Tod des überlebenden Ehegatten oder Lebenspartner das Erbe auf den/die Erben übergeben werden soll.

2.4.4 Erbvertrag

Während ein Testament eine einseitige letztwillige Verfügung darstellt, muss ein Erbvertrag mindestens zwischen zwei Personen abgeschlossen werden. Dadurch, dass ein Vertrag zwischen Personen geschlossen wird, zeigt der Erbvertrag eine erhebliche Bindungswirkung, die mit Vertragsabschluss entsteht.

§ 2275 BGB

Damit der Erbvertrag zustande kommt, muss der Erblasser unbeschränkt geschäftsfähig sein. Wenn der Vertragspartner der Ehegatte ist, genügt auch die beschränkte Geschäftsfähigkeit mit einem Zustimmungserfordernis des gesetzlichen Vertreters (gleiches gilt auch bei Verlobten).

§ 2276 (1) BGB

Neben den eben genannten gesetzlichen Voraussetzungen wird der Erbvertrag nur gültig, wenn die Erklärung zur Niederschrift eines Notars bei gleichzeitiger Anwesenheit der Vertragspartner abgegeben wird.

MERKE

Die Bezeichnung als „vertragsmäßige" Verfügung hat ihren Grund in der Bindungswirkung dieser Verfügungen: Der Erblasser kann sie nicht frei widerrufen.

Inhaltlich können nur Erbeinsetzungen, Vermächtnisse und Auflagen vertragsmäßige Verfügungen in einem Erbvertrag sein.

§ 2289 BGB

Der Erblasser, der dem Vertragspartner einen Vermögenswert zugesagt hat, ist an diese Zusage gebunden. Er kann demnach keine abweichende beeinträchtigende Verfügung von Todes wegen durch ein Testament oder einen weiteren Erbvertrag errichten. Eine Beeinträchtigung ist jede Beschränkung des Rechts des Bedachten.

Der wesentliche Unterschied zwischen Testament und Erbvertrag ist demnach, dass mindestens eine Person in dem Vertrag eine letztwillige Verfügung trifft, die von ihm nicht einseitig wieder geändert werden kann.

2.4.5 Widerruf der Verfügung von Todes wegen

Widerruf eines Einzeltestaments

Grundsätzlich ist ein Einzeltestament jederzeit frei widerruflich. Gründe dafür muss der Erblasser nicht anbringen. Da der Widerruf selbst eine Verfügung von Todes wegen ist, muss allerdings die Testierfähigkeit gegeben sein. Der Widerruf kann erfolgen durch:

- Widerrufstestament
- Spätere, inhaltlich widersprechende Verfügung
- Rücknahme aus der gerichtlichen Verwahrung
- Vernichtung der Urkunde in Änderungsabsicht

MERKE

Geht ein Testament verloren oder wird es versehentlich vernichtet (oder ähnliches) bleibt das Testament wirksam. Schwierig wird dann allerdings der Nachweis des Inhalts.

Widerruf eines gemeinschaftlichen Testaments

Verfügungen, die nicht der besonderen Wechselbezüglichkeit zugeordnet werden, können wie einseitige Verfügungen widerrufen werden. Wechselseitige Verfügungen hingegen können zu Lebzeiten des anderen Partners frei widerrufen werden. Nach dem Tod des erstversterbenden Partners ist ein Widerruf grundsätzlich nicht mehr möglich. Allerdings hat der noch lebende Partner die Möglichkeit, das Erbe auszuschlagen.

Widerruf eines Erbvertrags

Grundsätzlich sind vertragliche Verfügungen nicht widerruflich. Möglichkeiten bestehen allerdings dennoch – beispielsweise, wenn im Erbvertrag der Rücktritt vorbehalten ist oder durch gemeinsame Aufhebung. Ein Rücktritt ist zudem möglich, wenn sich die im Erbvertrag bedachten Personen einer Verfehlung schuldig gemacht haben, die zur Entziehung des Pflichtteils berechtigen würde.

© Marco2811 – Fotolia.com

2.4.6 Vermächtnis und Auflage

Ein Vermächtnis liegt vor, wenn der Erblasser jemandem einen Vermögensvorteil zuwendet, ohne ihn als Erbe einzusetzen. Ein typisches Beispiel ist die Zuwendung eines bestimmten Gegenstandes. Wichtig ist, dass der Vermächtnisnehmer den ihm zugedachten Gegenstand nicht automatisch erwirbt, sondern nur einen schuldrechtlichen Anspruch gegen den Erben („Beschwerter") erhält. Dieser schuldrechtliche Anspruch fällt dem Vermächtnisnehmer mit dem Erbfall zu und kann wie die Erbschaft ausgeschlagen werden.

§ 2147 BGB

© FineBokeh – Fotolia.com

Eine weitere Voraussetzung ist, dass der Vermächtnisnehmer bei Eintritt des Erbfalls noch lebt. Stirbt der Vermächtnisnehmer vor dem Erblasser, wird das Vermächtnis unwirksam.

Mit der Erbeinsetzung oder Vermächtnissen können Erblasser im Testament bestimmen, wer ihr Vermögen nach ihrem Tod erhält. Doch vielen Erblassern reicht das nicht aus. Sie haben bestimmte Wünsche und Vorstellungen über den Tod hinaus, die die testamentarisch bedachten Personen erfüllen sollen. Diese Wünsche lassen sich durch Auflagen erfüllen.

§ 2197 BGB

BEISPIEL

„Da ich selbst keine Kinder habe und mich mein treuer Hund Benno viele Jahre begleitet hat, soll das Tierheim Leingarten e.V. mein gesamtes Vermögen erhalten. Im Gegenzug will ich, dass sich das Tierheim um meinen Hund Benno kümmert, bis dieser mir eines Tages folgt."

Ihre Grenze findet die Auflage in Anordnungen des Erblassers, die unmöglich, sittenwidrig oder verboten sind.

BEISPIEL

„Meinen Sohn Thomas setze ich als Alleinerben ein, wenn er seine Ehefrau Katrin verlässt."

Diese Auflage wäre sittenwidrig.

Die Durchsetzung der Auflage können nur

- die Erben vollziehen, wenn der Vermächtnisnehmer mit der Auflage belastet ist,
- die Miterben, wenn ein anderer Miterbe oder ein Vermächtnisnehmer belastet ist oder
- die Behörde, wenn die Vollziehung der Auflage im öffentlichen Interesse ist.

Der von der Auflage Begünstigte – beispielsweise das Tierheim aus dem obigen Beispiel, hat hingegen keinen einklagbaren Anspruch. Demnach sollte der Erblasser die Durchsetzung der Auflagen durch entsprechende Verfügungen sicherstellen. Eine effektive Methode wäre die Einsetzung eines Testamentsvollstreckers, der die Einhaltung und Umsetzung der Auflagen durchsetzen kann.

2.4.7 Pflichtteilsrecht

§ 2303 BGB

Das Pflichtteilsrecht garantiert allen Abkömmlingen, den Eltern sowie dem Ehegatten/eingetragenen Lebenspartner des Erblassers, dass sie auch dann einen Anteil des Nachlasses erhalten, wenn sie vom Erblasser durch Verfügung von Todes wegen von der gesetzlichen Erbfolge ausgeschlossen sind. Der Pflichtteil sichert demnach den nahen Angehörigen eine Mindestbeteiligung am Nachlass und stellt somit das Gegenstück zur Testierfreiheit dar.

MERKE

Nur Ehegatten, Eltern und Abkömmlinge sind auch pflichtteilsberechtigt. Geschwister hingegen nicht!

Der Pflichtteilsberechtigte muss durch eine Verfügung von Todes wegen vom Erblasser von der gesetzlichen Erbfolge ausgeschlossen worden sein.

Der Umfang des Pflichtteils ist gesetzlich genau geregelt. Er beträgt immer die Hälfte des Wertes des gesetzlichen Erbteils und ist ein Anspruch auf eine Geldzahlung.

MERKE

Pflichtteil =
Nachlasswert × Pflichtteilsquote

Der Nachlasswert wird ermittelt durch das Vermögen des Erblassers zum Zeitpunkt des Erbfalls abzüglich aller Verbindlichkeiten. Da der Pflichtteilsberechtigte den Wert des Nachlasses möglicherweise nicht selbst ermitteln kann hat er gegenüber den Erben einen Auskunftsanspruch über den Bestand des Nachlasses und einen Mittelanspruch hinsichtlich des Nachlasswertes.

© VRD – Fotolia.com

Eine der schwierigsten Fragen des Pflichtteilsrecht ist die Bestimmung des Wertes des Nachlasses. Was einzelne Nachlassgegenstände wert sind, ist oft nur durch ein Gutachten zu ermitteln, wenn diese nicht in Geld oder Vermögen wie Kurswerten bewertbar sind.

Das Pflichtteilsrecht des Ehegatten entfällt, wenn die Ehe zum Zeitpunkt des Erbfalls bereits geschieden war oder die Voraussetzungen der Scheidung gegeben waren und der Erblasser die Scheidung beantragt oder ihr zugestimmt hat.

2.4.8 Zusammenfassung und Aufgaben

ZUSAMMENFASSUNG

Testierfähigkeit

Testierfähigkeit ist die Fähigkeit einer natürlichen Person, ein Testament zu errichten, abzuändern oder aufzuheben. Da diese Fähigkeit einem Menschen fehlen kann, hat der Gesetzgeber die Testierfähigkeit in drei Stufen eingeteilt:

1. **Testierunfähigkeit** → **Testament unwirksam**
2. **Beschränkte Testierfähigkeit** → **Testament wirksam, wenn mündliche Erklärung zur Niederschrift vor dem Notar oder Übergabe einer offenen Schrift an einen Notar**
3. **Unbeschränkte Testierfähigkeit** → **Testament wirksam**

Formen des Testaments

Ordentliches Testament

Öffentliches Testament, eigenhändiges Testament, gemeinschaftliches Testament → **Widerruf jederzeit möglich durch neues Testament, Vernichtung des Testaments oder Rückgabe der Urkunde**

Außerordentliches Testament

Nottestament vor dem Bürgermeister, Nottestament vor drei Zeugen, Nottestament auf See → **verlieren ihre Gültigkeit, wenn seit der Errichtung drei Monate vergangen sind und der Erblasser noch lebt.**

Der Erbvertrag

Der Erbvertrag ist eine bindende, unwiderrufliche Verfügung von Todes wegen durch einen Vertrag.

Eine Aufhebung des Erbvertrags ist nur durch einen neuen Vertrag möglich.

Vermächtnis

Das Vermächtnis ist die Möglichkeit, durch ein Testament jemandem einen Vermögensvorteil zu verschaffen, ohne ihn als Erben einzusetzen. Der Vermächtnisnehmer unterscheidet sich vom Erben dadurch, dass der Erbe die Gesamtrechtsnachfolge antritt, während der Vermächtnisnehmer nur einzelne Vermögensvorteile erhält.

Pflichtteil

Der Pflichtteil ist der schuldrechtliche Anspruch gegen den oder die Erben.

Berechtigte: Abkömmlinge, Eltern, Ehegatte

Höhe: Hälfte des Wertes des gesetzlichen Erbteils

AUFGABEN

1. Erläutern Sie, was unter dem Grundsatz der Testierfähigkeit zu verstehen ist.

2. Junggesellin Ulrike Wagner möchte ihre Erbfolge geregelt wissen und verfügt, dass derjenige erben soll, den der Pastor der Gemeinde für den frömmsten unter den Gemeindemitgliedern hält. Beurteilen Sie dieses Vorhaben rechtlich.

3. Bei einem Bombenattentat in Afghanistan kommt der 30-jährige Feldwebel Peter Zahne ums Leben. Seine Frau Carmen verbringt in diesem Monat ihren Urlaub bei ihrer Schwiegermutter Johanna Zahne und deren Tochter Alexandra (Schwester von Peter Zahne) in München. Peters Vater Hans Zahne verstarb bereits. Zur Verwandtschaft gehören noch Oma Tanja Zahne sowie Tobias, das gemeinsame Kind von Alexandra und ihrem Lebensgefährten Sascha.

a. Begründen Sie, wer von den aufgelisteten Personen gesetzliche Erben werden können.

b. Bestimmen Sie die Erbquoten und berechnen Sie die Erbteile, wenn sich das Vermögen des Erblassers auf 80.000,00 Euro beläuft und Peter mit Carmen im gesetzlichen Güterstand lebte.

»

c. Carmen entdeckt nach der Überführung des Leichnams aus Afghanistan in Peters Tagebuch folgenden handschriftlichen Eintrag: „Meine geliebte Carmen, nach den Unruhen in den letzten Tagen in unserem Einsatzgebiet mache ich mir große Sorgen um mein Leben. Falls mir etwas zustößt, sollst du mein gesamtes Vermögen erben. In ewiger Liebe, Dein Peter, Kundus, den 03.12.20xx." Beurteilen Sie, ob dieser Tagebucheintrag ein gültiges Testament darstellt.

d. Begründen und berechnen Sie, welche Auswirkung dieser Eintrag auf die Verteilung der Erbschaft hat.

4. Der bereits zittrige Claudius Friz will im Pflegeheim ein Testament errichten. Da er kaum noch schreiben kann, bittet er den Pfleger Axel Schüürmann, ihm den Text vorzuschreiben, den Claudius danach selbst unterzeichnet. Der Text lautet: „Mein gesamtes Vermögen vermache ich dem Förderkreis der Andreas-Schneider-Schule. Meine geliebte Taschenuhr vermache ich meinem Pfleger Axel Schüürmann. Claudius Friz." Zwei Tage später spürt Claudius einen stechenden Schmerz in der Brust, will aber noch eine letzte Verfügung tätigen und kritzelt auf die Tageszeitung „Meine gesamten Aktienpakete vermache ich meinem Freund Dominique Blümke. Claudius Friz". Beurteilen Sie die Gültigkeit der beiden Testamente.

5. Erläutern Sie die Unterschiede zwischen einem Testament und einem Erbvertrag.

2.5 Erbannahme und Erbausschlagung

Nach dem Prinzip des „Vonselbsterwerbs" tritt der Erbe nach dem Tod des Erblassers in die Rechtsstellung des Erblassers ein. Eine besondere Handlung oder Erklärung des Erben, der übrigen Erben, des Nachlassgerichts oder sonstigen Personen ist nicht erforderlich.

§ 1943 BGB

Das Erbe kann aber dennoch angenommen oder abgelehnt werden. Bis zur endgültigen Annahme der Erbschaft durch den/die Erben herrscht ein Schwebezustand. Der Schwebezustand endet mit der Annahme, denn ab diesem Zeitpunkt kann ein Erbe nicht mehr ausschlagen.

2.5.1 Die Annahme der Erbschaft

Bei der Annahme handelt es sich um eine einseitige, nicht formbedürftige und nicht empfangsbedürftige Willenserklärung mit dem Inhalt, dass der Erklärende endgültig Erbe werden möchte. Auch eine konkludente Handlung des Erben, die auf den Willen hindeutet die Erbschaft zu behalten (z. B. die Beantragung eines Erbscheins) kann ausreichend sein.

§ 1944 BGB

Das Erbe gilt auch als angenommen, wenn die für die Ausschlagung vorgesehene Frist abgelaufen ist. Die Ausschlagungsfrist beträgt in der Regel sechs Wochen. Die Frist verlängert sich auf sechs Monate, wenn der Erblasser seinen letzten Wohnsitz nur im Ausland hatte oder wenn sich der Erbe zu Beginn der Ausschlagungsfrist im Ausland befindet. Die Frist beginnt, sobald der Erbe von dem Erbfall und seiner Erbenstellung erfährt. Existiert ein Testament, beginnt die Frist erst mit der Verkündung dessen durch das Nachlassgericht.

> **MERKE**
> Wird die Ausschlagungsfrist versäumt, gilt das Erbe als angenommen und kann nicht mehr ausgeschlagen werden.

2.5.2 Die Ausschlagung der Erbschaft

§§ 1945 ff. BGB

Für die Ausschlagung gelten folgende Voraussetzungen:

- Die Ausschlagung setzt die Geschäftsfähigkeit des Ausschlagenden voraus. Der beschränkt Geschäftsfähige benötigt die Einwilligung seiner Erziehungsberechtigten, der Geschäftsunfähige muss vertreten werden. Der gesetzliche Vertreter benötigt wiederum die Genehmigung des Familiengerichts, wenn er das Erbe des geschäftsunfähigen Kindes ausschlagen möchte.
- Die Ausschlagung kann prinzipiell auch durch eine bevollmächtigte Person erfolgen.
- Die Ausschlagung muss zur Niederschrift des Nachlassgerichts oder in öffentlich beglaubigter Form abgegeben werden.
- Erklärungsgegner ist das Nachlassgericht.
- Unter einer Bedingung oder Zeitbestimmung darf die Ausschlagung nicht erfolgen
- Die zeitlichen Grenzen müssen eingehalten werden.

> **MERKE**
> Der Erbe kann die Erbschaft nicht vor dem Erbfall annehmen oder ausschlagen!

Nach erfolgreicher Ausschlagung des Erben fällt die Erbschaft dem- bzw. denjenigen zu, die geerbt hätten, wenn der zunächst berufene Erbe (Erbe, der das Erbe ausgeschlossen hat) zur Zeit des Erbfalls bereits verstorben gewesen wäre. Dieser kann das Erbe aber ebenfalls ausschlagen.

2.6 Erbscheinsverfahren

§§ 2353 ff. BGB

Der Erbschein ist ein Nachweis des/der Erben, dass sie überhaupt Erben sind. Häufig ist der Erbschein die Voraussetzung dafür, dass ein Erbe Rechtsgeschäfte mit Dritten über das geerbte Vermögen machen kann. Der Erbe kann sich dann als rechtmäßiger Erbe ausweisen.

Dritte, die etwas von den im Erbschein benannten Erben erworben haben, können sich darauf berufen – auch dann, wenn der im Erbschein genannte Erbe gar kein Erbe ist. Der Erbschein genießt den öffentlichen Glauben.

Die Ausstellung des Erbscheins muss beim Nachlassgericht beantragt werden; dort wird er auch ausgestellt. Neben dem Antrag ist es erforderlich, dass die Tatsachen nachgewiesen werden, die das Recht der Erben auf die Erbschaft begründen.

Jeder Erbe ist berechtigt, einen Erbschein zu beantragen. Es reicht auch aus, wenn von mehreren Miterben einer den Antrag stellt. Da mit dem Erbscheinantrag auch eine eidesstattliche Versicherung beurkundet werden muss, ist auf jeden Fall das persönliche Erscheinen vor einem Notar oder Rechtspfleger eines deutschen Amtsgerichts unter Vorlage eines gültigen Personalausweises nötig.

Ob und welche Nachweise dabei vorgelegt werden müssen, hängt sehr stark vom Einzelfall ab, auch davon, ob die gesetzliche oder gewillkürte Erbfolge eingetreten ist.

Erforderlich ist auf jeden Fall immer die Sterbeurkunde des Erblassers. Weitere Urkunden können beispielsweise sein:

- Heiratsurkunde zum Nachweis der wirksamen Eheschließung oder Namensänderung
- Scheidungsurteil
- Adoptionsbeschlüsse und -verträge als Nachweis einer erfolgreichen Adoption

MERKE

Der Erbschein gibt lediglich Auskunft über die Person des Erben und nicht darüber, ob der Erbe auch über die Gegenstände verfügen kann.

2.7 Zusammenfassung und Aufgaben

ZUSAMMENFASSUNG

Annahme der Erbschaft

Die Annahme der Erbschaft ist die Erklärung des Erben, dass er erben möchte
→ muss nicht ausdrücklich erfolgen

Das Erbe gilt automatisch als angenommen, wenn die Ausschlagungsfrist verstrichen ist.

Ausschlagung der Erbschaft

Die Ausschlagung der Erbschaft ist die Erklärung des Erben, dass er nicht erben möchte
→ muss ausdrücklich erfolgen

Erbschein

Mit dem Erbschein weist der Erbe nach, dass er Erbe ist.

Existiert ein notarielles Testament, kann dieses auch als Beweis dienen.

AUFGABEN

1. Erblasser Theo stirbt am 01.01.20xx in Stuttgart. Er hinterlässt einen in Ischgl (Österreich) lebenden Sohn Moritz und eine in Heilbronn wohnende Tochter Ida. Die Tochter kümmert sich sofort um die Beerdigung, kündigt die gemietete Wohnung des verstorbenen Vaters und löst den wertlosen Haushalt auf. Die Kosten dafür deckt sie vom danach aufgebrauchten Guthaben auf dem Girokonto, von dem sie eine Bankvollmacht hat. Auf dem Sparbuch des verstorbenen Vaters sind noch 20.000,00 Euro. Moritz und Ida vereinbaren telefonisch, dass diese Summe geteilt werden soll, sobald der Erbnachweis vorliegt. Am 15.04. meldet sich ein Gläubiger von Theo und legt den beiden Kindern einen Vollstreckungstitel über 30.000,00 Euro gegen Theo vor. Er fordert die beiden zur Zahlung auf. Beurteilen Sie, ob Moritz und Ida die Zahlung verweigern können.

2. Jemand, der ein Rechtsgeschäft mit einem Erben eingeht, sollte sich die Frage stellen, ob dieser denn überhaupt legitimierter Rechtsnachfolger ist. Zeigen Sie auf, welche Möglichkeit es dafür gibt.

3. Doris stirbt und setzt ihren Sohn Boris durch ein notarielles Testament als Erben ihres wertvollen Fahrrads ein. Dieses Fahrrad verkauft Boris kurze Zeit später an seinen Arbeitskollegen Erich Dietz. Er weist sich mit einem Erbschein als Erbe aus. Kurze Zeit später taucht ein jüngeres handschriftliches Testament auf, welches die örtliche Kirche als Erbe einsetzt. Der Pfarrer verlangt von Erich Dietz die Herausgabe des Fahrrads. Beurteilen Sie die Rechtslage.

LERNFELD 13A

Beurkundungen im Erbrecht vorbereiten und abwickeln

1. ERRICHTUNG UND ABWICKLUNG LETZTWILLIGER VERFÜGUNGEN

LF 13 | 2 ▶

In Lernfeld 13, Kapitel 2 haben Sie bereits die materiellen Grundlagen des Erbrechts kennengelernt. Im Folgenden liegt der Fokus nun auf den Aspekten, die für die Praxis im Notariat von Bedeutung sind. Schwerpunkt ist dabei die gewillkürte Erbfolge, also das Verfassen und Abwickeln vorsorgender Regelungen für den Erbfall. Hinzu kommen Tätigkeiten nach Eintritt des Erbfalls, wie die Beantragung eines Erbscheins oder die Ausschlagung der Erbschaft.

1.1 Grundsätzliches

LF 13 | 2.4 ▶

Wie in Lernfeld 13, Kapitel 2.4 gezeigt, gibt es unterschiedliche Möglichkeiten, die gesetzliche Erbfolge zu verändern: Das Einzeltestament, das gemeinschaftliche Testament oder den Erbvertrag.

Eine notarielle Beurkundung von Testamenten ist nicht zwingend erforderlich, aber sinnvoll, da Streitigkeiten über die Wirksamkeit des Testaments im Erbfall dadurch zuverlässig vermieden werden können.

Auch muss ein notariell beurkundetes Testament insgesamt nicht immer die teurere Lösung sein: Liegt ein öffentliches Testament vor, so ist ein Erbschein entbehrlich (siehe hierzu auch Kapitel 2), es werden also die Kosten für das Erbscheinsverfahren gespart, die bei Vorliegen eines eigenhändigen Testamentes oft investiert werden müssen.

Im Beurkundungsverfahren müssen die folgenden Besonderheiten berücksichtigt werden.

1.1.1 Geschäftsfähigkeit des Erblassers

Bei jeglicher Beurkundung hat der Notar gemäß § 11 BeurkG die Geschäftsfähigkeit der Beteiligten zu prüfen. Feststellungen zur Geschäftsfähigkeit sind allerdings nur dann in der Urkunde aufzunehmen, wenn Zweifel daran bestehen oder eine schwere Erkrankung bei einem Beteiligten vorliegt (§ 11 II BeurkG). Ist die Geschäftsfähigkeit der Beteiligten unzweifelhaft, muss sie in der Urkunde nicht erwähnt werden.

§ 28 BeurkG

Bei der Beurkundung von letztwilligen Verfügungen dagegen sind in jedem Fall Feststellungen über die „erforderliche" Geschäftsfähigkeit des Erblassers in der Urkunde aufzunehmen, auch wenn sie völlig unzweifelhaft erscheint, § 28 BeurkG. Grund dafür ist vor allem, dass nach dem Tod des Erblassers, also dann, wenn die Urkunde ihre Bedeutung gewinnt, Streitigkeiten über die Geschäftsfähigkeit zum Zeitpunkt der Beurkundung unterbunden werden sollen.

BEISPIEL

Alexandra, 74, ist verwitwet und hat zwei Kinder. Ihre Tochter Svenja wohnt mit Alexandra zusammen und kümmert sich um sie, weil sie seit einiger Zeit verschiedene gesundheitliche Probleme hat. Sohn Ralf lebt weit entfernt und hat kaum Kontakt zur Mutter. Alexandra setzt in einem notariell beurkundeten Testament Svenja zur ihrer Alleinerbin ein und vermacht Ralf lediglich einen kleineren Geldbetrag. Als Alexandra stirbt, beansprucht Ralf die Hälfte des Erbes mit der Begründung, seine Mutter sei bereits zum Zeitpunkt der Erstellung des Testaments nicht mehr bei klarem Verstand gewesen. In einem sich anschließenden Rechtsstreit wird das Testament für gültig erklärt, da keine Beweise vorgelegt werden können, welche die Feststellungen des Notars über die vorhandene Geschäftsfähigkeit der Erblasserin widerlegen könnten.

◂ LF 13 | 2

Einzelheiten zu der erforderlichen Geschäfts- bzw. Testierfähigkeit lesen Sie bitte in Lernfeld 13, Kapitel 2.4.1 (Testamente) und Kapitel 2.4.4 (Erbverträge) nach.

1.1.2 Zuziehung von Zeugen oder eines zweiten Notars

© Bacho Foto – Fotolia.com

Für die Frage, ob zur Beurkundung Zeugen oder ein zweiter Notar herangezogen werden müssen, gelten bei letztwilligen Verfügungen ebenfalls strengere Anforderungen als bei anderen Beurkundungsgeschäften. Während dabei nur in außergewöhnlichen Beurkundungssituationen, z. B. bei Behinderung eines Beteiligten, die Hinzuziehung von Zeugen oder eines zweiten Notars erforderlich sein kann, genügt bei der Beurkundung von letztwilligen Verfügungen allein das Verlangen der Beteiligten, § 29 BeurkG. Der Notar sollte dies daher in der Verhandlung erörtern. Werden Zeugen oder ein zweiter Notar hinzugezogen, ist dies in der Urkunde zu vermerken und die Urkunde auch von diesen Personen zu unterzeichnen. Aber auch dann, wenn dies nicht gewünscht wird, ist ein entsprechender Vermerk in die Niederschrift aufzunehmen.

§ 29 BeurkG

1.1.3 Testierfreiheit

Soll eine letztwillige Verfügung beurkundet werden, ist zu klären, ob der Erblasser überhaupt noch frei über sein Erbe verfügen kann. Dies ist dann nicht

§ 2271 BGB

der Fall, wenn er durch ein früheres gemeinschaftliches Testament oder einen Erbvertrag in der Verfügungsbefugnis beschränkt ist.

LF 13 | 2.4.3

Liegt ein gemeinschaftliches Testament von Ehegatten vor, in denen wechselbezügliche Verfügungen enthalten sind, so kann dieses Testament nicht einseitig durch eine neue letztwillige Verfügung aufgehoben werden, § 2271 I BGB. Vielmehr muss ein Ehegatte, der abweichend von einem gemeinschaftlichen Testament neu testieren möchte, zunächst den Widerruf (Lernfeld 13, Kapitel 2.4.5) des ursprünglichen Testaments erklären, der notariell beurkundet und dem anderen Ehegatten zugestellt werden muss, §§ 2271 I, 2296 BGB. Diese Möglichkeit besteht allerdings nur zu Lebzeiten der Ehegatten. Ist der andere Ehegatte verstorben, kann nur noch das Erbe insgesamt ausgeschlagen werden.

§ 2289 BGB

Auch beim Erbvertrag ist der Erblasser gehindert, hiervon abweichend neu letztwillig zu verfügen. Entsprechende Verfügungen wären unwirksam, § 2289 I BGB. Auch hier ist einseitig kein Abweichen durch ein neues Testament möglich, vielmehr muss hier ein Rücktritt notariell beurkundet werden.

Für die Mitarbeiter im Notariat bedeutet dies, dass schon bei der Vorbereitung der Beurkundung nach jeglichen vorherigen letztwilligen Verfügungen gefragt werden sollte, um zu prüfen, ob der Erblasser in irgendeiner Weise in seiner Testierfreiheit beschränkt sein könnte.

1.1.4 Möglicher Inhalt von letztwilligen Verfügungen

Testamente, gleich ob Einzeltestament, gemeinschaftliches Testament, beurkundet oder eigenhändig, und Erbverträge dienen dazu, die gesetzlichen Regelungen zu verändern und den Vorstellungen des Erblassers anzupassen. Es kommen folgende Regelungen in Betracht:

Erbeinsetzung

Der Erblasser kann durch letztwillige Verfügungen zunächst die gesetzliche Erbfolge abändern. Er kann also ganz andere Personen, als gesetzlich vorgesehen, zu seinen Erben bestimmen, nur einen Teil der gesetzlichen Erben vom Erbe ausschließen, oder die Höhe der Erbteile verändern. Gesetzlich ist es ohne weiteres möglich, Personen von der Erbfolge auszuschließen oder ihren Erbanteil zu reduzieren, sie also ganz oder vollständig zu enterben. Allerdings verbleibt ihnen in diesem Fall der Pflichtteil, der nur unter erschwerten Bedingungen entzogen werden kann.

◂ LF 13 | 2.4.7

Der Regelfall der Erbeinsetzung ist die Einsetzung zu Vollerben. Dies bedeutet, dass die Erben im Wege der Gesamtrechtsnachfolge ohne Einschränkungen an die Stelle des Erblassers treten und frei über ihren Erbteil verfügen können.

› **Vor- und Nacherbschaft**

§ 2100 BGB

Ist dem Erblasser daran gelegen, sein Vermögen möglichst auch für nachfolgende Generationen in seinem Bestand zu erhalten, so wird er unter Umständen die Vor- und Nacherbschaft, §§ 2100 ff. BGB, anordnen. Dadurch wird das Erbe in zwei Schritten auf den letztendlichen Erben, den Nacherben, übertragen. Der Vorerbe kann das Erbe zu Lebzeiten nutzen, muss es aber in seinem Bestand für den Nacherben bewahren. Auch Gläubiger des Vorerben können nicht auf den Nachlass zugreifen.

Bei Anordnung von Vor- und Nacherbschaft unterliegt der Vorerbe diversen Beschränkungen und Auflage, §§ 2113 ff. BGB. Man kann den Vorerben mit einem Nießbraucher vergleichen: Er kann zu seinen Lebzeiten das Erbe nutzen und auch die Früchte daraus ziehen, ist aber zugleich dazu verpflichtet, es zu erhalten und die Kosten dafür zu tragen. Zugleich ist er zur Erstellung eines Nachlassverzeichnisses verpflichtet, § 2121 BGB. Will der Erblasser dem Vorerben größere Spielräume einräumen, so kann er ihn gemäß § 2136 von verschiedenen Beschränkungen befreien, man spricht vom befreiten Vorerben.

Bestimmte Beschränkungen müssen allerdings bestehen bleiben, so u. a.

- das Verbot, unentgeltlich über Nachlassgegenstände zu verfügen,
- die Verpflichtung zur Erstellung eines Nachlassverzeichnisses,
- die Regelung, dass der Ersatz für einen Nachlassgegenstand an die Stelle dieses Gegenstandes tritt, das sogenannte Surrogat, § 2111 BGB,
- die Schadensersatzpflicht bei Verfügungen in Benachteiligungsabsicht, § 2138 BGB.

Die Einsetzung als befreiten Vorerben kann z. B. dann gewählt werden, wenn ein Ehegatte sein Vermögen zunächst dem überlebenden Ehegatten vollständig überlassen möchte, zugleich aber sichergestellt werden soll, dass dieses

Vermögen nach dem Tod des länger lebenden Gatten an die gemeinsamen Kinder fällt.

› **Berliner Testament**

Ist dies gewünscht, so kann auch die Form des Berliner Testaments gewählt werden. Dabei wird der letztversterbende Ehegatte Alleinerbe des Erstversterbenden, die gemeinsamen Kinder anschließend Erben des Letztversterbenden. Im Unterschied zur Vor- und Nacherbschaft ist der Letztversterbende hier in keiner Weise in der Verfügung über den Nachlass beschränkt. Ein weiterer gravierender Unterschied ist, dass die Vermögen beider Ehegatten beim Letztversterbenden verschmelzen, er also über sein eigenes Vermögen nach dem Tod des Erstversterbenden nicht mehr letztwillig verfügen kann. Bei der Vor- und Nacherbschaft bleiben die Vermögen dagegen getrennt, der Überlebende kann sein eigenes Vermögen daher noch anderweitig vererben, z. B. an einen zweiten Ehegatten oder Kinder, die erst nach dem Tod des Erstversterbenden geboren wurden.

› **Ersatzerbfolge**

§ 2096 BGB

Bei jeglicher Erbeinsetzung ist es empfehlenswert, den Fall mit zu bedenken, dass der eigentlich gewünschte gewillkürte Erbe vor dem Erblasser verstirbt. Für diese Konstellation kann von vornherein ein Ersatzerbe bestimmt werden. Sollte dies nicht der Fall sein, ist in einem sich unter Umständen anschließenden Rechtsstreit der mutmaßliche Wille des Erblassers zu ermitteln: was hätte er für den jetzt eingetretenen Fall geregelt, wenn er ihn bei der Verfassung der letztwilligen Verfügung bedacht hätte? Es ist offensichtlich, dass dies erhebliche Probleme bereitet, die Ersatzerbfolge sollte daher regelmäßig Bestandteil letztwilliger Verfügungen sein.

Vermächtnisse

LF 13 | 2.4.6

Von einem Vermächtnis spricht man gemäß § 1939 BGB dann, wenn einer Person ein Vermögensvorteil zugewendet werden soll, ohne dass diese Person zugleich Erbe werden soll.

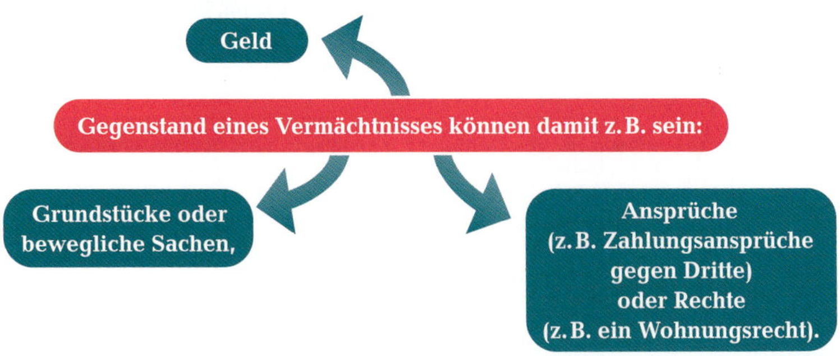

Im Unterschied zur Erbeinsetzung tritt also nicht Gesamtrechtsnachfolge ein, sondern das Vermächtnis beschränkt sich auf einzelne Gegenstände. Außerdem erhält der Vermächtnisnehmer nicht automatisch durch den Erbfall den ihm zugewandten Vermögensvorteil, sondern es ist eine entsprechende Übertragung durch den oder die Erben notwendig.

Da die Begriffe „vererben“ und „vermachen“ umgangssprachlich gleichbedeutend verwendet werden, ist es beim Kontakt mit Klienten wichtig, deren Wünsche richtig zu interpretieren.

© aytuncoylum – Fotolia.com

BEISPIEL

Die Erblasserin äußert sich wie folgt:

„Ich möchte meiner Tochter mein gesamtes Vermögen vermachen, bis auf die goldene Uhr, die soll meine Enkelin erben.“

Entgegen der Formulierung ist hier nicht von einem Vermächtnis für die Tochter und der Einsetzung der Enkelin als Erbin auszugehen, sondern umgekehrt soll die Tochter als Alleinerbin eingesetzt werden. Der Enkelin soll dagegen ein Anspruch auf Übereignung der Uhr als Vermächtnis zugewandt werden.

§ 2170 BGB

Zu empfehlen ist darüber hinaus, sich mit der Frage zu befassen, was geschehen soll, wenn der vermachte Gegenstand zum Zeitpunkt des Erbfalles nicht im Nachlass vorhanden ist. Dadurch kann das Vermächtnis unwirksam werden. Falls der Erblasser aber wünscht, dass der Erbe dem Vermächtnisnehmer den Gegenstand verschafft (Verschaffungsvermächtnis, § 2170 BGB), so sollte dies klar formuliert werden.

BEISPIEL

„Meiner Enkeltochter ... vermache ich meinen Pkw ... (genaue Bezeichnung). Sollte dieser zum Zeitpunkt des Erbfalls nicht mehr vorhanden sein, so sind die Erben verpflichtet, ihr ein entsprechendes Fahrzeug im Wert von mindestens 10.000,00 Euro zu verschaffen.

Sind Erben nicht zur Verschaffung in der Lage, müssen sie gemäß § 2170 II BGB dem Vermächtnisnehmer den entsprechenden Wert ersetzen.

Auch ein Erbe kann (zusätzlich) mit einem Vermächtnis bedacht werden, dem sogenannten Vorausvermächtnis. Dies ist oft der Fall, wenn einem anderen Erben bereits zu Lebzeiten etwas zugewandt wurde und dies nun ausgeglichen werden soll, bevor das Erbe anschließend geteilt wird.

Wie bei der Erbfolge kann auch ein Ersatzvermächtnisnehmer bestimmt oder, falls dies nicht gewünscht ist, klargestellt werden, dass das Vermächtnis nur einer bestimmten Person zugewandt wird.

Teilungsanordnung

Sind mehrere Erben vorhanden, so treten diese die Gesamtrechtsnachfolge an und bilden eine Erbengemeinschaft. Das bedeutet, dass sie an dem Nachlass insgesamt entsprechend ihres Erbanteils beteiligt sind. Die einzelnen Gegenstände des Nachlasses sind aber nicht einem Erben zugeordnet, auch wenn dies wertmäßig dem Erbteil entsprechen würde. Ein Erbe kann damit auch nicht einen bestimmten Gegenstand beanspruchen, wenn die Miterben damit nicht einverstanden sind.

BEISPIEL

Nach dem Tod des Erblassers sind drei Erben vorhanden, die je zu 1/3 am Erbe beteiligt sind. Die Erbmasse besteht im Wesentlichen aus einem Hausgrundstück mit einem Wert von 400.000,00 Euro, mehreren Fahrzeugen im Gesamtwert von 50.000,00 Euro und Aktien im Wert von 150.000,00 Euro. Ein Erbe schlägt vor, dass er das Haus übernimmt und dafür den anderen Erben jeweils 100.000,00 Euro bezahlt. Diese sollten sich die Fahrzeuge und die Aktien teilen. Hiermit sind die Miterben nicht einverstanden. Es bleibt daher nur, das gesamte Erbe zu veräußern und den Erlös aufzuteilen.

§ 2048 BGB

Möchte der Erblasser einen sich abzeichnenden Streit unter den Erben vermeiden oder hat er bestimmte Wünsche hinsichtlich der Zuordnung des Nachlasses zu den Erben, so kann er dies erreichen, indem er eine Teilungsanordnung, § 2048 BGB, in seine letztwillige Verfügung aufnimmt. Die Erbengemeinschaft wird dadurch verpflichtet, einzelne Gegenstände auf die jeweiligen Erben zu übertragen. Eine Abweichung vom Willen des Erblassers ist dann nur möglich, wenn sich die Erben auf eine andere Regelung einigen können.

Durch die Teilungsanordnung ändert sich nichts am Erbanteil des jeweiligen Erben. Sollte ein Erbe einen Gegenstand erhalten, der mehr wert ist, als seinem Erbteil entsprechen würde, so hat er dies den Miterben gegenüber auszugleichen.

Testamentsvollstreckung

LF 13 ▸

§ 2197 BGB

Will der Erblasser sichergehen, dass der Nachlass in seinem Sinne verwaltet oder abgewickelt wird und er daran zweifelt, dass die Erben dies in eigener Verantwortung schaffen, z. B. weil sie minderjährig oder zerstritten sind, so hat er nach den §§ 2197 ff. BGB die Möglichkeit, die Testamentsvollstreckung anzuordnen.

Durch letztwillige Verfügung kann dann ein Testamentsvollstrecker bestellt werden, der diese Aufgaben übernimmt. Er ist den Erben zur Auskunft verpflichtet und kann sich bei fehlerhafter Amtsführung schadensersatzpflichtig machen, muss aber keinen Weisungen Folge leisten. Gemäß § 2203 BGB ist es seine Aufgabe, den letzten Willen des Erblassers auszuführen, er ist also nicht den Erben verpflichtet.

Es kann jede uneingeschränkt geschäftsfähige Person zum Testamentsvollstrecker ernannt werden, § 2201 BGB. Seine Tätigkeit beginnt, wenn er das Amt annimmt, § 2202 I BGB. Welche Aufgaben er hat, richtet sich u. a. danach, welche Art der Testamentsvollstreckung angeordnet wurde.

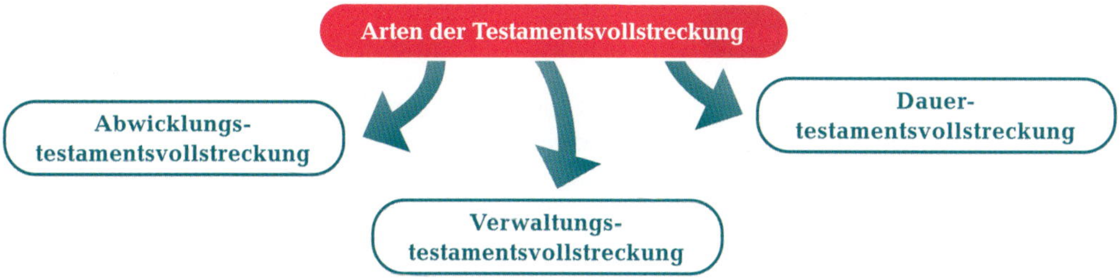

- Die **Abwicklungstestamentsvollstreckung** ist darauf angelegt, den Nachlass in Besitz zu nehmen, die Nachlassverbindlichkeiten einschließlich der Vermächtnisse zu erfüllen und den verbleibenden Nachlass entsprechend den Wünschen des Erblassers auseinanderzusetzen.

BEISPIEL

Der Erblasser hat drei Kinder als Erben zu je 1/3, die untereinander zerstritten sind. Seiner Haushälterin hinterlässt er ein Geldvermächtnis. Im Testament hat er angeordnet, wie der Nachlass geteilt werden soll. Der Testamentsvollstrecker hat den Nachlass in Besitz zu nehmen, das Geldvermächtnis an die Haushälterin auszuzahlen, gegebenenfalls weitere Nachlassverbindlichkeiten zu erfüllen und anschließend den Nachlass gemäß der Teilungsanordnung an die Erben zu verteilen.

- Bei der **Verwaltungstestamentsvollstreckung** liegt der Schwerpunkt dagegen darauf, den vorhandenen Nachlass zu erhalten und zu verwalten. Dies kommt zum Beispiel dann in Betracht, wenn die Erben noch minderjährig sind und sie uneingeschränkten Zugriff auf den Nachlass erst bei Eintritt der Volljährigkeit haben sollen.

- Eine Mischform aus Abwicklungs- und Verwaltungstestamentsvollstreckung stellt die **Dauervollstreckung,** § 2209 BGB, dar. Dabei kann angeordnet werden, dass nach Erledigung von Abwicklungsaufgaben die Verwaltung des – verbleibenden – Nachlasses fortgeführt wird.

Je nachdem, welche Aufgaben dem Testamentsvollstrecker zugewiesen sind, insbesondere, ob er die Möglichkeit haben soll, über im Nachlass befindliche Grundstücke zu verfügen, besteht die Möglichkeit der Eintragung eines Testamentsvollstreckervermerks. Dieser wird in Abteilung II der Grundbücher der zum Nachlass gehörenden Grundstücke eingetragen und führt dazu, dass niemand gutgläubig von den Erben, die als Eigentümer im Grundbuch eingetragen sind, unter Testamentsvollstreckung stehende Grundstücke erwerben kann, § 892 I 2 BGB.

Auflagen

Schließlich können durch letztwillige Verfügung die Erben oder ein Vermächtnisnehmer zu „Leistungen", also einem Tun oder Unterlassen, verpflichtet werden, § 1940 BGB. Eine derartige Auflage kann auch darin bestehen, dass einer Person ein Vermögensvorteil zugewandt wird. Insofern ist sie dem Vermächtnis ähnlich. Anders als beim Vermächtnis, bei dem der Vermächtnisnehmer einen schuldrechtlichen Anspruch gegen den Erben erhält, gibt die Auflage dem Bedachten allerdings keinen durchsetzbaren Anspruch, sondern begründet lediglich eine Verpflichtung für den beschwerten Erben oder Vermächtnisnehmer. Möchte der Erblasser sicherstellen, dass die Auflage auch erfüllt wird, sollte er daher unter Umständen zusätzlich die Testamentsvollstreckung anordnen.

Typische Gegenstände einer Auflage sind z. B. Regelungen zur Beerdigung des Erblassers oder der Grabpflege. Da der Begünstigte keine Ansprüche aus der Auflage erhält, können auch z. B. Tiere begünstigt werden, etwa indem eine bestimmte Art und Weise der Versorgung oder Pflege angeordnet wird.

1.2 Letztwillige Verfügungen in notarieller Form

LF 13 | 2.4 ▸

Nachfolgend soll in aller Kürze dargestellt werden, welche Besonderheiten gegebenenfalls bei den unterschiedlichen letztwilligen Verfügungen zu beachten sind. Erneut wird zur Vermeidung von Wiederholungen auf Lernfeld 13, Kapitel 2.4 verwiesen.

1.2.1 Einzeltestament

Ein Einzeltestament kann von einer einzelnen natürlichen Person errichtet werden. In notarieller Form ist dies bereits Personen ab Vollendung des 16. Lebensjahres möglich, §§ 2229, 2233. Die Zustimmung der gesetzlichen Vertreter ist dazu nicht notwendig.

Die deutsche Staatsbürgerschaft ist nicht Voraussetzung dafür, dass ein Testament nach deutschem bürgerlichen Recht errichtet wird, dies ist auch ausländischen Erblassern möglich. Allerdings ist zu prüfen, ob nach dem Recht des ausländischen Staates eine entsprechende Rechtswahl möglich ist. Dies gilt insbesondere dann, wenn sich Teile des Nachlasses im Ausland befinden. Unter Umständen kommt dann das Erbrecht des jeweiligen Staates zur Anwendung.

1.2.2 Gemeinschaftliches Testament

Das gemeinschaftliche Testament, §§ 2265 ff. BGB, kann nur von Ehegatten bzw. eingetragenen Lebenspartnern errichtet werden. Hauptmerkmal des gemeinschaftlichen Testaments ist die Wechselbezüglichkeit: die Verfügungen des einen Ehegatten würden nicht ohne die Verfügungen des anderen getroffen. Sind überhaupt keine wechselbezüglichen Verfügungen enthalten, könnten theoretisch auch nicht verheiratete Paare ein „gemeinsames" Testament verfassen. Zu empfehlen ist aber die Beurkundung eines Erbvertrages, der auch nichtverheirateten Paaren und Verlobten offensteht, genauso wie z. B. Eltern und Kindern und Geschwistern untereinander.

Da die Eheschließung mit Zustimmung des Familiengerichts bereits ab dem 16. Lebensjahr eines Ehegatten möglich ist (§ 1303 II BGB), ist ein gemeinschaftliches Testament ebenfalls bereits bei – einem – beschränkt geschäftsfähigen Ehepartner denkbar.

Bei ausländischen Staatsangehörigen ist zu prüfen, ob nach dem Recht des ausländischen Staates ein gemeinschaftliches Testament wirksam möglich ist. Sollte dies nicht der Fall sein, muss deutsches Recht gewählt werden. Wenn dies nicht in Betracht kommt, müssen Einzeltestamente beurkundet werden.

1.2.3 Erbvertrag

Der Erbvertrag steht, anders als das gemeinschaftliche Testament, nicht nur Ehe- und Lebenspartnern offen, sondern beliebigen Erblassern. Es können zwei oder mehrere Personen einen Erbvertrag abschließen.

Für den Abschluss des Erbvertrags ist gemäß § 2275 I BGB die unbeschränkte Geschäftsfähigkeit notwendig, man muss also grundsätzlich das 18. Lebensjahr vollendet haben. Bei Ehegatten, Verlobten und Lebenspartnern ist dies mit Zustimmung des gesetzlichen Vertreters aber auch schon vorher möglich, § 2275 II, III BGB.

Wie beim gemeinschaftlichen Testament ist die Errichtung auch durch ausländische Staatsbürger möglich, allerdings muss wiederum geprüft werden, ob das Recht des Heimatstaates eine gemeinschaftliche letztwillige Verfügung oder alternativ die Rechtswahl zulässt. Andernfalls müssen Einzeltestamente beurkundet werden.

1.3 *Letztwillige Verfügungen in nicht-notarieller Form*

Letztwillige Verfügungen in nicht-notarieller Form können ausschließlich Testamente sein, da Erbverträge in jedem Fall notariell beurkundet werden. In der notariellen Praxis spielen nicht-notarielle Testamente nur eine sehr begrenzte Rolle:

Zum einen taucht in der Beratung oftmals die Frage auf, ob Testamente zwingend notariell beurkundet werden müssen und welche Vorteile ein öffentliches Testament (oder gegebenenfalls ein Erbvertrag) hat. Hintergrund dieser Frage ist oft die Hoffnung, sich die Kosten der Beurkundung sparen zu können. Hier ist darauf hinzuweisen, dass das öffentliche Testament die Beantragung eines Erbscheins entbehrlich macht und dieser wiederum selbst Kosten verursacht, die die Kosten des öffentlichen Testaments oder Erbvertrags überschreiten können.

Bei der Beantragung eines Erbscheins (siehe hierzu im Einzelnen Kapitel 2) müssen vorhandene nicht-notarielle Testamente, seien es eigenhändige oder außerordentliche, berücksichtigt und gegebenenfalls ausgelegt werden. Auch hier kommen Notarfachangestellte also mit solchen letztwilligen Verfügungen in Berührung. Im Übrigen sind sie aber in der notariellen Praxis von untergeordneter Bedeutung.

Die Hinterlegung eines eigenhändigen Testaments beim Nachlassgericht ist möglich, gehört aber nicht zum Aufgabenkreis des Notars.

1.4 Abwicklung letztwilliger Verfügungen

Zur ordnungsgemäßen Abwicklung letztwilliger Verfügungen ist es notwendig, diese

- im Zentralen Testamentsregister zu registrieren,
- die Urkunde selbst in die amtliche Verwahrung des Nachlassgerichts zu übergeben, sofern nicht die Verwahrung beim Notar (nur bei Erbverträgen möglich) gewünscht wird und
- die Eintragungen in der Urkundensammlung und der elektronischen Urkundensammlung, gegebenenfalls auch der Erbvertragssammlung, vorzunehmen.

1.4.1 Zentrales Testamentsregister

Pflicht zur Registrierung letztwilliger Verfügungen

Bis Ende 2011 mussten Notare mittels der sogenannten „Gelben Karten" bestimmte, für die Erbfolge relevante Urkunden den Geburtsstandesämtern der Beteiligten anzeigen. Seit dem 1. Januar 2012 muss nun die Registrierung sämtlicher Urkunden, die die Erbfolge beeinflussen können, beim von der Bundesnotarkammer geführten Zentralen Testamentsregister erfolgen. Zu diesen Urkunden zählen u. a.

- Testamente,
- Erbverträge,
- Verträge, mit denen Erbverträge aufgehoben werden,
- Widerrufe gemeinschaftlicher Testamente,
- Rücktritte von Erbverträgen,
- Anfechtungen letztwilliger Verfügungen,
- Eheverträge, die zu einer Veränderung der gesetzlichen Erbquote führen (z. B. Vereinbarung von Gütertrennung) sowie
- Erbverzichtsverträge.

Zweck des Zentralen Testamentsregisters ist es, sicherzustellen, dass im Todesfall die letztwillige Verfügung des Erblassers auch beachtet wird. Aus diesem Grunde sind die Notare verpflichtet, die genannten Urkunden zu melden. Nicht-notarielle Testamente, die in die amtliche Verwahrung der Nachlassgerichte gegeben werden, müssen auch von dort an das Zentrale Testamentsregister gemeldet werden. Lediglich nicht-notarielle Testamente, die nicht in die amtliche Verwahrung gelangen, werden nicht registriert.

Verstirbt eine Person, so informiert das Geburtsstandesamt das Zentrale Testamentsregister darüber. Dieses wiederum benachrichtigt sowohl die Stelle, welche die letztwillige Verfügung verwahrt (Notar/Nachlassgericht), als auch das Nachlassgericht, welches für die Testamentseröffnung zuständig ist. Die verwahrende Stelle gibt die Urkunde an die eröffnende Stelle ab.

Seit Oktober 2016 sind sämtliche gelben Karteikarten, die bislang bei den Geburtsstandesämtern verwahrt wurden, beim Zentralen Testamentsregister digital erfasst (Quelle: Zentrales Testamentsregister, testamentsregister.de). Es sollte daher nicht mehr vorkommen, dass Informationen sowohl vom Geburtsstandesamt als auch vom Zentralen Testamentsregister an die Notariate versandt werden, wie es in der Übergangszeit der Fall war.

Umfang der Registrierungspflicht

Die Registrierung der letztwilligen Verfügungen erfolgt in elektronischer Form. Anzugeben sind

- Familienname
- Geburtsname
- Vornamen
- Geschlecht
- Ort und Staat der Geburt
- Geburtsstandesamt
- Geburtenregisternummer

jedes einzelnen Verfügenden.

Außerdem müssen Angaben gemacht werden zu:

- Name und Amtssitz des beurkundenden Notars
- Urkunden-Nummer
- Datum und Art der Urkunde (Testament/Erbvertrag etc.)
- Bezeichnung und Anschrift der verwahrenden Stelle.

1.4.2 Amtliche Verwahrung des Nachlassgerichts

§ 34 BeurkG

Im Anschluss an die Registrierung beim Zentralen Testamentsregister sind Einzeltestamente und gemeinschaftliche Testamente zwingend in einem mit dem Prägesiegel verschlossenen Umschlag in die amtliche Verwahrung des Nachlassgerichts zu geben, § 34 I BeurkG. Welches Nachlassgericht hierfür zuständig ist, ist nicht gesetzlich geregelt. Falls keine anderweitige Bestimmung vorliegt, werden Testamente daher an das Amtsgericht versandt, in dessen Bezirk der Notar seinen Amtssitz hat.

Erbverträge sind ebenfalls grundsätzlich beim Nachlassgericht zu verwahren. Jedoch besteht hier, anders als bei Testamenten, für die Beteiligten eine Wahlmöglichkeit: diese können die besondere amtliche Verwahrung ausschließen, § 34 II BeurkG. In diesem Fall hat der Notar die Erbverträge zu verwahren, § 34 III BeurkG.

1.4.3 Urkundensammlung

Bei Abgabe eines Testamentes an das Nachlassgericht ist ein Vermerkblatt mit den Rahmendaten der Beurkundung in der Urkundensammlung aufzunehmen. Auf Wunsch der Beteiligten soll zusätzlich eine beglaubigte Abschrift der Urkunde in der Urkunde verbleiben, entweder in einem verschlossenen Umschlag, oder, wenn die Beteiligten einverstanden sind, offen.

§ 20 DONot

Bei Erbverträgen, die an das Nachlassgericht abgegeben werden, wird ebenfalls ein Vermerkblatt in die Urkundensammlung aufgenommen. Wird der Erbvertrag im Notariat verwahrt, wird er in der Erbvertragssammlung verwahrt, § 32 NotAktVV.

LERNFELD 13A

1.4.4 Urkundenverzeichnis

Sämtliche letztwilligen Verfügungen sind selbstverständlich in das Urkundsverzeichnis einzutragen. Bei Erbverträgen, die im Notariat verwahrt werden, ist daneben die Verpflichtung der Notare nach § 8 DONot i.V.m. § 351 FamFG zu beachten: Danach müssen sie Nachforschungen darüber anstellen, ob die Beteiligten eines Erbvertrags noch leben, wenn sich dieser seit mindestens 30 Jahren in der Verwahrung des Notars befindet. In der Regel genügt dafür die Nachfrage beim Geburtsstandesamt.

◂ LF 9A

1.5 Eröffnung letztwilliger Verfügungen

Die Eröffnung letztwilliger Verfügungen erfolgt nicht durch den Notar, sondern durch das Nachlassgericht, § 348 FamFG. Sie dient dazu, allen Betroffenen der letztwilligen Verfügungen deren Inhalt bekannt zu machen. Dazu kann entweder ein Termin mit den Beteiligten anberaumt werden, § 348 II FamFG, oder, was der Regelfall ist, es kann eine schriftliche Bekanntgabe erfolgen, § 348 III FamFG.

§ 348 FamFG

Eröffnet werden sollen sämtliche letztwilligen Verfügungen, einschließlich der Erbverträge, die sich in der Verwahrung des Notars befinden, und sogar der nicht-notariellen Testamente, die nicht in die amtliche Verwahrung gegeben werden.

§ 2259 BGB

Die Tätigkeit der Notare bzw. der Notarfachangestellten im Zusammenhang mit der Eröffnung beschränkt sich daher zum einen darauf, solche Verfügungen, die sich in der Verwahrung des Notariats befinden, nach Eingang der Sterbefallmitteilung an das eröffnende Nachlassgericht zu übersenden. Zum andern haben sie in der Beratung der Beteiligten darauf hinzuweisen, dass auch nicht-notarielle Verfügungen beim Nachlassgericht einzureichen sind, § 2259 BGB. Dies kann über das Notariat erfolgen. Wer es unterlässt, dieser Ablieferungspflicht nachzukommen, kann unter Umständen wegen Urkundenunterdrückung bestraft werden.

1.6 Zusammenfassung und Aufgaben

ZUSAMMENFASSUNG

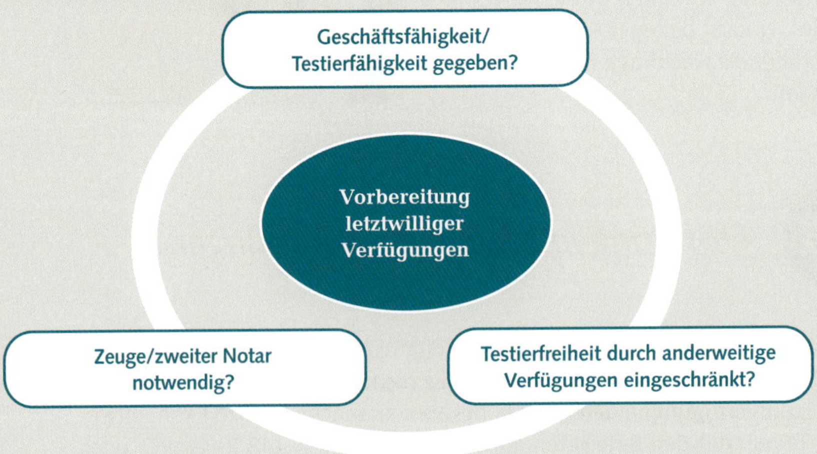

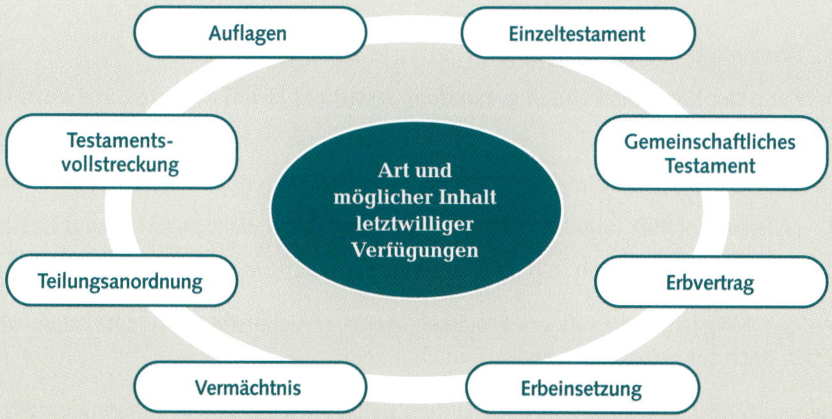

Abwicklung letztwilliger Verfügungen

- Registrierung im Zentralen Testamentsregister
- Ablieferung in die amtliche Verwahrung/evtl. Verwahrung im Notariat (Erbverträge)
- Fertigung eines Vermerks für die Urkundensammlung
- Bei verwahrten Erbverträgen: Überprüfung ab 30 Jahren Verwahrung
- Nach Sterbefallnachricht: Ablieferung verwahrter Verfügungen an das Nachlassgericht

AUFGABEN

1. Ein verheirateter, wohlhabender Klient hat mit seiner Ehefrau ein gemeinschaftliches Testament verfasst, in dem sich die Eheleute wechselseitig zu Alleinerben eingesetzt haben, Erbe des Letztversterbenden soll der gemeinsame Sohn sein. Mittlerweile hat sich der Ehemann jedoch entschieden, direkt nach seinem Tod sein gesamtes Vermögen an seinen Sohn zu vererben und der Ehefrau lediglich das gemeinsam genutzte Haus als Vermächtnis zu hinterlassen. Die Ehefrau ist jedoch nicht bereit, von dem gemeinsamen Testament abzurücken. »

a. Wie nennt man das ursprünglich verfasste Testament?

b. Kann der Klient sich einseitig von dem Testament lösen? Wenn ja, wie muss vorgegangen werden?

2. Erläutern Sie die rechtliche Qualität der beiden nachfolgenden Klauseln:

a. „Meiner Tochter Tanja vermache ich mein gesamtes weltliches Hab und Gut."

b. „Mein Sohn Christoph soll lediglich meine Sammlung mechanischer Uhren erben."

3. Welche Möglichkeiten hat ein Erblasser, wenn er sicherstellen möchte, dass seine Erben nach seinem Tod in seinem Sinne handeln?

4. Nennen Sie bitte drei grundlegende Unterschiede zwischen einem gemeinschaftlichen Testament und einem Erbvertrag.

5. Wozu dient das Zentrale Testamentsregister?

6. Wer ist für die Eröffnung letztwilliger Verfügungen zuständig und in welcher Weise kann dies geschehen?

2. ERBSCHEINSVERFAHREN

2.1 Überblick

LF 13 | 2.6

Grundsätzliches zum Erbschein finden Sie bereits in Lernfeld 13, Kapitel 2.6.

§ 2365 BGB

Ein Erbschein wird als Nachweis für den oder die Erben über ihre Erbenstellung benötigt. Dies kann zum Beispiel relevant werden, wenn die Erben auf Bankkonten des Erblassers zugreifen wollen oder Teile des Nachlasses veräußern wollen. Insbesondere für Verfügungen über Grundbesitz ist ein Nachweis der Verfügungsberechtigung zwingend erforderlich. Dabei bietet der Erbschein die widerlegbare Vermutung, dass die in ihm als Erben bezeichneten Personen auch tatsächlich Erben sind, § 2365 BGB.

Entbehrlich kann ein Erbschein dann sein, wenn das Erbrecht durch eine notariell beurkundete letztwillige Verfügung (in beglaubigter Abschrift oder Ausfertigung) in Verbindung mit dem Eröffnungsprotokoll des Nachlassgerichts nachgewiesen werden kann.

Neben der in § 2365 BGB genannten Vermutung der Richtigkeit ermöglicht dieser gemäß § 2366 BGB den gutgläubigen Erwerb von Nachlassgegenständen und führt zur Schuldbefreiung, wenn eine Leistung an einen im Erbschein genannten Erben geleistet wird, § 2367 BGB.

2.2 Arten von Erbscheinen

Grundsätzlich existieren nur zwei unterschiedliche Arten von Erbscheinen:

Der Alleinerbschein,

der das Alleinerbrecht eines Erben nachweist.

§ 2353 1. Alt. BGB

Der gemeinschaftliche Erbschein,

in dem das Erbrecht einer Erbengemeinschaft ausgewiesen wird.

§ 2357 BGB

Daneben gibt es noch eine Vielzahl von Bezeichnungen für Erbscheine, die aber im Ergebnis nur näher ausführen, wie die vorgenannten Grundarten inhaltlich ausgestaltet sind. Dazu gehören unter anderem:

- der Teilerbschein, § 2353 2. Alt.,
- der Sammelerbschein, der mehrere Erbscheine bei mehreren aufeinanderfolgenden Erbfällen zusammenfasst, und der
- gegenständlich beschränkte Erbschein, § 2369 I BGB, der nur inländisches Vermögen betrifft.

Die vorgenannten Erbscheine haben allerdings nur geringe praktische Relevanz und sind jeweils lediglich Unterfälle des Alleinerbscheins oder des gemeinschaftlichen Erbscheins.

2.3 Ablauf des Erbscheinsverfahrens

Für die Erteilung des Erbscheins ist das Nachlassgericht ausschließlich zuständig. Die örtliche Zuständigkeit ergibt sich aus § 343 FamFG, grundsätzlich ist das Nachlassgericht zuständig, in dessen Bezirk der Erblasser zur Zeit des Erbfalls seinen gewöhnlichen Aufenthalt hatte.

§ 343 FamFG

Beantragt werden kann der Erbschein beim zuständigen Nachlassgericht oder bei einem Notar. Unabdingbarer Bestandteil des Erbscheinsantrags ist nämlich eine eidesstattliche Versicherung, die nur vor Gericht oder einem Notar abgegeben werden kann.

§ 2356 BGB

Antragsberechtigt sind alle Erben, darüber hinaus aber auch sonstige Personen, die ein schutzwürdiges Interesse an der Erteilung des Erbscheins haben können, z. B. Nacherben, Erben des Erben oder Testamentsvollstrecker.

Die Angaben im Erbschein sind durch öffentliche Urkunden nachzuweisen. Soweit dies nicht möglich ist, können auch andere Beweismittel angegeben werden, § 2356 I BGB. Bei diversen Angaben (s.u.) handelt es sich um negative Tatsachen, z. B. das Nicht-Vorhanden-Sein einer Verfügung von Todes wegen. Diese werden dadurch belegt, dass der Antragsteller an Eides Statt versichert, dass ihm nichts bekannt ist, was der Richtigkeit seiner Angaben entgegensteht, § 2356 II BGB.

Inhaltlich muss zunächst ein bestimmter Antrag gestellt werden. Es werden also die erbrechtlichen Verhältnisse einschließlich der Erbquoten geschildert und beantragt, einen Erbschein dieses Inhalts zu erteilen.

BEISPIEL

Sind lediglich zwei Kinder des Erblassers vorhanden und es existieren weder eine letztwillige Verfügung, noch weitere Erben, so wird beantragt, einen Erbschein mit einem Erbteil von je ½ auszustellen.

Bei den notwendigen Angaben im Erbscheinsantrag ist gemäß §§ 2354, 2355 BGB danach zu unterscheiden, ob ein Erbschein aufgrund gesetzlicher oder gewillkürter Erbfolge beantragt wird.

Angaben im Erbscheinsantrag	
Gesetzliche Erbfolge, §§ 2354, 2357 BGB	**Gewillkürte Erbfolge, §§ 2355, 2357 BGB**
Zeitpunkt des Todes des Erblassers	
Verhältnis, auf dem das Erbrecht des Antragstellers beruht	–
Personen, durch die der Antragsteller von der Erbfolge ausgeschlossen oder sein Erbteil gemindert werden würde	–
Nicht-Vorhanden-Sein von letztwilligen Verfügungen des Erblassers	Vorhanden-Sein von letztwilligen Verfügungen des Erblassers
Keine Anhängigkeit eines Rechtsstreits über das Erbrecht	
Angabe, dass Miterben die Erbschaft angenommen haben (§ 2357 III BGB)	

Darüber hinaus sind weitere Angaben üblich, aber gesetzlich nicht vorgesehen:

- Staatsangehörigkeit und letzter Wohnsitz des Erblassers,
- Familienstand sowie bei verheirateten/in Lebenspartnerschaft lebenden Erblassern Güterstand und Nicht-Anhängigkeit einer Ehesache und
- Nachlasswert.

2.4 Zusammenfassung und Aufgaben

ZUSAMMENFASSUNG

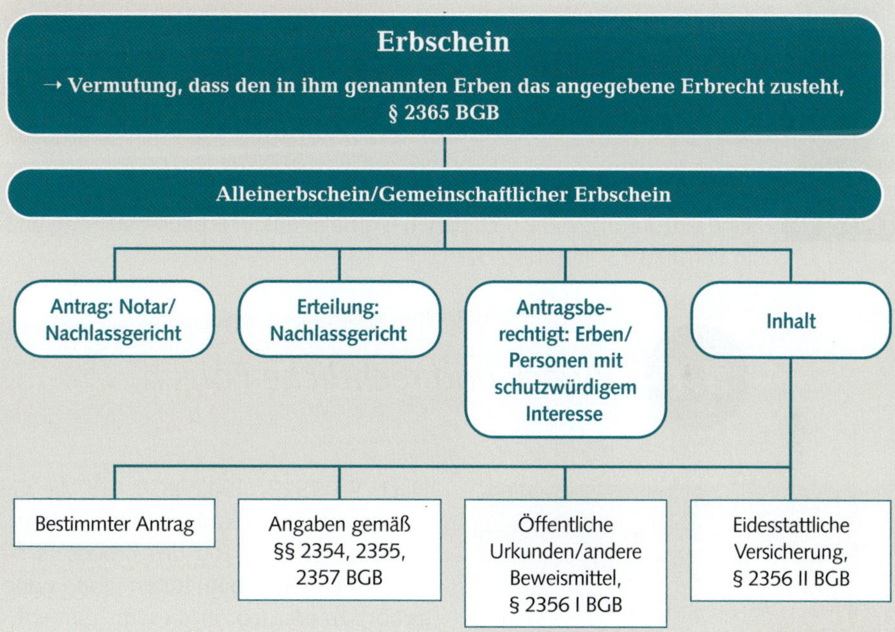

AUFGABEN

1. Wozu dient ein Erbschein und wann kann er entbehrlich sein?

2. Bitte erläutern Sie

a. was ein „gemeinschaftlicher Erbschein“ ist und

b. wer zur Beantragung eines derartigen Erbscheins berechtigt ist.

3. Formulieren Sie die eidesstattliche Versicherung unter dem Erbschein.

3. ERBAUSSCHLAGUNG

LF 13 | 2.5

Eine Einführung in die rechtlichen Grundlagen der Erbausschlagung findet sich in Lernfeld 13, Kapitel 2.5.

3.1 Zweck und rechtliche Folgen

Nach §§ 1922, 1942 BGB tritt die Gesamtrechtsnachfolge (Universalsukzession) automatisch mit dem Tod des Erblassers ein. Der Erbe oder die Erben treten also, ohne dazu gehört zu werden, in diesem Moment an die Stelle des Erblassers (Vonselbst-Erwerb). Es kann verschiedene Gründe geben, weshalb ein Erbe die Erbschaft nicht antreten möchte: Der Nachlass kann überschuldet sein, das persönliche Verhältnis zum Erblasser war zerrüttet, andere Personen (z. B. Kinder des Erben) sollen bevorzugt werden. Auch dann, wenn der überlebende Ehegatte in Zugewinngemeinschaft die „güterrechtliche Lösung“ wählen möchte, um einen höheren Zugewinnausgleich zu erhalten, muss er das Erbe ausschlagen.

§ 1943 BGB

Aufgrund des Vonselbst-Erwerbs geht das Gesetz davon aus, dass derjenige, der sich nicht äußert, das Erbe antritt. Anders als beim Abschluss von Verträgen bedeutet Schweigen hier also den Eintritt in eine rechtliche Bindung. Es besteht zwar die Möglichkeit, das Erbe ausdrücklich anzunehmen, § 1943 BGB, dies beinhaltet aber im Ergebnis nur den Verzicht auf die Ausschlagungsmöglichkeit.

Wird die Erbschaft ausgeschlagen, so gilt der Anfall der Erbschaft an den Ausschlagenden als nicht erfolgt, § 1953 I BGB. Die Erbfolge ist dann so, als hätte der Ausschlagende zum Zeitpunkt des Todes des Erblassers nicht gelebt, § 1953 II BGB. Eine Ausschlagung zu Gunsten einer bestimmten Person ist nicht möglich. Wird die Ausschlagung so formuliert, dass sie nur gültig sein soll, wenn eine bestimmte Person anschließend Erbe wird, so ist sie sogar ungültig, da die Ausschlagung bedingungsfeindlich ist, § 1947 BGB. Soll ausdrücklich eine konkrete Person begünstigt werden, z. B. ein Kind des eigentlichen Erbes, muss daher genau geprüft werden, ob diese Person auch dem Ausschlagenden in der Erbfolge nachfolgt. Andernfalls ist es sicherer, aber auch teurer, den Erbteil bzw. das Erbe mittels Vertrag an diese Person zu übertragen.

MERKE

Das Erbe muss nicht angenommen werden. Möchte jemand nicht Erbe sein, muss er die Erbschaft ausdrücklich ausschlagen.

3.2 Inhalt, Form und Frist der Erklärung

Die Ausschlagungserklärung muss dahingehend eindeutig sein, dass die Erbschaft durch den Erben nicht angetreten wird. Eine Bedingung oder Zeitbestimmung ist nicht möglich und würde dazu führen, dass die Ausschlagung unwirksam wäre, § 1947 BGB.

Die Erbenstellung kann sowohl aufgrund letztwilliger Verfügung als auch aufgrund gesetzlicher Erbfolge erlangt werden. Dementsprechend sieht § 1948 BGB vor, dass die Erbschaft aus einem Grund ausgeschlagen, aus dem anderen angenommen werden kann.

BEISPIEL

Durch Testament hat der Erblasser seine Kinder zu Erben eingesetzt und eine bestimmte Art der Teilung angeordnet. Weitere Erben sind nicht vorhanden. Ist eines der Kinder damit nicht einverstanden, kann es das Erbe ausschlagen und wird dann gesetzlicher Erbe.

Um sicherzugehen, dass die Erbschaft überhaupt nicht angetreten wird, muss daher im Zweifel ausdrücklich „aus allen in Betracht kommenden Berufungsgründen" ausgeschlagen werden.

Die Ausschlagung kann entweder zur Niederschrift des Nachlassgerichts oder in öffentlich beglaubigter Form bei einem Notar erklärt werden, § 1945 BGB.

§ 1945 BGB

Zuständiges Nachlassgericht ist das Amtsgericht, in dessen Bezirk der Erblasser seinen letzten Wohnsitz hatte. Wirksam wird die Ausschlagung für den Fall, dass sie beim Notar erklärt wird, nicht bereits mit Beglaubigung der Unterschrift, sondern erst mit Eingang beim Nachlassgericht; darauf muss der Erklärende hingewiesen werden. Es ist möglich, sich bei der Ausschlagung vertreten zu lassen. Dann muss die Vollmachtsurkunde dem Nachlassgericht ebenfalls in öffentlich beglaubigter Form vorgelegt werden.

§ 1944 BGB

Als Frist zur Ausschlagung sieht das Gesetz sechs Wochen ab Kenntnis des Erbfalls bzw. bei letztwilligen Verfügungen ab Eröffnung durch das Nachlassgericht vor. Diese Frist verlängert sich auf sechs Monate, wenn der Erblasser seinen letzten Wohnsitz im Ausland hatte oder der Erbe sich zu Beginn der Frist im Ausland aufhält, § 1944 BGB.

3.3 Genehmigungspflicht

Bei Minderjährigen oder Betreuten muss die Erbausschlagung, die der Vertreter im Namen des Betroffenen erklärt, regelmäßig durch das Familien- oder Betreuungsgericht genehmigt werden, §§ 1822, 1643, 1908i BGB. Das bedeutet, dass innerhalb der Ausschlagungsfrist nicht nur die Ausschlagung erklärt, sondern diese auch genehmigt werden muss. Da hierfür die Frist von sechs Wochen oft nicht ausreichen wird, ist diese während der Einholung der Genehmigung beim Gericht gehemmt (vom Zeitpunkt des Eingangs der Erklärung bei Gericht bis zur Bekanntgabe der Entscheidung).

Die Genehmigung ist dann entbehrlich, wenn der Minderjährige erst aufgrund der Ausschlagung des gesetzlichen Vertreters Erbe wird, § 1643 II S. 2. Waren allerdings Minderjähriger und gesetzlicher Vertreter nebeneinander Erbe, bleibt die Genehmigungserfordernis bestehen.

BEISPIEL

Der Erblasser verstirbt, es leben lediglich seine Tochter und ein minderjähriger Enkelsohn. Eine letztwillige Verfügung existiert nicht. Da der Nachlass völlig überschuldet ist, schlägt die Tochter das Erbe aus. Nun würde der Enkelsohn in gesetzlicher Erbfolge Alleinerbe werden. Deshalb schlägt die Mutter in Vertretung ihres Sohnes auch dessen Erbe aus. Hierfür benötigt sie die Genehmigung des Familiengerichts **nicht,** da der Sohn erst durch ihre Ausschlagung Erbe wurde.

Abwandlung:

Im genannten Fall hat der Erblasser ein Testament verfasst, in dem er seine Tochter und seinen Enkelsohn zu je ½ zu Erben einsetzt. Will die Mutter hier das Erbe auch für den Sohn ausschlagen, braucht sie wiederum die Genehmigung des Familiengerichts.

3.4 Zusammenfassung und Aufgaben

ZUSAMMENFASSUNG

Erbausschlagung

Rechtsfolge

- Erbschaft an den Ausschlagenden gilt als nicht erfolgt

Frist

- Sechs Wochen ab Kenntnis
- Sechs Monate, wenn Erblasser letzten Wohnsitz im Ausland hatte oder Erbe sich bei Beginn der Frist im Ausland aufhielt

Form

- Zur Niederschrift des Nachlassgerichts oder öffentlich (notariell) beglaubigt
- Stellvertretung möglich

Genehmigung erforderlich

- bei Minderjährigen oder Betreuten
- Ausnahme: Erbschaft tritt erst durch Ausschlagung des Vertreters ein

AUFGABEN

1. Am 27. Januar dieses Jahres ist der Erblasser verstorben. Er hinterlässt ein Testament, in dem er seine Nichte Svenja zur Alleinerbin einsetzt. Diese erfährt (an ihrem inländischen Wohnsitz) am 29. Januar vom Tod des Erblassers, die Testamentseröffnung durch das Nachlassgericht findet am 24. Februar statt. Wann läuft die Ausschlagungsfrist ab?

2. Svenja ist die einzige lebende Verwandte des Erblassers. Sie hat form- und fristgerecht folgende Ausschlagungserklärung abgegeben:

... „Hiermit schlage ich das Erbe des ... aus dem Testament vom ... aus." ...

Erläutern Sie die Rechtsfolgen dieser Erbausschlagung.

»

3. Eine Erblasserin setzt per letztwilliger Verfügung ihren Sohn und ihren minderjährigen Enkelsohn jeweils zu ½ als Erben ein. Der Sohn möchte das Erbe sowohl für sich als auch für seinen Sohn, den Enkelsohn der Erblasserin, ausschlagen. Bitte geben Sie an, welche Unterlagen für die Erbausschlagung in welcher Form erforderlich sind.

4. VERTRÄGE ÜBER DEN NACHLASS

Im Bereich des Erbrechts existieren über Erbverträge hinaus noch weitere Vertragsarten, die in der notariellen Praxis von Bedeutung sein können. Diese betreffen die Verfügungen des oder der Erben über ihre Erbschaft, entweder nach Eintritt der Erbschaft (etwa im Erbteilsübertragungs- oder Erbauseinandersetzungsvertrag), oder noch zu Lebzeiten des Erblassers (durch Erb- und Pflichtteilsverzicht).

4.1 Erbteilsübertragung und Erbauseinandersetzung

§ 2033 BGB

Gibt es mehr als einen Erben, so entsteht automatisch eine Erbengemeinschaft nach dem Erblasser. Der einzelne Erbe kann nicht über einzelne Nachlassgegenstände verfügen (§ 2033 II BGB), da die Erbengemeinschaft eine Gesamthandsgemeinschaft ist. Erbteilsübertragungs- und Erbauseinandersetzungsverträge dienen nun dazu, diese Erbengemeinschaften ganz oder teilweise aufzulösen.

4.1.1 Erbteilsübertragungsvertrag

Bei der Erbteilsübertragung überträgt ein Miterbe seinen Anteil an dem gesamten Nachlass auf eine andere Person, entweder einen anderen Miterben oder einen Dritten. Dies ist im Gegensatz zur Übertragung von Anteilen an Einzelgegenständen möglich, §§ 2033 I ff. BGB.

Durch die Erbteilsübertragung tritt der Käufer mit allen Rechten und Pflichten an die Stelle des Veräußerers. Der Käufer wird allerdings nicht im Rechtssinne zum Erben. Zum Schutz der verbleibenden Miterben haben diese ein Vorkaufsrecht, § 2034 f. BGB.

Der Erbteilübertragungsvertrag

- ist als Erbschaftskauf im Sinne des § 2371 BGB dem zuständigen Nachlassgericht anzuzeigen. — **§ 2384 BGB**
- ist zwingend notariell zu beurkunden. — **§ 2033 I S. 2 BGB**

4.1.2 Erbauseinandersetzungsvertrag

Im Gegensatz zur Erbteilsübertragung, bei der ein Miterbe seinen gesamten Erbteil veräußert, bezieht sich der Erbauseinandersetzungsvertrag in der Regel auf einen, mehrere oder alle Nachlassgegenstände, die durch Vertrag zwischen allen Miterben und einem Miterben oder einem Dritten aus dem Nachlass herausgelöst werden. Durch einen derartigen Vertrag kann also die Erbengemeinschaft insgesamt oder nur ein Teil von ihr auseinandergesetzt werden.

BEISPIEL

Der Nachlass, der einer Erbengemeinschaft aus drei Geschwistern gehört, besteht aus einem Mehrfamilienhaus, einem Einfamilienhaus und diversen untergeordneten Einzelgegenständen. Ein Miterbe erwirbt das Einfamilienhaus und zahlt den beiden Geschwistern dafür einen entsprechenden Betrag. Das Mehrfamilienhaus und der Rest des Nachlasses bleiben unangetastet und werden von den drei Geschwistern gemeinsam weiterhin verwaltet. Die Erbengemeinschaft besteht als solche fort.

Abwandlung:

Hier werden beide Häuser und das restliche Vermögen teilweise auf die Geschwister verteilt, teilweise veräußert. Hier endet die Erbengemeinschaft, da der Nachlass vollständig auseinandergesetzt wurde.

Ein Anspruch auf Herauslösung einzelner Gegenstände besteht nicht. Findet eine entsprechende Einigung nicht statt, kann der jeweilige Miterbe nur entweder wie oben seinen Erbteil am gesamten Nachlass veräußern oder gemäß § 2042 BGB jederzeit die Auseinandersetzung des (gesamten) Nachlasses verlangen.

Eine Form ist für die Erbauseinandersetzung nicht vorgeschrieben, die notarielle Beurkundung ist gemäß § 311b BGB nur dann erforderlich, wenn über Grundstücke verfügt wird.

4.2 Erbschaftskauf

§ 2371 BGB

Jeder Erbe kann nach § 2371 BGB seine Erbschaft verkaufen, aber auch verschenken, tauschen etc. (§ 2385 BGB).

Überträgt ein Miterbe seinen Anteil, so handelt es sich um die bereits erörterte Form der Erbteilsübertragung. Aber auch dem Alleinerben ist der Verkauf seiner Erbschaft möglich. Allerdings ist dies praktisch wenig relevant, da Käufer in der Regel nur einzelne Nachlassgegenstände erwerben wollen, nicht aber den Nachlass im Ganzen.

Der Erbschaftskaufvertrag bedarf auf jeden Fall der notariellen Beurkundung, § 2371 BGB.

4.3 Erbverzicht, Pflichtteilsverzicht und Zuwendungsverzicht

§ 2346 BGB

Entgegen den soeben betrachteten Verträgen zur Auseinandersetzung des Nachlasses nach Eintritt des Erbfalles, handelt es sich bei Erb- und Pflichtteilsverzichtsverträgen um Verträge, die zu Lebzeiten zwischen dem Erblasser und seinen gesetzlichen Erben geschlossen werden, §§ 2346 ff. BGB.

Erb- und Pflichtteilsverzicht dienen oftmals dazu, Zuwendungen, die zu Lebzeiten gemacht werden, auszugleichen, sodass derjenige Erbe, der nicht in den Genuss der Zuwendung gekommen ist, einen entsprechend höheren Erbteil erhält.

BEISPIEL

Der Erblasser überlässt zu Lebzeiten seiner Tochter das Haus, welches er von seinen Eltern geerbt hat. Dafür verzichtet sie auf ihr Erbe und die Geltendmachung des Pflichtteils, sodass ihr Bruder beim Tod des Erblassers Alleinerbe wird.

Der Erbverzicht bedeutet immer nur den Verzicht auf das gesetzliche Erbrecht, § 2346 I S. 1 BGB. Letztwillige Verfügungen sind davon nicht betroffen. Auch nach einem erklärten Erbverzicht kann ein Erblasser also den Verzichtenden wirksam in einem Testament als Erben einsetzen.

LF 13 | 2.4.7 ▸

Das Pflichtteilsrecht ist von einem Erbverzicht immer mit umfasst, § 2346 I S. 2 BGB. Umgekehrt kann allerdings ein Pflichtteilsverzicht ohne Erbverzicht erklärt werden, § 2346 II BGB.

BEISPIEL

Ehegatten haben sich in einem gemeinschaftlichen Testament wechselseitig zu Alleinerben eingesetzt. Mit der Tochter, der einzigen in Betracht kommenden gesetzlichen Erbin, wird ein Pflichtteilsverzicht vereinbart. Auf diese Weise wird sichergestellt, dass nach dem Tod des Erstversterbenden der Nachlass in voller Höhe dem anderen Gatten zufällt, ohne dass er Pflichtteilsansprüchen ausgesetzt ist. Nach dem Tod des Letztversterbenden wird die Tochter aber (gesetzliche) Alleinerbin.

Wie auf das gesetzliche Erbrecht und den Pflichtteil, kann auch auf Zuwendungen (Erbteile oder Vermächtnisse) durch letztwillige Verfügungen verzichtet werden, § 2352 BGB. Dies kommt insbesondere dann in Betracht, wenn der Erblasser in seiner Testierfreiheit beschränkt ist und nicht ohne Weiteres ein bestehendes Testament widerrufen kann.

◂ LF 13 | 1.1.3

Erb-, Pflichtteils- und Zuwendungsverzicht müssen stets notariell beurkundet werden, § 2348 BGB.

4.4 Zusammenfassung und Aufgaben

ZUSAMMENFASSUNG

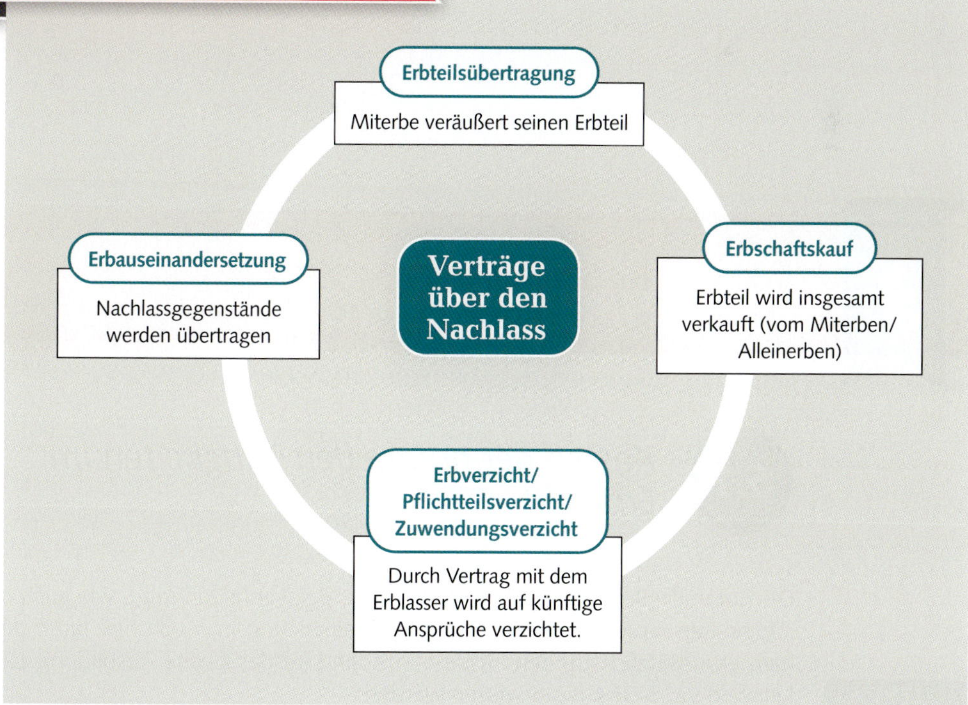

AUFGABEN

1. Bitte erläutern Sie den Unterschied zwischen Erbschaftskauf und Erbauseinandersetzung.

2. Welcher Form bedürfen die folgenden Verträge? Begründen Sie Ihre Antwort unter Angabe der gesetzlichen Vorschrift.

- Erbschaftskauf
- Erbauseinandersetzung
- Erbverzicht

3. Bei welchen den Nachlass betreffenden Verträgen ist eine Anzeige beim Nachlassgericht gesetzlich vorgeschrieben?

5. KOSTENBERECHNUNG

5.1 Kosten der notariellen Tätigkeiten im Erbrecht

LF 9A | 6 ▸

Die notarielle Behandlung erbrechtlicher Angelegenheiten folgt, wie auch die Tätigkeiten im Familienrecht, den allgemeinen Regeln. Auch hier kann deshalb grundsätzlich auf den Informationsband für das zweite Ausbildungsjahr, Lernfeld 9a, S. 354 ff. verwiesen werden.

Welche Gebühren in den in diesem Kapitel behandelten Situationen in Ansatz zu bringen sind, finden Sie in der folgenden Übersicht:

Geschäft	Gebührensatz	Geschäftswert	Bemerkungen
Einzeltestament	1,0, KV Nr. 21200 GNotKG	Wert des Vermögens, § 102 GNotKG	Verbindlichkeiten werden bis zur Hälfte des Werts des Vermögens abgezogen, § 102 I S. 2 GNotKG. Vermächtnisse und Auflagen werden nicht hinzugerechnet, § 102 I S. 3 GNotKG.
Gemeinschaftliches Testament	2,0, KV Nr. 21100 GNotKG	Wie oben	Wie oben
Erbvertrag	2,0, KV Nr. 21100	Wie oben	Wie oben
Erbscheinsantrag	1,0, KV Nr. 23300	Wert des Nachlasses zum Zeitpunkt des Erbfalls, § 40 I S. 1 Nr. 1 GNotKG	Verbindlichkeiten werden in voller Höhe abgezogen, § 40 I S. 2
Erbausschlagung	0,5, KV Nr. 21201 Nr. 7 evtl.: 0,3, KV Nr. 22111 (gerichtliche Genehmigung)	Wert des Vermögens, § 103 I GNotKG s.o., § 112 S. 2 GNotKG	Verbindlichkeiten werden in voller Höhe abgezogen. Da oft Überschuldung vorliegt, Mindestgebühren (30,00 Euro, KV Nr. 21201, 15,00 Euro, § 34 V GNotKG) beachten
Erbschaftskauf, Erbauseinandersetzung	2,0, KV Nr. 21100 GNotKG	Wert des Nachlasses oder des entsprechenden Gegenstands, § 97 GNotKG	Verbindlichkeiten werden nicht abgezogen, § 38 GNotKG
Erb-, Pflichtteils-, Zuwendungsverzicht	2,0, KV Nr. 21100 GNotKG	Wert des Nachlasses bzw. des Bruchteils, der dem Erbe/Pflichtteil entspricht, § 102 IV i. V. m. I GNotKG	s. o. Testamente

LERNFELD 13A

5.2 Zusammenfassung und Aufgaben

ZUSAMMENFASSUNG

Notarielle Kosten im Bereich des Erbrechts

Wichtige Vorschriften

- **Gebührensätze:** KV Nr. 21100, 21200, 21201 Nr. 7, 23300
- **Geschäftswerte:** §§ 40 I S. 1, S. 2, 102, 103 GNotKG

AUFGABEN

Bitte ermitteln Sie in den nachfolgenden Fällen die anfallenden Gebühren, Auslagen und Umsatzsteuer können außer Betracht bleiben.

1. Der Erblasser hat ein Vermögen von 200.000,00 Euro und Schulden von 23.000,00 Euro. Außerdem besitzt er einen Oldtimer im Wert von 40.000,00 Euro. Er errichtet ein Einzeltestament und setzt seine Tochter zur Alleinerbin ein. Den Oldtimer vermacht er seinem Schwager.

2. Zwei Ehegatten errichten ein gemeinschaftliches Testament und setzen sich wechselseitig zu Alleinerben ein. Sie hat ein Vermögen in Höhe von 130.000,00 Euro und Verbindlichkeiten in Höhe von 70.000,00 Euro, er hat ein Vermögen von 34.000,00 Euro und keine Schulden.

3. Ein Erbe lässt im Notariat einen Erbscheinsantrag beurkunden. Der Wert des Nachlasses beträgt 235.000,00 Euro, Verbindlichkeiten sind in Höhe von 45.000,00 Euro vorhanden.

4. Eine Erbin hat eine minderjährige Tochter. Der Nachlass ist völlig überschuldet, weshalb sie die Ausschlagung zugleich für sich und für ihre Tochter erklärt. Der Notar wird beauftragt, die familiengerichtliche Genehmigung einzuholen.

LERNFELD 14

Besondere Verfahren bearbeiten

Im nachfolgenden Lernfeld sollen besondere Verfahren aufgezeigt werden, mit denen die Schülerinnen und Schüler in ihrem Berufsalltag neben der ordentlichen Gerichtsbarkeit sehr häufig und immer wieder in ihrem Arbeitsalltag konfrontiert werden.

Insbesondere das Wissen über die Arbeitsgerichtsbarkeit kann für die Schüler auch persönlich zum Vorteil sein, falls sie einmal in ihrem beruflichen Werdegang von einer Kündigung betroffen sind.

Viele Rechtsanwaltskanzleien vertreten ihre Mandanten in der Strafgerichtsbarkeit, deshalb ist es wichtig, dass die Schülerinnen und Schüler auch in diesen Bereich einen Einblick erlangen.

Das selbstständige Beweisverfahren ist ein Verfahren, was in der Zivilgerichtsbarkeit dann angewandt wird, wenn es um die schnelle Beweisermittlung geht. Gerade in Bauangelegenheiten ist das Wissen über das selbstständige Beweisverfahren vorteilhaft.

1. DAS ARBEITSGERICHTSVERFAHREN

Das Arbeitsgerichtsverfahren gehört zu den besonderen Gerichtsbarkeiten. Es ist im Arbeitsgerichtsgesetz (ArbGG) geregelt. Zusätzlich gelten die Vorschriften der ZPO.

Wenn es zwischen dem Arbeitgeber und dem Arbeitnehmer zu Unstimmigkeiten kommt, die nicht gütlich beigelegt werden können, dann bleibt meist nur noch der Weg zum Gericht.

Nach § 10 ArbGG sind nicht nur natürliche und juristische Personen vor den Arbeitsgerichten parteifähig. Hier gilt, dass auch Arbeitgebervereinigungen, Gewerkschaften und Zusammenschlüsse von solchen zu Verbänden, parteifähig sind.

1.1 Instanzenzug und Vertretung

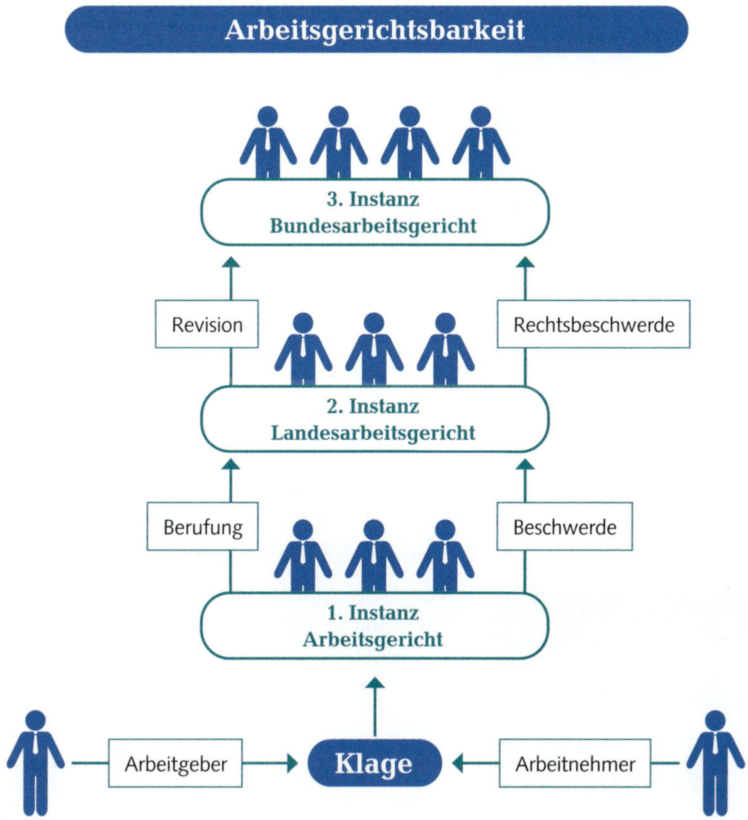

› **1. Instanz: Arbeitsgericht**

Das Arbeitsgerichtsverfahren beginnt immer – unabhängig vom Streitwert – in der 1. Instanz

Das Arbeitsgericht ist ein Kammergericht und in der 1. Instanz mit einem Berufsrichter als Vorsitzendem und zwei ehrenamtlichen Richtern besetzt. Die ehrenamtlichen Richter bestehen aus einem Arbeitnehmervertreter und einem Arbeitgebervertreter.

© WS-Design – Fotolia.com

Vor dem Arbeitsgericht können sich die Parteien selbst vertreten, sich durch einen Rechtsanwalt oder durch einen Interessenvertreter (Arbeitnehmer durch einen Interessenvertreter der Gewerkschaft, Arbeitgeber durch einen Interessenvertreter des Arbeitgeberverbands) vertreten lassen.

› **2. Instanz: Landesarbeitsgericht**

Ist eine der Parteien mit der Entscheidung des Arbeitsgerichts nicht einverstanden, so kann sie, unter Berücksichtigung der Voraussetzungen und Einhaltung der Fristen, ein Rechtsmittel (Berufung gegen ein Urteil oder Beschwerde gegen einen Beschluss) in der 2. Instanz, dem Landesarbeitsgericht, einlegen.

Die 2. Instanz ist ebenfalls eine Kammer und besteht, wie die 1. Instanz, aus einem Berufsrichter als Vorsitzenden und zwei ehrenamtlichen Richtern (einem Arbeitnehmervertreter und einem Arbeitgebervertreter).

Vor dem Landesarbeitsgericht können die Parteien sich nicht mehr selbst vertreten. Hier ist es zwingend vorgeschrieben, dass sie von einem Rechtsanwalt oder einem Interessenvertreter vertreten werden.

› **3. Instanz: Bundesarbeitsgericht**

Gegen die Entscheidungen des Landesarbeitsgerichts können Revision (gegen Berufungsurteil) oder Rechtsbeschwerde (gegen Beschluss des Landesarbeitsgerichts) eingelegt werden. Das Bundesarbeitsgericht in Erfurt ist ein Senat und besteht aus einem Vorsitzenden, zwei Berufsrichtern und zwei ehrenamtlichen Richtern (einem Arbeitnehmervertreter und einem Arbeitgebervertreter).

Vor dem Bundesarbeitsgericht herrscht Anwaltszwang. Die Parteien müssen sich hier von einem Rechtsanwalt vertreten lassen.

1.2 *Zuständigkeiten*

1.2.1 Sachliche Zuständigkeit

Nicht alle Streitigkeiten zwischen Arbeitnehmern und Arbeitgebern fallen automatisch unter die Arbeitsgerichtsbarkeit. Ob eine Streitigkeit vor dem Arbeitsgericht verhandelt wird, ist abhängig davon, ob sie dem Katalog angehört, der im Arbeitsgerichtsgesetz zu finden ist. Denn nur, wenn sie sich unter eine der dort genannten Bestimmungen einordnen lässt, wird die Angelegenheit vor dem Arbeitsgericht verhandelt; und dann ist ausschließlich das Arbeitsgericht zuständig.

BEISPIEL

Beispiele für Angelegenheiten, die vor dem Arbeitsgericht verhandelt werden:

Streitigkeiten zwischen Arbeitgeber und Arbeitnehmer

› über das Bestehen oder Nichtbestehen eines Arbeitsverhältnisses.
› über Ansprüche aus dem Arbeitsverhältnis, z. B. Gehaltsansprüche, Urlaubsansprüche.
› über Ansprüche aus dem Tarifvertrag.

Überprüfen der Wirksamkeit von:

› Abmahnungen
› befristeten Arbeitsverhältnissen
› Kündigungen
› Aufhebungsverträgen
› Zeugnisstreitigkeiten

Ebenso ist das Arbeitsgericht für Angelegenheiten aus dem Betriebsverfassungsgesetz und dem Mitbestimmungsgesetz zuständig.

1.2.2 Örtliche Zuständigkeit

Örtlich zuständig ist der Gerichtsort, an dessen Arbeitsgerichtsbezirk die Arbeitsleistung erbracht wurde, d. h. da, wo der Arbeitnehmer gewöhnlich gearbeitet hat. Hat der Arbeitnehmer in einer Niederlassung gearbeitet, so ist der Sitz der

Niederlassung maßgeblich für die örtliche Zuständigkeit. Hatte der Arbeitnehmer ein Home-Office, so hat er das Recht auf Klage beim Arbeitsgericht an seinem Wohnsitz (§ 48 Abs. 1a ArbGG). Für Außendienstmitarbeiter gilt entsprechend, dass der Gerichtsort zuständig ist, wo der Arbeitnehmer den Schwerpunkt seiner Arbeitsausübung hatte (§ 29 ZPO Gerichtsstand des Erfüllungsortes).

§ 29 ZPO

MERKE

Wird die Klage aber an einem unzuständigen Arbeitsgericht eingereicht, so wird sie von dem unzuständigen Gericht an das zuständige Arbeitsgericht weiterverwiesen. Die Fristen werden dennoch gewahrt, d. h.: wird z. B. die Kündigungsschutzklage innerhalb der Frist von drei Wochen ab Zugang der Kündigung beim falschen Arbeitsgericht eingereicht, so gilt die Klage als fristgerecht eingereicht.

1.3 Verfahrensarten

Das Urteilsverfahren kommt sehr viel häufiger in arbeitsrechtlichen Streitigkeiten infrage.

1.3.1 Das Urteilsverfahren

Im Urteilsverfahren werden Rechtsstreitigkeiten zwischen Arbeitgeber und Arbeitnehmer oder zwischen Arbeitgeberverbänden und Gewerkschaften verhandelt. Die Klage muss schriftlich beim Arbeitsgericht eingereicht werden oder durch Protokoll bei der zuständigen Geschäftsstelle eingeleitet werden. Die Parteien heißen Kläger und Beklagter.

Dem Urteilsverfahren geht zunächst immer eine Güteverhandlung voraus, mit dem Ziel, dass ein Vergleich zwischen den Parteien geschlossen wird. In dieser Güteverhandlung sind nur der vorsitzende Richter und die Parteien beteiligt. Bei Klagen wegen Kündigung soll der Gütetermin zwei Wochen nach Eingang der Kündigung erfolgen. Ist eine gütliche Einigung nicht möglich oder ist eine Partei säumig, so geht es ins streitige Verfahren, welches als Kammertermin stattfindet, in dem alle Beteiligten (vorsitzender Richter und zwei ehrenamtliche Richter) mitwirken. Auch hier ist das Ziel zunächst einmal, eine gütliche Einigung zu erlangen.

© Zerbor – Fotolia.com

Gelingt eine gütliche Einigung nicht, kommt es zum Urteil. Bei der Arbeitsgerichtsbarkeit gilt der **Beschleunigungsgrundsatz,** d. h., das Urteil soll möglichst schnell ergehen. Das Gericht ist bemüht, bereits im ersten Kammertermin ein Urteil zu fällen. Das Urteil ist binnen drei Wochen zuzustellen.

Ist eine Partei bei der streitigen Verhandlung säumig, so kann auf Antrag der anderen Partei ein Versäumnisurteil ergehen. Gegen dieses Versäumnisurteil kann innerhalb einer Woche nach Zustellung Einspruch eingelegt werden.

Die Kündigungsschutzklage

§ 4 KSchG

Die häufigste Klage, die im Urteilsverfahren eingelegt wird ist die Kündigungsschutzklage. Die Frist zur Erhebung der Klage beträgt drei Wochen ab Zugang der schriftlichen Kündigung, § 4 KSchG. Maßgeblich für die Klageerhebung ist der Eingang beim zuständigen Arbeitsgericht. Bei der Kündigungsschutzklage soll festgestellt werden, dass das Arbeitsverhältnis durch die Kündigung nicht aufgehoben wurde bzw. die Kündigung nicht rechtmäßig erfolgt ist. Bei der Kündigungsschutzklage wird nicht auf Abfindung geklagt; dies kann ein Ergebnis aus einem Vergleich zwischen den Parteien sein.

© DOC RABE – Fotolia.com

Kündigungsschutzklagen sind gemäß dem Beschleunigungsgrundsatz vorrangig zu behandeln, § 61a, § 64 Abs. 8 ArbGG.

Rechtsmittel

§ 64 ArbGG

Gegen das Urteil des Arbeitsgerichts kann Berufung eingelegt werden innerhalb einer Notfrist von einem Monat nach Zustellung des Urteils. Die Berufungsbegründungsfrist beträgt zwei Monate. Die Berufungsinstanz ist das Landesarbeitsgericht. Bei vermögensrechtlichen Angelegenheiten muss der Beschwerdegegenstand 600,00 Euro übersteigen, sofern die Berufung nicht im Urteil zugelassen wurde, § 64 ArbGG.

© kwarner – Fotolia.com

Vor dem Landesarbeitsgericht besteht Anwaltszwang, d. h., die Parteien müssen sich durch einen Rechtsanwalt oder einen Interessenvertreter (Arbeitgeberverband, Gewerkschaft) vertreten lassen.

Gegen das Berufungsurteil kann Revision beim Bundesarbeitsgericht in Erfurt (innerhalb eines Monats ab Zustellung des Urteils, Notfrist), eingelegt werden. Die Revisionsbegründungsfrist beträgt zwei Monate. Das Landesarbeitsgericht muss die Revision zugelassen haben, § 72 ArbGG. Gegen die Nichtzulassung der Revision ist die Nichtzulassungsbeschwerde möglich.

1.3.2 Das Beschlussverfahren

§ 2a und §§ 80 ff. ArbGG

Gesetzlich geregelt ist das Beschlussverfahren in § 2a und §§ 80 ff. ArbGG.

Das Beschlussverfahren kommt hauptsächlich bei Streitigkeiten aus dem Betriebsverfassungsgesetz und aus dem Mitbestimmungsgesetz zum Tragen, § 2a Abs. 1 Nr. 1 ArbGG, z. B. bei Auseinandersetzungen zwischen dem Betriebsrat und dem Arbeitgeber. Es beginnt meist mit einer Anhörung. Eine Güteverhandlung im Voraus ergeht nur aufgrund einer richterlichen Anordnung.

Im Beschlussverfahren wird, anders als im Urteilsverfahren, eine Antragsschrift (keine Klageschrift) eingereicht und die Parteien heißen **Beteiligte** (Antragsteller und Antragsgegner), und nicht Kläger und Beklagte. Die vom Gericht gefällte Entscheidung ist ein **Beschluss** und kein Urteil. Gegen diesen Beschluss ist die sofortige Beschwerde innerhalb eines Monats beim Landesarbeitsgericht möglich. Die Beschwerdebegründungsfrist beträgt zwei Monate

Hier gilt der Amtsermittlungsgrundsatz, d. h., in der Sache wird von Amts wegen ermittelt und das Gericht muss die notwendigen Tatsachen (Beweismittel) beschaffen. Im Gegensatz zum Urteilsverfahren berücksichtigt das Gericht nur das, was die Parteien vorbringen.

1.4 Arbeitsrechtliches Mahnverfahren

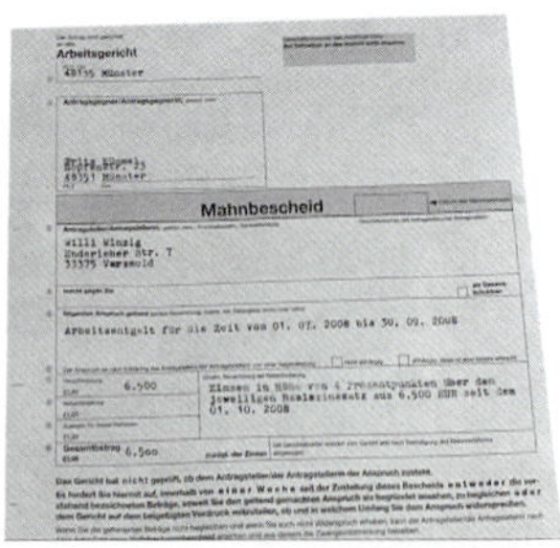
Arbeitsgericht

Mahnbescheid

Gesamtbetrag 6.500

© Amtsgericht Warendorf

Im Arbeitsrecht ist es möglich, wie im Zivilrecht auch, ausstehende Geldforderungen mithilfe des Mahnverfahrens schnell, einfach und ohne mündliche Verhandlung geltend zu machen und somit einen vollstreckbaren Titel zu erwirken. Das arbeitsrechtliche Mahnverfahren ist dann sinnvoll, sofern kein Widerspruch von der Seite des Antragsgegners zu erwarten ist. Ist ein Widerspruch zu erwarten, sollte besser direkt Klage im Urteilsverfahren eingereicht werden.

Im arbeitsrechtlichen Mahnverfahren wird ein amtlicher Vordruck ausgefüllt und bei dem Arbeitsgericht eingereicht, das auch im Urteilsverfahren zuständig wäre. Die Vordrucke zum arbeitsrechtlichen Mahnverfahren unterscheiden sich von denen im zivilrechtlichen Mahnverfahren. Ein Online-Mahnantrag im arbeitsrechtlichen Verfahren ist ebenfalls möglich, aber kein MUSS (wie im Zivilrecht, wenn der Antrag von einem Rechtsanwalt gestellt wird). Nach sechs Monaten verliert der Mahnbescheid seine Wirkung.

Gegen den arbeitsrechtlichen Mahnbescheid kann der Antragsgegner innerhalb einer Woche, längstens jedoch bis zum Erlass des Vollstreckungsbescheids, Widerspruch einlegen. Legt der Gegner Widerspruch ein, kommt es durch Antrag auf Terminsbestimmung zur Überleitung ins Urteilsverfahren. Legt der Antragsgegner keinen Widerspruch ein, so kann der Antragsteller einen Antrag auf einen Vollstreckungsbescheid stellen. Gegen diesen Vollstreckungsbescheid kann der Gegner innerhalb einer Woche ab Zustellung Einspruch einlegen. Durch den Einspruch kommt es von Amts wegen zu einer Überleitung in das Urteilsverfahren.

Im arbeitsgerichtlichen Mahnverfahren entstehen für den Antragsteller vorerst keine wesentlichen Kosten, nur Portogebühren und Kaufpreis für den Vordruck. Erst, wenn ins streitige Verfahren übergeleitet wird, entstehen Kosten (siehe Kapital 1.6).

1.5 Prozesskostenhilfe im arbeitsrechtlichen Verfahren

© fotodo – Fotolia.com

In der ersten Instanz des arbeitsrechtlichen Verfahrens trägt jede Partei grundsätzlich ihre eigenen Anwaltskosten, egal, ob sie obsiegt oder nicht. Dennoch ist es möglich, dass eine Partei Prozesskostenhilfe beantragt. Sie kann dann Prozesskostenhilfe beantragen, wenn sie aufgrund ihrer persönlichen und wirtschaftlichen Verhältnisse sonst nicht in der Lage wäre, den Prozess zu führen. Der Antrag wird beim zuständigen Arbeitsgericht gestellt und ihm wird stattgegeben, wenn die Prozessführung Aussicht auf Erfolg hat und die Angelegenheit nicht mutwillig erscheint.

Der Gegner zahlt seine Kosten in der ersten Instanz selbst.

1.6 Kosten im arbeitsgerichtlichen Verfahren

1.6.1 Die Gerichtskosten

Die Gerichtskosten beim arbeitsrechtlichen Verfahren trägt, wie im Zivilprozess auch, die unterlegene Partei. Die Arbeitsgerichte berechnen eine 2,0 Gebühr (Nr. 8210 GKG). Diese wird nach dem Streitwert bemessen. Anders als bei den Zivilgerichten gilt beim Arbeitsgericht, dass die Klage ohne vorherige Bezahlung der Gerichtsgebühren zugestellt wird. Die Gebühren sind bei den Arbeitsgerichten geringer als die Gebühren bei den Zivilgerichten.

© Gerhard Seybert – Fotolia.com

LERNFELD 14

MERKE

Kommt es zu einer gütlichen Einigung in der Güteverhandlung oder kommt es zu einer Einigung oder Klagerücknahme vor der streitigen mündlichen Verhandlung, dann können die Gerichtskosten zum Teil oder sogar ganz entfallen.

1.6.2 Die Rechtsanwaltskosten

(Hinweis: Die Vergütungsberechnung des Rechtsanwalts bezieht sich hier nur auf die Kosten im Urteilsverfahren.)

Im Arbeitsgerichtsverfahren trägt jede Partei in der 1. Instanz die Kosten für ihren Rechtsanwalt selbst, egal, wie der Prozess ausgeht, also auch, wenn sie obsiegt. In der 2. und 3. Instanz trägt die unterlegene Partei alle Kosten, § 12a ArbGG.

Für den Rechtsanwalt gelten im Arbeitsgerichtsprozess dieselben Gebühren wie in einem Zivilprozess vor den ordentlichen Gerichten.

Der Gütetermin geht im Urteilsverfahren der streitigen Verhandlung immer voraus. Für diese Tätigkeit fallen in der Regel folgende Gebühren an:

- 1,3 Verfahrensgebühr gem. Nr. 3100 VV RVG,
- 1,2 Terminsgebühr gem. Nr. 3104 VV RVG und sehr häufig eine
- 1,0 Einigungsgebühr gem. Nr. 1003 VV RVG, wenn es zu einer Einigung im Gütetermin kommt.

Ist die Güteverhandlung erfolglos oder erscheint eine Partei nicht, so schließt sich der Kammertermin unmittelbar an. Gütetermin und Kammertermin gelten als eine Angelegenheit und deshalb wird für beide Termine nur eine Abrechnung erstellt.

Berechnung des Gegenstandswertes nach § 42 Abs. 3 GKG

Art der Klage	Höhe des Gegenstandswertes
Zahlungsklage	der **geforderte Betrag**
Kündigungsschutzklage	Bruttoeinkommen in **drei Monaten,** ohne Abfindung
Klage auf Zeugniserteilung	i. d. R. **ein** Monatseinkommen
Klage auf wiederkehrende Leistungen	Höchstens der **dreifache** Jahresbetrag (ohne Rückstände)
Klage auf Erhöhung des Lohnes	**Dreifacher** Jahresbetrag der Erhöhung

1.7 Zusammenfassung und Aufgaben

ZUSAMMENFASSUNG

	Urteilsverfahren	Beschlussverfahren
Art der Streitigkeit	Rechtsstreitigkeiten zwischen Arbeitgeber und Arbeitnehmer oder zwischen Arbeitgeberverbänden und Gewerkschaften	Streitigkeiten aus dem Betriebsverfassungsgesetz und aus dem Mitbestimmungsgesetz, z. B. bei Auseinandersetzungen zwischen dem Betriebsrat und dem Arbeitgeber
Art der Einreichung	Klageschrift	Antragsschrift
Parteien	Kläger und Beklagte	Beteiligte (Antragsteller und Antragsgegner)
Entscheidung des Gerichts	Urteil	Beschluss
Rechtsmittel	Berufung innerhalb eines Monats, Berufungsbegründung innerhalb von zwei Monaten	Sofortige Beschwerde innerhalb eines Monats, Beschwerdebegründung innerhalb von zwei Monaten
Ablauf	Güteverhandlung geht immer voraus	Beginn i. d. R. mit einer Anhörung
Gerichtsentscheidung durch	Vorbringen des Sachverhaltes durch die Parteien	Amtsermittlungsgrundsatz

	Arbeitsgerichtliches Mahnverfahren	Zivilgerichtliches Mahnverfahren
Antrag	Amtlicher Vordruck oder online	Beantragung durch Rechtsanwalt nur online möglich
Rechtsmittel	Widerspruch innerhalb einer Woche, längstens bis der Vollstreckungsbescheid erlassen wurde Einspruch gegen den Vollstreckungsbescheid innerhalb einer Woche ab Zustellung	Widerspruch innerhalb zwei Wochen, längstens bis der Vollstreckungsbescheid erlassen wurde Einspruch gegen den Vollstreckungsbescheid innerhalb zwei Wochen ab Zustellung
Kosten	Keine wesentlichen Kosten, nur Porto und Kaufpreis für Vordruck	Mind. 38,00 Euro
Wirkung	6 Monate ab Zustellung	6 Monate ab Zustellung

AUFGABEN

1. Welche beiden Verfahrensarten gibt es im Arbeitsgerichtsverfahren und wann finden diese Anwendung?

2. Wie ergeht in diesen beiden Verfahren die Entscheidung des Gerichts?

3. Welche Rechtsmittel können jeweils gegen die Entscheidung eingelegt werden?

4. Welches Verfahren geht im Urteilsverfahren dem Kammertermin immer voraus und was ist Ziel dieses Verfahrens?

5. Erika K. wird fristgerecht von ihrem Arbeitgeber gekündigt. Sie findet die Kündigung ungerecht und will gerichtliche Schritte gegen ihren Arbeitgeber einleiten. Was kann sie innerhalb welcher Frist tun?

»

6. Welches Gericht ist für die Einreichung der Klage (beschrieben in Aufgabe 5) zuständig?

7. Erika beauftragt RAin Mirkes mit der Wahrnehmung ihrer Interessen vor dem Arbeitsgericht. Erika hat einen Monatsverdienst von 3.400,00 Euro brutto. RAin Mirkes reicht die Klage beim Arbeitsgericht ein. Mit der Klage soll festgestellt werden, dass das Arbeitsverhältnis fortbestehen soll und die Kündigung unwirksam ist. In der Güteverhandlung einigen sich die Parteien auf eine Abfindung in Höhe von 25.000,00 Euro. Berechnen Sie die Gebühren von RAin Mirkes.

2. DAS SELBSTSTÄNDIGE BEWEISVERFAHREN

In den Verfahren vor den Amts- oder Landgerichten wird meist streitig verhandelt, dabei weichen die vorgetragenen Sachdarstellungen der Parteien in den meisten Fällen voneinander ab. Oft kann das Gericht nach der Anhörung der Parteien aber noch kein Urteil sprechen. Damit das Gericht sich eine eigene Meinung und Klarheit über den wahren Sachverhalt bilden kann, muss es Beweis erheben. D. h., der Kläger muss die Tatsachen, die seinen Anspruch begründen beweisen und der Beklagte muss mit Beweisen die Tatsachen der Anspruchsbegründung widerlegen. Oft ist es nicht möglich, die Tatsachen mit Beweisen zu unterlegen, dann ist es wichtig, dem Gericht die Richtigkeit der Behauptung glaubhaft zu machen.

MERKE

Beweisen heißt, das Gericht wird von der Richtigkeit oder Unrichtigkeit einer behaupteten Tatsache überzeugt.

Glaubhaftmachen heißt, das Gericht davon zu überzeugen, dass die behauptete Tatsache wahrscheinlich wahr oder unwahr ist.

2.1 Zulässigkeit

Neben der Beweisführung im laufenden Prozess gibt es aber immer wieder Fälle, in denen eine schnelle Beweisführung notwendig ist, da die Gefahr besteht, dass z. B. ein Beweismittel verloren geht. Nach § 485 Abs. 1 ZPO ist es deshalb möglich, sowohl während, aber auch außerhalb eines streitigen Verfahrens eine Beweisaufnahme zu beantragen. Wird dem Antrag stattgegeben, kommt es zu einem **selbstständigen Beweisverfahren.**

Die Zulässigkeit des Verfahrens ist davon abhängig, ob

- der Gegner zustimmt.
- die Gefahr besteht, dass das Beweismittel verloren geht.
- die Benutzung des Beweismittels wesentlich erschwert wird, § 485 Abs. 1 ZPO.

§ 485 Abs. 1 ZPO

Das selbstständige Beweisverfahren kann demnach auch vor dem eigentlichen Zivilprozess stattfinden, also vor Anhängigkeit der Hauptsache. Ziel dieses Verfahrens ist die Sicherung von Beweisen und die Verhinderung eines weiteren Gerichtsverfahrens. Falls es dennoch zu einem streitigen Verfahren kommt, können die Ergebnisse aus dem selbstständigen Beweisverfahren in das streitige Verfahren mit eingebracht werden.

Bei dem selbstständigen Beweisverfahren ist eine mündliche Verhandlung nicht zwingend vorgesehen, ebenso keine abschließende Entscheidung durch das Gericht. In der Regel geht es um die Einholung eines Sachverständigengutachtens.

Nach § 485 Abs. 2 ZPO darf eine Partei die schriftliche Begutachtung durch einen Sachverständigen dann beantragen, wenn sie ein rechtliches Interesse daran hat, dass

- der Zustand einer Person oder der Zustand oder Wert einer Sache,
- die Ursache eines Personenschadens, Sachschadens oder Sachmangels,
- der Aufwand für die Beseitigung eines Personenschadens, Sachschadens oder Sachmangels

festgestellt werden soll. Ein rechtliches Interesse ist anzunehmen, wenn die Feststellung der Vermeidung eines Rechtsstreits dienen kann.

Im Baurechtsverfahren und in Werkverträgen findet das selbstständige Beweisverfahren seine häufigste

Anwendung. Auch im Arzthaftungsrecht und bei Miet- und Kaufverträgen wird es des Öfteren angewandt. Durch das selbstständige Beweisverfahren wird die Verjährung gehemmt.

BEISPIEL 1

Heinz Rasch hat die Baufix GmbH mit dem Neubau für sein Einfamilienhaus beauftragt. Nach einem schweren Gewitter stellt Herr Rasch fest, dass das Dach undicht ist. Er will nun die Baufix GmbH verklagen. Um die Schadensersatzansprüche in einem nachfolgenden Prozess geltend zu machen, ist eine sofortige Besichtigung und Schadensfeststellung durch einen Gutachter erforderlich.

Ebenso ist eine sofortige Beseitigung des Mangels erforderlich, damit das Haus weiter genutzt werden kann; deshalb muss der Mangel umgehend festgestellt, dokumentiert und beseitigt werden.

2.2 Zuständigkeit

© izzetugutmen – Fotolia.com

Welches Gericht für die Beantragung des selbstständigen Beweisverfahrens zuständig ist, hängt davon ab, ob der Rechtsstreit bereits anhängig ist oder nicht.

Prozess ist anhängig

Ist der Prozess anhängig, dann ist das Prozessgericht zuständig, § 486 Abs. 1 ZPO.

Prozess ist noch nicht anhängig

Ist der Prozess noch nicht anhängig, wird der Antrag bei dem Gericht gestellt, das nach dem Vortrag des Antragstellers zur Entscheidung in der Hauptsache zuständig wäre, § 486 Abs. 2 ZPO.

In **dringenden Fällen** kann der Antrag auch bei dem Amtsgericht gestellt werden, in dessen Bezirk sich die zu vernehmende oder zu begutachtende Person aufhält oder sich die in Augenschein zu nehmende oder zu begutachtende Sache befindet, § 486 Abs. 3 ZPO.

© Daniel Jedzura – shutterstock.com

Der Antrag kann vor der Geschäftsstelle zu Protokoll gegeben werden, § 486 Abs. 3 ZPO.

Sind bei Personen mit geringem Einkommen die Voraussetzungen gegeben, so kann Prozesskostenhilfe für die Durchführung des selbstständigen Beweisverfahrens beantragt werden.

LERNFELD 14

2.3 Inhalt des Antrags

§ 487 ZPO

Der Antrag muss gem. § 487 ZPO folgende Punkte enthalten:

- Bezeichnung des Gerichts
- Bezeichnung der Tatsachen, über die Beweis erhoben wird
- Benennung der Zeugen oder Bezeichnung der nach § 845 ZPO zulässigen Beweismittel
- Glaubhaftmachung der Tatsachen, die die Zulässigkeit des selbstständigen Beweisverfahrens und die Zuständigkeit begründen

2.4 Rechtsmittel

Das Gericht entscheidet über die **Zulässigkeit** des Antrags durch Beschluss. Der Beschluss ist **unanfechtbar,** wenn dem Antrag stattgegeben wird, § 490 ZPO. Wird der Antrag durch Beschluss **abgelehnt,** kann der Antragsteller gegen diese Ablehnung den Rechtsbehelf der sofortigen Beschwerde gem. § 567 ZPO einlegen.

2.5 Ablauf

Wird dem Antrag stattgegeben, beginnt die Beweisaufnahme nach den geltenden Vorschriften für das betreffende Beweismittel.

Ist eine Einigung zu erwarten, so kann das Gericht die Parteien zu einer mündlichen Erörterung laden, § 492 Abs. 3 ZPO. Kommt es zu einem Vergleich, ist dieser vom Gericht zu protokolieren.

Kommt es zu einem nachfolgenden Rechtsstreit und beruft sich eine Partei im Prozess auf die Tatsachen, über die selbstständig Beweis erhoben wurde, so wird die selbstständige Beweisaufnahme einer Beweisaufnahme vor dem Prozessgericht gleichgestellt. Jede Partei hat das Recht, die Beweisaufnahmen für sich in Anspruch zu nehmen, § 493 ZPO.

Ist bisher kein Rechtsstreit anhängig, kann das Gericht anordnen, dass der Antragsteller innerhalb einer bestimmten Frist Klage erhebt. Kommt der Antragsteller der Anordnung des Gerichts nicht nach, kann das Gericht ihm die Kosten des selbstständigen Beweisverfahrens durch Beschluss auferlegen. Gegen diese Entscheidung kann der Antragsteller sofortige Beschwerde einlegen.

Das selbstständige Beweisverfahren endet nicht mit einer gerichtlichen Entscheidung. Es endet in dem Moment, in dem auch die Beweisaufnahme beendet ist.

2.6 Gebühren des Rechtsanwalts beim selbstständigen Beweisverfahren

Gebührenrechtlich ist das selbstständige Beweisverfahren eine eigene Angelegenheit, d. h., es wird eine eigene Gebührenabrechnung erstellt, dabei fallen dieselben Gebühren an, die in einem Klageverfahren anfallen würden.

1,3 Verfahrensgebühr

evtl. eine 1,2 Terminsgebühr

evtl. eine 1,5 Einigungsgebühr

Wird nach dem selbstständigen Beweisverfahren die Klage erhoben, wird die Verfahrensgebühr des selbstständigen Beweisverfahrens auf die Verfahrensgebühr des Klageverfahrens angerechnet, Vorbemerkung 3 Abs. 5 VV RVG.

Für das selbstständige Beweisverfahren entsteht eine 1,0 Gerichtsgebühr nach Nr. 1610 GKG. Kommt es im Anschluss zu einem Hauptsacheverfahren, werden die Kosten, unter bestimmten Voraussetzungen, auf dieses angerechnet.

LERNFELD 14

BEISPIEL 2

Herr Rasch beauftragt RA Hurlebaus mit der Wahrnehmung seiner Interessen im Fall gegen die Baufix GmbH (siehe Beispiel 1). Wegen der Baumängel in Höhe von 30.000,00 Euro beantragt RA Hurlebaus das selbstständige Beweisverfahren. Es findet ein Sachverständigentermin statt, an dem RA Hurlebaus teilnimmt. Nach Beendigung des selbstständigen Beweisverfahrens reicht RA Hurlebaus Klage gegen die Baufix GmbH ein. Nach mündlicher Verhandlung ergeht ein Urteil.

Abrechnung für das selbstständige Beweisverfahren:

1,3 Verfahrensgebühr aus 30.000,00 Euro	gem. Nr. 3100 VV RVG	1.316,90 Euro
1,2 Terminsgebühr aus 30.000,00 Euro	gem. Nr. 3104 VV RVG	1.215,60 Euro
Post- und Telekompauschale	gem. Nr. 7002 VV RVG	20,00 Euro
Zwischensumme		2.552,50 Euro
19 % USt	gem. Nr. 7008 VV RVG	484,98 Euro
Gesamt		3.037,48 Euro

BEISPIEL 2

Abrechnung für das Gerichtsverfahren

1,3 Verfahrensgebühr aus 30.000,00 Euro	gem. Nr. 3100 VV RVG	1.316,90 Euro
–1,3 Verfahrensgebühr aus 30.000,00 Euro	gem. Nr. 3100 VV RVG	1.316,90 Euro
1,2 Terminsgebühr aus 30.000,00 Euro	gem. Nr. 3104 VV RVG	1.215,60 Euro
Post- und Telekompauschale	gem. Nr. 7002 VV RVG	20,00 Euro
Zwischensumme		1.235,60 Euro
19 % USt	gem. Nr. 7008 VV RVG	234,76 Euro
Gesamt		1.470,36 Euro

2.7 Zusammenfassung und Aufgaben

ZUSAMMENFASSUNG

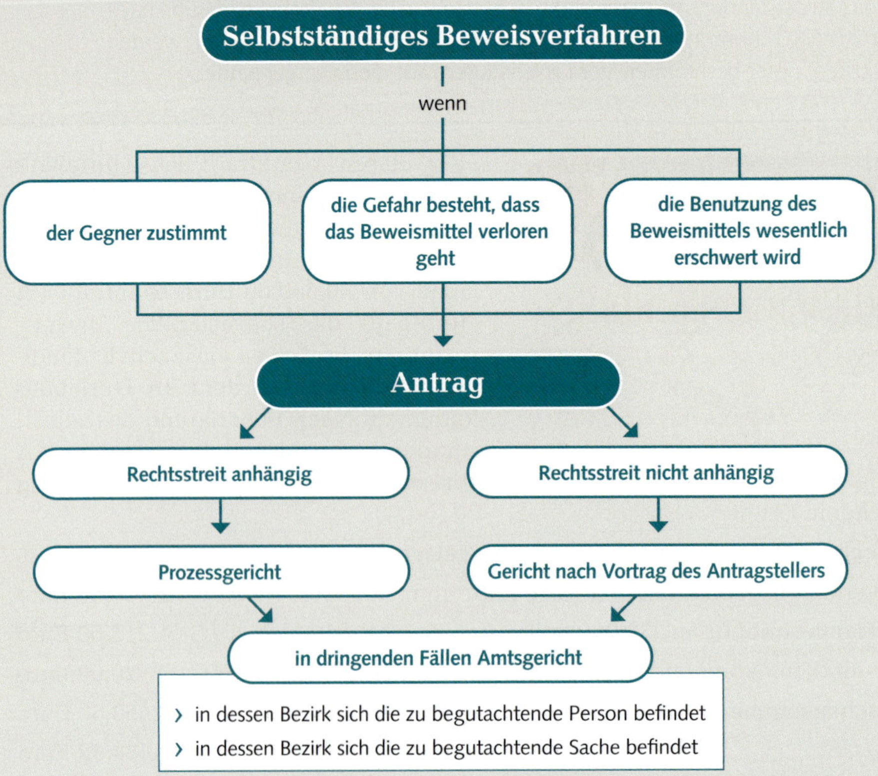

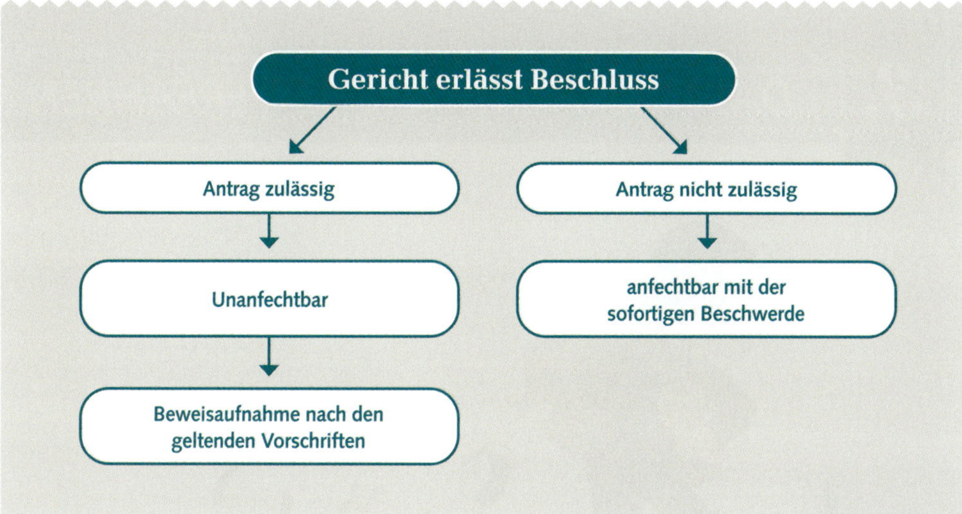

AUFGABEN

1. Unter welchen Voraussetzungen kann ein selbstständiges Beweisverfahren beantragt werden?
2. Bei welchem Gericht kann das selbstständige Beweisverfahren beantragt werden?
3. Wie hoch ist die Gerichtsgebühr für das selbstständige Beweisverfahren?
4. Welche Rechtsanwaltskosten fallen beim selbstständigen Beweisverfahren an?
5. Was ist hinsichtlich der RA-Gebühren zu beachten, wenn nach dem selbstständigen Beweisverfahren ein streitiges Verfahren folgt?

3. DAS STRAFRECHTLICHE VERFAHREN

© Hans-Jürgen Krahl – Fotolia.com

© Aamon – Fotolia.com

3.1 Aufgaben

Im Strafrecht geht es darum, bestimmte Rechtsgüter des Einzelnen und der Allgemeinheit zu schützen. Zuwiderhandlungen gegen Gebote oder Verbote des Staates sollen geahndet und, wenn notwendig, bestraft werden. Die Hauptaufgabe des Strafrechts ist es, für den inneren Frieden innerhalb einer Gesellschaft bzw. eines Staates und für die Einhaltung der Grundrechte zu sorgen.

Zu den Aufgaben zählen:

- Schutz bestimmter Rechtsgüter von dem Einzelnen (z. B. Leben, Eigentum, Vermögen) und von der Allgemeinheit (z. B. Umwelt, Sicherheit im Straßenverkehr)
- Verteidigung der Rechtsordnung
- Verwirklichung einer gerechten sozialen Ordnung

StGB

Im Strafrecht wird hauptsächlich das Strafgesetzbuch (StGB) angewandt. Es gelten jedoch auch Vorschriften in speziellen Gesetzen, den „Nebenstrafrechten". Drogendelikte sind z. B. nicht im StGB geregelt, sondern im Betäubungsmittelgesetz.

Das Strafrecht gehört zum öffentlichen Recht, da auf einer Seite immer der Staat bzw. das Land als Träger öffentlicher bzw. hoheitlicher Gewalt steht.

3.2 Grundsätze

§ 1 StGB besagt: Eine Tat kann nur bestraft werden, wenn die Strafbarkeit gesetzlich bestimmt war, bevor die Tat begangen wurde.

Im Strafrecht gelten folgende Grundsätze:

- **Keine Strafe ohne Gesetz**
- **Keine Strafe ohne Rechtswidrigkeit**
- **Keine Strafe ohne Schuld**

Gibt es noch kein Gesetz für die entsprechende Straftat, dann kann der Täter nicht verurteilt werden, auch wenn in der Zwischenzeit ein Gesetz erlassen wurde (Rückwirkungsverbot). Zudem muss eine Rechtswidrigkeit seitens des Täters vorliegen. Handelt jemand in Notwehr, dann liegt keine Rechtswidrigkeit vor.

3.3 Arten des Strafrechts

Das Strafrecht wird unterteilt in

› Materielles Recht,
› Formelles Recht.

Materielles Recht

↓

Beurteilung von Recht und Unrecht

↓

Wann hat sich **wer wodurch** strafbar gemacht?

↓

Welche Rechtsfolgen ergeben sich aus der Tat?
z. B. Geldstrafe, Freiheitsstrafe, Maßregeln zur Besserung und Sicherung

↓

Strafgesetzbuch (StGB)

Formelles Recht

↓

Vorschriften, die die Rechtsdurchführung betreffen

↓

Wie ist der Verfahrensablauf für eine objektive Ermittlung der strafbaren Handlung

↓

Strafprozessordnung (StPO)

3.4 Straftat und Ordnungswidrigkeit

Die Strafe gilt als Rechtsfolge, wenn man eine rechtswidrige und schuldhafte Handlung begangen hat. Zu beachten ist jedoch, dass die Strafe im Verhältnis zu der rechtswidrigen Handlung stehen muss. Dabei muss die Schwere der Tat und das Verschulden des Täters berücksichtigt werden. Deshalb wird im Strafrecht zwischen Straftat und Ordnungswidrigkeit unterschieden.

Strafe

Straftat

= Verletzung der strafrechtlichen Regeln mit kriminellem Charakter,

z. B. Diebstahl, Körperverletzung

Rechtsfolge: Je nach Schwere der Tat Freiheits- oder Geldstrafe

Ordnungswidrigkeit

= geringfügige Verletzung der strafgesetzlichen Regelungen ohne kriminellen Charakter,

z. B. Verstoß gegen eine Verwaltungsvorschrift, Verstoß gegen Verkehrsregeln

Rechtsfolge: Geldbuße

Vergehen

= rechtswidrige Taten, die im Mindestmaß mit einer geringeren Freiheitsstrafe oder die mit Geldstrafe bedroht sind, § 12 Abs. 2 StGB.

Verbrechen

= rechtswidrige Taten, die im Mindestmaß mit Freiheitsstrafe von einem Jahr oder darüber bedroht sind, § 12 Abs. 1 StGB.

3.5 Instanzen der Strafgerichtsbarkeit

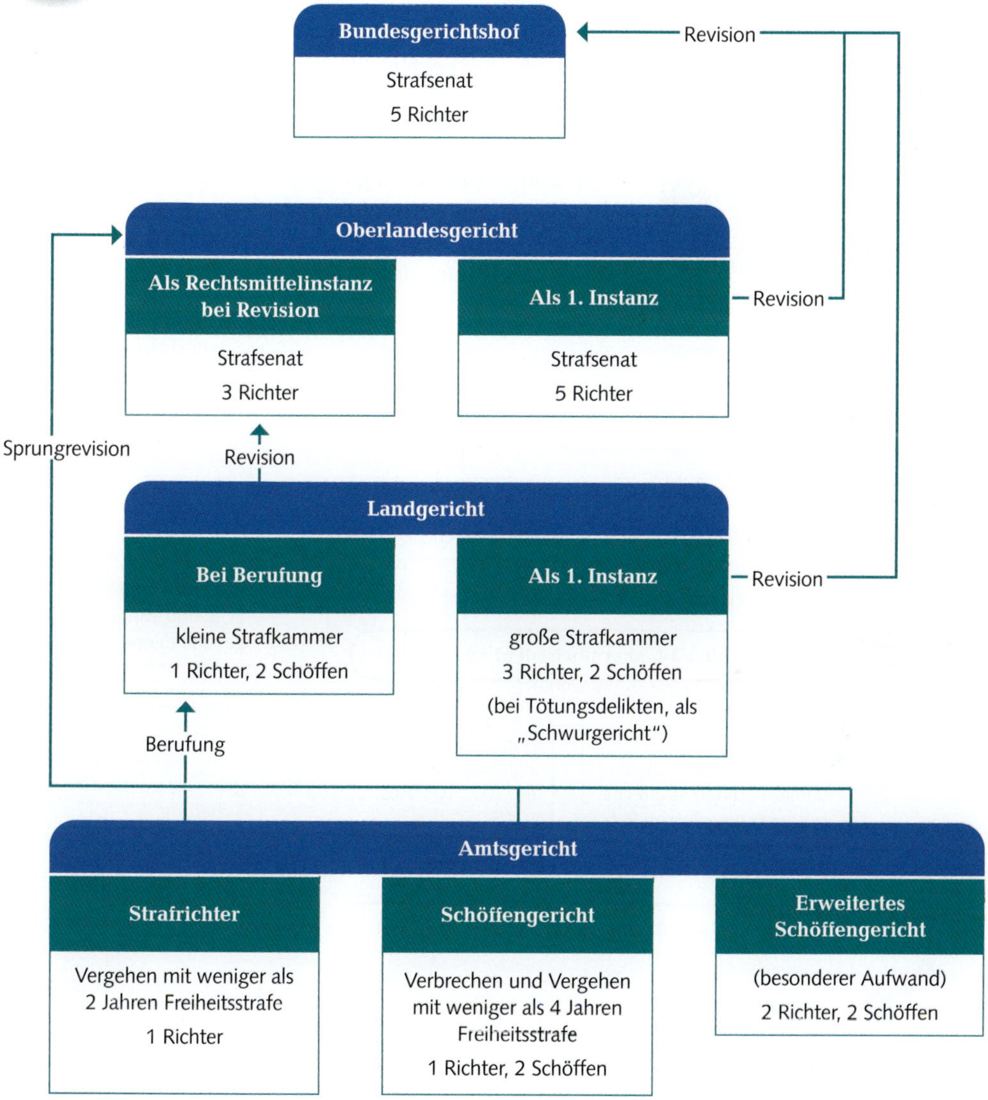

3.6 Straffähigkeit

Begeht ein Kind oder ein Jugendlicher eine Straftat, so unterliegt diese Straftat einer anderen Strafgerichtsbarkeit als bei einem Erwachsenen. Hier kommt das Jugendgerichtsgesetz (JGG) zum Einsatz.

JGG

§ 1 JGG: (1) Dieses Gesetz gilt, wenn ein Jugendlicher oder ein Heranwachsender eine Verfehlung begeht, die nach den allgemeinen Vorschriften mit Strafe bedroht ist.

(2) Jugendlicher ist, wer zur Zeit der Tat vierzehn, aber noch nicht achtzehn, Heranwachsender ist, wer zur Zeit der Tat achtzehn, aber noch nicht einundzwanzig Jahre alt ist.

Ein Jugendlicher ist dann für seine Tat verantwortlich, wenn er die nötige geistige und sittliche Reife besitzt, um einzusehen, dass er Unrecht begangen hat. Besitzt ein Jugendlicher die nötige Reife nicht, um strafrechtlich verfolgt zu werden, können Gericht und Familiengericht entsprechende Erziehungsmaßnahmen anordnen.

	Strafrechtlich verantwortlich	Zuständig	Rechtliche Folgen
Kinder – unter 14 Jahren	§ 19 StGB Schuldunfähig und damit strafunmündig	Jugendamt Familiengericht	Keine strafrechtlichen Folgen Evtl. Hilfe und Schutzmaßnahmen im Rahmen des BGB und Kinder- und Jugendhilfegesetz (KJHG)
Jugendliche – über 14, aber noch nicht 18 Jahre alt	§ 3 JGG Bedingt schuldfähig und damit bedingt strafrechtlich verantwortlich im Rahmen des § 3 JGG	Jugendstaatsanwaltschaft Jugendgericht (Ausnahme §§ 102, 103 Abs. 2, S. 2 JGG)	Strafrechtliche Folgen nach dem JGG und evtl. Maßregeln der Besserung und Sicherung, § 7 JGG
Heranwachsende – über 18, aber noch nicht 21 Jahre alt	Strafrechtlich verantwortlich **Aber:** Ausnahme § 20 StGB, § 21 StGB	Jugendstaatsanwaltschaft Jugendgericht (Ausnahme §§ 102, 103 Abs. 2, S. 2 i. V. m. § 112 S. 1 JGG)	Strafrechtliche Folgen nach dem JGG oder dem Erwachsenenstrafrecht gem. § 105 JGG Wird das Erwachsenenstrafrecht angewandt, dann aber in abgemilderter Form gem. § 106 JGG.
Erwachsene – über 21 Jahre	Strafrechtlich verantwortlich **Aber:** Ausnahme § 20 StGB, § 21 StGB	Staatsanwaltschaft Strafgericht (Ausnahme § 103 Abs. 2, S. 1 JGG	Strafrechtliche Folgen nach dem StGB

3.7 Voraussetzungen der Strafbarkeit

Damit eine Handlung als „strafbare Handlung" eingestuft wird, müssen bestimmte Voraussetzungen vorliegen:

- Ist die Handlung strafbar? → Tatbestandsmäßigkeit (Straftatbestand)
- Ist die Handlung rechtswidrig? → Rechtswidrigkeit
- Wird die Handlung mit Wissen und Wollen des Täters ausgeführt? → Schuldhaftes Handeln

3.7.1 Der Straftatbestand

Um den Straftatbestand zu ermitteln, muss geprüft werden, ob überhaupt eine Handlung im strafrechtlichen Sinne vorliegt. Die Handlung muss vom menschlichen Willen bestimmt sein.

BEISPIEL

Zerstörung oder Beschädigung einer fremden Sache
→ Straftatbestand der Sachbeschädigung, § 303 Abs. 1 StGB

Wegnahme einer fremden beweglichen Sache
→ Straftatbestand des Diebstahls, § 242 Abs. 1 StGB

Geplante Tötung eines Menschen
→ Straftatbestand des Mordes, § 211 StGB

Tätlicher Angriff/Übergriff auf eine andere Person
→ Straftatbestand der Körperverletzung, §§ 223–229 StGB

Es gibt jedoch auch Handlungen, die strafrechtlich nicht erheblich sind und deshalb auch nicht bestraft werden:

Handlungen im Zustand der Bewusstlosigkeit

BEISPIEL

Herr Müller erleidet während er Auto fährt, einen Herzinfarkt und verursacht deshalb einen tödlichen Verkehrsunfall.

Reflexbewegungen

BEISPIEL

Im Auto von Herrn Müller ist eine Wespe. Dadurch, dass Herr Müller die Wespe von sich wegschlagen will, verursacht er einen Verkehrsunfall mit Personenschaden.

Handlungen durch unwiderstehliche Gewalt

BEISPIEL

Herr Müller wird von Herrn Geier mit dem Kopf gegen eine Fensterscheibe geschlagen, die durch den Schlag zerbricht.

3.7.2 Die Rechtswidrigkeit

Voraussetzung, ob eine Straftat vorliegt, ist die **Rechtswidrigkeit.** Rechtswidrig ist eine Handlung dann, wenn sie gegen ein strafrechtliches Gesetz verstößt. Liegt ein Straftatbestand vor, dann ist die Handlung rechtswidrig.

Liegt ein Rechtfertigungsgrund vor, dann handelt der Täter nicht rechtswidrig.

Rechtfertigungsgründe sind z. B.:

§ 32 StGB

- Notwehr, § 32 StGB
- Nothilfe, § 32 Abs. 2 StGB
- Rechtfertigender oder entschuldigender Notstand, § 34, § 35 StGB
- Sachwehr- oder Verteidigungsnotstand gem. § 228 BGB

3.7.3 Das schuldhafte Handeln

Eine Handlung ist dann strafbar, wenn sie schuldhaft durch Vorsatz oder Fahrlässigkeit erfolgt. Nur, wenn der Täter die Handlung schuldhaft ausführt, wird er bestraft. Die Tat einer schuldunfähigen Person wird nicht bestraft.

MERKE

- **Vorsatz:** Der Täter plant die Tat und will sie bewusst begehen. Er weiß genau, was er tut.
- **Fahrlässigkeit:** Der Täter begeht die Tat ungewollt, aber er lässt die allgemeine, im Verkehr erforderliche Sorgfalt außer Acht.

BEISPIEL

Herr Wirkner ist unzurechnungsfähig gem. § 21 StGB und begeht eine Straftat.

3.8 Zuständigkeit

3.8.1 Sachliche Zuständigkeit

Die sachliche Zuständigkeit in Strafsachen richtet sich nach der zu erwartenden Strafe und ist im Gerichtsverfassungsgesetz (GVG) geregelt.

GVG

In Strafsachen mit einem zu erwartenden Strafmaß von **bis zu vier Jahren** sind i.d.R. immer die **Amtsgerichte in der ersten Instanz** gem. § 24 GVG zuständig. Es sei denn, sie sind gem. § 74 GVG dem Landgericht oder gem. § 120 GVG dem Oberlandesgericht zugewiesen oder die Staatsanwaltschaft erhebt die Anklage vor dem Landgericht wegen der besonderen Bedeutung des Falles. Bei z.B. einem zu erwartenden Strafmaß **über vier Jahren** ist das **Landgericht** zuständig. Außerdem ist das Landgericht dann 1. Instanz, wenn Sicherungsverwahrung zu erwarten ist oder als Schwurgericht bei Mord, Totschlag oder Straftaten mit Todesfolge. Bei z.B. Friedens-, Hoch- und Landesverrat oder Völkermord ist das Oberlandesgericht die 1. Instanz.

3.8.2 Örtliche Zuständigkeit

In Strafsachen werden folgende Gerichtsstände unterschieden:

Gerichtsstand des **Tatorts** — gem. § 7 StPO
→ hier wird die Klage i.d.R. erhoben.

Gerichtsstand des **Wohnsitzes oder Aufenthaltsortes** — gem. § 8 StPO
→ maßgeblich ist der Zeitpunkt der Klageerhebung.

Gerichtsstand des **Ergreifungsortes** — gem. § 9 StPO
→ meist dann, wenn der Tatort unklar ist und im Ausland gelegen.

Die Staatsanwaltschaft kann sich für einen der genannten Gerichtsstände entscheiden, an dem sie die Anklage erheben möchte.

Bei **Jugendlichen** gilt der Gerichtsstand gem. § 42 JGG → meist am Wohnsitz des Jugendlichen.

3.9 *Verfahrensablauf*

Das Strafverfahren setzt sich aus der Strafverfolgung bzw. dem Erkenntnisverfahren und der Strafvollstreckung bzw. dem Vollstreckungsverfahren zusammen.

3.9.1 Strafverfolgung/Erkenntnisverfahren

Das Erkenntnisverfahren wird in drei Verfahrensabschnitte unterteilt:

- Ermittlungsverfahren (Vorverfahren), §§ 151–177 StPO
- Zwischenverfahren, §§ 199–212 StPO
- Hauptverfahren, §§ 213–295 StPO

Ermittlungsverfahren (Vorverfahren)

Besteht der Verdacht einer Straftat und erfährt die Staatsanwaltschaft oder die Polizei (Strafverfolgungsbehörde) von diesem Verdacht (z. B. durch eine Strafanzeige), liegt es in deren Hand, das Ermittlungsverfahren einzuleiten. Im Ermittlungsverfahren wird Be- und Entlastungsmaterial gesammelt, um dann zu entscheiden, ob Anklage erhoben und Antrag beim Gericht auf Eröffnung des Hauptverfahrens gestellt wird oder ob das Verfahren eingestellt wird. Die Staatsanwaltschaft führt das Ermittlungsverfahren und erhebt gegebenenfalls die Anklage. Bereits im Ermittlungsverfahren können Zeugen vernommen und Sachverständige gehört werden.

Das Verfahren kann aus folgenden Gründen eingestellt werden:

Die Straftat kann nicht nachgewiesen werden (fehlender Tatverdacht).

Die Tat ist nicht strafbar.

Die Straftat unterliegt der Geringfügigkeit.

Der Täter wird im Ermittlungsverfahren als **Beschuldigter** bezeichnet.

Zwischenverfahren

Im Zwischenverfahren prüft das Gericht, ob das Hauptverfahren eingeleitet wird. Es dient zum Schutz des **Angeschuldigten**, wie der Täter im Zwischenverfahren genannt wird. Über die Zulässigkeit der weiteren Strafverfolgung wird beraten und das Gericht prüft, ob der Angeschuldigte hinreichend verdächtig ist und ob ihm die Unannehmlichkeiten des Hauptverfahrens und die evtl. Rufschädigung zugemutet werden können. Wenn das Gericht zum Schluss kommt, dass diese Fragen mit Ja zu beantworten sind, wird die Eröffnung des Hauptverfahrens eingeleitet. In der Praxis führt das Zwischenverfahren fast immer zum Hauptverfahren, weil meist eine sehr gründliche Prüfung des Tatverdachts durch die Staatsanwaltschaft vorausgegangen ist.

Hauptverfahren

Das Hauptverfahren (die Hauptverhandlung) ist das Kernstück des Strafverfahrens. Das Gericht untersucht in der Hauptverhandlung, ob der **Angeklagte,** wie der Täter nun bezeichnet wird, die strafbare Handlung tatsächlich begangen hat. Es trifft nach Prüfung und Abwägung aller Beweise und seiner freien Überzeugung eine endgültige Aussage über Schuld und Unschuld des Angeklagten.

Die Hauptverhandlung soll möglichst ohne Unterbrechung durchgeführt werden und die Urteilsverkündung muss spätestens am elften Tag nach Abschluss der Hauptverhandlung erfolgen, § 268 StPO (Konzentrationsprinzip).

Der Angeklagte wird verurteilt oder freigesprochen.

3.9.2 Strafvollstreckung

Für die Vollstreckung der rechtskräftig verhängten Rechtsfolgen aus dem Hauptverfahren ist die Staatsanwaltschaft zuständig, bei Jugendlichen der Jugendrichter.

© sakhorn38 – Fotolia.com

3.10 Rechtsmittel im Strafverfahren

Urteile, die in Strafprozessen ergehen, können durch Einlegung der Berufung, § 312 StPO, oder Revision, § 337 StPO, angefochten werden.

© Dron – Fotolia.com

Gegen richterliche Verfügungen und Beschlüsse ist die sofortige Beschwerde, § 304 StPO, möglich. Zur Einlegung berechtigt ist

- die Staatsanwaltschaft,
- der Beschuldigte bzw. dessen gesetzlicher Vertreter,
- der Verteidiger und
- der Privat- und Nebenkläger.

Durch das Einlegen der Berufung oder der Revision wird das Verfahren in die höhere Instanz gebracht.

3.10.1 Berufung

Die Berufung ist zulässig gegen Urteile des Amtsgerichts (Strafrichter und Schöffengericht). Sie führt zur Überprüfung des Urteils in rechtlicher und tatsächlicher

§ 313 StPO

Hinsicht, § 313 StPO. Sie ist schriftlich oder durch Protokoll bei der Geschäftsstelle des Gerichts einzulegen, dessen Entscheidung angefochten wird.

Die Frist zur Einlegung beträgt **eine Woche ab Urteilsverkündung** bzw. ist der Angeklagte während der Urteilsverkündung nicht anwesend, **ab Zustellung** des Urteils, § 314 StPO. Die Berufung muss nicht, kann aber begründet werden, § 317 StPO. Nur die Staatsanwaltschaft muss ihre Rechtsmittel begründen. Durch die fristgerechte Einlegung der Berufung wird die Rechtskraft gehemmt und die Vollstreckbarkeit hinausgeschoben.

3.10.2 Revision

Die Revision führt zur Überprüfung, ob das Gericht Vorschriften des materiellen oder formellen Rechts verletzt hat. Sie ist keine Tatsacheninstanz. Das Urteil wird nur hinsichtlich evtl. Rechtsfehler (Verletzungen des Gesetzes) überprüft.

Revision kann eingelegt werden gegen Urteile

- der 1. Instanz des OLG
- der 1. Instanz des LG (Strafkammer, Schwurgericht),
- aus der Berufung des LG und
- der 1. Instanz des AG (Sprungrevision).

Die Frist zur Einlegung der Revision beträgt **eine Woche ab Urteilsverkündung** bzw. **ab Zustellung** des Urteils (wenn der Angeklagte bei der Urteilsverkündung nicht anwesend war). Die Revision wird bei dem Gericht eingelegt, dessen Entscheidung angefochten wird. Sie ist schriftlich einzulegen oder bei der Geschäftsstelle zu Protokoll zu geben. Die Revision muss vom Beschwerdeführer begründet werden, § 344 StPO. Die **Revisionsbegründungsfrist** beträgt **einen Monat** nach Ablauf der Einlegefrist, § 345 StPO.

Revisionsgericht ist

das OLG	der BGH
bei Berufungsurteilen der Landgerichte bzw. bei Sprungrevision gegen Urteile der Amtsgerichte	bei erstinstanzlichen Urteilen der OLGs und der Landgerichte

3.10.3 Beschwerde

Die Beschwerde kann gegen richterliche Beschlüsse und Verfügungen eingelegt werden, es sei denn, sie sind unanfechtbar. Gegen Beschlüsse und Verfügungen des BGH und des OLG kann keine Beschwerde eingelegt werden, sofern diese als Revisionsgericht tätig waren.

Durch die Beschwerde werden die Beschlüsse und Verfügungen in tatsächlicher und rechtlicher Hinsicht überprüft.

Die Beschwerde können alle einlegen, die von der richterlichen Entscheidung in ihren Rechten verletzt wurden. D. h. neben den Beteiligten am Verfahren können auch Zeugen, Schöffen oder Zuhörer Beschwerde einlegen. Sie wird bei dem Gericht eingelegt, dessen Entscheidung angefochten wird. Sie ist schriftlich einzulegen oder zu Protokoll bei der Geschäftsstelle zu geben. Eine Beschwerdebegründung ist nicht vorgeschrieben, aber sie ist zulässig.

3.10.4 Einspruch

Gegen den Strafbefehl, § 409 ff. StPO, oder gegen den Bußgeldbescheid kann der Rechtsbehelf des Einspruchs eingelegt werden, § 67 OWiG. Durch den Einspruch wird die Vollstreckung gehemmt.

3.10.5 Rechtskraft

Die **formelle Rechtskraft** tritt ein, wenn die Entscheidung des Gerichts nicht mehr mit Rechtsmitteln angefochten werden kann, d. h., sie ist nicht mehr abänderbar. Das Erkenntnisverfahren ist beendet und die Vollstreckung kann beginnen. Die **materielle Rechtskraft** setzt die formelle Rechtskraft voraus. Sie bedeutet, dass ein neues Verfahren wegen derselben Tat gegen denselben Täter nicht mehr möglich ist.

Der Eintritt der Rechtskraft (Rechtskraftvermerk) ist die Voraussetzung der Strafvollstreckung. Die Strafvollstreckung darf nur beginnen, wenn eine Rechtskraftbescheinigung vorliegt, § 451 StPO.

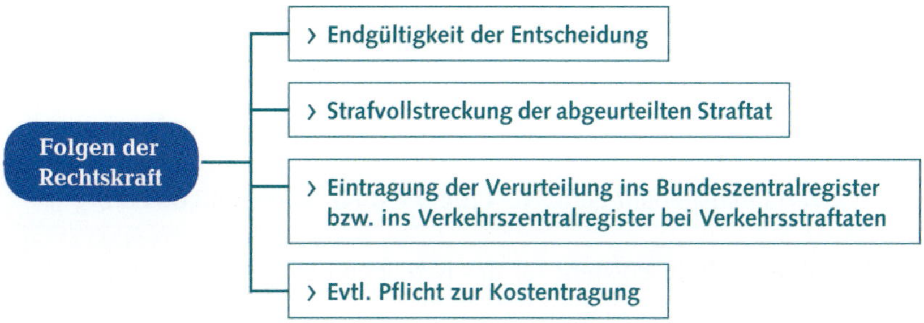

3.11 *Kosten des Verfahrens*

§ 465 StPO

Grundsätzlich hat der Verurteilte die Kosten des Verfahrens zu tragen, § 465 StPO. Bei Freispruch des Angeklagten, bei Einstellung des Verfahrens oder bei Ablehnung der Eröffnung des Hauptverfahrens hat die Staatskasse die Kosten zu tragen. Im Privatklageverfahren hat der Verurteilte auch die entstandenen Kosten des Privatklägers zu tragen, z.B. Auslagen und Rechtsanwaltskosten. Da es sich bei den Gebühren um Betragsrahmengebühren handelt, wird in den meisten Fällen vom Mittelwert ausgegangen. Befindet sich der Beschuldigte bzw. der Angeklagte in Haft, kommt zur „normalen“ Gebühr ein Haftzuschlag hinzu. Für den Pflichtverteidiger gelten die Gebühren für den „gerichtlich bestellten oder beigeordneten“ Rechtsanwalt.

3.12 *Gebührenabrechnung des Rechtsanwalts in Strafsachen*

In Strafsachen wird i.d.R. die Mittelgebühr berechnet. Für das erstmalige Einarbeiten erhält der Rechtsanwalt eine

Grundgebühr gem. Nr. 4100 VV RVG 48,00–432,00 Euro. Die Mittelgebühr beträgt in diesem Fall 240,00 Euro.

Dabei ist es unerheblich, in welchem Verfahrensabschnitt der Rechtsanwalt das erste Mal tätig wird. Die Grundgebühr darf **nur einmal** berechnet werden.

3.12.1 Vorbereitendes Verfahren

Das vorbereitende Verfahren beginnt mit dem polizeilichem Ermittlungsverfahren und endet mit der Erhebung der Anklage bzw. mit dem Antrag auf Erlass eines Strafbefehls.

Für seine Tätigkeit im vorbereitenden Verfahren erhält der Anwalt eine

Verfahrensgebühr gem. Nr. 4104 VV RVG 48,00–348,00 Euro

Die Verfahrensgebühr entsteht für das Betreiben des Geschäfts, einschließlich der Information (Vorbemerkung 4 Absatz 2)

Tätigkeiten im vorbereitenden Verfahren sind z. B.:

- Bitte um Akteneinsicht
- Besprechungen, Schriftwechsel mit dem Beschuldigten
- Aufsuchen des Beschuldigten in der Untersuchungshaft
- Stellen von Anträgen

MERKE

Mehrere Termine an einem Tag gelten hier als 1 Termin. Bei bis zu drei Terminen wird die Gebühr nur einmal berechnet.

Für die Teilnahme an Terminen außerhalb der Hauptverhandlung bekommt der Anwalt eine

Terminsgebühr gem. Nr. 4102 VV RVG 48,00–360,00 Euro

BEISPIEL 1

Der Rechtsanwalt nimmt im vorbereitenden Verfahren an zwei Vernehmungsterminen der Polizei teil → **Eine** Terminsgebühr nach Nr. 4102 VV RVG darf berechnet werden.

BEISPIEL 2

Der Rechtsanwalt nimmt im vorbereitenden Verfahren an zwei Vernehmungsterminen der Polizei und zwei Vernehmungsterminen durch die Staatsanwaltschaft teil. → Hier darf der Anwalt zweimal die Terminsgebühr nach Nr. 4102 VV RVG abrechnen, da er an mehr als 3 Terminen im vorbereitenden Verfahren teilnimmt.

Kann aufgrund der Mitwirkung des Rechtanwalts auf die Hauptverhandlung verzichtet werden, so darf der Anwalt eine zusätzliche Gebühr (Erledigungsgebühr) berechnen

Verfahrensgebühr (Erledigungsgebühr) gem. Nr. 4141 VV RVG
(in Höhe der jeweiligen Verfahrensgebühr)

3.12.2 Gerichtliches Verfahren (Hauptverhandlung)

Das gerichtliche Verfahren beginnt

- mit Eingang der Anklageschrift bei Gericht,
- mit Eingang des Antrags auf Erlass eines Strafbefehls bei Gericht,
- im beschleunigten Verfahren mit dem Vortrag der Anklage, wenn diese nur mündlich erhoben wird

und endet

- mit dem Schluss der Hauptverhandlung.

Für seine Tätigkeit im gerichtlichen Verfahren erhält der Rechtsanwalt eine zusätzliche Verfahrensgebühr neben der Verfahrensgebühr im vorbereitenden Verfahren.

Die Höhe der Gebühr ist abhängig vom Gericht, bei dem das Verfahren anhängig ist. Z. B. beim Amtsgericht:

Verfahrensgebühr gem. Nr. 4106 VV RVG 48,00–348,00 Euro

Für die Teilnahme an einem Termin (beim Amtsgericht) erhält er eine:

Terminsgebühr gem. Nr. 4108 VV RVG 84,00–576,00 Euro

MERKE

- Für **jeden** Hauptverhandlungstag wird eine eigene Terminsgebühr berechnet.
- Die Höhe der Gebühren richtet sich nach der Zuständigkeit des Gerichts.

BEISPIEL

Gegen Herrn Wagenknecht wurde das Ermittlungsverfahren wegen Diebstahls eingeleitet. RA Bales wird mit seiner Vertretung beauftragt. Er nimmt an einem Vernehmungstermin bei der Polizei und an zwei Vernehmungsterminen bei der Staatsanwaltschaft teil. Danach wird Anklage gegen Wagenknecht erhoben. Die Hauptverhandlung findet vor dem Amtsgericht statt. RA Bales nimmt an zwei Hauptverhandlungsterminen teil.

Vergütungsabrechnung RA Bales

Grundgebühr	gem. Nr. 4100 VV RVG	240,00 Euro
Verfahrensgebühr im vorb. Verfahren	gem. Nr. 4104 VV RVG	198,00 Euro
Terminsgebühr (1 Termin Polizei, 2 Termine Staatsanwaltschaft = 1 Termin)	gem. Nr. 4102 VV RVG	204,00 Euro
Verfahrensgebühr im gerichtl. Verf.	gem. Nr. 4106 VV RVG	198,00 Euro
Terminsgebühr 1. Hauptverhandlung	gem. Nr. 4108 VV RVG	330,00 Euro
Terminsgebühr 2. Hauptverhandlung	gem. Nr. 4108 VV RVG	330,00 Euro
Post- und Telekommunikationspausch. (2 × 20,00 Euro)	gem. Nr. 7002 VV RVG	40,00 Euro
Zwischensumme		1.540,00 Euro
19 % USt	gem. Nr. 7008 VV RVG	292,60 Euro
Gesamt		1.832,60 Euro

MERKE

- Im vorgerichtlichen Verfahren gelten bis zu drei Termine als ein Termin, d. h., es darf nur 1 × die Terminsgebühr abgerechnet werden.
- Im Hauptverfahren (gerichtlichen Verfahren) darf für jeden Hauptverhandlungstag eine eigene Terminsgebühr abgerechnet werden.
- Nach § 17 RVG 10: Handelt es sich beim strafgerichtlichen Ermittlungsverfahren und beim nachfolgenden gerichtlichen Verfahren (Hauptverfahren) um verschiedene Angelegenheiten, darf deshalb für jede Angelegenheit eine Post- und Telekommunikationspauschale abgerechnet werden, d. h., es dürfen 2 × 20,00 Euro = 40,00 Euro berechnet werden.

3.12.3 Gebühren im Rechtsmittelverfahren

Der Anwalt erhält für das erstmalige Tätigwerden im Berufungs- oder Revisionsverfahren eine

Grundgebühr gem. Nr. 4100 VV RVG 48,00–432,00 Euro

Für seine Tätigkeit außerhalb der Hauptverhandlung erhält er, wie in der 1. Instanz auch, eine Verfahrensgebühr und für jeden Hauptverhandlungstermin eine Terminsgebühr.

Berufung:

Verfahrensgebühr gem. Nr. 4124 VV RVG 96,00–671,00 Euro

Terminsgebühr gem. Nr. 4126 VV RVG 96,00–671,00 Euro

Revision:

Verfahrensgebühr gem. Nr. 4130 VV RVG 144,00–1.331,00 Euro

Terminsgebühr gem. Nr. 4132 VV RVG 144,00–671,00 Euro

MERKE

- Die Höhe der Gebühr im Rechtsmittelverfahren hängt nicht, wie in der 1. Instanz, von dem jeweiligen Gericht ab, bei dem das Verfahren anhängig ist, sondern von der Instanz selbst.
- Nur für die Einlegung der Berufung bzw. der Revision erhält der Rechtsanwalt noch keine Verfahrensgebühr. Die Einlegung und die Beratung gehören noch zur vorherigen Instanz.
- Die Begründung der Berufung bzw. der Revision gehört zur nächsthöheren Instanz und somit fällt die Verfahrensgebühr an.

BEISPIEL

In der 1. Instanz ist Herr Wagenknecht zu einer Freiheitsstrafe verurteilt worden. RA Bales vertritt Herrn Wagenknecht nun auch in der Berufungsinstanz. Er legt Berufung ein und vertritt ihn in 2 Terminen im Hauptverfahren.

Folgende Gebühren darf RA Bales abrechnen:

Verfahrensgebühr Berufungsverfahren	gem. Nr. 4124 VV RVG	383,50 Euro
Terminsgebühr 1. Hauptverhandlung	gem. Nr. 4126 VV RVG	383,50 Euro
Terminsgebühr 1. Hauptverhandlung	gem. Nr. 4126 VV RVG	383,50 Euro

Hätte RA Bales Herrn Wagenknecht in der 1. Instanz noch nicht vertreten, sondern wäre er erst für die 2. Instanz von Herrn Wagenknecht für seine Verteidigung beauftragt worden, dann würde die Abrechnung folgendermaßen aussehen:

Grundgebühr	gem. Nr. 4100 VV RVG	240,00 Euro
Verfahrensgebühr Berufungsverfahren	gem. Nr. 4124 VV RVG	383,50 Euro
Terminsgebühr 1. Hauptverhandlung	gem. Nr. 4126 VV RVG	383,50 Euro
Terminsgebühr 1. Hauptverhandlung	gem. Nr. 4126 VV RVG	383,50 Euro

Da RA Bales die Mandantschaft von Herrn Wagenknecht erst in der 2. Instanz übernommen hat, darf er zusätzlich eine Grundgebühr für die Einarbeitung verlangen.

3.13 Das Bußgeldverfahren

Ordnungswidrigkeiten werden mit einem Bußgeld geahndet.

Nach § 1 OWiG ist eine Ordnungswidrigkeit eine tatbestandsmäßige, rechtswidrige und schuldhafte Handlung, für die ein Gesetz die Ahndung mit einer Geldbuße zulässt. Der Unterschied zu einer Straftat besteht darin, dass es sich bei einer Ordnungswidrigkeit um eine Tat mit geringem Unrechtsgehalt handelt.

3.13.1 Vorverfahren

Eine Ordnungswidrigkeit wird grundsätzlich durch die Verwaltungsbehörde geahndet. Die Staatsanwaltschaft übernimmt nur, wenn die Voraussetzungen der §§ 40 und 42 OWiG zutreffen, d. h., dann, wenn die Ordnungswidrigkeit evtl. eine Straftat bedeutet oder sie mit einer Straftat im Zusammenhang steht.

Das Vorverfahren endet durch Einstellung, Verwarnung oder durch einen Bußgeldbescheid. Er wird schriftlich, ohne mündliche Verhandlung, erlassen. Mit der Zustellung an den Betroffenen ist der Bußgeldbescheid bekannt gemacht. Wird kein Rechtsmittel innerhalb der Rechtsmittelfrist eingelegt, tritt seine Rechtskraft ein und er ist vollstreckbar.

© stockphoto-graf – Fotolia.com

3.13.2 Rechtsmittel gegen den Bußgeldbescheid

Innerhalb einer Frist von zwei Wochen ab Zustellung kann gegen den Bußgeldbescheid Einspruch eingelegt werden. Er wird bei der Verwaltungsbehörde schriftlich oder durch Protokoll eingelegt, § 67 OWiG. Der Einspruch muss nicht begründet werden, aber eine Begründung ist zweckmäßig. Wird der Einspruch, nach Prüfung auf seine Zulässigkeit und Begründetheit, von der Verwaltungsbehörde verworfen, kann der Betroffene innerhalb von zwei Wochen ab Zustellung dieses Beschlusses die gerichtliche Entscheidung beantragen. I. d. R. gehen die Akten nach dem Einspruch zur Staatsanwaltschaft.

3.13.3 Hauptverfahren

Die Hauptverhandlung findet dann statt, wenn der Richter dies für erforderlich hält, um z. B. den Sachverhalt genauer zu klären oder wenn dem schriftlichen Vorverfahren widersprochen wurde.

© BRN-Pixel – Fotolia.com

Sieht das Gericht es nicht für notwendig an, eine Hauptverhandlung durchzuführen, dann wird über die Angelegenheit im Beschlussverfahren entschieden, wenn weder der Betroffene noch die Staatsanwaltschaft widerspricht.

Gegen die richterliche Entscheidung (Beschluss oder Urteil) ist die Rechtsbeschwerde, innerhalb einer Frist von zwei Wochen ab Zustellung, möglich.

3.13.4 Erzwingungshaft

Weigert sich der Betroffene, die Geldbuße zu bezahlen, so kann die Verwaltungsbehörde eine Erzwingungshaft anordnen. Diese befreit den Betroffenen jedoch nicht von der Zahlung. Für deren Vollstreckung ist die Staatsanwaltschaft zuständig.

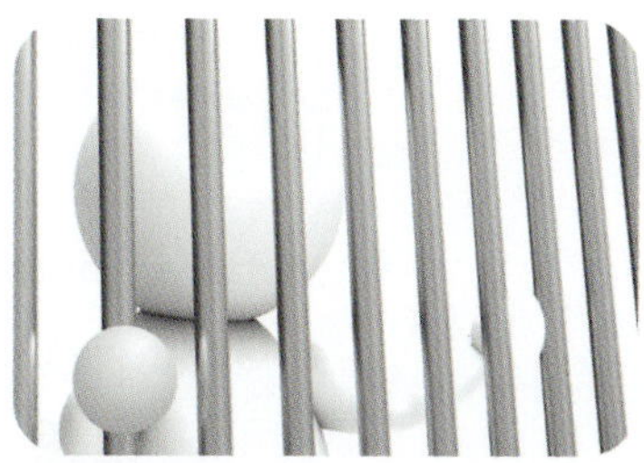

© Avanne Troar – Fotolia.com

Voraussetzungen für die Anordnung der Erzwingungshaft:

- Ablauf der zweiwöchigen Schonfrist
- Nichtzahlung der Geldbuße

- Fehlende Darlegung der Zahlungsunfähigkeit
- Vorliegen einer entsprechenden Belehrung
- Anhörung des Betroffenen

Die Dauer der Erzwingungshaft richtet sich nach § 96 OWiG.

3.13.5 Vergütungsberechnung des Rechtsanwalts im Bußgeldverfahren

Die Gebühren des Rechtsanwalts in Bußgeldsachen befinden sich im Vergütungsverzeichnis Teil 5, Abschnitt 1.

Für das einmalige Einarbeiten entsteht auch hier eine

Grundgebühr gem. Nr. 5100 VV RVG
36,00–204,00 Euro

Ist in einem vorangegangenen Strafverfahren für dieselbe Tat bereits eine Grundgebühr gem. der Nr. 4100 VV RVG entstanden, so entfällt die Grundgebühr im Bußgeldverfahren.

Die Höhe der Gebühr ist abhängig von der Höhe der Geldbuße, Vorbemerkung 5.1 Abs. 2 VV RVG.

Bei der Berechnung der Gebühr unterscheiden wir das Verfahren vor der Verwaltungsbehörde und das Verfahren vor dem Amtsgericht.

Verfahren vor der Verwaltungsbehörde:

Zusätzlich zur Grundgebühr erhält der Rechtsanwalt

Verfahrensgebühr gem. Nr. 5101, 5103 oder 5105 VV RVG
(Die Höhe der Gebühr ist abhängig von der Höhe des Bußgeldes.)

Terminsgebühr gem. Nr. 5102, 5104 oder 5106 VV RVG
(Die Terminsgebühr entsteht für jeden Tag, an dem der Rechtsanwalt an einer Vernehmung durch die Polizei oder Staatsanwaltschaft teilnimmt, d. h., sie kann also mehrmals anfallen.)

Verfahren vor dem Amtsgericht:

Zusätzlich zur Grundgebühr erhält der Rechtsanwalt

Verfahrensgebühr gem. Nr. 5107, 5109 oder 5111 VV RVG
(Die Höhe der Gebühr ist abhängig von der Höhe des Bußgeldes.)

Terminsgebühr gem. Nr. 5108, 5110 oder 5112 VV RVG
(Die Terminsgebühr entsteht für jeden Tag, an dem der Rechtsanwalt an einem gerichtlichen Termin teilnimmt, d. h., sie kann also mehrmals anfallen.)

Wird durch die Mitwirkung des Rechtsanwalts das Verfahren eingestellt oder ist die Hauptverhandlung entbehrlich, so erhält der Rechtsanwalt eine zusätzliche

Verfahrensgebühr gem. Nr. 5115 VV RVG
(in Höhe der jeweiligen Verfahrensgebühr)

Nach § 17, 11. RVG sind das Bußgeldverfahren vor der Verwaltungsbehörde und das nachfolgende gerichtliche Verfahren verschiedene Angelegenheiten und deshalb darf der Rechtsanwalt 2 × die Post- und Telekommunikationspauschale berechnen (2 × 20,00 Euro = 40,00 Euro).

BEISPIEL

RA Bales vertritt Herrn Liebherr im Vorverfahren vor der Verwaltungsbehörde. Er legt Einspruch ein gegen eine Geldbuße über 400,00 Euro. RA Bales ist auftragsgemäß im gerichtlichen Verfahren weiter für Herrn Liebherr tätig. Es finden zwei Hauptverhandlungstermine statt, an denen er teilnimmt

Grundgebühr	gem. Nr. 5100 VV RVG	120,00 Euro
Verfahrensgebühr (vor Verwaltungsbehörde)	gem. Nr. 5103 VV RVG	192,00 Euro
Verfahrensgebühr (vor Amtsgericht)	gem. Nr. 5109 VV RVG	192,00 Euro
Terminsgebühr (vor Amtsgericht)	gem. Nr. 5110 VV RVG	306,00 Euro
Terminsgebühr (vor Amtsgericht)	gem. Nr. 5110 VV RVG	306,00 Euro
Post- und Telekompauschale	gem. Nr. 7002 VV RVG	40,00 Euro
Zwischensumme		1.156,00 Euro
19 % USt.		219,64 Euro
Gesamt		1.375,64 Euro

3.14 Die Jugendgerichtsbarkeit

Bei Verfehlungen Jugendlicher wird nach Alter der Jugendlichen unterschieden: ◀ LF 14 | 3.6

- Jugendliche unter 14 Jahren → schuldunfähig
- Jugendliche von 14 bis 17 Jahren → Jugendgerichtsgesetz (JGG)

- Heranwachsende von 18 bis 20 Jahren → Jugendgerichtsgesetz (JGG)
- Täter ab 21 Jahren → allgemeines Strafrecht

3.14.1 Verantwortlichkeit

Begehen **Kinder** eine Straftat, so sind sie dafür nicht verantwortlich zu machen. Die Staatsanwaltschaft teilt i.d.R. dem Vormundschaftsrichter, der Schulbehörde und dem Aufsichtspflichtigem die Straftat mit.

Begeht ein **Jugendlicher** eine Straftat, so wird er insofern dafür verantwortlich gemacht, inwieweit er zur Zeit der Tat nach seiner sittlichen und geistigen Entwicklung reif genug ist, das Unrecht der Tat einzusehen und nach dieser Einsicht zu handeln. Wenn diese Reife fehlt, dann wird das Verfahren i.d.R. vom Gericht oder der Staatsanwaltschaft eingestellt.

Begeht ein **Heranwachsender** eine Straftat, so werden die geltenden Vorschriften für Jugendliche angewandt, wenn der Täter zur Tatzeit einem Jugendlichen gleichsteht oder eine Jugendverfehlung begangen hat, § 105 JGG.

3.14.2 Maßnahmen des Jugendgerichtsgesetzes

„Erziehung vor Strafe" gilt bei der Anwendung der Maßnahmen nach dem Jugendgerichtsgesetz. Bevor eine Strafe ausgesprochen wird, wird versucht, durch erzieherische Maßnahmen den jugendlichen Straftäter wieder „auf den rechten Weg" zu führen.

Maßnahmen nach dem Jugendgerichtsgesetz:

Erziehungsmaßregeln §§ 9 ff. JGG

- Erteilung von Weisungen
- Hilfen zur Erziehung

Zuchtmittel §§ 13 ff. JGG

- Verwarnung
- Erteilung von Auflagen
- Jugendarrest

Zuchtmittel haben nicht die Rechtswirkung einer Strafe, sie werden nicht ins Strafregister eingetragen.

Jugendstrafe §§ 17 ff. GG

3.14.3 Ablauf des Verfahrens

Der Staatsanwalt handelt beim Jugendgerichtsverfahren mit erweiterten Befugnissen unter Mitwirkung der Jugendgerichtshilfe und der Jugendgerichte. Das Verfahren an sich weist, gegenüber dem allgemeinen Verfahren in Strafsachen, einige Besonderheiten auf.

Ermittlungsverfahren

- Vernehmung des Beschuldigten, bevor die Anklage erhoben wird
- Gesetzlicher Vertreter darf bei den Vernehmungen mit anwesend sein.
- erschwerte Untersuchungshaft
- erschwerte einstweilige Unterbringung

Hauptverfahren

- Ladung zur Hauptverhandlung auch des gesetzlichen Vertreters
- Nichtöffentlichkeit der Hauptverhandlung
- Erweiterung der notwendigen Verteidigung, § 68 JGG
- keine Vereidigung von Zeugen und Sachverständigen vor dem Jugendrichter
- verstärkte Anwesenheitspflicht des Angeklagten
- erweiterte Möglichkeiten der Einstellung des Verfahrens, § 47 JGG

3.14.4 Rechtsmittel

In Jugendgerichtsverfahren kann auch der gesetzliche Vertreter ein Rechtsmittel einlegen. Nach der Berufung ist keine Revision mehr möglich.

Die Instanzen der Jugendstrafgerichtsbarkeit

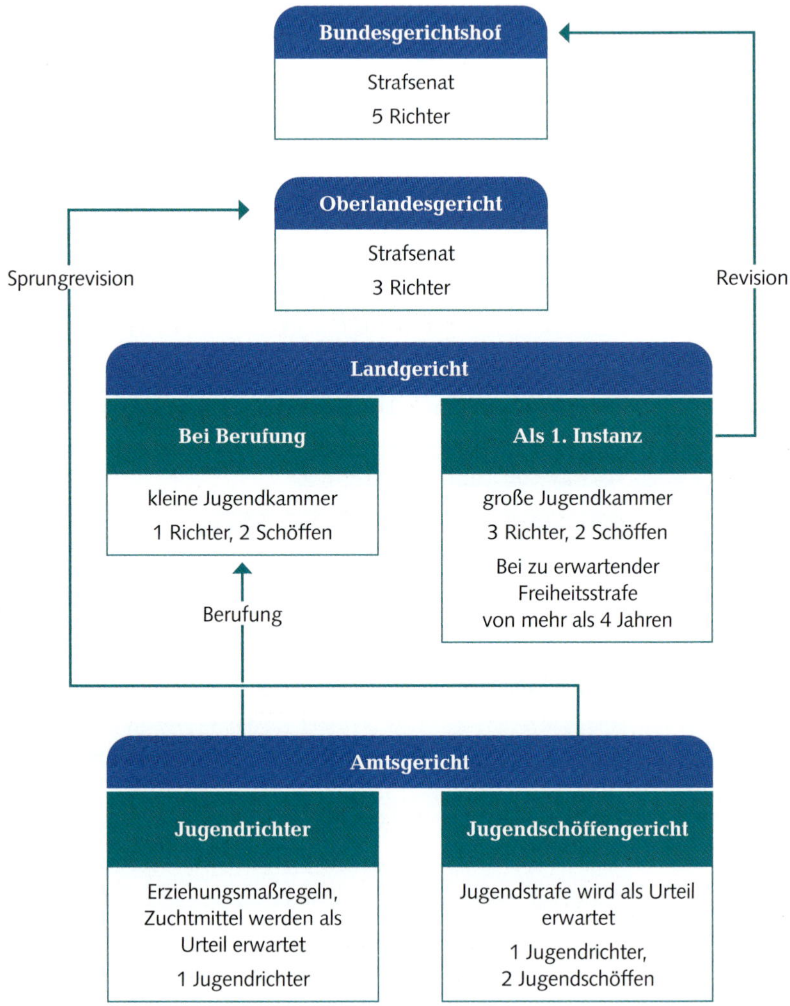

3.14.5 Zusammenfassung und Aufgaben

ZUSAMMENFASSUNG

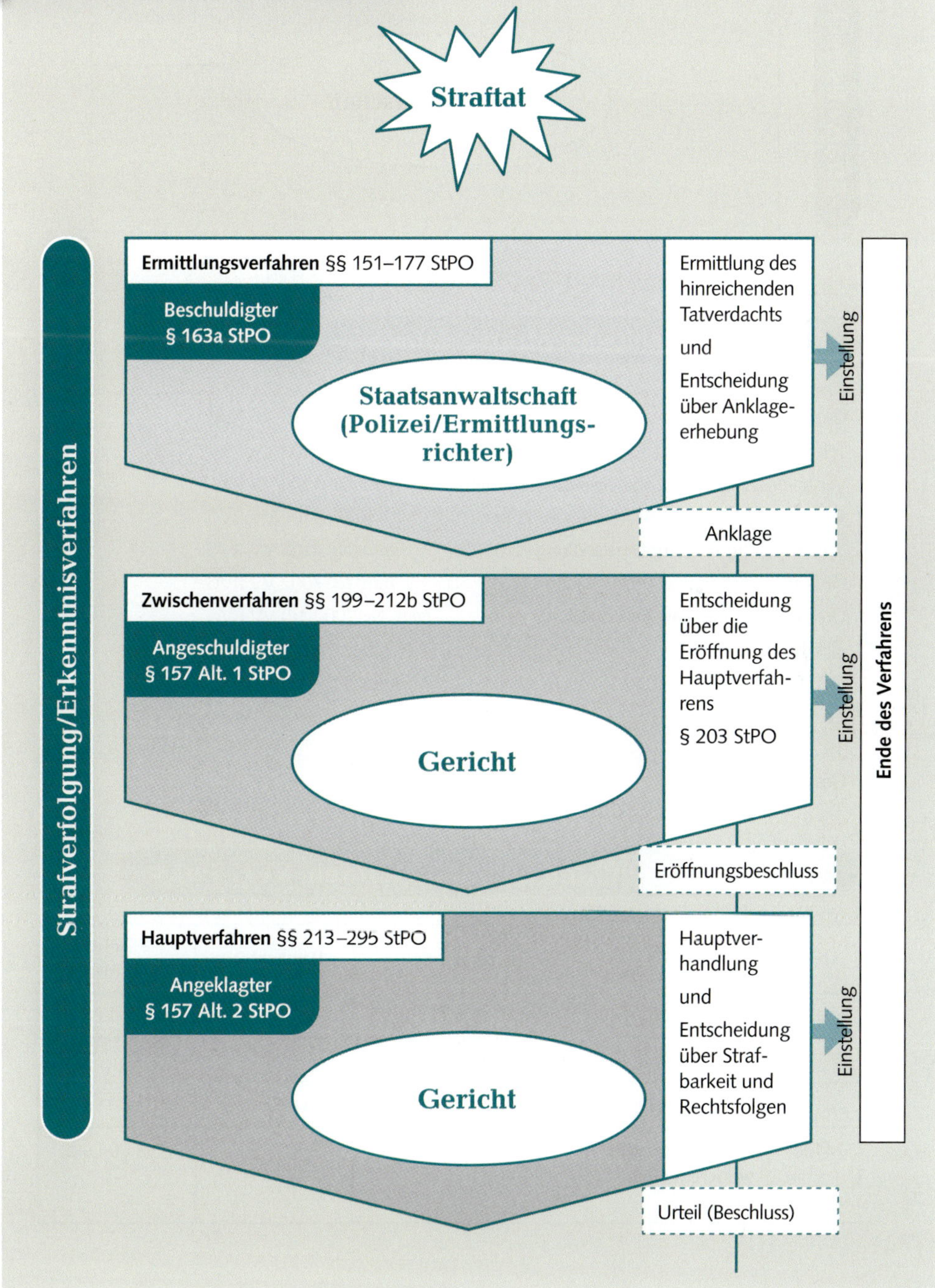

Abrechnungsmuster Strafverfahren

Grundgebühr	gem. Nr. 4100 VV RVG
Terminsgebühr (polizeiliche Vernehmung)	gem. Nr. 4102 VV RVG
Verfahrensgebühr im vorbereitenden Verfahren	gem. Nr. 4104 VV RVG
Verfahrensgebühr im gerichtlichen Verfahren	gem. Nr. 4106 VV RVG
Terminsgebühr für Hauptverhandlung vom …	gem. Nr. 4108 VV RVG
Post- und Telekompauschale	gem. Nr. 7002 VV RVG
Dokumentenpauschale für Kopien	gem. Nr. 7000 1d) VV RVG
evtl. Fahrtkosten	gem. Nr. 7003
evtl. Abwesenheitsgeld	gem. Nr. 7005 VV RVG
Zwischensumme	
19 % USt.	
Gesamt	

Tabelle der Gebühren im Strafverfahren, RVG Teil 4

Nr.	Gebühr	Wahlanwalt	Mittelgebühr	Pflicht-verteidiger
4100	**Grundgebühr**	48,00–432,00 Euro	240,00 Euro	192,00 Euro
		Vorbereitendes Verfahren		
4102	**Terminsgebühr**	48,00–360,00 Euro	204,00 Euro	163,00 Euro
4104	**Verfahrensgebühr vorbereitendes Verfahren**	48,00–348,00 Euro	198,00 Euro	158,00 Euro

Nr.	Gebühr	Wahlanwalt	Mittelgebühr	Pflicht-verteidiger
	Gerichtliches Verfahren			
	Verfahrensgebühr			
4106	› Amtsgericht	48,00–348,00 Euro	198,00 Euro	158,00 Euro
4112	› Landgericht	60,00–384,00 Euro	222,00 Euro	178,00 Euro
4118	› Oberlandes-gericht	120,00–827,00 Euro	473,50 Euro	379,00 Euro
	Terminsgebühr			
4108	› Amtsgericht	84,00–576,00 Euro	330,00 Euro	264,00 Euro
4114	› Landgericht	96,00–671,00 Euro	383,50 Euro	307,00 Euro
4120	› Oberlandes-gericht	156,00–1.115,00 Euro	635,50 Euro	508,00 Euro
	Berufung			
4124	**Verfahrensgebühr**	96,00–671,00 Euro	383,50 Euro	307,00 Euro
4126	**Terminsgebühr**	96,00–671,00 Euro	383,50 Euro	307,00 Euro
	Revision			
4130	**Verfahrensgebühr**	144,00–1.331,00 Euro	737,50 Euro	590,00 Euro
4132	**Terminsgebühr**	144,00–671,00 Euro	407,50 Euro	326,00 Euro

AUFGABEN

1. Welche Grundsätze gelten im Strafrecht?

2. Karl will sich an seinem Chef rächen, weil er sich in der Kanzlei ungerecht behandelt fühlt. Karl weiß, wenn er zu viel Alkohol getrunken hat, wird er leicht aggressiv und es kann schon mal dazu führen, dass er eine Schlägerei anfängt. Auf dem Betriebsausflug der Kanzlei betrinkt er sich maßlos (3 Promille). Es kommt zu einer Auseinandersetzung mit seinem Chef, in der er seinem Chef einen Kinnhaken versetzt. Hat Karl sich strafbar gemacht?

»

»

3. Bestimmen Sie in den nachfolgenden Fällen die örtliche und sachliche Zuständigkeit.

a. Der 23-jährige Gerd aus Stuttgart begeht einen Mord in Heilbronn.

b. Herr Molter aus Bitburg beleidigt seine Nachbarin Frau Schwab und greift sie mit einem Stock an. Sie wird leicht verletzt. Frau Schwab stellt Strafanzeige.

4. Holger Hansen aus Hannover wird vorgeworfen, an einem terroristischen Anschlag in München beteiligt gewesen zu sein.

5. Wie wird der Täter in den verschiedenen Verfahrensabschnitten bei der Strafverfolgung bezeichnet?

6. Gegen Herrn DiVito wird ein Ermittlungsverfahren eingeleitet. Deshalb beauftragt er RA Föll mit seiner Verteidigung. RA Föll nimmt an zwei Vernehmungsterminen bei der Staatsanwaltschaft teil. Es wird Anklage erhoben und RA Föll nimmt an zwei Hauptverhandlungsterminen vor dem Landgericht teil.

Erstellen Sie die Vergütungsberechnung für RA Föll als Wahlanwalt.

LERNFELD 14A

Beurkundungen im Handels- und Gesellschaftsrecht vorbereiten und abwickeln

1. DER BEGRIFF DES KAUFMANNS

LF 2 | 1.3 ▸

§§ 2, 3 HGB

Das Handelsrecht wird angewendet, wenn mindestens ein Vertragsbeteiligter Kaufmann ist. Kaufmann nach dem Handelsgesetzbuch (HGB) ist, wer ein Handelsgewerbe betreibt. Diese Kaufleute heißen **Istkaufmann.** Benötigt der Gewerbebetrieb keine kaufmännische Struktur, besteht die Möglichkeit, dass er freiwillig in das Handelsregister eingetragen wird. In diesem Fall wird vom **Kannkaufmann** gesprochen. Darunter fallen auch Betriebe der Land- und Forstwirtschaft. Der Istkaufmann ist aufgrund seines Gewerbebetriebes stets Kaufmann, sodass für ihn die Vorschriften des HGB durch diese Tätigkeiten greifen. Der Kannkaufmann muss erst ins Handelsregister eingetragen werden, damit die Vorschriften des Handelsrechts auf ihn Anwendung finden.

Beide Kaufmannsarten, Ist- und Kannkaufmann, sind verpflichtet, ihre Firma und den Ort der Niederlassung im Handelsregister anzumelden.

§ 29 HGB

Rechtsanwälte und Notare gehören als freiberuflich Tätige nicht zu den Gewerbetreibenden und werden folglich nicht in das Handelsregister eingetragen. Davon ausgenommen ist die Unternehmensform der Gesellschaft mit beschränkter Haftung (GmbH), in der manche Kanzleien geführt werden, denn eine GmbH muss immer ins Handelsregister eingetragen werden.

§ 8b HGB

Eine Übersicht über alle eingetragenen Kaufleute gewährt das Handelsregister, welches seit 2007 elektronisch geführt wird (www.handelsregister.de). Eine weitere Möglichkeit, um auf die Seite des Handelsregisters zu gelangen, ist über die Seite www.unternehmensregister.de. Das Unternehmensregister bietet u. a. Zugang zum Handelsregister, Genossenschafts- und Partnerschaftsregister und zu Bekanntmachungen des Bundesanzeigers.

1.1 Der Aufbau des Handelsregisters

Das Handelsregister ist wie folgt aufgebaut:

- Abteilung A: Einzelkaufleute und Personengesellschaften (z. B. Offene Handelsgesellschaft, OHG, und Kommanditgesellschaft, KG)
- Abteilung B: Kapitalgesellschaften (z. B. Gesellschaft mit beschränkter Haftung, GmbH, und Aktiengesellschaft, AG)

Alle Kapitalgesellschaften gelten als juristische Person und entstehen erst mit Eintragung ins Handelsregister. Die Eintragung hat konstitutive (rechtserzeugende) Wirkung. Im Gegensatz dazu existiert der Betrieb eines Einzelkaufmanns oder einer OHG schon vor Eintragung. Diese Eintragung hat deklaratorische (rechtsbezeugende) Wirkung.

1.2 Einblick in das Handelsregister

Im Gegensatz zum Grundbuch ist jedem der Einblick in das Handelsregister gestattet.

§ 9 HGB

Damit Daten eingesehen werden können, muss sich der Nutzer registrieren. Die Registrierung erfolgt auf dem Registerportal der Länder.

Für einen historischen, chronologischen oder aktuellen Ausdruck fallen jeweils 4,50 Euro Gebühr an.

1.3 Registerauszug

Ein chronologischer Auszug listet alle Veränderungen in zeitlicher Reihenfolge seit der Übernahme in das elektronisch geführte Register auf.

Beispiel für einen chronologischen Handelsregisterausdruck

Handelsregister B des Amtsgerichts Düsseldorf | **Ausdruck Abruf vom 25.2.2008 18:38** | Nummer der Firma: Seite 1 von 3 | **HRB 49578**

Nummer der Eintragung	a) Firma b) Sitz, Niederlassung, Zweigniederlassungen c) Gegenstand des Unternehmens	Grund- oder Stammkapital	a) Allgemeine Vertretungsregelung b) Vorstand, Leitungsorgan, geschäftsführende Direktoren, persönlich haftender Gesellschafter, Geschäftsführer, Vertretungsberechtigte und besondere Vertretungsbefugnis	Prokura	a) Rechtsform, Beginn, Satzung oder Gesellschaftsvertrag b) Sonstige Rechtsverhältnisse	a) Tag der Eintragung b) Bemerkungen
1	2	3	4	5	6	7
1	a) Thyssen Stahl GmbH b) Düsseldorf c) Der Erwerb und die Veräußerung, das Halten und Verwalten von Beteiligungen an anderen Unternehmen insbesondere des stahlerzeugenden und -verarbeitenden Bereichs, das Verwalten des eigenen Vermögens sowie die Vornahme aller damit im Zusammenhang stehenden Geschäfte.	935.121.000,00 EUR	a) Die Gesellschaft hat zumindest zwei Geschäftsführer. Die Gesellschaft wird durch zwei Geschäftsführer oder durch einen Geschäftsführer gemeinschaftlich mit einem Prokuristen vertreten. b) Geschäftsführer: Jonas, Bernd, Essen, *05.02.1951 Bestellt als Geschäftsführer: Reineke, Dieter, Essen, *20.05.1945 Nicht mehr Geschäftsführer: Dr. Ruxli, Jan, Düsseldorf, *21.07.1964	Prokura erloschen: Reineke, Dieter, Essen, *20.05.1945 Gesamtprokura gemeinsam mit einem Geschäftsführer oder einem anderen Prokuristen: von Mitzlaff, Dirk, Mülheim/Ruhr Knickenberg, Walter, Köln, *08.01.1948 van den Woldenberg, Klaus, Essen Kieserling, Friedel, Hamm, *30.04.1942 Knieper, Susanne, Essen, *09.02.1958 Kühnast, Manuel, Essen, *07.02.19[illegible] Swienty, Michael, Essen, *[illegible].02.1[illegible] van Bracht, Arnd, D[illegible] 12.06[illegible] Regelmann[illegible]mund, *30.07[illegible]	a) Gesellschaft mit beschränkter Haftung Gesellschaftsvertrag vom 13.06.2003 Die Gesellschafterversammlung vom 27.02.2004 hat die Änderung des Gesellschaftsvertrages in § 1 Abs. 2 und mit ihr die Sitzverlegung von Duisburg (bisher AG Duisburg HRB 13890) nach Düsseldorf beschlossen.	a) 25.03.2004 Haueiss b) Beschluss Blatt 37, 47 Sonderband Gesellschaftsvertrag Blatt 42 ff Sonderband
2		935.146.600,00 EUR			a) Die Gesellschafterversammlung vom 12.05.2004 hat die Änderung des Gesellschaftsvertrages in § 5 und mit ihr die Erhöhung des Stammkapitals um 25.600,00 EUR auf EUR 935.146.600 zum Zwecke der Verschmelzung mit der Rhs-Qualifizierungsgesellschaft mbH Duisburg (Amtsgericht Duisburg HRB 6511) beschlossen.	a) 08.06.2004 Koelpin b) Beschluss Blatt 62 f. Sonderband Gesellschaftsvertrag Blatt 79 ff. Sonderband
3					b) Die Gesellschaft ist als übernehmender Rechtsträger nach Maßgabe des Verschmelzungsvertrages vom 12.05.2004 sowie der Zustimmungsbeschlüsse ihrer und der Gesellschafterversammlung des übertragenden Rechtsträgers vom selben Tage mit der Rhs-Qualifizierungsgesellschaft mbH mit Sitz in Duisburg (Amtsgericht Duisburg HRB 6511) verschmolzen.	a) 22.06.2004 Koelpin b) Verschmelzungsvertrag Blatt 72 ff. Sonderband Zustimmungsbeschlüsse Blatt 61 f., 62 f. Sonderband
4					b) Die Gesellschaft ist als übernehmender Rechtsträger nach Maßgabe des Verschmelzungsvertrages vom 12.05.2004 sowie der Zustimmungsbeschlüsse ihrer und der Gesellschafterversammlung des übertragenden Rechtsträgers vom selben Tage mit der Hoesch Industrielaser GmbH mit Sitz in Dortmund (AG Dortmund, HRB 10039) verschmolzen.	a) 08.07.2004 Koelpin b) Verschmelzungsvertrag Blatt 68 ff. Sonderband

MUSTER

LERNFELD 14A

Ein aktueller Auszug zeigt die momentane Situation im Betrieb. Aus diesem Auszug kann entnommen werden:

- wer Geschäftsführer ist,
- wer Prokura erteilt bekommen hat,
- der Name der Firma,
- der Firmensitz,
- die Höhe des Stammkapitals,
- die Rechtsform sowie
- weitere Rechtsverhältnisse.

Beispiel für einen aktuellen Handelsregisterausdruck

Handelsregister B des Amtsgerichts Düsseldorf	Abteilung B Wiedergabe des aktuellen Registerinhalts Abruf vom 25.2.2008 18:38	Nummer der Firma: **HRB 49578**
-Ausdruck-	Seite 1 von 2	

1. **Anzahl der bisherigen Eintragungen:**

9

2. **a) Firma:**

Thyssen Stahl GmbH

b) Sitz, Niederlassung, Zweigniederlassungen:

Düsseldorf

c) Gegenstand des Unternehmens:

Der Erwerb und die Veräußerung, das Halten und Verwalten von Beteiligungen an anderen Unternehmen insbesondere des stahlerzeugenden und -verarbeitenden Bereichs, das Verwalten des eigenen Vermögens sowie die Vornahme aller damit im Zusammenhang stehenden Geschäfte.

3. **Grund- oder Stammkapital:**

935.146.600,00 EUR

4. **a) Allgemeine Vertretungsregelung:**

Die Gesellschaft hat mindestens zwei Geschäftsführer.
Die Gesellschaft wird durch zwei Geschäftsführer oder durch einen Geschäftsführer gemeinschaftlich mit einem Prokuristen vertreten.

b) Vorstand, Leitungsorgan, geschäftsführende Direktoren, persönlich haftender Gesellschafter, Geschäftsführer, Vertretungsberechtigte und besondere Vertretungsbefugnis:

Geschäftsführer: Conrad, Michael, Neuss, *16.08.1959
Geschäftsführer: Jonas, Bernd, Essen, *05.02.1951

5. **Prokura:**

Gesamtprokura gemeinsam mit einem Geschäftsführer oder einem anderen Prokuristen:
van Bracht, Arnd, Dinslaken, *12.06.1968
Knickenberg, Walter, Köln, *08.01.1948
Knieper, Susanne, Essen, *09.02.1958
Kühnast, Manuel, Essen, *07.02.1953
von Mitzlaff, Dirk, Mülheim/Ruhr
Ohl, Harald, Recklinghausen, *06.02.1945
Regelmann, Ulrich, Dortmund, *30.07.1956
Swienty, Michael, Essen, *26.02.1963
van den Woldenberg, Klaus, Essen

6. **a) Rechtsform, Beginn, Satzung oder Gesellschaftsvertrag:**

Gesellschaft mit beschränkter Haftung

Gesellschaftsvertrag vom 13.06.2003
Zuletzt geändert durch Beschluss vom 12.05.2004

EXKURS

Firma und Prokura

§§ 17, 48–53 HGB

Eine Firma ist der Name, unter dem ein Kaufmann seine Geschäfte betreibt. Grundsätzlich ist ein Kaufmann dazu verpflichtet, die Geschäfte selbst zu führen und die Firma nach außen zu vertreten. Bei einer GmbH übernimmt dies der Geschäftsführer.

© Butch – Fotolia.com

Zur Entlastung des Kaufmanns bzw. Geschäftsführers besteht die Möglichkeit, vertrauenswürdigen und mit Führungsaufgaben ausgestatteten Personen, beispielsweise Abteilungsleitungen, Prokura zu erteilen. Dazu ist nur der Kaufmann, also der Inhaber des Handelsgeschäfts, bzw. sein gesetzlicher Vertreter berechtigt. Die Prokura muss ausdrücklich schriftlich oder mündlich erklärt und ins Handelsregister eingetragen werden. Durch den Eintrag ins Handelsregister kann jeder, der Geschäfte mit dem Unternehmen tätigt, prüfen, ob die Person dazu berechtigt ist, die Geschäfte abzuschließen.

Prokura ist eine umfassende Handlungsvollmacht, die zu allen gewöhnlich anfallenden gerichtlichen und außergerichtlichen Geschäften und Rechtshandlungen berechtigt. Ausgenommen ist sowohl der Verkauf als auch die Belastung von Grundstücken. Beschränkungen, die im Innenverhältnis gelten, sind Dritten gegenüber unwirksam. Dritte müssen geschützt werden, da Beschränkungen nicht ins Handelsregister eingetragen werden und somit Außenstehende keine Kenntnis erlangen können.

Die Unterschrift eines Prokuristen umfasst neben der Nennung der Firma seinen Namen und den Zusatz ppa. (per prokura). Fehlt dieser Zusatz, ist das Geschäft trotzdem gültig. Da aber u. U. nicht erkennbar ist, dass der Prokurist in Vollmacht und Vertretung des Unternehmens gehandelt hat, kann er im Zweifelsfall persönlich haftbar gemacht werden.

Das HGB nennt verschiedene Arten der Prokura:

Einzelprokura: Der Prokurist darf das Unternehmen alleine vertreten.

Filialprokura: Die Prokura gilt nur in einer Filiale, gegenüber Dritten ist diese Beschränkung nur dann wirksam, wenn die Filialen unter verschiedenen Firmen betrieben werden. Eine Eintragung im Handelsregister erfolgt immer unter der Firma.

Gesamtprokura: Ein Prokurist darf die Gesellschaft nur gemeinsam mit einem zweiten Prokuristen oder einem Geschäftsführer vertreten.

Prokura kann:

- jederzeit widerrufen werden,
- nicht übertragen werden und
- besteht über den Tod des Inhabers hinaus.

2. GESTALTUNGSMÖGLICHKEITEN BEI EINER GESELLSCHAFT MIT BESCHRÄNKTER HAFTUNG (GMBH)

2.1 Die Standard (normale) GmbH

LF 2 | 1.2.3.1

§§ 1, 13 GmbHG, § 6 HGB

Eine GmbH kann von einer oder mehreren Personen gegründet werden und gehört als Handelsgesellschaft zu den Kapitalgesellschaften. Die Haftung ist so geregelt, dass die Gesellschafter nur mit ihren Geschäftsanteilen haften und den Gläubigern nur das Gesellschaftsvermögen haftet. Die Haftungsbeschränkung tritt allerdings erst in Kraft, wenn die GmbH ins Handelsregister eingetragen ist. Davor haften die Gesellschafter auch mit ihrem Privatvermögen, vergleichbar der OHG. Gerichtlich und außergerichtlich wird die GmbH von einem oder mehreren Geschäftsführern vertreten. Sind keine Geschäftsführer im Amt, vertreten die Gesellschafter die GmbH. Im Zusammenhang mit der Vertretungsregelung muss festgelegt werden, ob dem Geschäftsführer Befreiung von § 181 BGB – dem Insichgeschäft – erteilt wird. Geschäftsführer können natürliche, unbeschränkt geschäftsfähige Personen werden. Die Aufgaben eines Geschäftsführers umfassen die Geschäftsführung im Innenverhältnis und die Vertretung der Gesellschaft nach außen. Sind mehrere Geschäftsführer bestellt, kann entweder eine Einzelvertretungsbefugnis vorliegen oder auch eine Gesamtvertretung. In letzterem Fall können die Geschäftsführer nur gemeinschaftlich handeln.

§ 35 GmbHG

© Goss Vitalij – Fotolia.com

§§ 5, 7 GmbHG

Das Kapital der GmbH heißt Stammkapital und beträgt mindestens 25.000,00 Euro. Die Kapitaleinlage eines Gesellschafters wird als Stammeinlage bezeichnet und der Nennbetrag jedes Geschäftsanteils muss auf volle Euro lauten. Die Summe der Nennbeträge aller Geschäftsanteile muss mit der Summe des Stammkapitals übereinstimmen. Von dem Nennbetrag aller Geschäftsanteile muss vor Eintragung ins Handelsregister mindestens ein Viertel geleistet werden. Die Summe aller geleisteten Einlagen, wenn Sacheinlagen geleistet werden, wird deren Wert zu den Geldeinlagen hinzugerechnet, muss mindestens die Hälfte des Mindeststammkapitals, also mindestens 12.500,00 Euro, ergeben. Die Einlagen können bar oder als Sacheinlage eingebracht werden.

§ 4 GmbHG

MERKE

Eine GmbH benötigt immer den Zusatz GmbH und kann ansonsten unter einem Sach-, Personen- oder Phantasienamen firmieren.

Auf Geschäftsbriefen sind folgende Inhalte anzugeben:

- die vollständige Firma
- die Rechtsform
- die Vor- und Zunamen der Geschäftsführer sowie
- das Registergericht und
- die Handelsregisternummer

2.2 Die Unternehmergesellschaft/UG (haftungsbeschränkt)

◂ LF 2 | 1.2.3.2

§ 5a GmbHG

Seit November 2008 besteht die Möglichkeit, eine Unternehmergesellschaft/UG mit dem Zusatz haftungsbeschränkt zu errichten. Juristisch gesehen ist sie eine GmbH, gehört somit zu den Kapitalgesellschaften und ist eine juristische Person mit eigener Rechtspersönlichkeit. Auch sie entsteht mit Eintragung ins Handelsregister. Da sich eine UG bezüglich des Kapitals wesentlich von einer GmbH unterscheidet, ist der Zusatz **haftungsbeschränkt** in der Klammer **zwingend** vorgeschrieben.

Das Kapital der UG (haftungsbeschränkt) kann zwischen 1 und 24.999 Euro betragen, die Mindeststammeinlagen betragen 1 Euro. Allerdings muss im Gegensatz zur GmbH das gesamte Stammkapital bar eingezahlt werden. Eine Einbringung von Sacheinlagen ist nicht möglich. Das geringe Stammkapital setzt voraus, dass die Gesellschafter für den Fall einer Kreditaufnahme (Fremdfinanzierung) genügend persönliche Sicherheiten bieten können. Zudem muss bedacht werden, dass zumindest die Kosten für den Notar und die Handelsregistereintragung gedeckt sein müssen. Ist zu wenig Kapital vorhanden, kann eine Insolvenz drohen.

Ziel ist, dass die UG durch erfolgreiches Wirtschaften zu einer GmbH wird. Für diesen Zweck besteht die Verpflichtung, dass Kapital angespart werden muss. Dafür ist ein Viertel des Jahresüberschusses in eine gesetzliche Rücklage einzustellen **(Zwangsthesaurierungspflicht).** Erreicht die Rücklage 25.000,00 Euro, kann durch einen Notar die Erhöhung des Stammkapitals zur Eintragung ins Handelsregister beantragt werden. Sobald die Kapitalerhöhung eingetragen ist, darf die UG in eine GmbH umgewandelt und als solche im Handelsregister eingetragen werden. Im Gegensatz zur GmbH dürfen keine Sacheinlagen eingebracht werden.

Abgesehen davon gelten dieselben Vorschriften wie bei einer GmbH.

2.3 Zusammenfassung und Aufgaben

ZUSAMMENFASSUNG

	GmbH	UG
Stammkapital, Stammeinlagen	25.000,00 Euro, mindestens 12.500,00 Euro einzahlen oder die Hälfte der Summe der Stammeinlagen; Sacheinlagen sind möglich	1,00–24.999,00 Euro, eingezahlt werden muss die gesamte Summe; nur Bargründung
Umbenennung		Mindestens ¼ des Jahresüberschusses muss in eine gesetzliche Rücklage eingestellt werden bis 25.000,00 Euro erreicht sind; Kapitalerhöhung ins Handelsregister eintragen lassen, dann ist eine Änderung in eine GmbH möglich (§ 4 GmbHG).
Haftung	Das Gesellschaftsvermögen haftet; die Gesellschafter haften ab Eintragung ins Handelsregister nur bis zur Höhe ihrer Stammeinlage.	
Gegenstand und Firma	Gegenstand muss genau angegeben sein, Firmenname kann Personen-, Sach- oder Phantasiename sein mit Zusatz GmbH oder UG (haftungsbeschränkt).	
Geschäftsführung und Vertretung	1 oder mehrere Geschäftsführer; im Innenverhältnis: Geschäftsführung, im Außenverhältnis: Vertretungsmacht – einzelvertretungsberechtigt oder gemeinschaftliche – und Festlegung, ob von § 181 BGB befreit	
Geschäftsbriefe	Notwendige Angaben: Firma wie im Handelsregister, Rechtsform, Sitz, Registergericht und HR-Nummer, vollständige Namen aller Geschäftsführer	

AUFGABEN

1. Erstellen Sie eine Liste mit den wesentlichen Informationen, die einem aktuellen Handelsregisterauszug entnommen werden können.

2. Zeigen Sie den Unterschied zwischen einem chronologischen und einem aktuellen Handelsregisterauszug auf.

3. Zählen Sie die Unterschiede zwischen GmbH und UG (haftungsbeschränkt) auf.

4. Erläutern Sie die Vorteile und Nachteile, die eine UG (haftungsbeschränkt) in sich birgt.

3. VERFAHREN UND ABLAUF DER GRÜNDUNG

In Anlehnung an den zugrundeliegenden Lehrplan werden im Folgenden exemplarisch die Abläufe bei der Gründung einer GmbH und einer UG (haftungsbeschränkt) dargestellt.

Für die Gründung besteht bei GmbH und UG (haftungsbeschränkt) die Möglichkeit, zwischen dem normalen und standardisierten Verfahren zu wählen. Das standardisierte (vereinfachte) Verfahren wird unter 3.3 gemeinsam für UG und GmbH beschrieben.

§ 2 Abs. 1a GmbHG, § 12 HGB, § 39 BeurkG

3.1 Gründung einer UG (haftungsbeschränkt)

Wird eine UG (haftungsbeschränkt) ganz normal gegründet, also ohne Musterprotokoll, ist der Ablauf vergleichbar dem bei einer GmbH (vgl. 3.2). Einzig hinsichtlich der Einzahlung des Stammkapitals bestehen Unterschiede, da bei einer UG **ausschließlich die Bargründung mit sofortiger Einzahlung** in voller Höhe infrage kommt. Eine Gründung mit Sacheinlagen ist ausgeschlossen.

§ 5a GmbHG

Handelsregisteranmeldung für eine UG (haftungsbeschränkt) mit mehreren Personen

BEISPIEL

An das Amtsgericht

– Handelsregister –

Errichtung einer Unternehmergesellschaft (haftungsbeschränkt) *Gegenstand*

Vorname, Name, Geburtsdatum, Wohnort

Vorname, Name, Geburtsdatum, Wohnort

Vorname, Name, Geburtsdatum, Wohnort

überreichen als Geschäftsführer *Firma, Sitz*

eine beglaubigte Abschrift der Gründungsverhandlung nebst Gesellschaftsvertrag vom … des Notars … UR-Nr. …

den Gesellschafterbeschluss vom … mit der Geschäftsführerbestellung und

eine Liste der Gesellschafter.

Wir/Ich melde/n die Gesellschaft sowie die Bestellung zu Geschäftsführern zur Eintragung in das Handelsregister an.

Geschäftsanschrift: …

Vertretung:

Die Gesellschaft wird durch einen oder mehrere Geschäftsführer vertreten. Sofern die Gesellschafterversammlung nichts anderes bestimmt, ist jeder Geschäftsführer einzeln vertretungsberechtigt. Ist nur ein Geschäftsführer vorhanden, so vertritt er die Gesellschaft alleine.

Jeder Geschäftsführer kann durch Beschluss der Gesellschafter von den Beschränkungen des § 181 BGB befreit werden.

Versicherungen:

Die/der Geschäftsführer versichern/t:

Die Einlageverpflichtungen wurden in voller Höhe eingezahlt.

§ 40 GmbHG

Nr. des Geschäftsanteils	Name, Vorname, Geburtsdatum, Wohnort des Gesellschafters	Nennbetrag des Geschäftsanteils in Euro	Einzahlungsbetrag in Euro	Prozentuale Beteiligung am Stammkapital

Die eingezahlten Beträge befinden sich endgültig in der freien Verfügung der Geschäftsführung. Das Stammkapital ist nicht durch Verbindlichkeiten vorbelastet, mit Ausnahme des laut Satzung übernommenen Gründungsaufwands.

BEISPIEL

Ferner versichern die Geschäftsführer, jeder für sich, dass:

- keine Umstände vorliegen, die zum Ausschluss vom Amt eines Geschäftsführers gem. § 6 Abs. 2 GmbHG führen.
- weder durch gerichtliches Urteil noch durch vollziehbare Entscheidung einer Verwaltungsbehörde die Ausübung eines Berufs oder Gewerbes untersagt wurde.
- während der letzten fünf Jahre keine rechtskräftige Verurteilung wegen Insolvenzverschleppung, Insolvenzstraftaten nach §§ 283–283d StGB, wegen falschen Angaben nach § 82 GmbHG oder § 399 AktG, wegen unrichtiger Darstellung nach § 400 AktG, § 313 UmwG oder § 13 PubG oder nach den §§ 263–264a StGB (Betrug) oder Untreue zu einer Freiheitsstrafe von mindestens einem Jahr ausgesprochen wurde.
- eine Belehrung des Notars über die unbeschränkte Auskunftspflicht und die Folgen einer falschen Auskunft (§ 8 GmbHG) erfolgt ist.

Unterschriften der Geschäftsführer/-innen mit Datum und Ort

Beglaubigungsvermerk durch den Notar

Auszug aus einer Satzung für eine UG (haftungsbeschränkt) mit mehreren Personen

Die Satzung ist Grundlage für das Gründungsprotokoll und somit auch für die Anmeldung zum Handelsregister.

BEISPIEL

§ 1 Firma und Sitz der Gesellschaft

Die Firma lautet: *Sach-, Fantasie- oder Personenfirma + Zusatz UG (haftungsbeschränkt)*

Die Firma hat ihren Sitz in *Ort der Firma*

§ 2 Gegenstand des Unternehmens

Gegenstand des Unternehmens ist *…*

§ 3 Stammkapital und Geschäftsanteile

Das Stammkapital der Gesellschaft beträgt *1,00–24.999,00 Euro (in Worten …)*

Die Geschäftsanteile übernehmen:

Nr. des Geschäftsanteils	Name, Vorname, Geburtsdatum, Wohnort des Gesellschafters	Nennbetrag des Geschäftsanteils in Euro	Einzahlungsbetrag in Euro	Prozentuale Beteiligung am Stammkapital

LERNFELD 14A

BEISPIEL

Die Einlagen sind sofort in voller Höhe als Bareinlage zu erbringen.

§ 4 Geschäftsjahr und Bekanntmachungen

Das Geschäftsjahr entspricht dem Kalenderjahr.

Bekanntmachungen der Gesellschaft werden ausschließlich im elektronischen Bundesanzeiger veröffentlicht.

§ 5 Geschäftsführung und Vertretung

Die Gesellschaft wird durch einen oder mehrere Geschäftsführer vertreten. Sofern die Gesellschafterversammlung nichts anderes bestimmt, ist jeder Geschäftsführer einzeln vertretungsberechtigt. Ist nur ein Geschäftsführer vorhanden, so vertritt er die Gesellschaft alleine.

Jeder Geschäftsführer kann durch Beschluss der Gesellschafter von den Beschränkungen des § 181 BGB befreit werden.

§ 6 Gesellschafterversammlung und Gesellschafterbeschlüsse

Die ordentliche Gesellschafterversammlung ist jährlich, spätestens vier Monate nach Ende des Geschäftsjahres, abzuhalten.

Für Gesellschafterbeschlüsse ist die einfache Mehrheit der abgegebenen Stimmen notwendig.

Jeder Euro eines Geschäftsanteils gibt eine Stimme. Das Stimmrecht aus einem Geschäftsanteil ist einheitlich auszuüben.

§ 7 Wettbewerbsverbot

...

§ 8 Kosten

3.2 Gründung einer GmbH

§§ 1 ff. GmbHG

Bei einer normalen Gründung müssen folgende Erklärungen und Dokumente vorliegen:

- eine Gründungsurkunde
- ein notariell beurkundeter Gesellschaftsvertrag
- der Beschluss zur Bestellung des/der Geschäftsführer/s durch die Gesellschafter
- die Versicherung des/der Geschäftsführer/s
- Vollmacht der Geschäftsführer in notarieller Form
- eine Gesellschafterliste, damit sie zur Anmeldung mit eingereicht werden kann
- die Regelung der Kapitalaufbringung und die Versicherung der Einzahlung
- die Anmeldung zum Handelsregister

Die Inhalte dieser Erklärungen bzw. Dokumente werden im Folgenden näher erläutert.

3.2.1 Die Gründungsurkunde

Die Gründungsurkunde beinhaltet

- die ausdrückliche Erklärung der Gründung einer Gesellschaft mit beschränkter Haftung unter Nennung der Firma und des Sitzes,
- als Anlage den Gesellschaftsvertrag bzw. die Satzung,
- die Übernahmeerklärung der Geschäftsanteile durch die Gründungsgesellschafter mit der Verpflichtung zur Einzahlung der Anteile sowie ggf. der Unterwerfung unter die sofortige Zwangsvollstreckung wegen der Zahlungsverpflichtung,
- die Belehrungen durch den Notar,
- die Erklärungen zur Kostentragung in Zusammenhang mit der Gründung,
- die Vollmachtserteilung für die Anmeldung,
- den Beschluss der Geschäftsführerbestellung.

3.2.2 Die Satzung/der Gesellschaftsvertrag

Der Gesellschaftsvertrag enthält die Firmierung, den Sitz, den Gegenstand des Unternehmens und die Höhe des Stammkapitals sowie die übernommenen Geschäftsanteile. Darüber hinaus werden die Geschäftsführung und deren Vertretung sowie die Gewinnverwendung und die notwendigen Mehrheiten bei Beschlüssen der Gesellschafter geregelt.

3.2.3 Bestellung des Geschäftsführers

Der Beschluss der Gesellschafter muss eindeutig sein. Neben dem Vor- und Zunamen, dem Geburtsdatum und dem Wohnort des Geschäftsführers ist auch die Regelung der Vertretungsbefugnis enthalten.

Eine mögliche Formulierung kann lauten: „*Der Geschäftsführer ist einzelvertretungsberechtigt, auch wenn mehrere Geschäftsführer bestellt sind. Der Geschäftsführer ist befugt, die Gesellschaft bei der Vornahme von Rechtsgeschäften mit sich selbst oder als Vertreter eines Dritten uneingeschränkt zu vertreten*

(= Befreiung von den Beschränkungen des § 181 BGB). Diese Befreiung ist auch erteilt, wenn aus der Mehr-Personen-Gesellschaft eine Ein-Personen-Gesellschaft entstehen sollte."

§ 6 GmbHG, §§ 263–264a, 265–266a, 283–283d StGB, § 1903 BGB

3.2.4 Versicherung der Geschäftsführer innerhalb der Anmeldung

Jeder Geschäftsführer muss für sich selbst versichern, dass er die Position bekleiden darf und in den letzten fünf Jahren nicht rechtskräftig wegen Verschleppung eines Insolvenzverfahrens, wegen Bankrotts oder schweren Bankrotts, falscher Angaben gem. § 82 GmbHG oder sonstiger Vergehen wegen Betrugs zu einer Freiheitsstrafe von mindestens einem Jahr verurteilt wurde. Außerdem muss jeder Geschäftsführer versichern, dass:

- weder ein Urteil noch eine Entscheidung gegen ihn vorliegt, wodurch die Ausübung seines Amtes verhindert wird,
- er über sein Vermögen selbst verfügen darf,
- er wegen Amtsunfähigkeit noch nie in einer Anstalt war

Liegt einer dieser Gründe gegen einen Geschäftsführer vor, ist er von der Geschäftsführung ausgeschlossen. Die Sperre für die Übernahme einer Stellvertretung gilt fünf Jahre ab dem Zeitpunkt in dem das Urteil rechtskräftig wurde. Eine Stellvertretung ist bei dieser Versicherung nicht möglich.

3.2.5 Versicherung zur Kapitalaufbringung in der Anmeldung

§ 129 BGB, § 12 HGB, § 40 BeurkG

Grundsätzlich bestätigen die Geschäftsführer, dass von den Gesellschaftern die Leistungen bewirkt und in welcher Höhe sie bewirkt wurden. Damit bestätigen sie auch, dass sie über das Vermögen der GmbH verfügen können und keine Verbindlichkeiten auf ihm lasten. Einzig die im Gesellschaftsvertrag festgesetzten Kosten der Notarkosten und Steuern lasten auf dem Vermögen. Bei einer reinen Bargründung versichern die Geschäftsführer, dass keine Vermögensgegenstände (= Sacheinlagen) eingebracht wurden.

MERKE

Wenn Sacheinlagen eingebracht werden, müssen diese sofort und vollständig vorliegen und zusätzlich in einer Übersicht mit ihrem Geldwert erfasst werden. Eine Stellvertretung ist bei dieser Versicherung nicht möglich.

3.2.6 Belehrungen des Notars in der Gründungsurkunde

Der Notar belehrt darüber, dass

- die GmbH erst mit Eintragung ins Handelsregister entsteht und ab diesem Zeitpunkt die Haftung auf das Vermögen der GmbH übergeht;

- die Gründer somit für Verluste, die bis zur Eintragung entstanden sind, in voller Höhe gesamtschuldnerisch und unbeschränkt persönlich haften;
- Geschäftsanteile bei einer reinen Bargründung auch nur in bar eingebracht werden können. Der Kauf von Gegenständen und dessen Verrechnung mit der Bareinlage ist also nicht möglich;
- der Geschäftsführer dazu verpflichtet ist, jede Änderung im Bestand der Gesellschaft und der Nennbeträge der Geschäftsanteile unverzüglich beim Handelsregister einzureichen. Sind die Angaben falsch, macht er sich gem. § 82 GmbHG strafbar.

§ 82 GmbHG

3.2.7 Anmeldung zum Handelsregister

Alle Geschäftsführer müssen die GmbH zum Handelsregister anmelden. Grundlage für die Anmeldung ist die Satzung.

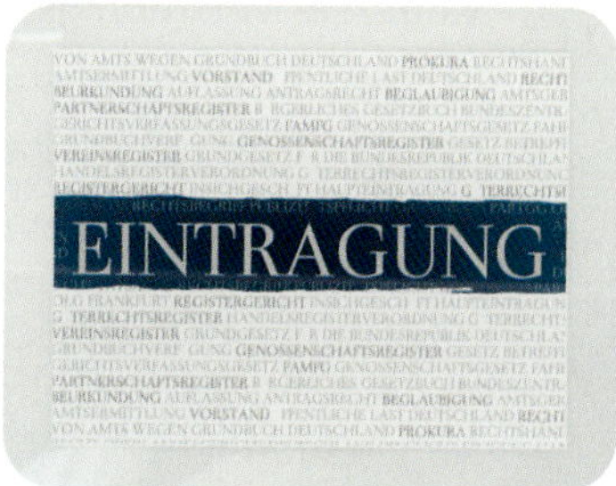

Folgende Unterlagen müssen eingereicht werden:

- notariell beurkundeter Gesellschaftsvertrag
- Vollmachten, wenn Bevollmächtigte gehandelt haben oder Vertretungsbescheinigungen, wenn Vertreter gehandelt haben
- Beschluss über die Bestellung der Geschäftsführer
- Gesellschafterliste
- Nachweis über die Einlagen, nur bei erheblichen Zweifeln des Registergerichts

Handelsregisteranmeldung bei einer Mehr-Personen-GmbH

BEISPIEL

An das Amtsgericht
– Handelsregister –
...
Zur Ersteintragung in das Handelsregister wird angemeldet, dass heute unter der Firma *genaue Bezeichnung der GmbH*
eine Gesellschaft mit beschränkter Haftung gegründet worden ist.
Sitz der Gesellschaft ist *Ort*
Die Geschäftsräume der Gesellschaft befinden sich in *Postleitzahl, Ort, Straße*, dies ist auch die inländische Geschäftsanschrift gem. § 10 Abs. 1 Satz 1 GmbHG.

BEISPIEL

Abstrakte Vertretungsregelung

Die Gesellschaft hat einen oder mehrere Geschäftsführer. Ist nur ein Geschäftsführer bestellt so vertritt dieser die Gesellschaft alleine. Sind mehrere Geschäftsführer bestellt, so wird die Gesellschaft durch zwei Geschäftsführer gemeinsam oder durch einen Geschäftsführer gemeinsam mit einem Prokuristen vertreten.

Durch Gesellschafterbeschluss kann einzelnen Geschäftsführern die Befugnis zur Alleinvertretung und Befreiung von den Beschränkungen des § 181 BGB erteilt werden. Der Umfang der Vertretungsbefugnis der Geschäftsführung gegenüber Dritten ist stets unbeschränkt.

Konkrete Vertretungsregelung

Zum ersten Geschäftsführer der GmbH wurde bestellt:

Name, Vorname, Geburtsdatum, Wohnort

Dieser Geschäftsführer ist berechtigt, die Gesellschaft stets alleine zu vertreten und kann als Geschäftsführer mit sich im eigenen Namen oder als Vertreter eines Dritten Rechtsgeschäfte vornehmen (Befreiung von den Beschränkungen des § 181 BGB). Der Umfang der Vertretungsbefugnis gegenüber Dritten ist stets unbeschränkt.

Versicherungen

Nach den Belehrungen durch den Notar über die unbeschränkte Auskunftspflicht gegenüber dem Gericht und die Strafbarkeit einer falschen Versicherung gem. § 8 GmbHG wird versichert, dass

- keine Umstände vorliegen, die zum Ausschluss vom Amt eines Geschäftsführers gem. § 6 Abs. 2 GmbHG führen,
- weder durch gerichtliches Urteil noch durch vollziehbare Entscheidung einer Verwaltungsbehörde die Ausübung eines Berufs oder Gewerbes untersagt wurde,
- während der letzten fünf Jahre keine rechtskräftige Verurteilung wegen Insolvenzverschleppung, Insolvenzstraftaten nach §§ 283–283d StGB, wegen falschen Angaben nach § 82 GmbHG oder § 399 AktG, wegen unrichtiger Darstellung nach § 400 AktG, § 313 UmwG oder § 13 PubG oder nach den §§ 263–264a StGB (Betrug) oder Untreue zu einer Freiheitsstrafe von mindestens einem Jahr ausgesprochen wurde,
- die Gesellschafter folgende Leistungen auf ihre Geschäftsanteile bewirkt haben:

Nr. des Geschäftsanteils	Name, Vorname, Geburtsdatum, Wohnort des Gesellschafters	Nennbetrag des Geschäftsanteils in Euro	Einzahlungsbetrag in Euro	Prozentuale Beteiligung am Stammkapital

BEISPIEL

- das Vermögen sich in der freien Verfügung der Geschäftsführung befindet und durch keine Verbindlichkeiten außer durch die im Gesellschaftsvertrag festgelegten Notarkosten und Steuern belastet ist.

Unterschriften der Geschäftsführer/innen mit Datum und Ort

Beglaubigungsvermerk durch den Notar

Gesellschafterliste

BEISPIEL

Gesellschafterliste der … GmbH oder UG (haftungsbeschränkt)
Sitz: ____________
Handelsregister-Nr.: ________ (Angabe nur möglich, wenn Gesellschaft schon gegründet)
1. Gesellschafter:
Name, Vorname: ____________
Geburtsdatum: ____________
Wohnort: ____________
Betrag der Stammeinlage: ____________ Euro
Fortlaufende Nummer der Geschäftsanteile: ____________
2. Gesellschafter:
…
x. Gesellschafter:
…
Ort, Datum, Unterschrift des/der Geschäftsführer/s

3.2.8 Das vereinfachte Verfahren nach § 2 Abs. 1a GmbHG für beide Formen

§ 2 Abs. 1a GmbHG

Eine vereinfachte Gründung ist nur dann möglich, wenn

- ein Musterprotokoll für eine Ein-Personen- bzw. Mehr-Personen-Gesellschaft verwendet wird,
- im Musterprotokoll nur die Lücken ausgefüllt werden und keine Sonderregelungen (z. B. bezüglich eines Erbfalls) getroffen werden,
- höchstens drei Personen gründen,

LERNFELD 14A

- eine reine Bargründung vorgenommen und bei einer UG auch voll eingezahlt wird,
- keine Sacheinlagen eingebracht werden,
- nur ein Geschäftsführer bestellt ist.

MERKE

Das Musterprotokoll muss beurkundet werden und ersetzt die Gesellschafterliste.

Musterprotokoll für die Gründung einer Einpersonengesellschaft

Musterprotokoll

für die Gründung einer Einpersonengesellschaft

UR. Nr. ....

Heute, den ....,

erschien vor mir, ...,

Notar/in mit dem Amtssitz in

....,

Herr/Frau[1])

....

....

....[2]).

1. Der Erschienene errichtet hiermit nach § 2 Abs. 1a GmbHG eine Gesellschaft mit beschränkter Haftung unter der Firma ....
   ....
   mit dem Sitz in ....
2. Gegenstand des Unternehmens ist ....
3. Das Stammkapital der Gesellschaft beträgt .... €
   (i. W. .... Euro) und wird vollständig von Herrn/Frau[1]) ....
   (Geschäftsanteil Nr. 1) übernommen. Die Einlage ist in Geld zu erbringen, und zwar sofort in voller Höhe/zu 50 Prozent sofort, im Übrigen sobald die Gesellschafterversammlung ihre Einforderung beschließt[3]).

4. Zum Geschäftsführer der Gesellschaft wird Herr/Frau[4]) ....
....,
geboren am ...., wohnhaft in ....
...., bestellt.
Der Geschäftsführer ist von den Beschränkungen des § 181 des Bürgerlichen Gesetzbuchs befreit.

5. Die Gesellschaft trägt die mit der Gründung verbundenen Kosten bis zu einem Gesamtbetrag von 300 €, höchstens jedoch bis zum Betrag ihres Stammkapitals. Darüber hinausgehende Kosten trägt der Gesellschafter.

6. Von dieser Urkunde erhält eine Ausfertigung der Gesellschafter, beglaubigte Ablichtungen die Gesellschaft und das Registergericht (in elektronischer Form) sowie eine einfache Abschrift das Finanzamt – Körperschaftsteuerstelle –.

7. Der Erschienene wurde vom Notar/von der Notarin insbesondere auf Folgendes hingewiesen: ....

Hinweise:

[1]) Nicht Zutreffendes streichen. Bei juristischen Personen ist die Anrede Herr/Frau wegzulassen.

[2]) Hier sind neben der Bezeichnung des Gesellschafters und den Angaben zur notariellen Identitätsfeststellung ggf. der Güterstand und die Zustimmung des Ehegatten sowie die Angaben zu einer etwaigen Vertretung zu vermerken.

[3]) Nicht Zutreffendes streichen. Bei der Unternehmergesellschaft muss die zweite Alternative gestrichen werden.

[4]) Nicht Zutreffendes streichen.

Elektronische Fassung u. Nutzungshinweise: www.musterprotokoll.de
Stand: 1. November 2008 (V1.0)

Musterprotokoll für die Gründung einer Mehrpersonengesellschaft

Musterprotokoll
für die Gründung einer Mehrpersonengesellschaft
mit bis zu drei Gesellschaftern

UR. Nr. ....

Heute, den ....,

erschienen vor mir, ...,
Notar/in mit dem Amtssitz in

....,

Herr/Frau[1])

....
.... [2]),

Herr/Frau[1])

....
.... [2]),

Herr/Frau[1])

....
.... [2]).

1. Die Erschienenen errichten hiermit nach § 2 Abs. 1a GmbHG eine Gesellschaft mit beschränkter Haftung unter der Firma ....
   ....
   mit dem Sitz in ....

2. Gegenstand des Unternehmens ist ....

3. Das Stammkapital der Gesellschaft beträgt .... €
   (i. W. .... Euro) und wird wie folgt übernommen:

   Herr/Frau[1]) .... übernimmt einen Geschäftsanteil mit einem Nennbetrag in Höhe von .... €
   (i. W. .... Euro) (Geschäftsanteil Nr. 1),

   Herr/Frau[1]) .... übernimmt einen Geschäftsanteil mit einem Nennbetrag in Höhe von .... €
   (i. W. .... Euro) (Geschäftsanteil Nr. 2),

Herr/Frau[1]) .... übernimmt einen Geschäftsanteil mit einem Nennbetrag in Höhe von .... €
(i. W. .... Euro) (Geschäftsanteil Nr. 3).

Die Einlagen sind in Geld zu erbringen, und zwar sofort in voller Höhe/zu 50 Prozent sofort, im Übrigen sobald die Gesellschafterversammlung ihre Einforderung beschließt[3]).

4. Zum Geschäftsführer der Gesellschaft wird Herr/Frau[4]) ....
....,
geboren am ...., wohnhaft in ....
...., bestellt.
Der Geschäftsführer ist von den Beschränkungen des § 181 des Bürgerlichen Gesetzbuchs befreit.

5. Die Gesellschaft trägt die mit der Gründung verbundenen Kosten bis zu einem Gesamtbetrag von 300 €, höchstens jedoch bis zum Betrag ihres Stammkapitals. Darüber hinausgehende Kosten tragen die Gesellschafter im Verhältnis der Nennbeträge ihrer Geschäftsanteile.

6. Von dieser Urkunde erhält eine Ausfertigung jeder Gesellschafter, beglaubigte Ablichtungen die Gesellschaft und das Registergericht (in elektronischer Form) sowie eine einfache Abschrift das Finanzamt – Körperschaftsteuerstelle –.

7. Die Erschienenen wurden vom Notar/von der Notarin insbesondere auf Folgendes hingewiesen: ....

Hinweise:

[1]) Nicht Zutreffendes streichen. Bei juristischen Personen ist die Anrede Herr/Frau wegzulassen.

[2]) Hier sind neben der Bezeichnung des Gesellschafters und den Angaben zur notariellen Identitätsfeststellung ggf. der Güterstand und die Zustimmung des Ehegatten sowie die Angaben zu einer etwaigen Vertretung zu vermerken.

[3]) Nicht Zutreffendes streichen. Bei der Unternehmergesellschaft muss die zweite Alternative gestrichen werden.

[4]) Nicht Zutreffendes streichen.

Elektronische Fassung u. Nutzungshinweise: www.musterprotokoll.de
Stand: 1. November 2008 (V1.0)

3.3 Elektronische Handelsregisteranmeldung

LF 11A | 2.1 ▸

Die Anmeldung zur Eintragung ins Handelsregister erfolgt in elektronisch beglaubigter Form. Vollmachten und Dokumente sind ebenfalls elektronisch einzureichen. Die in herkömmlicher Form errichtete notarielle Urkunde (Gründungsurkunde der GmbH, Handelsregisteranmeldung) ist vom Antragsteller unterzeichnet und die Unterschrift von dem Notar beglaubigt. Im nächsten Schritt werden von der Papierurkunde elektronisch beglaubigte Abschriften gefertigt. Werden allerdings nur einfache Abschriften oder Dokumente, für die die Schriftform bestimmt ist, eingereicht, genügt ein Scan mit der handschriftlichen Unterschrift der Dokumente. Überschreiten die einzureichenden Dokumente das vorgegebene Datenvolumen, sind durch die Rechtsverordnungen der Länder andere Formen der Einreichung geregelt. Dies kann entweder die Einreichung in Papierform oder mittels einer CD-ROM sein.

© kebox – Fotolia.com

Ablauf

Vorbereitung aller Daten in X-Notar (Strukturdaten) → Elektronische Unterzeichnung durch den Notar in SIG-Notar unter Einsatz der Signaturkarte → Übersendung an das Registergericht mittels EGVP (elektronisches Gerichts- und Verwaltungspostfach) → Bestätigung der Übersendung und der Eintragung mittels EGVP

§§ 8a, 12 Abs. 2, 39, 40 GmbHG, § 39a BeurkG

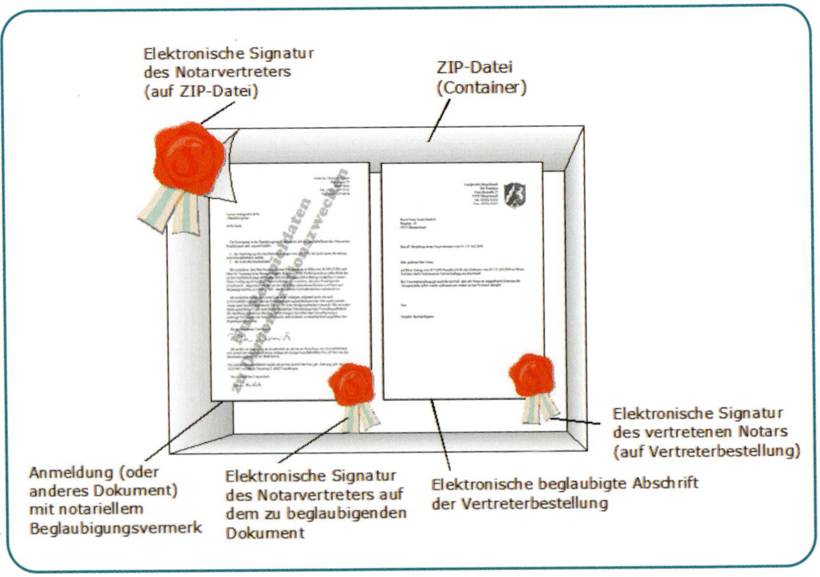

Quelle: www.bnotk.de

3.4 Änderungen von Eintragungen

Alle Änderungen müssen im Handelsregister eingetragen werden.

3.4.1 Änderungen in der Geschäftsführung

Geschäftsführer können freiwillig ihr Amt niederlegen oder abberufen werden. In beiden Fällen wird eine Handelsregisteranmeldung benötigt. Wurde das Amt niedergelegt, wird das Niederlegungsschreiben mit der Empfangsbestätigung der Gesellschafter benötigt, bei Abberufung bedarf es des Gesellschafterbeschlusses in Schriftform. Damit die Anmeldung vorgenommen werden kann, müssen der vollständige Name des neuen Geschäftsführers, das Geburtsdatum und die Adresse sowie die Vertretungsregelung im Notariat vorliegen.

3.4.2 Satzungsänderungen

Änderungen im Gesellschaftsvertrag können beispielsweise sein:

- Sitzverlegung
- Änderung der Firma
- Kapitalerhöhung oder Kapitalherabsetzung
- Änderung des Gegenstandes

Für die Anmeldung wird außer dem Wortlaut des abgeänderten Gesellschaftsvertrags auch der Beschluss benötigt, der die Änderung herbeigeführt hat. Ist eine Kapitalerhöhung beschlossen worden, wird zur Bearbeitung eine notariell beurkundete oder beglaubigte Übernahmeerklärung sowie die Liste der Übernehmer und Gesellschafter benötigt.

3.4.3 Erteilung von Prokura

Wird die Vertretung nachträglich so geregelt, dass ein Geschäftsführer auch gemeinsam mit einem Prokuristen handeln darf, muss für die Anmeldung zum Handelsregister der vollständige Name, das Geburtsdatum und der Wohnort des Prokuristen vorgelegt werden. In der Regel ist auch eine Änderung des Gesellschaftsvertrags notwendig, wenn die Vertretungsregelung in anderer Form bestimmt wurde.

3.4.4 Zusammenfassung und Aufgaben

ZUSAMMENFASSUNG

Gründungsverfahren – Übersicht

	Normale Gründung	Vereinfachte Gründung
Gründer	Beliebige Anzahl von Gründern	Max. 3 Gründer
Vertrag	Freie Formulierungen möglich	Musterprotokoll, keine Gestaltungsmöglichkeiten
Stammkapital, Stammeinlagen	Bei GmbH: Bargründung, Sacheinlagen Bei UG: nur Bargründung mit sofortiger vollständiger Einzahlung	Bargründung, keine Sacheinlagen Bei UG mit sofortiger vollständiger Einzahlung
Geschäftsführer	Mehrere Geschäftsführer möglich; Wahl ob Befreiung von § 181 BGB	1 Geschäftsführer mit Zwang zu Befreiung von § 181 BGB
Dokumente	Notariell beurkundetes Gründungsprotokoll, notariell beurkundeter Gesellschaftsvertrag, Gesellschafterliste, Handelsregisteranmeldung	Notariell beurkundetes Musterprotokoll tritt an Stelle von Gesellschaftsvertrag und Gesellschafterliste

AUFGABEN

1. Stellen Sie die Arbeitsschritte dar, die bei der Anmeldung einer UG (haftungsbeschränkt) mit Musterprotokoll im Notariat anfallen.

2. Nennen Sie die Dokumente, die im Zusammenhang mit der Gründung einer GmbH benötigt werden.

3. „Eine Gründung mit Musterprotokoll hat Nachteile." Nehmen Sie zu dieser Aussage Stellung.

3.5 Notarkosten im Zusammenhang mit Eintragungen ins Handelsregister

GNotKG

Grundlage für die Ermittlung der Notarkosten ist das Gerichts- und Notarkostengesetz (GNotKG). Für die Ermittlung der Gebühren wird Tabelle B aus dem GNotKG verwendet.

Bei der Berechnung der Kosten liegt der Schwerpunkt ebenfalls auf der GmbH und der UG (haftungsbeschränkt).

Im Folgenden werden die Begriffe Kostenberechnung und Kostenansatz verwendet.

Kostenberechnung

meint die ausführliche Erstellung nach § 19 GNotKG mit:

- **Nennung des Kostengläubigers; UST-ID, Steuernummer**
- **Benennung des Kostenschuldners**
- **Vorbemerkung zur Kosteneinziehung**
- **Auflistung der Gebühren und Auslagen mit Umsatzsteuer (USt.)**
- **Hinweis auf Zahlungsverzug**
- **Rechtsbehelfsbelehrung**
- **Grußformel**
- **Bankverbindung**

Die aufgeführten Beispiele und Aufgaben zeigen den Kostenansatz, der ausschließlich

› Gebühren, Geschäftswerte,

› Auslagen,

› Zusatzgebühren und

› Umsatzsteuer (USt.)

beinhaltet.

3.5.1 Erstanmeldungen

§§ 35 I, 97 I, 105 IV, 107 I, 108 I, 111 (3) GNotKG, KV 21100

Gründung einer GmbH ohne Musterprotokoll

Die Anmeldung zum Handelsregister wird immer getrennt von der Gründung berechnet, obwohl ein Verfahren zu Grunde liegt.

BEISPIEL

ohne 19 % USt. KV Nr. 32014 und Postauslagen:

Herr Schnell und Frau Klein beschäftigen sich mit Upcycling und stellen Taschen und Möbel her. Damit sie nicht mit ihrem Privatvermögen haften müssen, errichten sie die uplife GmbH. Das Stammkapital beträgt 25.000,00 Euro, Schnell und Klein übernehmen jeweils 12.500,00 Euro. Ruth Maier wird durch Beschluss der Gesellschafter zur Geschäftsführerin bestellt. Notarin Dr. Well beurkundet das Gründungsprotokoll und erstellt die Gesellschafterliste.

- GW steht für Geschäftswert
- Gesellschaftsvertrag

KV Nr. 21100	Beurkundungsverfahren (2,0)		384,00 Euro
	GW Vertrag §§ 97 I, 107 I	30.000,00 Euro	
	GW Beschluss §§ 108 I, 105 IV	30.000,00 Euro	
	GW § 35 I	60.000,00 Euro	
KV Nr. 22110	Vollzugsgebühr (0,5)		96,00 Euro
	GW § 112	60.000,00 Euro	

BEISPIEL

ohne 19 % USt. KV Nr. 32014 und Postauslagen:

Außerdem entwirft Notarin Dr. Well die Handelsregisteranmeldung (HR-Anmeldung) mit Belehrung der Geschäftsführerin. Im Anschluss übermittelt sie alle Unterlagen an das Registergericht in elektronischer Form.

- E. m. UB = Entwurf mit Unterschriftsbeglaubigung
- HR-Anmeldung (E. m. UB)

BEISPIEL

KV Nr. 24102	Entw.-/Begl.geb. (0,5)		62,50 Euro
	GW Gründung §§ 119 I, 105 I	30.000,00 Euro	
KV Nr. 22114	XML-Daten (0,3)		37,50 Euro
	GW § 112	30.000,00 Euro	
KV Nr. 32001	Dokupauschale		0,45 Euro
KV Nr. 32002	Dokupauschale (3 Dateien, 16 Seiten)		8,00 Euro

Bei dem Gründungsprotokoll mit Gesellschaftsvertrag fällt bei zwei und mehr Gesellschaftern grundsätzlich eine 2,0 Gebühr nach der KV Nr. 21100, mindestens 120,00 Euro, an. Ist nur ein Gesellschafter (= 1-Personen-GmbH) beteiligt, beträgt die Gebühr 1,0 nach der KV Nr. 21200, mindestens 60,00 Euro.

Der Geschäftswert ermittelt sich bei einer Bargründung aus dem Stammkapital und bei einer Gründung mit Sacheinlagen wird der Wert der Gegenstände ohne Schuldenabzug angesetzt. Der Geschäftswert beträgt gem. § 107 I mindestens 30.000,00 Euro und maximal 10 Mio. Euro.

MERKE

Der Gesellschaftsvertrag und der Beschluss sind immer verschiedene Gegenstände, das bedeutet, dass gem. § 35 I die Gebühr aus der Summe der Geschäftswerte errechnet wird.

Laut herrschender Meinung gehört die Gesellschafterliste nicht zur Anmeldung, sondern zur Gründung, daher ist der Wert der Verfahrenswert. Die Gebühr beträgt gem. KV Nr. 22113 maximal 250,00 Euro. Muss beispielsweise noch die IHK-Bescheinigung eingeholt werden, fällt eine 0,5 Gebühr an, da mehrere Vollzugstätigkeiten notwendig sind. In diesem Fall wird die Beschränkung auf maximal 250,00 Euro nicht angewendet.

Die Formvorschrift sieht für eine HR-Anmeldung eine Beglaubigung mit einem Mindestwert von 30,00 Euro vor. Der Geschäftswert beträgt mindestens 30.000,00 und maximal 1 Mio. Euro. Geschäftsführer und Belehrung der Geschäftsführer sind gegenstandsgleich und mit maximal 250,00 Euro anzusetzen.

Bei der Übermittlung in elektronischer Form ist ein Vergleich der Dateien (maximal 5,00 Euro) gem. KV Nr. 32002 und den Scanseiten gem. KV Nr. 32000 (0,50 Euro für die ersten 50 Seiten, für jede weitere 0,15 Euro) nötig. Der höhere Betrag wird angesetzt.

Dokumentenpauschale (Dokupauschale)

Eine GmbH wird neu zum HR angemeldet. Der Anmeldung (3 Seiten) sind der Gesellschaftsvertrag (10 Seiten), die Liste der Gesellschafter (1 Seite) und der Einzahlungsnachweis beigefügt.

BEISPIEL

BEISPIEL

Für die GmbH wird von der Anmeldung und der Gesellschafterliste je eine beglaubigte Abschrift erstellt.

- KV Nr. 32001 Dokupauschale (4 Seiten) 0,60 Euro
- KV Nr. 32002 Dokupauschale (4 Dateien/15 Scan-Seiten) 7,50 Euro

Nebenrechnung:

4 Dateien: 4 · 1,50 Euro = 6,00 Euro, **ABER: maximal 5,00 Euro**

15 Scanseiten · 0,50 Euro = 7,50 Euro → **der höhere Wert wird genommen**

3.5.2 Spätere Anmeldungen

§§ 97, 105, 108, 109, 119 GNotKG

Nach Eintragung der Gesellschaft ins Handelsregister sind Änderungen nur durch Beschlüsse der Gesellschafter möglich. Beschlüsse sind Tatsachenbeurkundungen und werden als Ergebnis vom Notar protokolliert. Satzungsänderungen werden notwendig, wenn bspw. der Gegenstand oder die Vertretungsberechtigung geändert, der Sitz verlegt oder das Kapital erhöht wird. Unterschieden wird zwischen Änderungen ohne bestimmten Geldwert und solchen, denen ein bestimmter Geldwert zugeordnet werden kann.

Satzungsänderungen – ohne bestimmten Geldwert

Zu Änderungen ohne bestimmten Geldwert zählen z. B. Beschlüsse über

- **die Bestellung von Geschäftsführern, Prokuristen (= Wahlen, wenn zusammengefasst): Ein Wechsel der Geschäftsführer erfordert einen beurkundeten Beschluss. Werden in diesem Zusammenhang mehrere Bestellungen als Wahlen zusammengefasst, sind sie gem. § 109 II gegenstandsgleich. Wird einzeln abgestimmt, gilt dies natürlich nicht. Die Gegenstandsgleichheit gilt nicht bei der Anmeldung zum Handelsregister.**
- **die Entlastung des Vorstands.**
- **Satzungsänderungen, die das Kapital nicht berühren.**
- **die Vertagung oder Absetzung eines Tagesordnungspunktes.**

In diesen Fällen bestimmt sich der Geschäftswert nach §§ 108 I und 105 IV und beträgt 1 % des Stammkapitals, mindestens 30.000,00 Euro und maximal 1 Mio. Euro. Bei einer Gründung mit Musterprotokoll wird der Wert gem. § 105 VI ermittelt. Die jeweils dazugehörige Satzungsänderung ist gegenstandsgleich.

Liegen reine Zustimmungsbeschlüsse vor, dann wird der Geschäftswert nach §§ 108 II und 97 I ermittelt und entspricht dem Wert des zugrundeliegenden Rechtsgeschäfts.

Werden in einer Urkunde mehrere Beschlüsse protokolliert, dann sind die Geschäftswerte nach § 35 I zu addieren. Ausnahme ist wie oben erwähnt, wenn mehrere Bestellungen als Wahlen zusammengefasst werden gem. § 109 II (4 c–f), da diese dann zueinander gegenstandsgleich sind.

Nach § 54 GmbHG, vgl. KV Vorbemerkungen 2.1 II Nr. 4, sind die Zusammenstellung des vollständigen Wortlauts und die Satzungsbescheinigung gebührenfrei. Dafür kann die Dokumentenpauschale nach KV Nr. 32001 verlangt werden, da ein sachlicher Zusammenhang zum Beschluss besteht.

Die Gebühr bestimmt sich nach KV Nr. 21100 mit 2,0 und beträgt mindestens 120,00 Euro.

Wird ein Beschluss, der eine Satzungsänderung auslöst, zum Handelsregister angemeldet, dann wird der Geschäftswert nach §§ 119 und 105 ermittelt und beträgt 1 % des Stammkapitals, mindestens 30.000,00 Euro. Die Gebühr ist eine Entwurfs- und Beglaubigungsgebühr nach KV Nr. 24102, 0,5 mit mindestens 30,00 Euro. Bei der XML-Gebühr und Dokumentenpauschale gelten dieselben Bestimmungen wie bei einer Erstanmeldung.

- XML-Gebühr nach KV Nr. 22114 mit 0,3 und maximal 250,00 Euro, Geschäftswert gem. § 112
- Dokupauschale KV Nr. 32002 und 32000 je Datei 1,50 Euro maximal 5,00 Euro dazu im Vergleich 0,50 Euro für die ersten 50 Seiten, für jede weitere Seite 0,15 Euro; der höhere Betrag wird angesetzt; 1 Datei = Wortlaut der Satzung + Bescheinigung

LERNFELD 14A

BEISPIEL

Die Gesellschafter der uplife GmbH beschließen folgende Satzungsänderungen:

§ 1 Sitz der Gesellschaft wird verlegt nach München

§ 3 Gegenstand des Unternehmens ist neben upcycling auch noch die Direktvermarktung und

§ 5 Vertretungsregelung wird geändert

Das Stammkapital beträgt 25.000,00 Euro. Notarin Dr. Well beurkundet die Beschlüsse in einer Niederschrift (3 Seiten, 3 beglaubigte Abschriften), stellt den Wortlaut der neuen Satzung zusammen (10 Seiten), erteilt die Bescheinigung nach § 54 GmbHG

BEISPIEL

(1 Seite), entwirft die HR-Anmeldung (3 Seiten, 2 beglaubigte Abschriften) und übermittelt diese elektronisch an das zuständige Registergericht. Notarin Dr. Well hat in das Handelsregister Einsicht genommen. Angesetzt wird die Pauschale für Post und Telekommunikation. Erstellen Sie den Kostenansatz.

Berechnung:

Beschluss

(PET = Pauschale für Entgelte für Post- und Telekommunikation)

KV Nr. 2100	Beurkundungsverfahren 2,0		250,00 Euro
	GW §§ 108 I, 105 IV (1)	30.000,00 Euro	
KV Nr. 32001	Dokupauschale (20 Seiten)		3,00 Euro
KV Nr. 32005	PET		20,00 Euro
KV Nr. 32011	Auslagen Registereinsicht		4,50 Euro
Zwischensumme			277,50 Euro
KV Nr. 32014	USt. 19 %		52,73 Euro
Summe			330,23 Euro

Mehrere Satzungsänderungen sind gegenstandsgleich, Zusammenstellung des vollständigen Wortlauts und die Satzungsbescheinigung sind gem. § 54 GmbHG gebührenfrei.

Berechnung:

HR-Anmeldung (E. m. UB)

KV Nr. 24102	Entw.-/Begl.geb. (0,5)		62,50 Euro
	GW Gründung §§ 119 I, 105 I	30.000,00 Euro	
KV Nr. 22114	XML-Daten (0,3)		37,50 Euro
	GW § 112	30.000,00 Euro	
KV Nr. 32001	Dokupauschale (6 Seiten)		0,90 Euro
KV Nr. 32002	Dokupauschale (3 Dateien, 17 Scan-Seiten)		8,50 Euro
Zwischensumme			109,40 Euro
KV Nr. 32014	USt. 19 %		20,79 Euro
Summe			130,19 Euro

Satzungsänderungen – mit bestimmtem Geldwert

Hierunter fallen bspw. Kapitalerhöhungen oder auch Kapitalherabsetzungen. Der Geschäftswert des Beschlusses wird gem. §§ 108 I und 105 I ermittelt. Die

Gebühr für den Beschluss löst eine Gebühr nach KV Nr. 21100 mit 2,0, mindestens 120,00 Euro aus.

Gleichzeitig wird bei einer Kapitalerhöhung eine Übernahmeerklärung für das neue Kapital als rechtsgeschäftliche Erklärung benötigt. Die Beurkundungsgebühr hierfür ergibt sich nach KV Nr. 21200 2,0 mit mindestens 60,00 Euro.

Der Beschluss zur Kapitalerhöhung und die Übernahmeerklärung sind **gegenstandsverschieden.** Die Addition der Geschäftswerte gem. § 35 I bei mehreren protokollierten Beschlüssen in einer Urkunde gilt auch hier. Allerdings muss aufgrund der Gegenstandsverschiedenheit und der unterschiedlichen Gebührensätze nach § 94 I ein Vergleich der Berechnung durchgeführt werden. Die günstigere Variante wird angesetzt.

Die Vollzugsgebühr nach KV Nr. 22110 wird nur einmal angesetzt, maximal 250,00 Euro. Allerdings darf nach KV Nr. 22113 jede Liste angesetzt werden.

Wird die Kapitalerhöhung zum Handelsregister angemeldet, entsteht eine Entwurfs- und Beglaubigungsgebühr nach KV Nr. 24102, 0,5, mindestens 30,00 Euro. Der Geschäftswert ermittelt sich gem. §§ 119 I und 105 I aus dem Erhöhungsbetrag, mindestens 30.000,00 Euro. Satzungsänderungen sind gegenstandsgleich. Bei der XML-Gebühr und Dokumentenpauschale gelten dieselben Bestimmungen wie bei einer Erstanmeldung.

› XML-Gebühr nach KV Nr. 22114 mit 0,3 und maximal 250 Euro, Geschäftswert gem. § 112

› Dokupauschale KV Nr. 32002 und 32000 je Datei 1,50 Euro maximal 5,00 Euro dazu im Vergleich 0,50 Euro für die ersten 50 Seiten, für jede weitere Seite 0,15 Euro; der höhere Betrag wird angesetzt; 1 Datei = Beschluss + Übernahmeerklärung ebenfalls 1 Datei = mehrere Listen + Bescheinigungen

LERNFELD 14A

BEISPIEL

Die Gesellschafterversammlung der Genuss GmbH beschließt in einer späteren Sitzung eine Kapitalerhöhung von 100.000,00 Euro auf 300.000,00 Euro sowie die Änderung der Satzung § 4 entsprechend dieser Kapitalerhöhung. Zusätzlich wurde § 2 Gegenstand des Unternehmens geändert. Notarin Dr. Well beurkundet diese Beschlüsse.

In gleicher Urkunde erklärt Gesellschafter Althaus, dass er diesen Geschäftsanteil übernimmt.

Anschließend entwirft Notarin Dr. Well die Anmeldung zum Handelsregister und beglaubigt die Unterschrift des Herrn Althaus für die Kapitalerhöhung, erstellt den Wortlaut der neuen Satzung und bescheinigt diesen. Zudem erstellt sie die Übernehmerliste und die neue Gesellschafterliste mit Bescheinigung gem. § 40 GmbHG. Erstellen Sie den Kostenansatz ohne Auslagen und USt.

BEISPIEL

Berechnung:

Beschluss

KV Nr. 2100	Beurkundungsverfahren 2,0		970,00 Euro
	GW Kapitalerhöhung §§ 108 I, 105 I (3)	200.000,00 Euro	
	GW Satzung §§ 108 I, 105 IV (1)	30.000,00 Euro	
	GW § 35 I	230.000,00 Euro	

Übernahmeerklärung

KV Nr. 2100	Beurkundungsgebühr 1,0		435,00 Euro
	GW § 97 I	200.000,00 Euro	
Vergleich	GW §§ 94 I, 35 I	430.000,00 Euro	~~1.670,00 Euro~~
KV Nr. 22110	Vollzugsgebühr 0,5		
	GW § 112	430.000,00 Euro	417,50 Euro

Beschluss und Übernahmeerklärung sind nicht gegenstandsgleich und es fallen unterschiedliche Gebührensätze an, weshalb eine Vergleichsrechnung durchgeführt werden muss.

§ 94 Verschiedene Gebührensätze

(1) Sind für die einzelnen Beurkundungsgegenstände oder für Teile davon verschiedene Gebührensätze anzuwenden, entstehen insoweit gesondert berechnete Gebühren, jedoch nicht mehr als die nach dem höchsten Gebührensatz berechnete Gebühr aus dem Gesamtbetrag der Werte.

In diesem Fall ergibt sich, dass die Einzelabrechnung günstiger ist. Aus diesem Grund wird die Einzelabrechnung angesetzt.

In diesem Beispiel müssen 2 Listen erstellt werden. Dafür entsteht eine Gebühr mit maximal 2 × 250,00 Euro, hier ist der Ansatz der 0,5 Gebühr mit 417,50 Euro günstiger. Die Zusammenstellung des vollständigen Wortlauts und die Satzungsbescheinigung sind gem. § 54 GmbHG ebenso gebührenfrei wie die Bescheinigung gem. § 40 GmbHG.

Berechnung:

HR-Anmeldung (E. m. UB)

KV Nr. 24102	Entw.-/Begl.geb. (0,5)		242,50 Euro
	GW Kapitalerhöhung §§ 119 I, 105 I (3)	200.000,00 Euro	
	GW Satzung §§ 119 I, 105 IV (1)	30.000,00 Euro	
	GW § 35 I	230.000,00 Euro	
KV Nr. 22114	XML-Daten 0,3		145,50 Euro
	GW § 112	230.000,00 Euro	

3.5.3 Vereinfachte Gründung mit Musterprotokoll

Gemäß §§ 107 I und 105 VI fallen keine Mindestwerte beim Gesellschaftsvertrag und der Handelsregisteranmeldung an. Beachtet werden müssen allerdings die Mindestgebühren.

§§ 97, 105, 107, 119 GNotKG

Laut Urteil des OLG Celle müssen die Geschäftswerte der Geschäftsführerbestellung und der Gründung nicht addiert werden, da die Bestellung im Gesellschaftsvertrag enthalten ist, wodurch sie gegenstandsgleich sind.

Die Gesellschafterliste ist ebenfalls im Musterprotokoll, weshalb für die Erstellung keine Gebühr anfällt.

Daher kann für die Berechnung das folgende Schema herangezogen werden.

Gesellschaftsvertrag

KV Nr. 21100 Beurkundungsverfahren 2,0 GW §§ 97 I, 107 I

KV Nr. 32001 Dokupauschale (xx Seiten)

KV Nr. 32004 Postauslagen

KV Nr. 32014 USt. 19 %

Keine Mindestwerte!
Gem. § 107 I GF-Bestellung im Gesellschaftsvertrag enthalten, deshalb gegenstandsgleich.

Keine Vollzugsgebühr für die Erstellung der Gesellschafterliste, da im Musterprotokoll enthalten.

HR-Anmeldung (E. m. UB)

KV Nr. 24102 Entwurfs- und Beglaubigungsgebühr 0,5 GW Gründung §§ 119 I, 105 I (1), 105 VI

KV Nr. 22114 XML-Daten 0,3 GW § 112

KV Nr. 32001 Dokupauschale (xx Seiten)

KV Nr. 32002 Dokupauschale Dateien (xx Datei/xx Scan-Seiten)

KV Nr. 32014 USt. 19 %

Kein Mindestwert gem. § 105 VI

Geringere Anzahl von Dateien, da alles im Musterprotokoll enthalten ist

3.5.4 Zusammenfassung und Aufgaben

ZUSAMMENFASSUNG

GmbH-Gründung ohne Musterprotokoll

Gesellschaftsvertrag

Mehrere Gesellschafter

KV Nr. 21100 Beurkundungsverfahren 2,0
GW Vertrag §§ 97 I, 107 I
GW Beschluss GF §§ 108 I, 105 IV (1)
GW § 35 I Summe

1 Gesellschafter

KV Nr. 21200 Beurkundungsverfahren 1,0
GW Vertrag §§ 97 I, 107 I
KV Nr. 21100 Beurkundungsverfahren 2,0
GW Beschluss §§ 108 I, 105 IV (1)
Vergleich nötig:
2,0 aus der Summe der GW gem. §§ 35 I, 94 I
KV Nr. 22110 Vollzugsgebühr
GW § 112
KV Nr. 32001 Dokupauschale
KV Nr. 32005 PET
KV Nr. 32014 USt. 19 %

Formvorschrift für die Beurkundung

Bei mindestens 2 Gesellschaftern: KV Nr. 21100 Beurkundung 2,0, mindestens 120,00 Euro

Bei 1 Gesellschafter: KV Nr. 21200 Beurkundung 1,0, mindestens 60,00 Euro

GW bei Bargründung: Stammkapital

GW bei Sachgründung: Wert der Gegenstände ohne Schuldenabzug, GW mindestens 30.000,00 Euro, maximal 10 Mio. Euro

Vertrag und Beschluss sind gem. § 107 stets verschiedene Gegenstände, daher 1 × Gebühr aus der Summe

Die günstigere Berechnung wird angesetzt.

Laut herrschender Meinung gehört die Gesellschafterliste zur Gründung nicht zur Anmeldung! Wert ist daher der Verfahrenswert! Gebühr max. 250,00 Euro gem. Nr. 22113

Bei weiteren Vollzugstätigkeiten nur insgesamt einmal die Gebühr 0,5. Dabei keine Beschränkung auf 250,00 Euro.

HR-Anmeldung (E. m. UB)

KV Nr. 24102 Entwurfs- und Beglaubigungsgebühr 0,5
GW Gründung §§ 119 I, 105 I (1)
Summe gem. § 35 I
KV Nr. 22114 XML-Daten 0,3
GW § 112
KV Nr. 32001 Dokupauschale
KV Nr. 32002 Dokupauschale Dateien
KV Nr. 32004 Postauslagen
KV Nr. 32014 USt. 19 %

Formvorschrift Beglaubigung

Mindestens 30,00 Euro
GW: mindestens 30.000,00 Euro, maximal 1 Mio. Euro,
GF, Belehrung GF sind gegenstandsgleich

XML maximal 250,00 Euro

Dokupauschale Vergleich notwendig! Dateien maximal 5,00 Euro – Scan-Seiten nach KV Nr. 32000 0,50 Euro für die ersten 50 Seiten, 0,15 Euro für jede weitere – der höhere Wert wird angesetzt.

GmbH-Gründung mit Musterprotokoll

vgl. Kapitel 3.5.3

Satzungsänderungen ohne bestimmten Geldwert

Beschluss

KV Nr. 21100 Beurkundungsverfahren 2,0

GW Beschluss … §§ 108 I, 105 IV (1)

GW Beschluss … §§ 108 I, 105 IV (1)

GW § 35 I Summe

KV Nr. 32001 Dokupauschale (xx Seiten)

KV Nr. 32005 PET

KV Nr. 32011 Auslagen Registereinsicht 4,50 Euro

KV Nr. 32014 USt. 19 %

Gebühr mindestens 120,00 Euro

GW: 1 % des Stammkapitals, mindestens 30.000,00 Euro

Gegenstandsgleich gem. § 109 II (4 c–f) sind mehrere Wahlen zusammen, mehrere Satzungsänderungen, Entlastung und Wahl zusammen (Tipp: Blick in die Tagesordnung!)

Zusammenstellung des vollständigen Wortlauts der Satzung und die Satzungsbescheinigung sind gem. § 54 GmbHG gebührenfrei. Da aber zwischen Beschluss und Satzungsänderung ein Zusammenhang besteht, kann die Dokumentenpauschale nach KV Nr. 32001 angesetzt werden.

HR-Anmeldung

KV Nr. 24102 Entwurfs- und Beglaubigungsgebühr 0,5

GW … §§ 119 I, 105 IV (1)

GW … §§ 119 I, 105 IV (1)

GW § 35 I Summe

KV Nr. 22114 XML-Daten 0,3 max. 250,00 Euro

GW § 112

KV Nr. 32001 Dokupauschale (xx Seiten)

KV Nr. 32002 Dokupauschale (xx Dateien/xx Seiten)

32014 USt. 19 %

Gebühr mindestens 30,00 Euro

GW: 1 % des Stammkapitals, mindestens 30.000,00 Euro

Mehrere Satzungsänderungen sind gegenstandsgleich, aber nicht die Abberufung und Bestellung mehrerer Geschäftsführer.

Wortlaut der Satzung und die Bescheinigung sind in einer Datei.

Satzungsänderung mit einem bestimmten Geldwert

Beschluss

KV Nr. 21100 Beurkundungsgebühr 2,0

GW §§ 108 I, 105 I (3)

Gebühr mindestens 120,00 Euro

GW: Erhöhungsbetrag, mindestens 30.000,00 Euro, die damit ver- →

Übernahmeerklärung

KV Nr. 21200 Beurkundungsgebühr 1,0, mind. 60 Euro

GW § 97 I

Vergleich: 2,0 aus der Summe der GW §§ 35 I, 94 I

KV Nr. 22110 Vollzugsgebühr 0,5

GW § 112

KV Nr. 32001 Dokupauschale (xx Seiten)

KV Nr. 32002 Dokupauschale (xx Dateien/xx Scan-Seiten)

KV Nr. 32014 USt. 19 %

→ bundene Satzungsänderung ist gegenstandsgleich

Bei unterschiedlichen Gebührensätzen ist gem. § 94 I ein Vergleich notwendig. Der niedrigere Wert wird angesetzt.

Die Vollzugsgebühr fällt nur einmal an, allerdings kann gem. KV Nr. 22113 pro Liste max. 250,00 Euro angesetzt werden. Die Bescheinigung gem. § 40 GmbHG ist dann gebührenfrei, wenn eine eigene Urkunde überprüft wird.

HR-Anmeldung (E. m. UB)

KV Nr. 24102 Entwurfs- und Beglaubigungsgebühr 0,5

GW §§ 119 I, 105 I (3)

KV Nr. 22114 XML-Daten 0,3 max. 250 Euro

GW § 112

KV Nr. 32001 Dokupauschale (xx Seiten)

KV Nr. 32002 Dokupauschale (xx Dateien/xx Scan-Seiten)

KV Nr. 32014 USt. 19 %

Gebühr mindestens 30,00 Euro

GW: Erhöhungsbetrag, mindestens 30.000,00 Euro, die dazugehörige Satzungsänderung ist gegenstandsgleich

1 Datei = mehrere Listen + Bescheinigungen

1 Datei = Beschluss + Übernahmeerklärung

AUFGABEN

Notarin Dr. Well wird in folgenden Fällen tätig.

1. Frau Schnell gründet die Holzbau GmbH mit einem Stammkapital von 25.000,00 Euro. Das Stammkapital wird als Bareinlage erbracht. Notarin Dr. Well beurkundet das Gründungsprotokoll mit Gesellschaftsvertrag und Beschluss über die Bestellung der Geschäftsführerin. Darüber hinaus fertigt sie die Gesellschafterliste und entwirft die Handelsregisteranmeldung. Im Anschluss reicht sie die Unterlagen bei dem zuständigen Registergericht ein. Von der Gründungsurkunde (12 Seiten), der Handelsregisteranmeldung (3 Seiten) und der Gesellschafterliste (1 Seite) werden je zwei Abschriften erstellt und an Frau Schnell gesandt (1,45 Euro). Erstellen Sie den Kostenansatz.

»

»

2. Notarin Dr. Well soll folgende GmbH-Gründung beurkunden, die Handelsregisteranmeldung entwerfen und beim zuständigen Registergericht einreichen.

Herr Müller, Frau Lange und Frau Schulz gründen die MLS GmbH mit einem Geschäftsanteil von je 20.000,00 Euro. Die Gesellschafter beschließen, dass Frau Lange zur Geschäftsführerin bestellt und von den Beschränkungen des § 181 BGB befreit wird. Notarin Dr. Well belehrt Frau Lange und beglaubigt ihre Unterschrift unter der Anmeldung zum Handelsregister. Sie fertigt auch die Gesellschafterliste.

Vom Gründungsvertrag (10 Seiten) werden 5 Abschriften, von der Gesellschafterliste (1 Seite) und der Handelsregisteranmeldung (3 Seiten) werden je 4 Abschriften erstellt. Diese werden zusammen an die Beteiligten zugesandt (4 × 1,45 Euro). Erstellen Sie den Kostenansatz.

3. Folgende Beschlüsse der Grob GmbH sowie die Erklärung zur Übernahme des Kapitals werden in einer Urkunde beurkundet:

- Erhöhung des Stammkapitals von 50.000,00 Euro auf 100.000,00 Euro aus Eigenmitteln mit entsprechender Satzungsänderung
- Änderung des Gegenstandes (§ 4)
- Satzungsänderungen sind künftig nur mit ¾-Mehrheit möglich
- Abberufung von Schick und Özdemir als Geschäftsführer, Bestellung von Yilmaz als Geschäftsführer und Kurz als Prokurist in einem Wahlgang
- Entsprechend den Beschlüssen erfolgt auch die Handelsregisteranmeldung. Diese wird entworfen, die Unterschrift des Geschäftsführers beglaubigt, der vollständige Wortlaut der neuen Satzung erstellt und bescheinigt, die Übernehmer- und Gesellschafterliste mit Bescheinigung gem. § 40 GmbHG erstellt.
- Vom Beschluss (6 Seiten) werden 5 Ausfertigungen erstellt, von der Handelsregisteranmeldung (3 Seiten), der Übernehmerliste (1 Seite), der Gesellschafterliste (1 Seite), der Satzung mit Satzungsbescheinigung (10 Seiten) werden 3 Abschriften erstellt. Weiterhin werden berechnet: Pauschale für Postauslagen, Auslage für die Einsicht ins Register.

Erstellen Sie den Kostenansatz.

Sachwortverzeichnis

A

B

D

E

F

G

H

I

J

K

L

M

N

O

P

R

S

T

U

V

W

Z